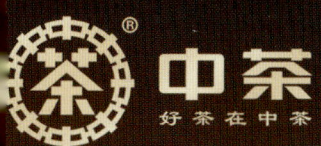

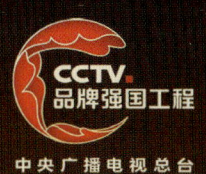

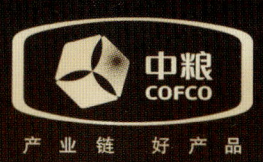

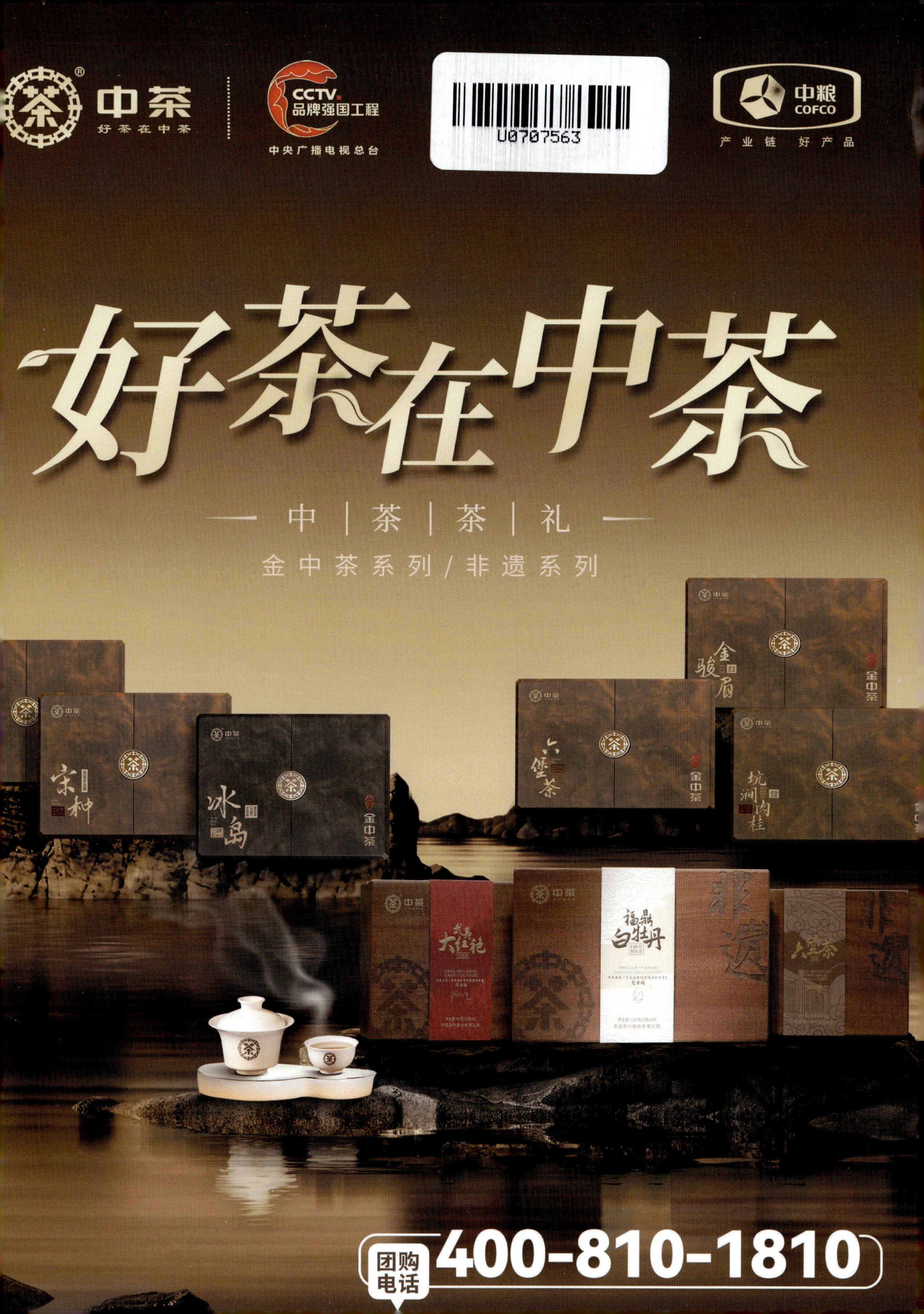
中茶
好茶在中茶
CCTV 品牌强国工程
中央广播电视总台
中粮 COFCO
产业链 好产品
好茶在中茶
中 | 茶 | 茶 | 礼
金中茶系列/非遗系列
金骏眉
金中茶
宋种
冰岛
金中茶
六堡茶
金中茶
坑涧肉桂
武夷大红袍
福鼎白牡丹
非遗
六堡茶
非遗
团购电话 400-810-1810

吴裕泰

始创于清·光绪十三年（公元1887年）

百年技艺 传承非遗

一斤茶，万朵花 一杯茶，香万家

吴裕泰始创于清光绪十三年（公元1887年），是商务部首批认定的"中华老字号"；2011年，"吴裕泰茉莉花茶制作技艺"被文化部列入国家级非物质文化遗产名录；2022年11月29日，该制作技艺又被列入联合国教科文组织人类非物质文化遗产代表作名录。"自采、自窨、自拼"的茉莉花茶是吴裕泰的经典产品。卖老百姓喝得起的放心茶是我们的庄严承诺。

产品以实物为准

国|缤|茶

76国贵宾喝的茶*

老班章・老牡丹・老银针・金骏眉・牛肉桂・大红袍・老枞水仙・清香铁观音・龙井・凤凰单丛

茶行业门店数量4000家 全国领先* 招商热线 400-850-6666

*来源：企业内部统计。*全国领先为弗若斯特沙利文，基于截至2024年1月31日，全国茶行业企业的门店数量比较研究结果做出的确认。

协会简介

中国茶叶流通协会成立于1992年,是国家级5A行业协会。长期以来,协会坚持"发挥行业中介职能,服务中国茶叶事业"的宗旨,发挥管理协调、衔接产销、咨询评价、合作交流的职能,在提供产业规划、政策建议,促进产业发展、流通消费、助农增收、品牌建设、标准制定等方面,开展了大量卓有成效的工作,得到了全社会的广泛认可。

管理协调	衔接产销	咨询评价	合作交流

 会员总数 **4500+**    覆盖全国 **所有** 茶叶主产销省(自治区、直辖市)

 年销售额占全行业 **70%+**    茶叶资源控制率 **60%+**

 北京市复兴门内大街45号(邮政编码:100801)

服务热线:010-66094154/4156/4137

2024

China Tea Industry
Development Report 2024

中国茶叶行业发展报告

中国茶叶流通协会
组织编写

中国轻工业出版社

图书在版编目（CIP）数据

2024中国茶叶行业发展报告 / 中国茶叶流通协会组织编写. -- 北京：中国轻工业出版社，2024.10.
ISBN 978-7-5184-5157-9

Ⅰ.F326.12

中国国家版本馆CIP数据核字第2024AV9907号

责任编辑：贾　磊

文字编辑：吴梦芸　　责任终审：劳国强　　整体设计：锋尚设计
策划编辑：贾　磊　　责任校对：吴大朋　　责任监印：张　可

出版发行：中国轻工业出版社（北京鲁谷东街5号，邮编：100040）

印　　刷：三河市万龙印装有限公司

经　　销：各地新华书店

版　　次：2024年10月第1版第1次印刷

开　　本：787×1092　1/16　印张：22.25

字　　数：500千字　插页：3

书　　号：ISBN 978-7-5184-5157-9　定价：498.00元

邮购电话：010-85119873

发行电话：010-85119832　010-85119912

网　　址：http://www.chlip.com.cn

Email：club@chlip.com.cn

版权所有　侵权必究

如发现图书残缺请与我社邮购联系调换

240655K8X101ZBW

编委会

主　编

　　王　庆

副主编

　　姚静波　梅　宇　肖　星　申卫伟

成　员（按姓氏笔画排序）

　　刁学刚　马宽磊　王　云　王　准　王文琪　王秀兰　王岳飞　王春雷
　　王家鹏　王智超　韦克英　户杉杉　司辉清　刘仲华　齐艳丽　孙　冰
　　李大祥　李佳禾　李思葭　杨天元　肖志鹏　吴凤鸣　汪　毅　宋向洪
　　张　凯　张　朔　张　梁　张　瑜　张　引　张冬川　张海波　张黎明
　　陈世登　陈永强　陈勋儒　范起业　林　智　罗列万　周　闯　周彦会
　　周梦雪　周静峰　宛晓春　赵建设　柯绍元　洪克森　贺　鼎　倪子鑫
　　徐亚和　徐德良　唐小林　黄文彦　黄鑫磊　崔　江　梁　晓　彭　微
　　蒋晓岚　韩　丹　韩欣羽　雷睿勇　管永祥　潘文毅　穆世超　穆雪茹

统　稿

　　梅　宇　李佳禾　张　朔　韩　毅　程俊博　刘　赛　李海林　汪　佳
　　王　喆　于英杰

参加单位

组织单位

中国茶叶流通协会

参与单位

中国茶叶流通协会重点产茶县工作委员会	浙江省茶叶产业协会
中国茶叶流通协会茶配套专业委员会	安徽省茶业协会
中国茶叶流通协会电子商务专业委员会	福建省茶叶流通协会
中国茶叶流通协会品牌发展工作委员会	江西省茶叶协会
中国茶叶流通协会茶旅工作委员会	山东省茶文化协会
中国茶叶流通协会茶叶健康与安全工作委员会	河南省茶叶协会
中国食品土畜进出口商会	湖北省茶叶协会
中国农业科学院茶叶研究所	湖南省茶业协会
中华全国供销合作总社杭州茶叶研究所工艺装备研究团队	广东省茶业行业协会
安徽农业大学	广西茶业协会
湖南师范大学	海南省茶叶学会
浙江大学茶叶研究所	海南省茶业协会
茶树生物学与资源利用国家重点实验室	重庆市茶叶商会
茶叶化学与健康国际合作联合实验室	四川省茶叶流通协会
茶学教育部重点实验室	贵州省绿茶品牌发展促进会
北京市茶业协会	云南省茶叶流通协会
山西省茶叶学会	陕西省茶业协会
黑龙江省茶业产业发展促进会	内蒙古绿泰源农产品开发股份有限公司
江苏省茶叶研究所	信阳云龙包装有限公司
江苏省茶叶协会	喜茶（深圳）企业管理有限责任公司

支持单位

中国茶叶股份有限公司	华祥苑茶业股份有限公司
北京张一元茶叶有限责任公司	湖南华莱生物科技有限公司
北京吴裕泰茶业股份有限公司	宜昌茶业集团有限公司

前 言

金风送爽，丹桂飘香，晴空如洗，碧水青山，又是一度秋光。在这个承载希望与收获的季节里，我们如期向广大读者奉上凝聚着行业智慧与汗水的厚重之作——《2024中国茶叶行业发展报告》，以期全面反映中国茶产业动态，深入诠释发展趋势，持续推动中国茶产业在高质量发展之路上行稳致远。

回首2023年，在"三茶统筹"思想的指导下，中国茶产业积极应对有效内需不足、外需较弱且复杂多变的市场环境，顺势而为、优化调整，确保了基本盘的稳定。过度包装治理工作有序推进，各地茶事活动精彩纷呈，新中式茶饮产业持续高歌猛进并谋划海外布局，澜沧古茶在港股挂牌为传统原叶茶产业登陆资本市场提供了新的想象空间，非遗、国潮、调饮等消费新热点也持续显现。与此同时，茶文化、茶科技对提振产业给予了有力支撑。"普洱景迈山古茶林文化景观"列入《世界遗产名录》；文化和旅游部启动"茶和天下·雅集"，以及"茶·世界：茶文化特展""茶中日月长：亚洲茶文化展"等展示活动的举办，为巩固中国茶的国际地位、坚定国人的文化自信"上分加码"；由中国科学家团队主导的国际标准ISO 20715：2023《茶叶分类》于4月正式发布，并将于2028年在世界海关协调制度中正式应用，为国际贸易中的中国茶提供了重大支持和广阔空间，更为产业的可持续发展奠定了坚实基础。

作为中国茶产业发展进程的忠实记录者，中国茶叶流通协会已连续16年组织编写中国茶叶行业发展报告，其权威性与专业性得到了业界的广泛认可。《2024中国茶叶行业发展报告》共分八个部分、41篇。第一部分是综合报告，相关数据源自中国茶叶流通协会持续开展的全国茶叶行业调研结果及农业农村部、国家统计局、海关总署的官方数据；通读本部分，读者可以概览2023年度中国茶产业的总体形势，对中国茶叶消费市场、茶企及品牌的发展现状有进一步的了解。第二部分是乡村振兴，包括2023年中国各主产茶省发展报告以及《2023中国茶业重点县域发展报告》《2023中国茶叶"千村示范、万村整治"实践报告》；其中，各主产茶省发展报告包括了全国21个茶叶主产销省（自治区、直辖市）的具体情况，产茶县的相关报告则介绍了重点产茶县域发展情况与经验。在第三部分国内市场中，读者可以对中国茶叶电商发展现状及最新趋势有一个相对清晰的认识，也可对当前迅猛发展的新中式茶饮进行了解。第四部分是对国际贸易的介绍，读者可以较为详细地了解国际茶叶贸易、中国茶叶进出口及新中式茶饮海外发展等情况。在第五部分的产业前沿中，刘仲华院士牵头执笔的《2023中国茶产业新质生产力发展报告》对以科技为支撑的新质生产力在当前中国茶叶行业的应用情况及未来展望进行了分析。而在第六部分营养安全中，分别对业界及消费者普遍关心的茶叶质量安全问题和茶叶营养学最新研究成果进行了介绍。第七部分是文旅教育相关报告，介绍了茶文旅融合的现状，还对茶学教育领域的发展情况进行了详细解读。第八部分重点介绍的是关联产业的发展情况，分别对茶包装业态的发展与治理情况及茶产业装备的最新动态进行了介绍，极具参考价值。按照惯例，在最后的附录部分，主要介绍了2023年度中国茶叶流通协会开展行业服务的情况，同时发布了2023年度中国茶产业相关数据及中国茶叶价格指数的相关资料。

较之以往，本年度的报告有四点变化：一是紧跟产业大政方针，针对茶产业"千万工程"实践情况和新质生产力培育释能进行专题解读；二是结合"一带一路"倡议提出十周年给茶产业发展带来的变化进行专题解读；三是报告内容覆盖面更广，参与编写的产销省（自治区、直辖市）更全；四是力求提升前瞻性，增加了新式茶饮国际化发展、茶叶健康趋势等贴合产业发展新方向、新动能的内容。纵观全书，每一部分都凝聚了行业专家与学者的心血与智慧，每一篇报告都力求数据翔实、分析透彻、观点鲜明，为读者提供了一幅清晰的中国茶产业全景图。

在致谢的段落，首先要感谢长期以来持续参与、支持中国茶叶流通协会开展行业调查和报告编写工作的全国各茶叶主产销省（自治区、直辖市）的省级茶行业社团组织及中国食品土畜进出口商会；感谢全国茶叶标准化技术委员会、中国农业科学院茶叶研究所、中华全国供销合作总社杭州茶叶研究所、浙江大学茶叶研究所等组织机构、科研院所的鼎力支持；还要特别感谢参与本书编写的众多专家学者，以及喜茶（深圳）企业管理有限责任公司、信阳云龙包装有限公司等茶企。同时，对中国茶叶股份有限公司、北京张一元茶叶有限责任公司、北京吴裕泰茶业股份有限公司、华祥苑茶业股份有限公司、湖南华莱生物科技有限公司以及宜昌茶业集团有限公司给予本书出版的特别支持表示由衷的感谢。此外，本书编写工作还得到了全国150多个产茶县域政府与近300家国内骨干茶企的积极参与和大力支持，在此一并深表感谢！

同时，我们还要由衷地向那些长期以来对《中国茶叶行业发展报告》寄予厚望及支持的广大读者朋友们表达最深切的感激之情——是你们的热情关注与殷切期望，如同璀璨星辰，照亮了我们前行的道路，给予我们无尽的动力与勇气；你们无私的建议与真诚的反馈，如同甘霖雨露，滋养着报告的每个方寸，使之得以茁壮成长，日趋完善。我们将继续秉持初心、砥砺前行，用笔触与镜头记录中国茶产业的每一个精彩瞬间与辉煌成就。衷心期待中国茶产业的明天更加繁荣、更加美好！

值此中华人民共和国成立75周年之际，谨以此书作为献礼！

2024年9月30日

目 录

第一部分　综合报告 ·· 01

2023中国茶叶产销形势报告 ·· 02
2023中国茶叶消费市场报告 ·· 21
2023中国茶业品牌发展报告 ·· 32
2023中国茶叶企业发展报告 ·· 36
2023中国茶叶标准化发展报告 ·· 48

第二部分　乡村振兴 ·· 57

2023北京市茶叶行业发展报告 ·· 58
2023山西省茶叶行业发展报告 ·· 61
2023内蒙古自治区茶叶行业发展报告 ······································ 68
2023黑龙江省茶叶行业发展报告 ·· 69
2023江苏省茶叶行业发展报告 ·· 73
2023浙江省茶叶行业发展报告 ·· 79
2023安徽省茶叶行业发展报告 ·· 84
2023福建省茶叶行业发展报告 ·· 90
2023江西省茶叶行业发展报告 ·· 93
2023山东省茶叶行业发展报告 ·· 98
2023河南省茶叶行业发展报告 ·· 103
2023湖北省茶叶行业发展报告 ·· 110
2023湖南省茶叶行业发展报告 ·· 117
2023广东省茶叶行业发展报告 ·· 123
2023广西壮族自治区茶叶行业发展报告 ···································· 129
2023海南省茶叶行业发展报告 ·· 136
2023重庆市茶叶行业发展报告 ·· 141
2023四川省茶叶行业发展报告 ·· 146
2023贵州省茶叶行业发展报告 ·· 152
2023云南省茶叶行业发展报告 ·· 156
2023陕西省茶叶行业发展报告 ·· 164

2023中国茶业重点县域发展报告 …… 170
2023中国茶叶"千村示范、万村整治"实践报告 …… 179

第三部分　国内市场 …… 185
2023中国茶叶电商发展情况简报 …… 186
2023中国新茶饮产业发展报告 …… 192

第四部分　国际贸易 …… 199
2023世界茶叶产销形势报告 …… 200
2023中国茶叶进出口发展报告 …… 204
2023中国茶叶"一带一路"建设报告 …… 210
2023中国新式茶饮品牌国际化发展报告 …… 219

第五部分　产业前沿 …… 223
2023中国茶产业新质生产力发展报告 …… 224

第六部分　营养安全 …… 235
2023中国茶叶及其相关制品质量安全发展报告 …… 236
2023中国茶叶营养健康研究进展报告 …… 240

第七部分　文旅教育 ····· 255

2023中国茶文化旅游市场发展报告 ····· 256
2023中国茶学高等教育发展报告 ····· 263

第八部分　配套产业 ····· 273

2023中国茶包装行业发展报告 ····· 274
2023中国茶产业加工技术与装备发展报告 ····· 279

附录 ····· 293

附录一　2023中国茶叶数据（农业产业） ····· 294
附录二　2023中国茶叶价格指数与行情分析 ····· 297
附录三　2023中国茶叶出口海关统计表 ····· 312
附录四　2023中国茶叶行业调查结果 ····· 319
附录五　2023—2024（7月）中国茶类相关标准汇总 ····· 326

第一部分
综合报告

2023中国茶叶产销形势报告

2023中国茶叶消费市场报告

2023中国茶业品牌发展报告

2023中国茶叶企业发展报告

2023中国茶叶标准化发展报告

2023中国茶叶产销形势报告

中国茶叶流通协会

2023年，全球经济在高通胀和高利率的约束下艰难前行，地缘政治不确定性带来的负面影响持续加剧，全球经济复苏的进程较为缓慢且不平衡。中国经济顶住压力，实现向好回升，高质量发展扎实推进。根据国家统计局2024年1月公布的数据显示：2023年，我国国内生产总值（GDP）为126.06万亿元，同比增长5.2%，全国消费者物价指数（CPI）同比上涨0.2%，国内消费市场总体恢复向好。

以"三茶统筹"思想为指导，中国茶产业积极应对有效内需不足、外需较弱且复杂多变的市场环境，顺势而为、优化调整，确保了基本盘的稳定。年内，过度包装治理工作有序推进，各地茶事活动精彩纷呈，新中式茶饮产业持续高歌猛进并谋划海外布局，云南普洱市澜沧古茶股份有限公司在港股挂牌，为传统原叶茶产业登陆资本市场提供了新的想象空间。此外，"非遗""国潮""调饮"等消费新热点也持续显现。与此同时，茶文化、茶科技对提振茶产业给予了有力支撑："普洱景迈山古茶林文化景观"被列入《世界遗产名录》；文化和旅游部启动"茶和天下·雅集""茶·世界：茶文化特展"以及"茶中日月长：亚洲茶文化展"等展示活动的举办，为巩固中国茶的国际地位、坚定国人的文化自信上分加码；由中国科学家团队主导的国际标准ISO 20715：2023《茶叶分类》于2023年4月正式发布，预计将于2028年在世界海关协调制度中正式应用，为国际贸易中的中国茶提供了重大支持和广阔空间。

一、生产情况

2023年，全国茶叶生产克服旱涝天气等不利影响，茶叶种植面积及产量、产值稳定增长，绿色低碳转型、技术集成示范持续推进，产业路径多元化、产业链细分化的趋势明显。多地实现"单季茶"向"三季茶"扩容。各产区高度重视品牌建设与市场拓展，茶事活动空前兴盛，持续带动农民增收效果明显。中国茶产业正在从规模化发展向高质量发展顺畅"换挡"。

（一）主要指标温和上涨

1. 茶园面积缓增可控

近年来，各地重视控制茶园面积规模增长，新增茶园的面积增幅持续收窄。2023年全国茶园面积5149.76万亩（1亩≈667平方米），增加154.36万亩，同比增长3.09%（表1）。其中，云南、贵州、四川、湖北、福建、湖南、安徽、浙江8省茶园面积超过300万亩。全国已开采茶园面积为4650.16万亩，增加110.27万亩。目前，全国仍有499.6万亩新茶园未开采。

表1　2023年中国各主要产茶省（自治区、直辖市）茶园面积

省（自治区、直辖市）	2023年面积/万亩	2022年面积/万亩	面积增量/万亩	同比增长/%
江苏	49.26	51.00	−1.74	−3.41
浙江	311.70	310.50	1.20	0.39
安徽	320.00	307.52	12.48	4.06
福建	368.00	352.05	15.95	4.53
江西	185.00	175.70	9.30	5.29
山东	53.10	40.51	12.59	31.08
河南	215.00	175.11	39.89	22.78
湖北	564.00	558.03	5.97	1.07
湖南	330.00	310.82	19.18	6.17
广东	149.52	149.30	0.22	0.15
广西	155.20	151.73	3.47	2.29
海南	3.62	3.56	0.06	1.69
重庆	108.50	85.20	23.30	27.35
四川	598.00	605.38	−7.38	−1.22
贵州	700.00	708.34	−8.34	−1.18
云南	770.27	756.92	13.35	1.76
陕西	250.59	235.73	14.86	6.30
甘肃	18.00	18.00	0.00	0.00
合计	5149.76	4995.40	154.36	3.09

资料来源：中国茶叶流通协会

2．茶叶产量稳定增长

受干旱气候影响，2023年全国早春茶略有减产，但春茶季后期以及夏秋茶产量的明显提升带动了全年茶叶产量持续增长。据统计，2023年全国干毛茶总产量约为333.95万吨，增长约15.8万吨，同比增长4.98%（表2）。其中，湖北、福建、湖南、安徽、贵州、四川6省增产规模在万吨以上。

表2　2023年中国各主要产茶省（自治区、直辖市）干毛茶总产量

省（自治区、直辖市）	2023年产量/吨	2022年产量/吨	增量/吨	同比增长/%
江苏	10500.00	10400.00	100.00	0.96
浙江	201700.00	193500.00	8200.00	4.24
安徽	173200.00	154100.00	19100.00	12.39
福建	483200.00	459674.38	23525.62	5.12
江西	76900.00	83700.00	−6800.00	−8.12

续表

省（自治区、直辖市）	2023年产量/吨	2022年产量/吨	增量/吨	同比增长/%
山东	40650.00	31601.65	9048.35	28.63
河南	102005.00	94282.65	7722.35	8.19
湖北	347730.00	314515.25	33214.75	10.56
湖南	268400.00	247542.86	20857.14	8.43
广东	150018.00	148000.00	2018.00	1.36
广西	123900.00	130300.00	-6400.00	-4.91
海南	800.00	844.60	-44.60	-5.28
重庆	52000.00	47300.00	4700.00	9.94
四川	379250.00	366292.67	12957.33	3.54
贵州	361900.00	344857.78	17042.22	4.94
云南	439230.00	432904.09	6325.91	1.46
陕西	125800.00	119689.49	6110.51	5.11
甘肃	2300.00	1533.49	766.51	49.98
合计	3339483.00	3181038.91	158444.09	4.98

资料来源：中国茶叶流通协会

3．农业产值同步提升

2023年，全国干毛茶总产值约为3296.68亿元，增加约116.01亿元，同比增长3.65%（表3）。贵州、四川、福建、云南4省的干毛茶总产值均超过300亿元。云南、福建、安徽、湖南4省的产值增幅均超过15%。

表3　2023年中国主要产茶省（自治区、直辖市）干毛茶产值

省（自治区、直辖市）	2023年产值/万元	2022年产值/万元	增量/万元	同比增长/%
江苏	301163.86	327400.00	-26236.14	-8.01
浙江	2863600.00	2640005.00	223595.00	8.47
安徽	2101700.00	1826000.00	275700.00	15.10
福建	3695000.00	3095785.52	599214.48	19.36
江西	778200.00	714000.00	64200.00	8.99
山东	634000.00	739333.31	-105333.31	-14.25
河南	1463100.00	1876237.13	-413137.13	-22.02
湖北	2345700.00	2172913.69	172786.31	7.95

续表

省（自治区、直辖市）	2023年产值/万元	2022年产值/万元	增量/万元	同比增长/%
湖南	2037000.00	1770088.00	266912.00	15.08
广东	1909300.00	1791325.06	117974.94	6.59
广西	1193500.00	1246558.00	-53058.00	-4.26
海南	15400.00	14997.14	402.86	2.69
重庆	482200.00	460300.00	21900.00	4.76
四川	3867300.00	3671855.71	195444.29	5.32
贵州	4454000.00	4980000.00	-526000.00	-10.56
云南	3020747.00	2322138.82	698608.18	30.08
陕西	1771200.00	2126474.23	-355274.23	-16.71
甘肃	33700.00	31340.21	2359.79	7.53
合计	32966810.86	31806751.83	1160059.03	3.65

资料来源：中国茶叶流通协会

4．茶类结构基本稳定

产量方面，2023年全国绿茶产量193.4万吨，增长8.02万吨，同比增长4.3%，占总产量的57.9%；红茶49.1万吨，增长0.92万吨，同比增长1.9%，占总产量的14.7%；黑茶45.8万吨，增长3.17万吨，同比增长7.4%，占总产量的13.7%；乌龙茶33.3万吨，增长2.15万吨，同比增长6.9%，占总产量的10.0%；白茶10.0万吨，增长0.567万吨，同比增长6.0%，占总产量的3.0%；黄茶2.3万吨，增长1.02万吨，同比增长78.4%，占总产量的0.7%（表4、图1）。

表4　2023年中国六大茶类产量统计

茶类	2023年产量/万吨	2022年产量/万吨	增量/万吨	同比增长/%
绿茶	193.4	185.38	8.02	4.3
红茶	49.1	48.20	0.92	1.9
黑茶	45.8	42.63	3.17	7.4
乌龙茶	33.3	31.13	2.15	6.9
白茶	10.0	9.45	0.567	6.0
黄茶	2.3	1.30	1.02	78.4
合计	333.9	318.10	15.8	5.0

资料来源：中国茶叶流通协会

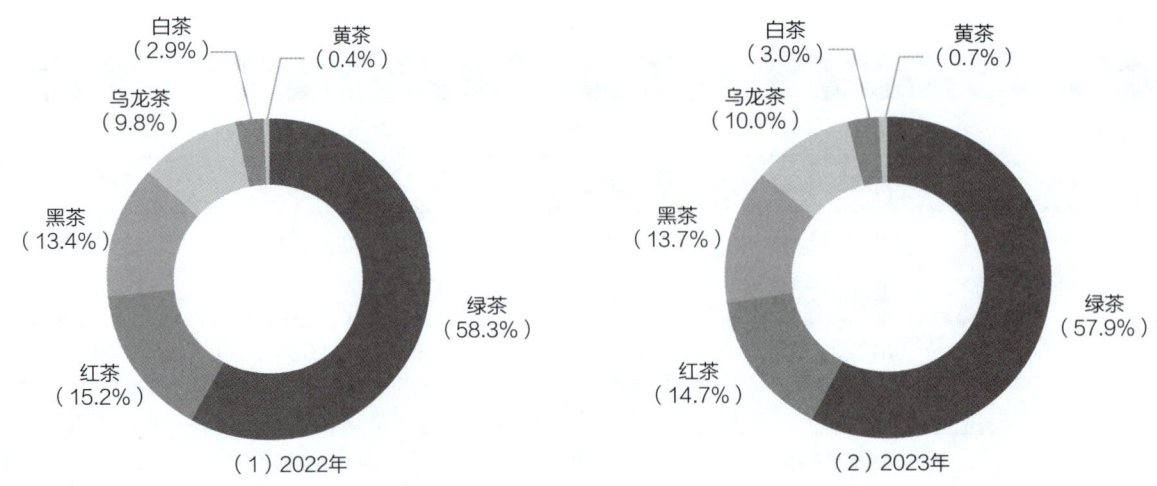

图1 中国六大茶类产量占比

资料来源：中国茶叶流通协会

产值方面，2023年全国绿茶产值2060.62亿元，占总产值的62.6%，增长2.43亿元，同比增长0.1%；红茶519.74亿元，占总产值的15.8%，增长10.27亿元，同比增长2.0%；黑茶310.40亿元，占总产值的9.4%，增长41.84亿元，同比增长13.5%；乌龙茶288.45亿元，占总产值的8.7%，增长33.69亿元，同比增长11.7%；白茶86.96亿元，占总产值的2.6%，增长9.03亿元，同比增长10.4%；黄茶30.51亿元，占总产值比重0.9%，增长18.74亿元，同比增长61.4%（表5、图2）。

表5　2023年中国六大茶类产值统计

茶类	2023年（产值/亿元）	2022年（产值/亿元）	增量/亿元	同比增长/%
绿茶	2060.62	2058.19	2.43	0.1
红茶	519.74	509.46	10.27	2.0
黑茶	310.40	268.56	41.84	13.5
乌龙茶	288.45	254.76	33.69	11.7
白茶	86.96	77.93	9.03	10.4
黄茶	30.51	11.77	18.74	61.4
合计	3296.68	3180.68	116.01	3.5

资料来源：中国茶叶流通协会

（二）产制情况基本稳定

1．运行态势总体平稳

2023年，我国气候状况总体偏差，暖干气候特征明显。全国平均气温10.71℃，较常年偏高0.82℃，为1951年以来历史最高；全国平均降水量615.0毫米，比常年偏少3.9%，为2012年以来第二

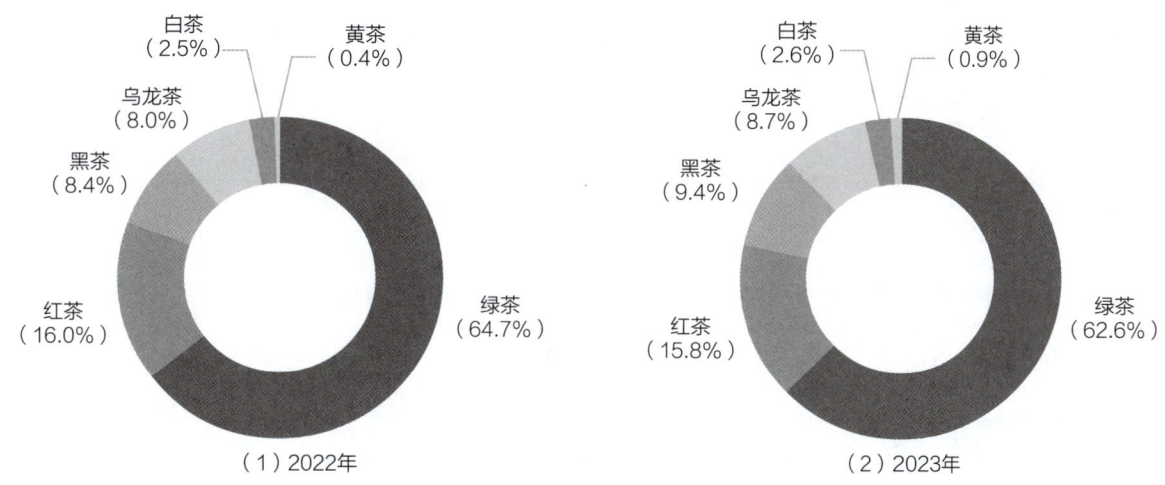

图2　中国六大茶类产值占比

资料来源：中国茶叶流通协会

少，冬季、春季、夏季三季降水均偏少，西南地区出现冬春连旱，长江上游遭受冬春连旱、中上游出现夏伏旱。

受2022年长江流域夏秋持续高温干旱、2023年早春气温偏低影响，全国春茶开采推迟，多省明前茶、雨前茶减产，名优茶受到较大影响，但春茶总产量与上年基本持平。进入夏秋季，由于近年来各地不断提升茶叶加工技术和茶园管护水平，夏秋茶的采制范围持续扩大，产量较往年有明显提升。

2. 高质量发展持续推进

各地坚持绿色发展，强化品牌意识，大力推进茶产业高质量发展，主要表现有以下几点。一是老旧茶园改造成效明显，可采茶园面积稳定增加，新增茶园增幅加速收窄；适区适种、适区适制、茶树品种与树体更新、茶园土壤改良等工作持续推进。二是技术集成示范加快推进，有机肥替代化肥、病虫全程绿色防控、茶叶品质快速无损检测技术、基于5G技术的茶园环境信息实时监测和品质智能管理决策调控系统等关键技术得到快速推广。三是绿色低碳转型持续深入，生态低碳茶生产技术示范研讨、启动认证企业、推进县域试点等基础工作，为推进生态低碳茶园模式、打造茶产品及品牌、拓宽生态价值转化渠道发挥了重要作用。四是供应链基础端扩面增量，除传统原叶茶消费外，深加工提取物、发酵饮品、茶饮料及新茶饮原料、茶食品等茶叶综合利用的领域持续扩展、规模稳步扩大，成为了各地茶产业增效的新引擎。

（三）突出问题仍待解决

综合各地反映的情况看，一些制约茶产业高质量发展的问题仍需尽快解决。一是茶园基础设施薄弱，受气象灾害影响较大。二是生产成本持续走高，2023年全国采茶工的日均工资较上一年上涨5%～10%，农资成本同比增长10%左右；此外，多数大中型加工企业的生产成本也在持续提升。三是茶叶消费端承压加大，产品供需不精准问题凸显。四是供给侧结构性出现失衡，部分茶区未落实适区适种、适区适制，盲目跟风热门茶类，对优势区造成较大冲击。

二、内销情况

2023年，受消费需求缓慢复苏及销售通路的影响，中国茶叶内销总量基本持平，内销总额小幅回调，总体表现不及预期。

（一）内销总量基本持平

2023年，全国茶叶内销总量240.4万吨，增长0.7万吨，同比增长0.3%（表6）。六大茶类中，内销量占比最大的绿茶和红茶出现小幅下降，其余茶类均略有上升。具体来看，绿茶内销量128.9万吨，同比减少1.6%，占总内销量的53.7%；红茶37.9万吨，同比减少0.7%，占总内销量的15.7%；黑茶37.8万吨，同比增长3.7%，占总内销量的15.7%；乌龙茶25.6万吨，同比增长3.2%，占总内销量的10.7%；白茶8.3万吨，同比增长1.6%，占总内销量的3.4%；黄茶1.9万吨，同比增长72.3%，占总内销量的0.8%（表7、图3）。

表6　2023年中国茶叶内销数据

内销数据	2023年	2022年	增量	同比增长/%
内销总量/万吨	240.4	239.8	0.7	0.3
内销总额/亿元	3346.7	3395.3	-48.5	-1.4
内销均价/（元/千克）	139.2	141.6	-2.4	-1.7

资料来源：中国茶叶流通协会

表7　2023年中国六大茶类内销总量

茶类	2023年内销总量/万吨	2022年内销总量/万吨	增量/万吨	同比增长/%
绿茶	128.9	131.1	-2.2	-1.6
红茶	37.9	38.1	-0.3	-0.7
黑茶	37.8	36.4	1.4	3.7
乌龙茶	25.6	24.8	0.8	3.2
白茶	8.3	8.1	0.1	1.6
黄茶	1.9	1.1	0.8	72.3
总计	240.4	239.8	0.7	0.3

资料来源：中国茶叶流通协会

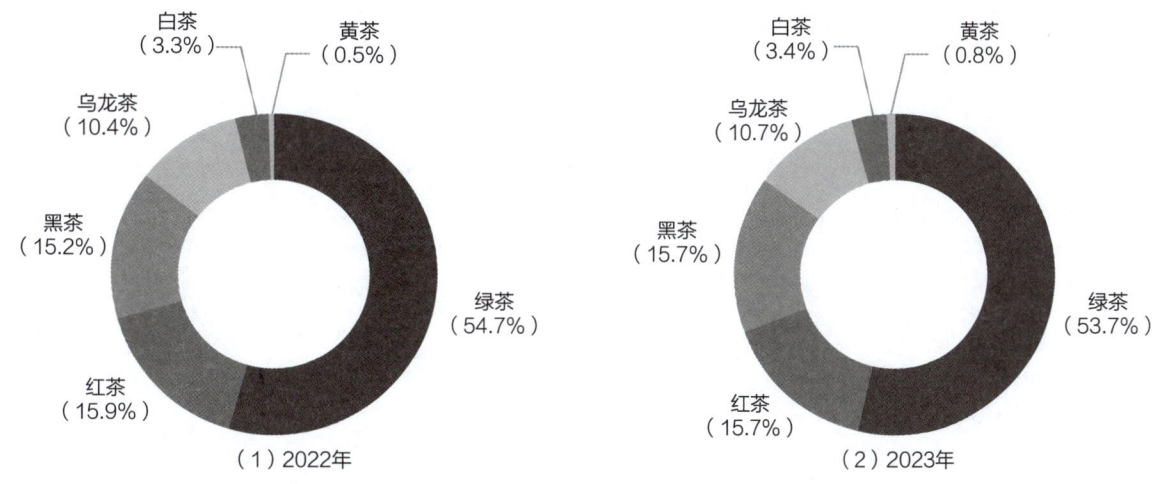

图3 中国六大茶类内销总量

资料来源：中国茶叶流通协会

（二）内销总额小幅回调

2023年，全国茶叶内销总额3346.7亿元，减少48.5亿元，回调约1.4%。其中，绿茶内销额1978.3亿元，同比减少6.3%，占内销总额的59.1%；红茶560.9亿元，同比减少0.6%，占内销总额的16.8%；黑茶358.6亿元，同比增加11.6%，占内销总额的10.7%；乌龙茶311.0亿元，同比增加9.3%，占总额的9.3%；白茶107.5亿元，同比增长6.9%，占总额的3.2%；黄茶30.4亿元，同比增长114.5%，占内销总额的0.9%（表8、图4）。

表8 2023年中国六大茶类内销总额统计

茶类	2023年内销总额/亿元	2022年内销总额/亿元	增量/亿元	同比增长/%
绿茶	1978.3	2110.5	-132.2	-6.3
红茶	560.9	564.2	-3.3	-0.6
黑茶	358.6	321.4	37.3	11.6
乌龙茶	311.0	284.6	26.4	9.3
白茶	107.5	100.5	7.0	6.9
黄茶	30.4	14.2	16.2	114.5
总计	3346.7	3395.3	-48.5	-1.4

资料来源：中国茶叶流通协会

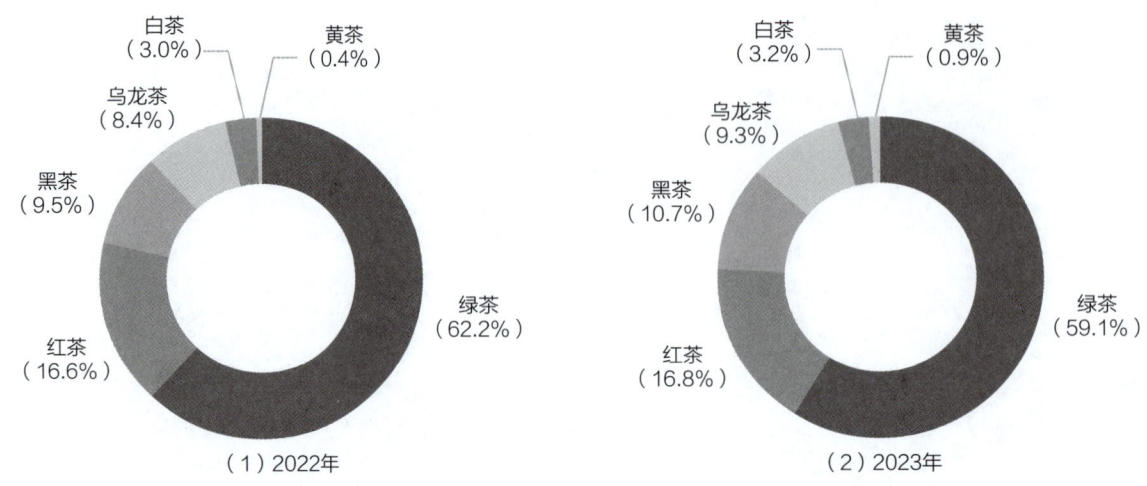

图4　中国六大茶类内销总额

资料来源：中国茶叶流通协会

（三）内销均价总体稳定

受绿茶均价调整影响，2023年全国茶叶内销均价出现回调。绿茶内销均价153.4元/千克，同比减少4.7%；红茶148.1元/千克，同比增长0.1%；黑茶94.9元/千克，同比增长7.6%；乌龙茶121.3元/千克，同比增长5.9%；白茶130.2元/千克，同比增长5.3%；黄茶157.5元/千克，同比增长24.4%（表9）。

表9　2023年中国六大茶类内销均价统计

茶类	2023年内销均价（元/千克）	2022年内销均价（元/千克）	增量/元	同比增长/%
绿茶	153.4	161.0	-7.6	-4.7%
红茶	148.1	148.0	0.2	0.1%
黑茶	94.9	88.2	6.7	7.6%
乌龙茶	121.3	114.6	6.8	5.9%
白茶	130.2	123.7	6.5	5.3%
黄茶	157.5	126.5	30.9	24.4%
总计	139.2	141.6	-2.4	-1.7%

资料来源：中国茶叶流通协会

（四）进口茶叶量、额微调

2023年，中国进口茶叶约3.90万吨，同比减少5.48%；进口额1.46亿美元（2024年9月5日汇率：1美元≈7.1125人民币），同比减少0.27%；均价3.75美元/千克，同比增长6.09%。

1. 按茶类统计

2023年，中国进口红茶和黑茶的数量均有增加；进口红茶、乌龙茶的金额微增；进口绿茶、乌龙茶、普洱茶的均价有所上涨。在中国海关的统计列表中，其他花茶和白茶因是首次进入，暂无比较值。具体来看，红茶进口量约3.22万吨，占总量的82.58%；进口额约1.12亿美元，占总额的76.60%；均价3.48美元/千克，同比减少2.3%。绿茶进口量约0.49万吨，占总量的12.48%；进口额951.81万美元，占总额的6.50%；均价1.95美元/千克，同比增长23.1%。乌龙茶进口量约0.16万吨，占总量的4.22%；进口额2325.77万美元，占总额的15.88%；均价14.12美元/千克，同比增长58.9%。茉莉花茶进口量21.15吨，进口额55.07万美元，均价26.04美元/千克，同比减少0.6%。其他花茶进口量247.38吨，进口额69.25万美元，均价2.80美元/千克。普洱茶进口量6.42吨，进口额17.37万美元，均价27.04美元/千克，同比增长344.8%。黑茶进口量2.00吨，进口额3.93万美元，均价19.65美元/千克，同比减少61.3%。白茶进口量0.98吨，进口额3.09万美元，均价31.47美元/千克（表10）。

表10　2023年中国茶叶进口量、进口额及进口均价统计

茶类	进口量/吨	进口量同比增加/%	进口额/万美元	进口额同比增长/%	进口均价/（美元/千克）	进口均价同比增加/%
红茶	32220.07	7.03%	11216.38	4.56%	3.48	-2.3%
绿茶	4870.53	-41.96%	951.81	-28.56%	1.95	23.1%
乌龙茶	1647.53	-36.29%	2325.77	1.24%	14.12	58.9%
茉莉花茶	21.15	-64.16%	55.07	-64.38%	26.04	-0.6%
其他花茶	247.38	/	69.25	/	2.80	/
普洱茶	6.42	-95.35%	17.37	-79.31%	27.04	344.8%
黑茶	2.00	36.84%	3.93	-47.00%	19.65	-61.3%
白茶	0.98	/	3.09	/	31.47	/
合计	39016.07	-5.48%	14642.67	0.27%	3.75	6.1%

资料来源：中国海关

2. 按来源地统计

斯里兰卡以1.21万吨继续稳居榜首，其余依次为印度、布隆迪、缅甸、马拉维、印度尼西亚、越南、肯尼亚、乌干达、卢旺达。值得关注的是，近年来中国大陆从中国台湾进口的茶叶量连续减少，2023年更是首次掉出前10（表11）。

表11　2023年中国茶叶进口量和进口额排名

名次	茶叶进口量排名		茶叶进口额排名	
	国家或地区	总量/千克	国家或地区	总额/美元
1	斯里兰卡	12119523	斯里兰卡	59134323
2	印度	6159376	中国台湾	21420506
3	布隆迪	3277549	印度	16330063
4	缅甸	3110293	布隆迪	8525711
5	马拉维	2410025	越南	5157868
6	印度尼西亚	2407158	肯尼亚	4347039
7	越南	2297552	泰国	4275393
8	肯尼亚	1790566	马拉维	3840178
9	乌干达	1134918	印度尼西亚	3620658
10	卢旺达	1012821	卢旺达	2768838

资料来源：中国海关

（五）消费市场运行情况

1. 消费需求低于预期，骨干茶企创新有为

2023年，受整体消费环境与名优春茶产销形势影响，原叶茶内销情况不尽如人意，市场进入阶段性存量竞争期，茶企承受了较大压力。面对新形势、新需求，行业骨干企业主动"拥抱"变化，在产品宣传、消费场景等领域向"Z世代"购买者靠拢，为行业发展带来了新思维、新方向。

近年来，茶叶消费群体年轻化的趋势明显。数据显示：2023年，18～30岁年龄段的茶叶消费者占比高达38.4%，已渐成主力。其消费特征有以下几点。一是追求健康。茶的健康属性深入消费者心智，让茶产业加速驶入健康新赛道，驱动消费总量提升。二是多元化。在茶类消费上，同一个消费者在一天的不同时间及一年的不同季节品饮不同品类的茶；品类选择也从区域化向全国化切换；传统茶类的周期性轮动也在加速。在体验消费和情感消费方面，"颜值、混搭、解压、便捷、社交"成为各茶企研发新品的聚焦点；品牌茶企通过提升门店服务，以期为消费者提供更好的体验感。在文化消费方面，国潮、非遗、跨界联名等成为消费新热点。三是追求性价比。品牌茶消费和明星单品的集中度大幅提高，并在消费市场中发挥引领作用。

为适应市场需求，国内各大品牌茶企在2023年纷纷发力，通过推出新品、冠名活动、跨界联名等形式持续增强曝光，品牌效应显现。例如，竹叶青茶业在坚守高端绿茶的同时，适度增加品类，在增强品牌与消费者之间黏性的同时，有效提升了客单价；该公司与舞蹈诗剧《只此青绿》联名推出的春茶新品，成为2023年春茶季的国潮爆款；还与"一带一路全球行"和"读懂中国"国际会议合作，面向世界讲好中国故事，树立品牌国际形象。又如，中茶公司冠名《2023中国诗词大会》，配合季节性营销活动，实现红茶、绿茶品类新突破；还在年内增加中央电视台综合频道（CCTV1）《天气预报》

后等黄金资源，提高品牌曝光率，广告覆盖4.2亿人、43亿人次。再如，八马茶业实现创意营销策略破圈，以跨界合作促进茶文化传承，单场文化名人茶叙直播全网超3.5亿曝光，实现品牌曝光与终端销售双丰收。

2. 线下通路逐步恢复，电商板块增量趋缓

品牌专卖店、专业市场、商超卖场、茶馆及网上交易是茶叶销售的主要通路。2023年，传统实体渠道逐渐修复，销售情况总体向好。据调查，2023年，在茶叶线下销售通路中，品牌专卖店的销售业绩回升最快，相较2019年，店均同比增长20%~40%；而在城市中，茶叶专业市场、商超卖场及茶馆的业绩回升相对较缓，2023年仅恢复至2019年的60%~70%。

与此同时，受直播电商板块震荡调整的影响，茶叶电商板块增速放缓。据中国茶叶流通协会汇总估算，2023年中国茶叶线上交易总额虽已突破350亿元，但增长率回调至6%。调查发现，线上消费者的消费习惯发生了新变化，理性化、目的性强的特征更加明显，选购时更注重商品的低价时刻，而非低价商品。由此也导致了直播电商生态发生转变："达播+店播"融合发展成为新趋势，即茶叶企业通过达播多维度展现品牌内涵，提升渗透度，强化与用户间的链接；通过店播打造品牌形象、节省直播成本、扩大利润空间；同时，更加注重提升私域运营能力。总体来看，兴趣电商和直播电商凭借强沟通性和强互动性为行业带来新活力，与货架电商分别承担着满足日常消费需求和刺激计划外消费的功能，并协同助力茶叶行业电商渗透度提升。在大众消费观念改变、消费计划性增强的大环境下，货架电商、内容电商已成为互相促进与引流的有机整体，电商全渠道规划和构建已成为品牌茶企电商发展的必由之路。川茶集团建设茶业电商直播基地，探索内容电商、新媒体电商等新型营销模式，通过设立自播账号、联名明星网红带货，加速品牌传播，销售复购率明显提升；北京张一元茶叶有限责任公司在抖音直播电商发力，开发渠道专属产品，配合专业直播导购，参与平台促销节，2023年销售业绩增速可观；八马茶业创新立体宣传推广方式，线上、线下融合发展，加强线下体验营销和线上直播营销，有效提升市场占有率。携手京东、抖音、天猫、唯品会、美团等各大平台，打造品效合一新标杆，八马茶业乌龙茶已连续9年为天猫全网销量冠军。

在国内电商的发展进程中，视频/直播电商近年来以新的模式给茶行业带来了新机遇，但其引发的价格战也对行业造成了不良影响——在混淆视听、搅乱市场的同时，也拉低和缩窄行业经营空间。目前，相关政府部门与行业组织已开始治理工作，促进其规范发展。

3. 现制茶饮换挡提质，新式茶馆悄然崛起

2023年，新茶饮行业在持续增长和高速迭代中继续高歌猛进。市场整体规模持续扩大，连锁化率不断提升，行业发展呈现健康化、品牌化大趋势，国际化步伐逐渐加大、加快。具体表现如下。

一是产品原料回归茶。由于消费者越来越关注茶饮产品的用料，更愿意选择使用真茶、真奶、真果等真材实料的高品质茶饮产品，因此茶再次成为新茶饮的主角之一，更多的传统名优茶被应用到创新的新茶饮产品中。2023年，喜茶深入福建、广东等5个省份12个茶叶核心产区，创新推出乌龙茶、普洱茶、白茶等种类的近20款茶叶原料，并应用到该公司的各类新茶饮产品之中；奈雪首推"香水"

茶饮概念，突出的便是茶的"自然香"。以时尚、创新成为"风口"的新茶饮开始回归本质、重话经典、深耕文化。

二是多品牌布局海外。2023年是新茶饮出海的爆发年，蜜雪冰城、喜茶、霸王茶姬等新茶饮赛道的头部品牌集体"出海"，从侧面折射出时下行业竞争现状：国内市场存量竞争，倒逼各大品牌前往海外寻找增长；茶饮意图借助"出海"业务反哺品牌势能，提升品牌的总体影响力。

三是资本进一步降温。近年来，随着品类红利渐失和品牌梯队日渐稳定，新茶饮赛道的投融资事件逐渐减少。2022年茶饮融资总额仅为45亿元，2023年更是成为了茶饮品牌融资"寒冬"。在国内融资遇冷的情况下，申请海外首次公开募股（IPO）已成为行业趋势。

四是新中式茶馆崛起。扎堆喝茶结合疗愈养生等内容，让新中式茶馆成为一批年轻人的新型社交方式。近年来，茶馆的热度从北上广深向新一线、新二线城市延伸，杭州、厦门等茶文化氛围浓厚的城市更是推出多个区域品牌。这些在社交平台上拥有高打卡率的新中式茶馆品牌，大多走的是"零售产品+现制饮品+社交空间"路线。2023年，新中式茶馆的赛道上不仅聚集了隐溪茶馆、煮叶、tea'stone、CGV T SPACE茶间·茶馆、开吉茶馆等品牌，还吸引了茶颜悦色、奈雪的茶、喜茶相继推出新中式茶馆。

三、外销情况

据中国海关统计，2023年，中国茶叶出口总量约36.75万吨，同比减少2.06%；出口额约17.39亿美元，同比减少16.49%；均价4.73美元/千克，同比减少14.74%（表12）。在出口茶类中，白茶、茉莉花茶于2023年1月1日正式使用独立的海关税则号，使中国茶叶出口类目更加全面与规范。

表12 2023年中国茶叶出口量、出口额及出口均价统计

茶类	出口量/吨	出口量同比增长/%	出口额/万美元	出口额同比增长/%	出口均价/（美元/千克）	出口均价同比增长/%
绿茶	309389.54	-1.44	118048.70	-15.32	3.82	-14.09
红茶	29044.19	-12.62	26705.07	-21.63	9.19	-10.31
乌龙茶	19925.58	2.99	20677.25	-19.98	10.38	-22.31
茉莉花茶	6210.55	-4.56	5049.67	-10.32	8.13	-6.04
普洱茶	1719.01	-10.29	1325.43	-56.47	7.71	-51.48
白茶	580.74	/	1465.92	/	25.24	/
黑茶	427.29	21.81	252.89	-7.71	5.92	-24.23
其他花茶	245.20	/	395.18	/	16.12	/
合计	367542.11	-2.06	173920.12	-16.49	4.73	-14.74

资料来源：中国海关

（一）出口茶类统计

在出口量方面，绿茶仍是我国2023年茶叶出口绝对优势品类，占比84.18%；除乌龙茶和黑茶有所增长，其余茶类均有不同幅度下降，其中，红茶降幅最大，达12.62%（图5）。在出口额方面，所有品类均有下降；其中，普洱茶降幅最大，达56.47%（图6）。出口均价方面，白茶单价最高，为25.24美元/千克；各茶类均价全部下调；其中，黑茶降幅最大，达51.48%。

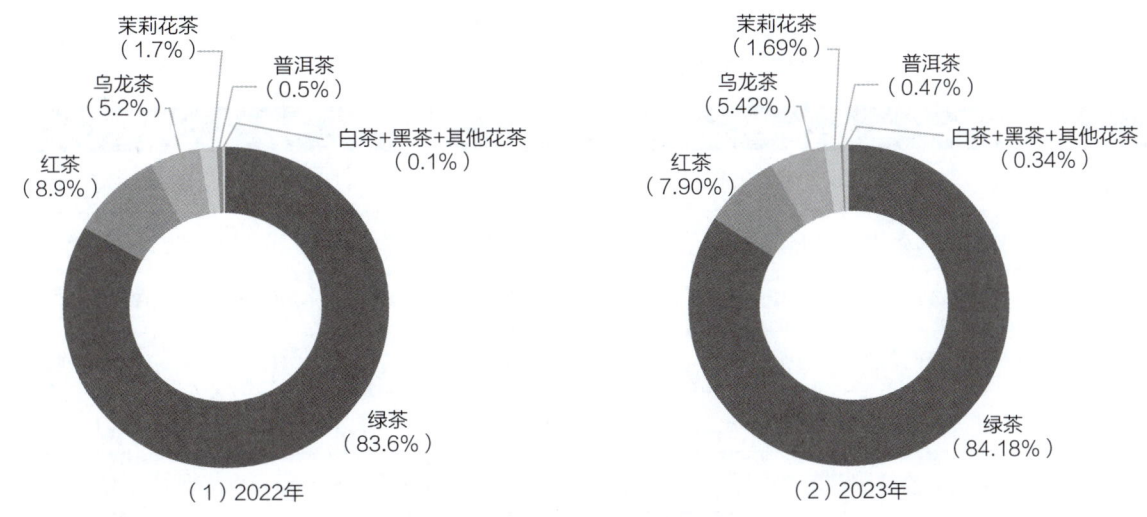

图5　中国茶叶出口量分茶类占比
（注：因黑茶、白茶、其他花茶出口量较少，故合并制图。）

资料来源：中国海关

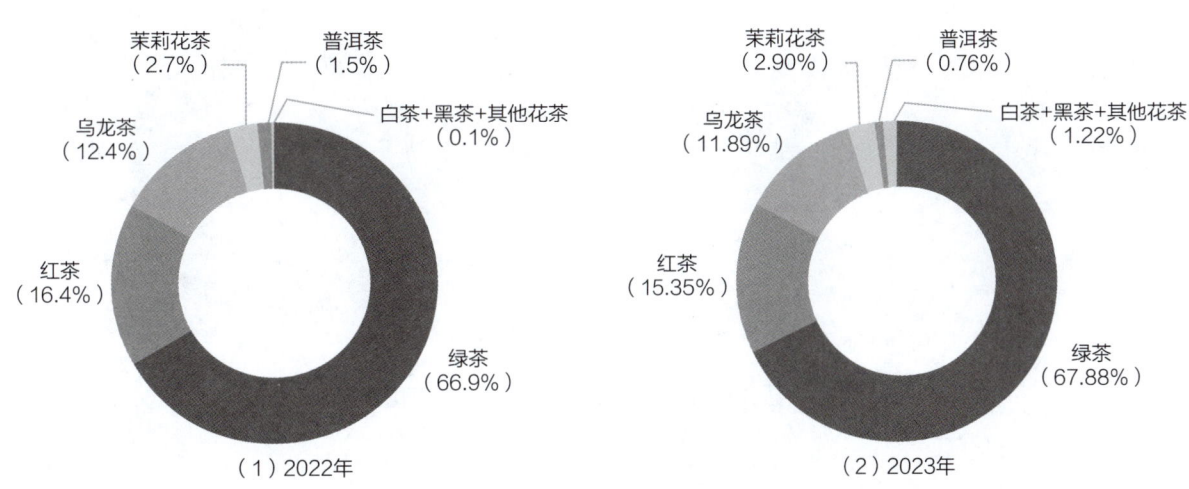

图6　中国茶叶出口额分茶类占比
（注：因黑茶、白茶、其他花茶出口额较少，故合并制图。）

资料来源：中国海关

（二）出口省份统计

1．出口量

2023年，全国共有6个省份的茶叶出口总量超过万吨，分别是浙江省（约15.03万吨，同比减少2.3%，占比40.8%）、安徽省（约6.73万吨，同比增长8.4%，占比18.3%）、湖南省（约4.22万吨，同比减少11.5%，占比11.5%）、福建省（约2.89万吨，同比减少9.3%，占比7.9%）、湖北省（约2.42万吨，同比减少1.4%，占比6.6%）、江西省（约1.31万吨，同比减少6.6%，占比3.6%）（表13、图7）。

表13　2023年中国茶叶出口量超万吨省份统计　　　　　　　　　　　　单位：千克

省份	绿茶	红茶	乌龙茶	茉莉花茶	普洱茶	白茶	黑茶	其他花茶	出口总量
浙江	144319528	3604296	1071551	1138694	119433	3490	0	32868	150289860
安徽	65235681	1375062	522413	72474	16578	11752	15	32067	67266042
湖南	34818859	4403623	1751493	653933	403979	63825	58400	2877	42156989
福建	11693363	1167474	13508185	2011297	126953	354894	0	26550	28888716
湖北	21823964	1344504	713059	182279	59684	63995	0	2638	24190123
江西	10012050	2262754	169737	653337	0	39432	0	0	13137310

资料来源：中国海关

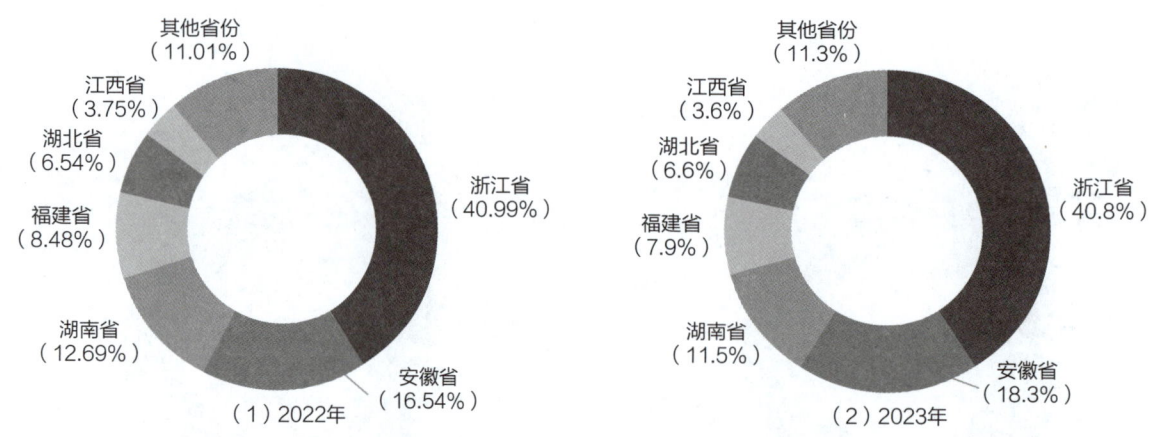

图7　中国茶叶出口量超万吨省份占总出口量比重

资料来源：中国海关

2．出口额

出口额方面，2023年全国共有5个省份出口额超亿美元。其中，浙江省约4.64亿美元，同比减少3.95%，占比26.7；福建省约3.06亿美元，同比减少42.49%，占比17.6%；安徽省约2.50亿美元，同比增长2.08%，占比14.4%；湖北省约1.95亿美元，同比减少2.12%，占比11.2%；湖南省约1.16亿美元，同比减少16.99%，占比6.7%（表14、图8）。

表14　2023年中国茶叶出口额超亿美元省份统计　　　　　　　　　　　　　　　　　　　　　　　单位：美元

省份	绿茶	红茶	乌龙茶	茉莉花茶	普洱茶	白茶	黑茶	其他花茶	出口总额
浙江	434540138	16230094	3443607	9535126	373268	22206	0	323364	464467803
福建	103068877	28052522	142714240	17545709	1376110	12651136	0	240071	305648665
安徽	241462938	5487593	1327627	1252126	240421	186716	559	135770	250093750
湖北	138211717	45094880	8121327	2561665	1003398	384408	0	29791	195407186
湖南	90316133	15507157	4702663	3590217	1630138	524518	140301	34656	116445783

资料来源：中国海关

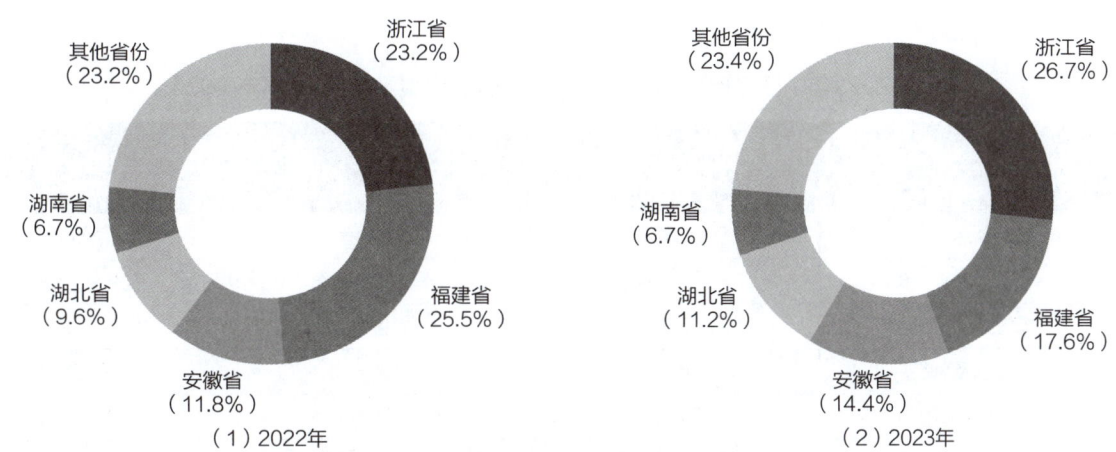

图8　中国茶叶出口额超亿美元省份占总出口额比重

资料来源：中国海关

3．出口均价

出口均价方面，排名前10位的省份（直辖市）中，贵州、福建两省居前两位；其余省份的茶叶出口均价均低于10美元/千克（图9）。

（三）出口国家（地区）统计

2023年，中国茶叶共销往130个国家和地区。其中，出口量超万吨的国家（地区）共计10个，摩洛哥继续排名第1位；出口额超亿美元的目的地共计4个，中国香港居首（表15）。

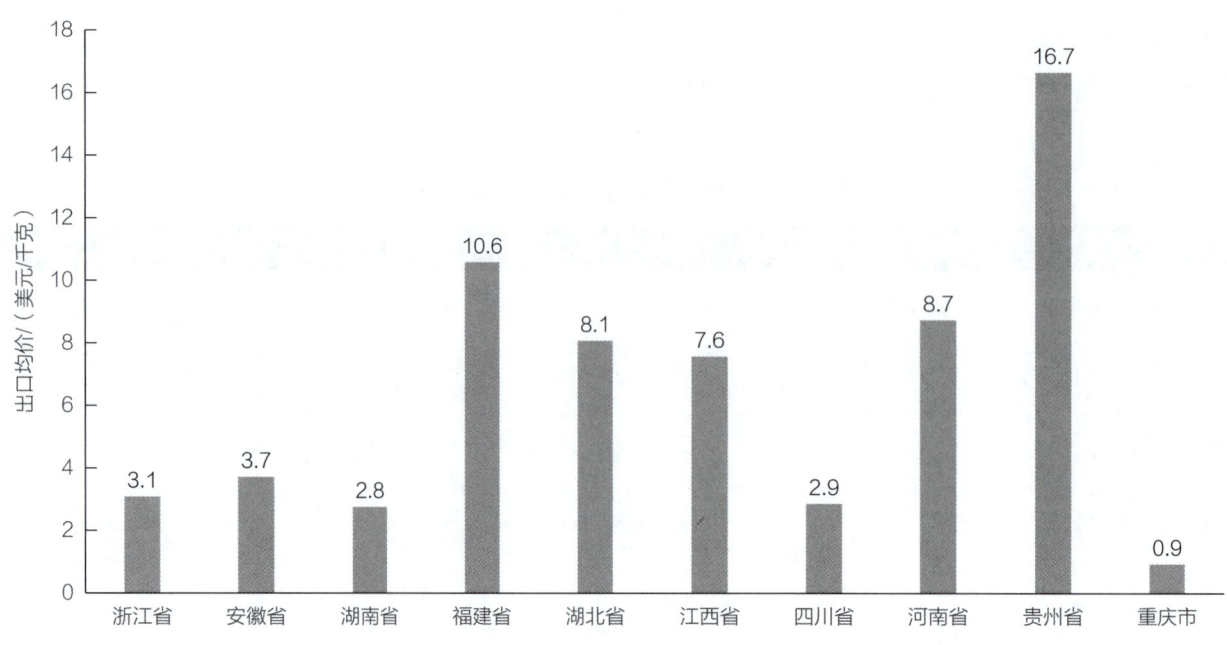

图9 2023年中国茶叶出口量前10位省份（直辖市）出口均价

资料来源：中国海关

表15 2023年中国茶叶出口其他国家或地区出口量及出口额（前20位）

名次	茶叶出口量排名		茶叶出口额排名	
	国家或地区	总量/千克	国家或地区	总额/美元
1	摩洛哥	59831511	中国香港	220235331
2	加纳	35289670	马来西亚	208793390
3	乌兹别克斯坦	27228453	摩洛哥	190075842
4	阿尔及利亚	20265540	加纳	141710820
5	塞内加尔	16677813	阿尔及利亚	70858046
6	毛里塔尼亚	15825529	塞内加尔	69139040
7	俄罗斯	14759323	毛里塔尼亚	67161799
8	马里	11956421	越南	64561272
9	日本	10317711	美国	56125566
10	喀麦隆	10173366	俄罗斯	54195576
11	贝宁	9821960	日本	52545803
12	德国	9000736	乌兹别克斯坦	52101337
13	美国	8619472	马里	50320939
14	中国香港	8334141	德国	35769773
15	马来西亚	8208268	泰国	33773437
16	冈比亚	8048163	贝宁	31182580
17	泰国	7282389	冈比亚	29529465

续表

名次	茶叶出口量排名		茶叶出口额排名	
	国家或地区	总量/千克	国家或地区	总额/美元
18	尼日尔	6767787	利比亚	27248877
19	利比亚	6158819	多哥	22575970
20	波兰	5657037	法国	20212190

数据来源：中国海关

（四）市场情况

2023年，全球茶叶产销格局基本稳定，但囿于世界经济以及全球茶叶总体产大于销的局面，国际茶叶市场景气度仍未好转。中国茶叶出口量在连续两年创造历史新高后，出现适度缩量回调；但出口均价连续两年下降10%以上，并导致出口总额也连续下降10%左右。

综合来看，2023年中国茶叶出口形势欠佳的主要原因：一是国际市场需求疲软；二是国际贸易成本增加，风险加大，利润空间进一步收窄。在国际海运成本飙升的同时，因等船等箱而造成的订单延迟风险普遍存在。同时，美元持续加息政策导致中国茶叶主要出口市场遭遇美元短缺，货币成本大幅提升，企业债务负担加重。此外，中国茶叶出口企业近两年重点消化积压库存，因此向欠发达国家及地区出口的茶叶量增加，附加值低的大包装原料茶出口量也在增多，利润空间进一步压缩。与此同时，新型污染物和农药残留等长期困扰中国茶叶出口的问题也未得到有效解决。

四、相关建议

（一）发挥政策引导作用，持续推进供给侧改革

各茶叶主产区政府要持续严控新增茶园，在保障茶农收益的同时，加快出台老旧低效茶园休耕、改造、退出措施，促进茶园提质增效。持续落实茶叶适区适种、适区适制，根据茶园更新需求，加快推广茶树新品种，推进本地群体种保护，完善现代茶园基础设施建设和机械配套，提升茶园稳定生产能力。促进茶叶加工升级换代，采取实物奖补形式，推动茶机具大规模"以旧换新"工作，规范"二手"茶机具的线上线下交易。推动产业融合发展，出台支持茶旅发展专项政策，按茶园面积配比茶旅建设用地，鼓励茶庄园、茶景区、茶叶小镇建设。鼓励有条件的茶区推进农业社会化服务体系构建，大力发展全产业链社会化服务，促进节本增效，引导茶产业从产品结构性调整向供应链结构性调整转变。规范茶叶营销活动，加强区域公用品牌、产品品牌建设，支持龙头企业品牌化发展。鼓励有条件的茶企加大科技创新转化力度，开发更多适应市场的高附加值产品。

各产区政府要因地制宜，立足促进茶产业高质量发展，深入探索适合本区域特色的茶产业发展模式，做好顶层设计，制定可行规划，坚持久久为功。要研究制定出台地方法规、条例等措施，引导茶

产业绿色发展，促进茶产业规范经营。要坚持"以人为本""先立后破"的原则，引导并扶持骨干茶企深入理解并挖掘新质生产力，积极探索茶产业与未来产业的融合发展路径及方式，做好"土特产"这篇大文章。

（二）多措并举促进消费，持续复兴国内市场

政府部门应出台实质性政策，鼓励传统茶文化与消费新需求有机融合，推动商旅文体融合消费新场景的打造；支持茶知识、茶文化的普及传播，规范茶文化传播中心的线上、线下建设，支持行业组织、茶企举办具有影响力的商业活动及国际茶事活动；扩大服务消费，支持新中式茶馆、共享茶馆、主题餐厅及茶浴、茶肆等服务业态的发展；鼓励茶业电商有序发展，推动电商标准体系与诚信体系建设，构建良好的营商环境；扶持茶企拓展数字经济新渠道、新模式、新业态，推动以科技创新带动产品创新，以丰富优质茶叶商品的市场供给；支持有条件的茶企应用"区块链+数字经济"的运作模式，拓展金融数字服务及延伸服务。

（三）文化引领精准扶持，持续推进海外拓展

政府部门应根据当前国际贸易格局的变化，对茶产业的下一步发展给予新的配套政策和措施，引导、支持中国茶在世界范围内，尤其是重点区域市场，扩大茶文化、茶生活方式的宣传推广和品牌打造；发挥税收导向与积聚能力，变革退税方式，补强短板，加速培育龙头企业、国际品牌；进一步加强与国际海关组织、国际经贸组织的沟通协调与互利合作，顺畅国际贸易关系；鼓励品牌茶企及新茶饮企业在海外开设特色体验店和连锁店；加大力度支持有条件的企业探索和建设境外茶叶交易中心和海外仓；应发挥行业组织在国际舞台上的特殊地位和作用，以更具话语权的专业营销组织机构作为龙头，精准对接国际市场；加大行业资源与宣传资源的整合力度，打造中国茶品牌的统一形象，提高诚信度、知名度、美誉度，扩大市场份额，实现更大的品牌价值。

（四）坚定信心转变观念，强基固本顺势而上

随着我国经济的发展，我国茶产业已进入由大变强、爬坡过坎的关键期。广大企业应坚定发展信心，坚持发展定力，保持清醒头脑，发挥自身所长，适应时代变化；应把握大健康时代、人工智能（AI）等现代科技进步、茶文化复兴与弘扬、行业整体性成长、产业创新型融合及新式中国茶走向国际市场等变化带来的发展机遇，更多着眼于消费增量，发力在消费需求和场景；应在增强自身的专业能力、经营能力及整合各方资源能力的同时，更加重视并加强与合作伙伴的相互赋能。

（执笔人：梅宇、梁晓）

（注：本报告基于中国茶叶流通协会独立调查，版权为中国茶叶流通协会独家所有。如需引用或转载，请务必注明出处。联系电话：010-66094152。）

2023中国茶叶消费市场报告

中国茶叶流通协会

内销市场是茶叶经济发展的重要晴雨表。2023年，茶叶消费在春茶展现出较好的复苏态势，市场客流量有所增加，市场需求逐步回升，茶叶品类丰富度提升；后期受整体消费环境等因素影响，需求复苏缓慢，内销情况略低于预期。服务型消费、质价比消费、健康消费、品牌消费、茶文化消费等成为茶叶市场增长与创新亮点。

一、茶叶消费发展环境分析

习近平总书记在重要文章《当前经济工作的几个重大问题》中明确指出："必须大力实施扩大内需战略，采取更加有力的措施，使社会再生产实现良性循环。""充分发挥消费的基础作用和投资的关键作用"。

2023年，消费场景全面开放，中国消费市场发展相对稳定，呈现较好的恢复态势，成为2023年带动经济恢复的重要力量。但是，消费市场同样面临国内外经济大环境和国内人口结构变化等因素的持久影响，消费子行业进一步扩容空间有限。党中央、国务院与各部委相继出台一系列扩内需、促消费政策，为我国消费市场尽快恢复活力、持续提质升级保驾护航，全年社会消费品零售总额实现47.1万亿元，同比增长7.2%。

（一）消费市场呈阶段性恢复

2023年，党中央将恢复和扩大消费摆在经济工作中的优先位置，出台了一系列提振居民消费、稳定经营主体信心的政策措施，消费作为我国经济增长"压舱石"的基础作用进一步凸显。

近三年，接触型、聚集型消费场景被抑制，消费市场受到较大冲击。2023年，我国消费场景全面放开，消费潜力得到有效释放，市场呈现阶段性恢复特征，年初以来经历了由消费场景恢复为主要驱动力的"反弹式"增长阶段，年中伴随消费者信心逐步回暖、消费动力逐步增强，逐步进入到以内生动力为主的平稳式恢复阶段，消费市场恢复态势进一步巩固，并向"N型"消费增长趋势演进。据国家统计局发布的数据，社会消费品零售总额471495亿元，同比增长7.2%。按消费类型分，商品零售418605亿元，同比增长5.8%；餐饮收入52890亿元，同比增长20.4%。最终消费支出对经济增长的贡献率为82.5%，达到2000年以来的最高点，是经济增长第一拉动力。2018—2023年社会消费品零售总额同比增长趋势见图10，2014—2023年我国消费贡献率见图11。

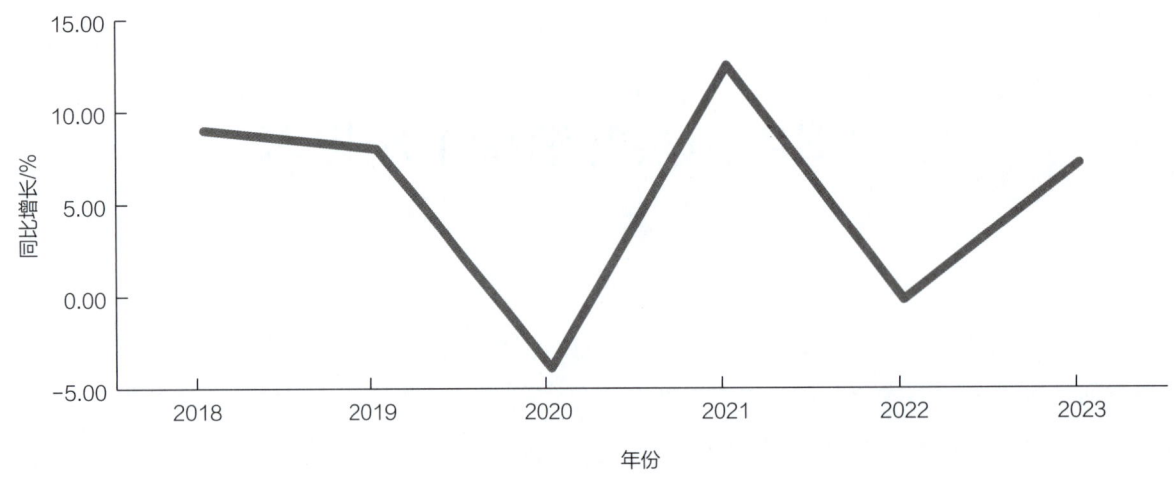

图10　2018—2023年社会消费品零售总额同比增长趋势

资料来源：国家统计局

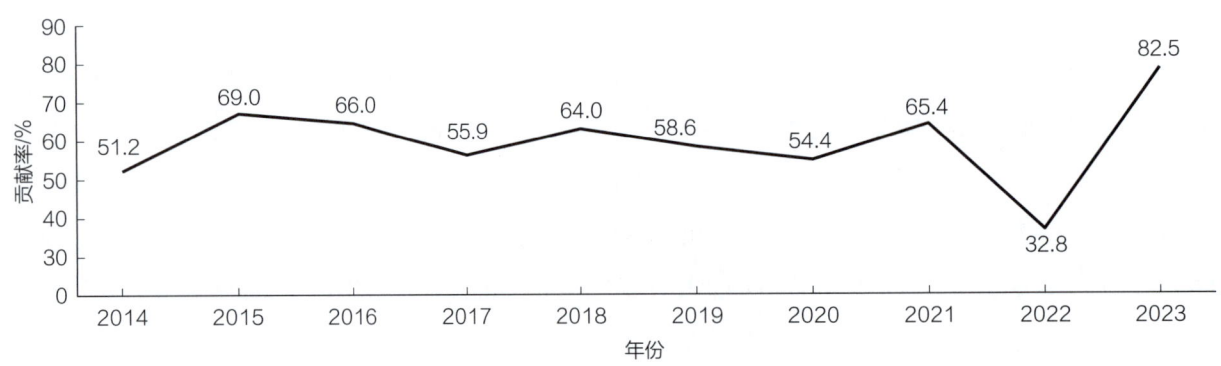

图11　2014—2023年我国消费贡献率

资料来源：国家统计局

（二）服务消费迅速复苏

生活性服务业迅速复苏，服务消费增速较快。2023年，社会消费品零售总额471495亿元，同比增长7.2%，规模再创历史新高。其中，餐饮、出行等服务消费持续较快恢复，文旅消费市场明显回暖。2023年，服务零售额同比增长20.0%，增速比1月至11月加快0.5个百分点，比前三个季度加快1.1个百分点；服务零售额增速高于同期商品零售额增速14.2个百分点。居民外出旅行意愿增强，文化旅游市场持续火热，带动住宿、餐饮、交通、文旅等服务消费快速增长。2023年，全国餐饮收入比上年增长20.4%。其中，12月餐饮收入同比增长30.0%，增速比11月加快4.2个百分点；全年限额以上住宿业单位客房收入实现两位数增长。中秋、国庆假期国内出游8.26亿人次，实现旅游收入7534.3亿元，按可比口径分别同比增长71.3%和129.5%，较2019年分别增长4.1%和1.5%，展现出我国消费的强大活力。

（三）线上消费保持较快增长

2023年全国网上零售额154264亿元，同比增长11.0%。其中，实物商品网上零售额130174亿元，同比增长8.4%，占社会消费品零售总额的比重为27.6%，占比较2022年同期提高0.5个百分点，线上消费份额进一步得到提升。"双十一"促销期间（11月1—11日），全国邮政快递企业共揽收52.64亿件快递包裹，同比增长23.22%，再次刷新纪录。

作为服务型消费的一部分，线上服务消费加快发展，生活服务平台加快推出和迭代服务产品，带动在线旅游服务消费同比增长241.1%、在线文娱类消费同比增长94.9%，消费品类开始向线上服务消费转换。2016—2023年实物商品网上零售额变化见图12。

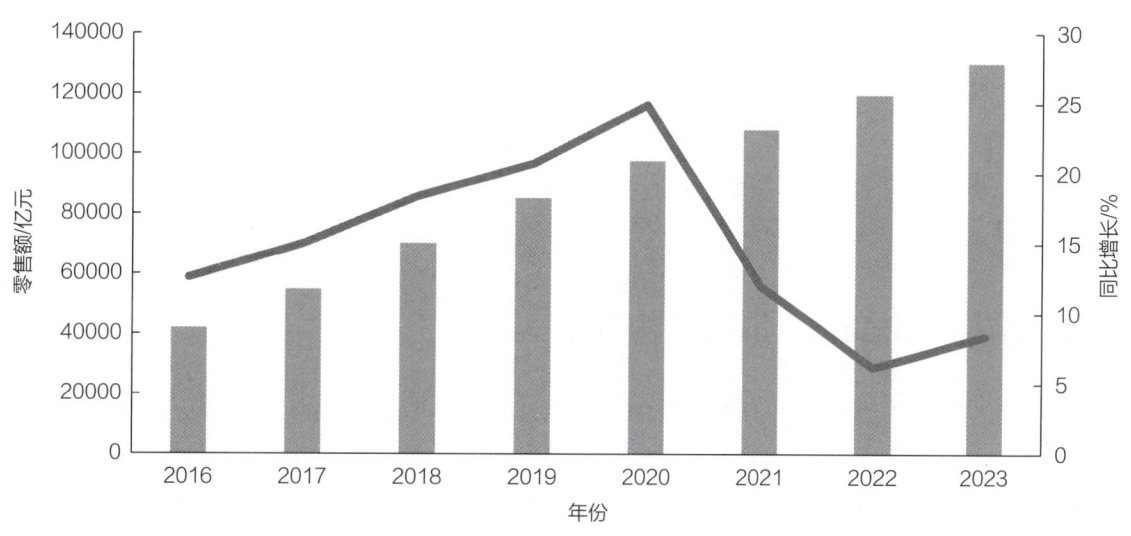

图12　2016—2023年实物商品网上零售额变化

资料来源：国家统计局

在线服务消费则更加多元。在线旅游、在线文娱和在线餐饮销售额合计对网上零售额增长贡献率23.5%，拉动网上零售额增长2.6个百分点。去年，在哈尔滨冰雪季、贵州村超等一系列旅游亮点带动下，在线旅游销售额同比增长237.5%；在线文娱销售额同比增长102.2%；在线餐饮销售额同比增长29.1%，占餐饮消费总额比重进一步提高到22.2%。

（四）消费新业态、新热点持续涌现

新一代信息技术发展，数字经济新动能催生消费新模式新场景不断拓展，形成市场亮点，新行业、新品类爆发式增长。数字、绿色、健康、文娱等消费板块快速发展，智能家居、文娱旅游、体育赛事、国潮产品等消费热点不断升温，为消费市场提质扩容增添动力。例如，以电竞、骑行、滑雪等为代表的"多巴胺经济"火爆，数据显示：我国电竞人群规模已超过5.2亿人，特别是电竞成为杭州亚运会比赛项目，电竞相关消费更受年轻人喜爱。2023年"双十一"期间，杭州亚运会官方电竞椅开卖首小时成交额同比增长超过35.9倍。骑行、滑雪等户外运动消费也呈爆发式增长，2023年"双十一"期间相关户外服装类产品同比销售增长达300%。同时，以线上直播为代表的沉浸式、体验式、互动式消费新模式延续增长势头，热度不减。产品创新更加开阔、亮点频现，9月初瑞幸和茅台联名推出"酱香拿铁"，首日销量突破542万杯，销售额突破1亿元。

（五）经济增速放缓，消费信心不足隐患仍存

2023年，全国居民人均可支配收入39218元，比上年名义增长6.3%，扣除价格因素，实际增长6.1%。分城乡看，城镇居民人均可支配收入51821元，增长5.1%，扣除价格因素，实际增长4.8%；农村居民人均可支配收入21691元，增长7.7%，扣除价格因素，实际增长7.6%。居民可支配收入累计比增较2022年全年的5%有了显著改善，但依然低于2021年全年的9.1%以及2019年全年的8.9%。

居民收入增速放缓，影响和制约居民消费能力提升。2023年全年，全国居民消费价格指数（CPI）比上年上涨0.2%。分类别看，食品烟酒价格上涨0.3%，衣着价格上涨1.0%，生活用品及服务价格上涨0.1%。与前几年相比，全国居民消费价格指数温和上涨。同时，黄金消费价格在高位的逆势增长反映了市场明显的避险情绪。

（六）人口结构发生变化，消费结构调整

劳动人口总量连年下降，劳动力平均年龄持续升高，我国人口结构发生变化，为消费行业带来新趋势。2021年，我国劳动力平均年龄从32.25岁增加到39.42岁。国内人口结构变化对消费市场的持久影响日益明显，衣、食、住、行等主要消费市场均呈现出新的变化态势，行业调整变化明显。受人口结构限制，多个消费领域进一步扩容空间受到限制，住房、教育、交通、出游等行业均涌现出新的发展态势。

二、茶叶消费发展情况与特点

2023年，我国茶产业在面对有效内需不足、外需较弱且复杂多变的市场环境中，生产提质提量，促进产业路径多元化、产业链细分化。尽管受到干旱气候影响，2023年全国早春茶略有减产，但春茶季后期及夏秋茶增产带动了全年茶叶总产量的持续增长。年内，各地重视控制茶园面积增长，新增茶园面积增幅持续收窄，产能增长后续压力逐步缓解。全国干毛茶产量达到333.95万吨，干毛茶总产值3296.68亿元。各地持续推进绿色低碳转型、技术集成示范，产业路径多元化、产业链细分化的趋势明显。多地实现"单季茶"向"三季茶"扩容。各产区高度重视品牌建设与市场拓展，茶事活动空前兴盛。

2023年，中国进口茶叶约3.90万吨，同比减少5.48%；进口额约1.46亿美元，同比减少0.27%；均

价3.75美元/千克，同比增长6.1%。其中，进口红茶和黑茶的数量均有增加；进口红茶、乌龙茶的金额微增；进口绿茶、乌龙茶、普洱茶的均价有所上涨。斯里兰卡仍为最大的进口茶来源，年进口量约1.21万吨。

（一）茶叶消费发展情况

2023年春茶季茶事活动密集，商流、物流、信息流的畅通，为内销市场贸易流通奠定良好基础。销区市场客流量有所增加，市场需求逐步回升，茶叶品类丰富度提升，消费者消费理念发生变化，更加关注品质和品牌，中档茶成为市场主力。但后期，受整体消费环境等因素影响，消费需求复苏缓慢，原叶茶内销情况不尽如人意。据中国茶叶流通协会统计，2023年茶叶国内销售量达240.4万吨，增长0.7万吨，同比增长0.3%，与往年基本持平；内销总额3346.7亿元，减少48.5亿元，小幅回调约1.4%，总体表现不及预期。根据茶叶主销区域对市场的调查（河南省茶叶商会），消以近三年的茶叶采购量测算相，44.3%的消费者基本持平，31.4%的消费者有略微减少，11.61%的消费者有明显减少。总体上看茶叶消费需求稍有下降，但已趋于平稳。2011—2023年中国茶叶内销总量见图13。

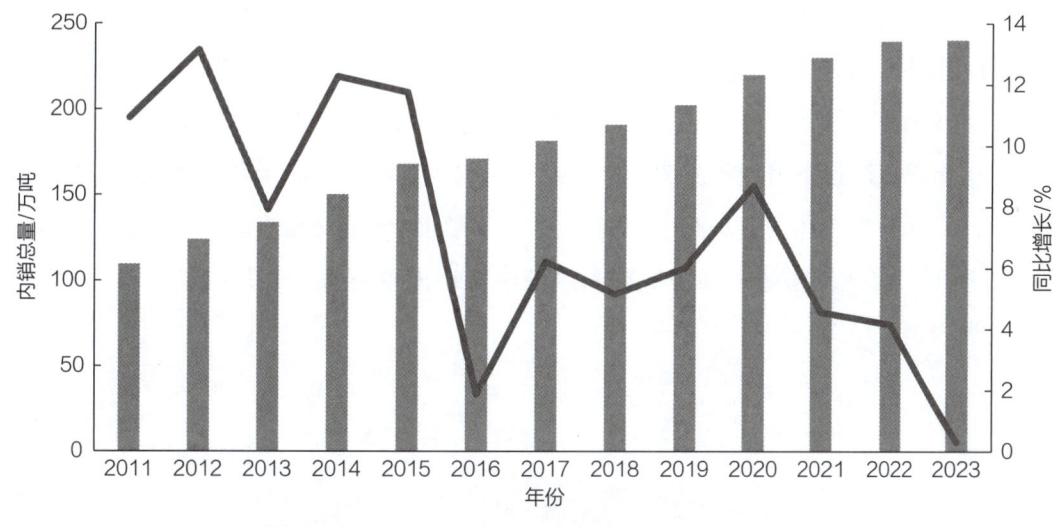

图13　2011—2023年中国茶叶内销总量

资料来源：中国茶叶流通协会

2022年，中国茶叶内销均价为139.2元/千克，同比下降1.7%。从2018年开始，茶叶内销均价受到整体消费环境和流通情况的影响，起伏调整。在经济放缓增长的背景下，消费者回归于基础需求，开支预算谨慎，整体消费能力受到制约，消费者趋向性调整，更加侧重性价比和中档茶区间，内销市场均价温和回调。2011—2023年中国茶叶内销总额及均价见图14。

分茶类来说，2023年内销市场的分布：绿茶内销量128.9万吨，同比减少1.6%，占总内销量的53.7%，内销额1978.3亿元，同比减少6.3%，占内销总额的59.1%；红茶37.9万吨，同比减少0.7%，占

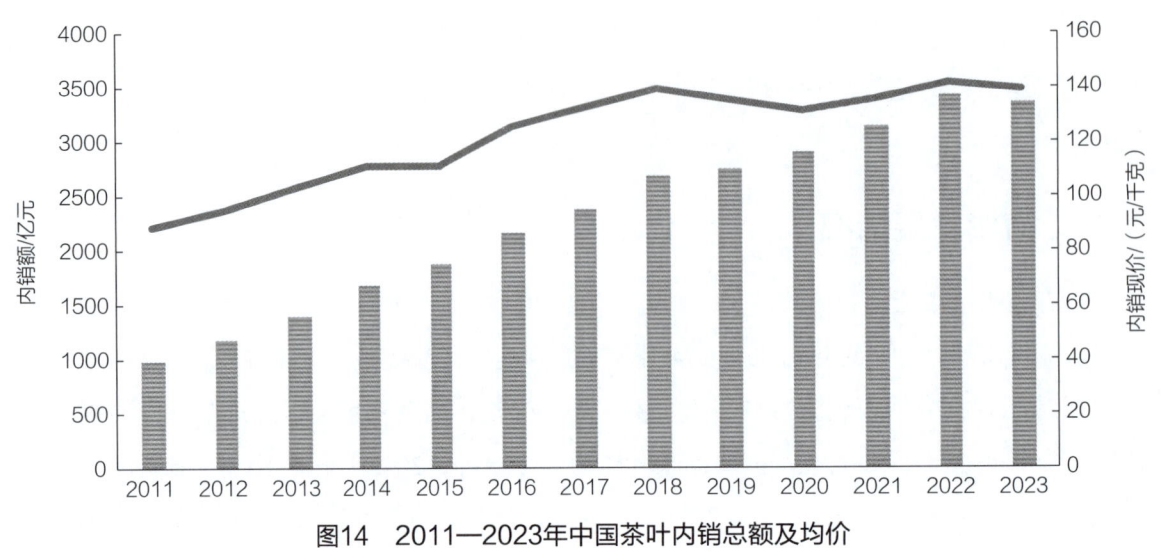

图14 2011—2023年中国茶叶内销总额及均价

资料来源：中国茶叶流通协会

总内销量的15.7%，内销额560.9亿元，同比减少0.6%，占内销总额的16.8%；黑茶37.8万吨，同比增长3.7%，占总内销量的15.7%，内销额358.6亿元，同比增加11.6%，占内销总额的10.7%；乌龙茶25.6万吨，同比增长3.2%，占总内销量的10.7%，内销额311.0亿元，同比增加9.3%，占总额的9.3%；白茶8.3万吨，同比增长1.6%，占总内销量的3.4%，内销额107.5亿元，同比增长6.9%，占总额的3.2%；黄茶1.9万吨，占总内销量的0.8%，内销额30.4亿元，占内销总额的0.9%。六大茶类中，内销量占比最大的绿茶首次出现内销量下滑，最主要的原因是受2022年夏秋季高温干旱天气及2023年春季干旱气候的叠加影响，以绿茶为主体的春茶产量明显减少，影响到年绿茶交易流通总量。在市场增速与格局整体调整的背景下，前几年增速较高的红茶和白茶增长均出现下滑，红茶内销量小幅缩减。2018—2023年六大茶类内销量见图15。

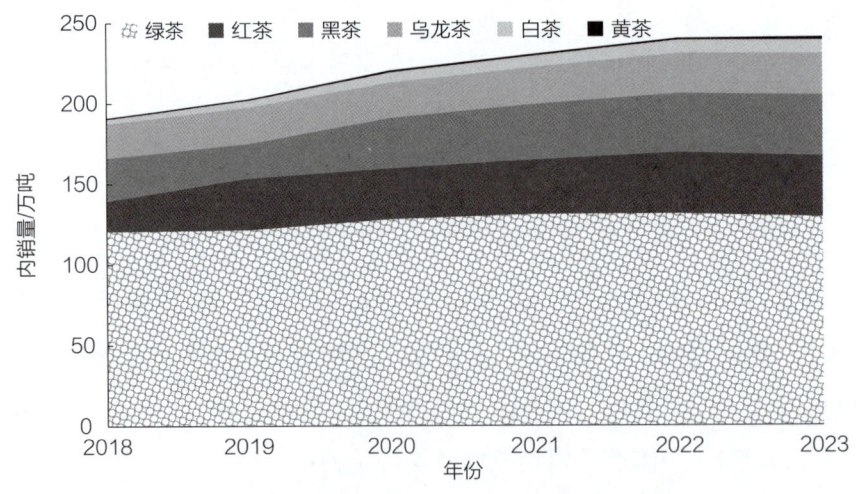

图15 2018—2023年六大茶类内销量

资料来源：中国茶叶流通协会

在各茶类中，绿茶内销均价153.4元/千克，同比降低4.7%；红茶148.1元/千克，微增0.1%；黑茶94.9元/千克，同比增长7.6%；乌龙茶121.3元/千克，同比增长5.9%；白茶130.2元/千克，同比增长5.3%；黄茶157.5元/千克，同比增长24.4%。从均价上看，受到早春名优茶减产的影响，绿茶均价出现下滑；红茶价格回升有所减缓，与上年基本持平；黑茶、乌龙茶、白茶在前几年价格陆续调整后，均价增长；黄茶则随着市场认知的提升，均价大幅提升。2019—2023年六大茶类内销均价见图16。

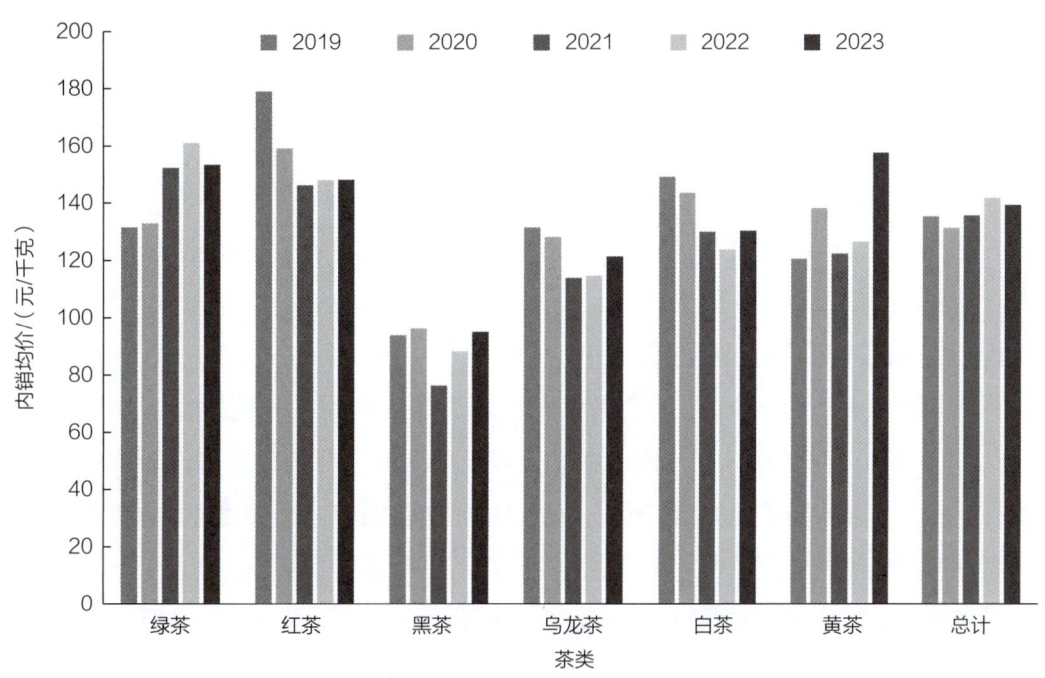

图16　2019—2023年六大茶类内销均价

资料来源：中国茶叶流通协会

（二）茶叶消费市场呈现的主要特点

1．服务型消费需求加快释放

以新式茶饮、茶文旅消费为代表的茶叶服务消费较快回暖是2023年消费恢复的一大亮点。人流、物流恢复顺畅之后，各地茶事活动呈井喷式增长，围绕茶叶产业链延伸的建设积累和各项政策措施落地显效，茶叶文旅市场率先回暖，恢复动力不断增强。新式茶饮在居民外出消费意愿明显提升的影响下，延续了高速增长态势。据中国茶叶流通协会调研数据，2023年全国新茶饮门店数突破50万家，销售额继续快速增长，市场规模接近1500亿元。以原料供应链升级为切入点，加强与名优茶产区联动，创新开发和宣传基底茶的优质特征，在借助传统名优茶丰富资源进行创新的同时，提升消费者对产品品质的认知。例如，奈雪的茶于2023年年初推出"寻香中国茶"项目，联动制茶技艺非遗传承人，并以微电影的形式加强了故事性，通过研发创新为消费者带来了年轻化的新茶饮体验，实现销量、口碑双丰收，中秋国庆期间，项目系列茶饮销量突破300万杯。服务型消费快速发展的重要技术支撑是与线上消费的深度融合，借助大数据技术、文旅服务线上化等创新不断进行产品迭代，提升消费的便捷度和获得感。

2. 质价比消费推动行业变革

贵士移动（Quest Mobile）《2023年新线（新消费前线城市）市场用户洞察》报告显示，新线用户追求体验感和松弛感的生活方式，在消费上不盲目求贵，而是寻求满足需求的同时也能实现物有所值。茶叶产品构成和内销市场均价的变化表明，茶叶消费主流观念已从礼品消费、符号价值消费逐步转向品质消费、性价比消费。以今年成长性较好的茶类白茶为例，在销区山东济南，根据当地市场的调研，受到多方面因素影响，2023年白茶市场价格有一定的下降，重要的原因之一是整体市场环境的走弱。此外，消费者衡量茶叶价值也更为理性，如2023年老白茶库存消耗较慢、增值幅度回落，价格浮动较小，更多消费者回归其饮用属性，大单存茶的现象减少，便于冲泡的产品更受市场青睐。新的消费趋势下，消费者在选择时，更倾向从专业角度关注茶叶产品和服务带来的实际效用，消费心理逐步走向成熟、消费行为趋于理性。

3. 绿色、健康成为市场普遍需求

据有关机构调查显示，63.3%的中国消费者表示喝茶的主要原因是保健养生，61.3%的消费者表示喝茶已成为一种生活习惯，而出于休闲放松和提神而喝茶的消费者分别占比59.0%和31.6%。消费者健康意识持续提升，健康需求成为全年龄段消费者的常态化需求，不仅健身、保健产品等领域消费提升，消费者在其他领域的健康消费意识也在迅速觉醒，并且延伸到了各类产品、服务消费、生活方式上。无论是茶叶功能性成分所关联的身体健康，还是休闲饮茶所代表的生活方式，都成为促进茶叶消费的重要因素。以有机茶产品认可度提升和绿色包装治理普及为代表，越来越多的节能、环保、绿色元素融入茶叶产品中，绿色低碳消费理念已经成引领茶叶经济高质量发展的一股强有力的新潮流，具备绿色生态特征的茶叶产品获得了更好的市场竞争力。

4."市场温差"彰显品牌势能

茶叶消费温和恢复的同时，在品牌和渠道间"市场温差"部分显现：一是宏观观测茶叶市场形势"温和"，但部分企业、茶类和渠道感到"偏寒"；二是部分板块茶叶消费明显"回暖"，特别是品牌消费和服务消费恢复较快，但有些领域感到消费"偏冷"。这其中，各渠道间的差异尤为明显，作为茶叶销售的主要通路，品牌专卖店、专业市场、商超卖场、集中采购及网上交易等渠道消费恢复情况呈现较大差异。随着传统实体渠道逐渐修复，销售情况总体向好。据调查，2023年，在茶叶线下销售通路中，品牌专卖店的销售业绩回升最快，相较于2019年，店均同比增长20%~40%；而在城市中，茶叶专业市场、商超卖场及茶馆的业绩回升相对较缓，2023年仅恢复至2019年的60%~70%。无论是几年前的"抗压能力"，还是之后的恢复性增长，品牌茶叶呈现出更为强劲的态势，品牌消费在茶叶消费中的占比逐年提升。

根据中国茶叶流通协会对行业重点企业的调研，样本企业在2023年实现茶叶销售量、销售额、销售均价分别同比增长4.72%、7.62%和2.76%，均优于整个产业平均水平；其中样本企业直营店和加盟

店年销售额增长分别达7.20%和6.74%。这一期是同样体现在茶叶电商领域，更倾向于企业品牌私域流量的企业自有平台在2023年整体表现亮眼。样本企业各电商渠道中，企业自有平台销售量、销售额、销售均价分别同比增长34.07%、50.44%和12.21%，明显优于整体茶叶电商的增长水平；其中，企业自有平台销售均价在2023年提升至215.99元/千克，成为样本销售均价最高的电商平台。2022—2023年行业重点企业在不同电商平台销售变化情况见图17。

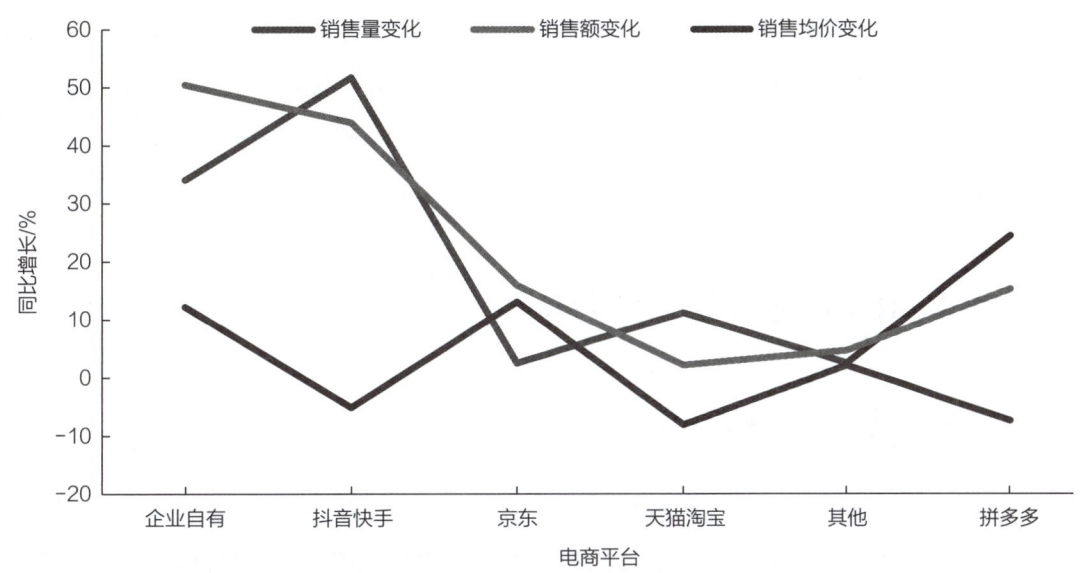

图17　2022—2023年行业重点企业在不同电商平台销售变化情况

资料来源：中国茶叶流通协会

5．消费群体丰富多样孕育多类型亮点

2023年，茶叶消费出现众多新亮点，其背后是茶叶消费人群的年轻态和多元化。相关机构调研数据显示，中国茶叶线上消费者中，19～30岁人群占比已达46.8%，超过了31～40岁人群的37.6%，年轻人正逐渐成为茶叶消费的主力军。继茶叶电商、新式茶饮、新式袋泡茶等热点之后，茶叶消费热点事件多类型发展。

据京东消费及产业发展研究院联合京东超市发布的《2023咖啡与茶消费洞察》显示，2023年以来，"围炉煮茶"搜索量环比提升2.5倍。"围炉煮茶""围炉冰茶""沉浸式饮茶""茶BA""轻茶饮"等热点消费事件相继助推市场发展，市场孵化培育与新青年生活方式融合。这是茶叶消费者群体年轻态、多样化、多层次化的必然选择，行业发展逐步倾向由消费者引导创新的良性模式。这也表明，茶叶消费升级的基本动力是随着人们基本消费的满足后。追求服务消费、精神消费、品质消费、文体消费等满足更多精神层面的需求。

6．优秀传统文化激发消费新动力

随着中华优秀传统文化创造性转化和创新性发展，经典国货持续提升、国潮新品快速崛起，中国品牌的自信力、影响力、感召力不断增强，推动我国消费者的民族情感和文化自信与日俱增，优秀传统文化深入人心，并已成为消费市场中最具吸引力的体验元素。近年来，茶文化元素在国内外市场取得了巨大成功，年轻一代对传统茶文化的兴趣和热爱日益增加，学茶、购茶、饮茶、乐茶已成为年轻消费者追求独特、个性化国潮消费的重要方式。茶叶品牌更加注重茶文化元素的传承和创新，将其融入产品设计、宣传推广等方面，形成独特的文化符号和品牌形象。新茶饮品牌——书亦烧仙草在中国传统节日春节开展新春创新营销。通过包材玩法、集符等营销活动品，在无外部知识产权（IP）加持情况下，通过优质内容的传播，实现高曝光及用户自传播与互动效果。活动期间，抖音平台相关视频内容总播放7.5亿次，创意包材引发众多消费者进行二创，实现销量的大幅增长：小程序复购人数增长57.5%，复购率上升36%，下单用户增加4.01%，订单量增加10.37%，杯量增长4.7%，商品交易总额（GMV）同比增长8.7%。

三、茶叶消费市场发展形势展望

（一）茶叶消费发展环境趋势预测

中央经济工作会议对2024年经济发展提出"稳中求进、以进促稳、先立后破"的总体要求，并指出，要多出有利于稳预期、稳增长、稳就业的政策，要强化宏观政策逆周期和跨周期调节，继续实施积极的财政政策和稳健的货币政策。在有利于高质量发展的经济政策推动下，我国经济增长的潜力将得到进一步释放，为消费市场提质扩容提供更加坚实的保障。

就茶产业而言，产业多年来聚焦产业链建设、不断夯实供给能力形成的优势正在陆续释放，供需不匹配矛盾逐步缓解，产品和服务供给短板——低端过剩和高端供给不足的结构性问题也通过科技释能、新理念的引入等方式得到部分缓解。

在5G、人工智能、虚拟现实技术（VR）/增强现实技术（AR）、万物互联等现代信息技术带动下，茶叶消费产业链加速重构，从直播购物、新式茶饮到在线文旅、智能泡茶，依托新技术、新业态、新模式的消费新场景陆续出现、快速发展，不断催生出新的茶叶消费增长点，展现出强劲的发展活力和市场发展空间，给茶叶消费扩容与市场发展带来新的支撑力量。

消费升级将继续成为茶叶消费发展中的主流趋势特征，将随着消费群体、消费理念等变化和丰富而发生新的变化，更加注重以茶消费为媒介对生活品质和体验的提升，通过与数字、绿色、健康等领域的互动产生新的消费增长点。

（二）茶叶消费市场发展趋势展望

1. 以新质生产力推动市场高质量发展

新质生产力是粗放型发展方式转型为高质量发展的重要途径。茶叶消费市场高质量发展，要通过科技创新进而推动产业创新变革，借助各项前沿技术催生消费领域的新产业、新模式、新动能，发展新质生产力，推动产业由劳动密集型向知识技术密集型逐步转变。茶叶企业可以通过充分运用大数据、人工智能、互联网、云计算等新一代信息技术指导产销，促进传统生产要素与数智化技术的融合，从而提高茶叶产品的产出效率和与市场需求相匹配的程度；积极开展与新业态的跨界合作，与数据信息等发展要素紧密融合，探索和丰富消费场景，不断丰富消费触点，催生出更多茶叶消费的新产品、新模式、新业态。

2．以提升产品与服务品质满足消费升级需求

在商品消费趋于理性，消费者对茶叶的选择更加侧重性价比的同时，品牌消费占比提高、服务消费质量持续提升、茶文化助力市场拓展成为茶叶消费升级的重要方向，引导市场发展由流量增长模式逐步转变为品效结合模式。茶叶消费市场在稳固原有传统消费格局的同时，可以聚焦以上几种方向和业态，以品牌建设为主要增长赛道，加大力度扩大配套服务供给，积极提升产业文化内涵，为吸引客群、市场扩容注入新动力。鼓励优势企业开展个性化定制和柔性生产，支持市场经营主体创新及创新投入，形成"研发—市场"互促的正循环。

3．以供应链核心优势应对市场环境的变化

打破渠道壁垒、实现一体化战略规划，加快提升供应链核心竞争力，以产业资源特征和品牌优势为核心，建立安全可靠、高质高效、具备差异化优势的供应链体系。夯实生产基础，加强源头基地建设，巩固"茶农+合作社+茶企"的合作模式，形成供应链的差异化优势；利用数字技术，加强联动，整合产业链上下游数据，实现供需两端的协调优化；加强供应链各环节的成本管理、效率管理，在市场热点加速涌现中，以管理效能提升快速响应效率。例如，黄山市小罐茶的"超级工厂"通过人工智能除杂机器人采用人工智能神经网络系统、全自动灌装生产线、端到端的数据实时传输、数字化追溯等技术，每天可以完成200千克毛茶的筛拣除杂工作，相当于50~60个挑茶工的工作量。近三年来工厂带动黄山全市5000多户茶农年人均增收2500多元，带动茶农收入增幅13%以上，实现产业多赢。

4．以消费场景的丰富激发产品市场活力

创新茶事活动，加强跨界联动，拓展茶叶消费场景，组织开展形式多样、丰富多彩的活动普及茶叶消费，打造更多茶旅文体融合消费新场景，营造多元化消费氛围，激发消费市场活力。鼓励茶叶企业尝试跨渠道和业界拓展业务，促进传统业态借助数字化、新业态、新模式转型升级，加快线上和线下消费融合发展。

（执笔人：李佳禾、肖星）

2023中国茶业品牌发展报告

中国茶叶流通协会品牌发展工作委员会

茶叶是具有深厚文化底蕴和广泛国际影响力的"中国名片"。随着我国经济社会的持续发展，茶叶品牌建设受到普遍重视，行业整体品牌意识持续提升。中国茶叶流通协会始终坚持全面贯彻落实习近平总书记关于茶产业和品牌建设的重要指示批示精神，按照党中央、国务院品牌建设工作要求部署，积极发挥行业服务职能，努力搭建多元化品牌交流合作平台，全面推进国茶品牌提升，助力茶产业高质量发展。

一、品牌建设的工作成效和发展趋势

近年来，我国茶产业始终保持良好发展态势，产业规模持续扩大、经济效益稳步增长、综合实力不断增强。目前，我国茶叶种植生产规模和市场消费量均位居世界首位，2023年我国茶园面积达到5149.76万亩，茶叶总产量达到333.95万吨，茶叶农业产值（干毛茶产值）达到3296.68亿元。经过多年建设发展，我国茶叶品牌整体数量和质量均有了大幅提高，品牌经济已逐渐成为我国茶产业发展的重要引擎和强大推力，形成了以企业为主体、以市场为导向，政府推动、社会共建的茶业品牌发展态势。

（一）品牌建设的工作成效

1．涉茶品牌数量上升明显

截至2023年年底，我国现有各类茶叶生产经营主体153.5万～154.9万家，主要分布在广东、福建、云南、安徽、湖南、山东、湖北、浙江、河南等省（自治区、直辖市），合计占比达75%；其中，广东、福建两省茶企合计占比超过30%。茶叶类登记注册商标总数超过150万件（约占全国商标有效注册总数的5.2%），全国共有131个茶叶产品获得了地理标志产品保护，已注册茶叶类地理商标400多件、中华老字号（茶叶类）48个、马德里国际注册商标约1000件，28个茶叶地理标志产品入选首批中欧地理标志协定保护名录。2023年5月10日，中国茶叶流通协会首次公开发布2023茶业品牌（产区品牌、企业品牌和产品品牌）强度调查信息结果。同时，各茶叶主产销区也相继培育出了一批具有较强影响力和竞争力的全国知名品牌及地方特色品牌，形成了以安溪铁观音、安化黑茶、安吉白茶、武夷岩茶、西湖龙井、洞庭山碧螺春、英德红茶、横州茉莉花茶、信阳毛尖、梧州六堡茶、福鼎白茶等区域公共品牌和以中茶、湘茶、三鹤、大益、竹叶青、品品香、八马、华祥苑等知名企业品牌为核心的产业产品集群。

2．企业品牌建设和传播力度不断加大

企业是品牌建设的主体，目前我国有146.3万家（占各类茶叶生产经营主体的95%以上）茶企（合作社）拥有自有品牌，品牌传播经费预算也以平均5%以上的速度逐年增加。全国120余家茶叶重点企业均建立了品牌国际化意识，其中半数左右的企业已经开始逐步探索品牌国际化之路，找准品牌定位、实现品牌创新、增强品牌意识已成为大多数茶企品牌建设的重要策略。

3．政府对品牌建设的支持力度持续加大

2023年，各级地方政府部门对于品牌建设与传播工作均高度重视。各茶叶主产省（自治区、直辖市）相继出台推动品牌建设专项政策，引导支持茶业品牌"走出去"；品牌建设相关内容也纳入地方重点发展的工作中，以质量提升促品牌发展成为品牌政策的重点。

（二）品牌建设的发展趋势

1．品牌传播日趋多元化

随着传播媒介的多元化发展，传播触点和方式日渐丰富，品牌传播资金投入的有效性在提高，品牌传播成本下降。与此同时，企业为了提升品牌影响力，普遍都会持续增加品牌传播的年度预算。当前，新媒体平台支撑下的传播媒介众多，如微博、微信、视频网站、App等，消费者可以通过这些社交载体与品牌零距离接触，并获得立体的品牌体验。如果企业能够及时跟进消费者的反馈，就能够获得更丰富、精准的信息，可以对客户群传播的整体情况有更好的把握。另一方面，媒介碎片化也导致很多企业粗放式的媒介策略失效。

2．传统媒体和新媒体融合发展成为品牌传播新途径

随着传统媒体和新媒体的发展，企业品牌传播不再局限于某一渠道、某种形式，而是以多元化的方式和形象出现，这种品牌传播方式和体系将具有更好的社会效果和影响力。当前，我国茶企中使用频率最高的传播媒介是互联网和移动端，按使用频率分值从高到低排序依次为互联网，移动端，报纸、杂志、传单等纸质印刷品，户外媒介，电视、广播等。

3．品牌传播信息交互功能日趋成熟

消费者与企业开始共同创造品牌，从研发环节就可以介入产品设计，如各种茶叶定制产品，从产品外包装规格、风格、元素直至产品内质都可以通过互联网平台实现个性化定制。同时，人们开始通过各种互联网平台建立社群化消费。越来越多的品牌都在通过还原消费场景来引起目标人群的共鸣，从而引发消费行为。当然，互联网同时也侧面对品牌运行起着监督作用，一方面给予品牌拥有者更便捷的正面传播手段；另一方面，品牌的负面信息同样传播迅速。互联网时代一旦发生品牌危机，则呈现出突发性、危害性、蔓延性和持续性特点，对品牌的负面影响极大。

二、品牌建设展望

未来一个时期，我国茶叶品牌建设发展应立足全国茶产业发展战略布局和重点领域，在现有特色优势区域公共品牌基础上，培育一批在国内外市场具有一定影响力的中国知名茶叶产品和企业品牌。鼓励引导茶叶企业积极开展品牌建设，打造一批成长性好、品牌竞争力相对较强的茶企品牌。扶持创建一批区域特色突出、质量标准水平先进、品牌带动辐射作用强、集聚效应明显、有竞争力的现代茶产业集群区域品牌。着力在国际茶叶市场领域拥有更多品牌质量标准的制定权、话语权，推动国茶品牌走向世界。

（一）坚持品牌质量、服务和技术提升，塑造茶品牌的核心竞争力

对于一个品牌而言，无论市场和时代如何变化发展，产品质量、生产研发技术和综合配套服务都是支撑这个品牌的关键要素，组成了品牌的核心价值。无论企业品牌自身如何定位，一个品牌要想持续发展下去，首先必须有比同行更好的质量、更先进的技术或者更高的性价比，这些因素不会因为品牌传播的渠道、手段、方式变化而发生改变。

（二）打造茶品牌集群，依托茶集群品牌提升助力中国茶品牌发展

受传统观念和管理机制的影响，我国茶产业整体组织化程度较低，企业间直接通过资本运作实现强强联合、做大做强的难度较大。因此，应依托某一区域内、某一行业领域的企业分类、分层积聚构建品牌集群，进而通过政府扶持、标准配套、科技支撑、协会服务，实现强强互利共赢，引导大企业带动小企业、企业与基层农户各司其职、各负其责，打造集群品牌，进而推动产业品牌发展。

（三）借助全媒体，搭建快捷有效的茶品牌传播平台

互联网时代，传统媒体和新媒体的融合发展为品牌传播提供了新渠道和宽平台。应借助全媒体搭建快捷有效的品牌传播平台，整合媒体资源，尤其是要注重发挥新媒体的作用，为自主品牌宣传提供专业、有效的多种传播平台，带动茶产品、企业、品牌协同发展。

（四）加强茶品牌文化建设，提升品牌消费意识

营造爱护、享受、支持、尊重品牌的良好氛围，通过各种方式做好茶品牌的宣传。充分融入共建"一带一路"，利用"中国品牌日""食品安全周"等时间节点、事件节点，加强线上、线下的双向品牌宣传，讲好品牌故事，树立品牌形象，引导品牌消费行为，扩大品牌知名度和影响力。通过开展各类品牌专项活动，持续提升企业管理者与消费者对实施品牌化发展、使用品牌化产品与服务的认同，强化品牌对生产结构与消费结构升级的引领作用。

（五）发挥行业组织和社会机构桥梁纽带作用，助力茶品牌发展

品牌建设与传播是一项系统工程，多方合力才能达到最佳效果。在品牌建设的过程中，要充分发挥行业组织和社会机构的桥梁纽带作用，加强政府与企业的沟通，增进企业与市场的联动，各方需明确自身职责，不越位、不缺位、不错位。同时，加快培育品牌建设与传播智库，构建多样化的品牌建设服务体系。

（执笔人：申卫伟）

2023中国茶叶企业发展报告

中国茶叶流通协会

企业是产业发展的核心主体，也是现代化产业体系的基石，更是品牌打造的重要载体。中国茶叶流通协会联合全国各省级茶行业组织于2024年开展了年度茶叶企业调查。本报告主要基于此次调查的各企业2023年相关数据进行分析，展现中国茶叶企业发展现状，彰显茶业头部企业的影响力与竞争力，研判新变化、新趋势，提升茶叶企业品牌效应，科学引导消费，推动茶产业高质量发展。

一、样本分布

"2024年度茶叶行业企业情况调查"（以下简称"年度企业调查"）共收到有效调查记录196个，其中茶叶产销企业193个，综合性茶叶市场3个（不纳入后面小节的分析）。与上次调查相对照，新参调企业有57家。本次收到的有效记录来自全国18个省、自治区、直辖市的企业，其中北京4个、江苏3个、浙江11个、安徽12个、福建30个、江西7个、山东3个、河南15个、湖北22个、湖南9个、广东11个、广西3个、海南1个、重庆2个、四川14个、贵州18个、云南10个、陕西21个，涵盖71个市（州）、113个区（县、市）。

从"年度企业调查"数据来看，超九成企业集中在茶叶产区，只有少数企业分布在北京、厦门、广州、深圳等销区城市，多数为运营中心，或由营销中心升级为企业总部。全国18个产茶省除甘肃外，均有企业参与调查。从区域分布来看，福建、湖北、陕西是本次参与调查企业最集中的省份（图18）。

参与此次调查的企业分布基本符合全国茶叶产销企业总体分布，涵盖全茶类、全产业链、全规模体量，基本符合全国茶叶经济实际发展情况，基本可以代表行业企业整体发展状况并体现产业发展趋势。

二、基本状况

（一）整体规模

从不同省（自治区、直辖市）参与调查企业的平均销售规模看，2023年销售规模处于中间50%的企业，销售额介于0.56亿元至4.03亿元；销售额的中位数是1.51亿元，平均值是3.36亿元。销售额超8亿元的企业18家，占分析样本的9.33%。样本企业平均销售规模排名前四的地区分别是北京（15.11亿元）、福建（6.91亿元）、湖南（5.35亿元）、浙江（4.86亿元）。这些地区茶叶底蕴深厚，产业基础较

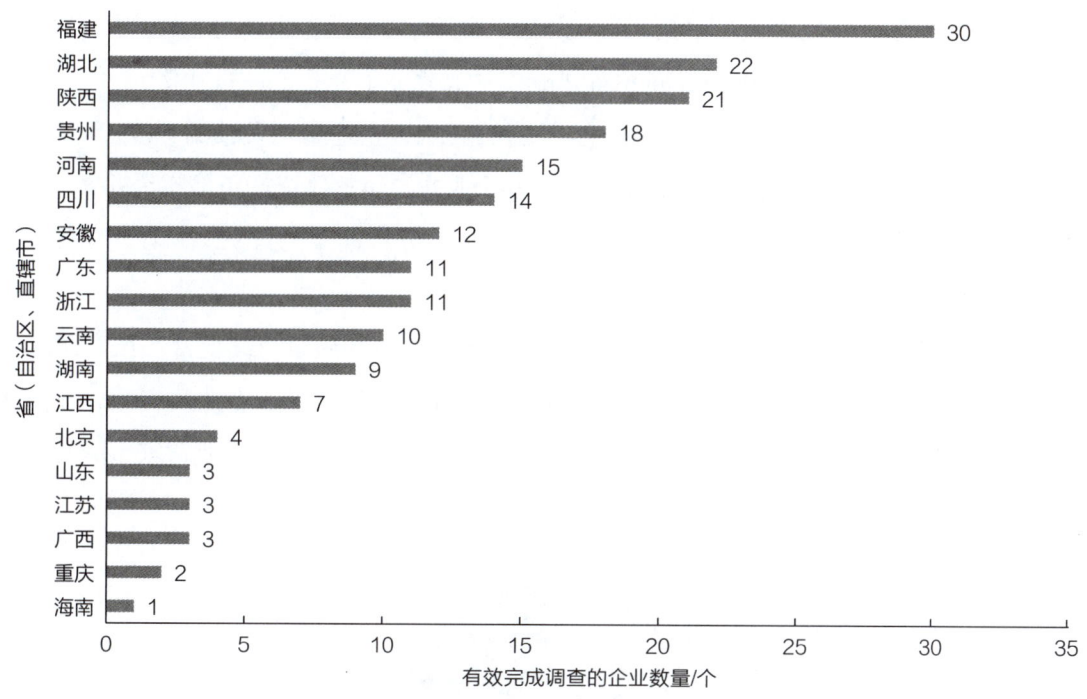

图18　2024年中国茶叶企业调查样本地域分布

为完善，企业品牌效应明显，企业规模普遍较大。平均销售规模排在后四位的地区分别是山东（0.35亿元）、海南（0.48亿元）、贵州（0.50亿元）、陕西（0.54亿元）。此类地区茶业品牌建设普遍较晚，龙头企业数量少、规模小，未形成区域产业集群，发展潜力大（图19）。

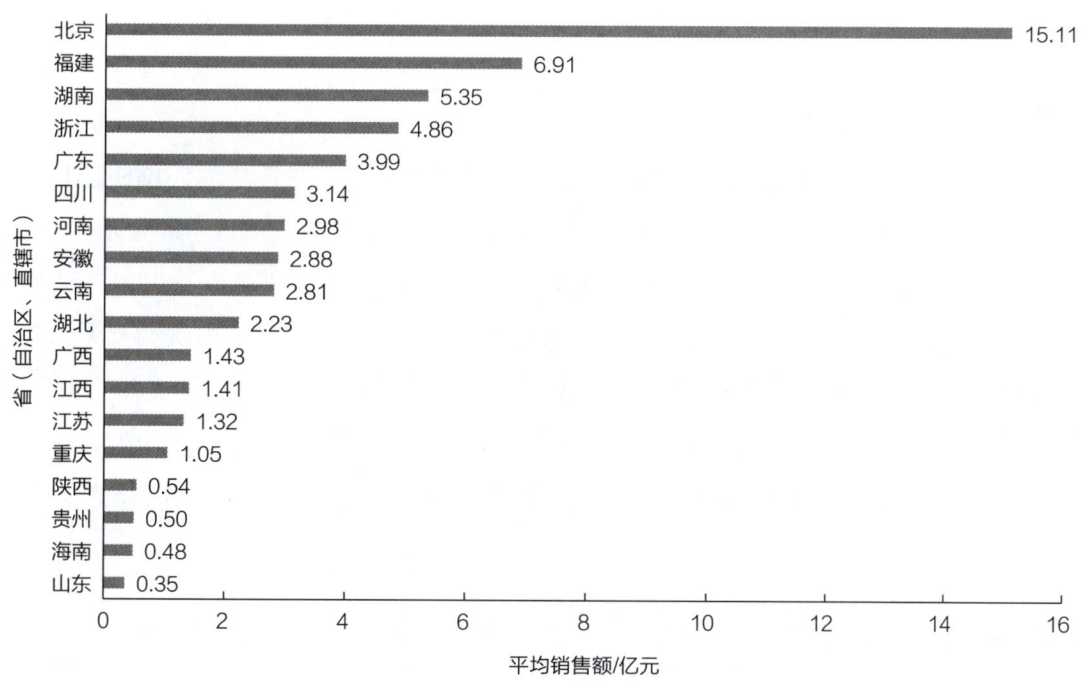

图19　2024年中国茶叶企业调查样本按地区平均销售规模

样本企业2023年总资产规模为748.98亿元，比上年增长9.90%，企业平均总资产3.88亿元。共有119家企业总资产超过1亿元，占分析样本的61.66%，其中15家企业总资产超过10亿元。

样本企业2023年总负债为275.94亿元，比上年增长1.82%，企业平均负债为1.40亿元。负债过亿元的企业有59家，其中负债过5亿元的企业14家。样本企业2023年整体资产负债率为36.84%，比上年的39.77%有所减少。资产负债率在70%以上企业有23家，占分析样本的11.92%。在经济下行的趋势下，部分茶企面临较高的偿贷压力。

从龙头企业数量看，近年来，茶行业国家重点龙头企业数量和质量持续提升。截至2024年5月，农业产业化国家重点龙头茶企数量为101家。样本企业中，市级及以上龙头企业共170家，占分析样本的87.63%，其中国家级龙头企业52家，省部级龙头企业101家，地市级龙头企业17家（图20）。

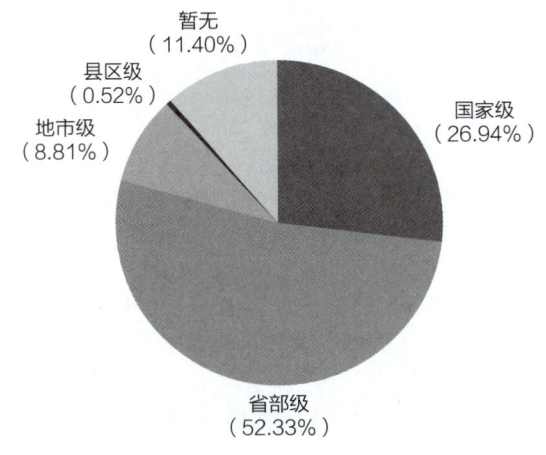

图20　2024年中国茶叶企业调查样本龙头企业级别

（二）人员结构

从企业人员构成分析，样本企业共有全职雇员4.87万人，雇员规模处于中间50%的企业，人员数量介于34人至261人；雇员规模的中位数是100人，平均值是252人。雇员人数过千的企业有8家，占分析样本的4.15%。样本企业雇员中，销售人员占比最高，达36.12%，生产人员占28.97%，管理人员占16.50%，技术人员占10.04%，其他人员占8.37%。考察生产与销售人员之比，本次调查为0.80，而上次调查（对应企业2022年的情况）的数字为1.29，说明样本企业人员结构发生了由生产人员居多向销售人员居多的转变。鉴于近两次连续参调企业的人员结构无明显变化，上述转变主要反映了样本成员的变化，即相比于只参加了上次调研的企业，只参加了本次调研的企业之人员成分更以销售为重（图21）。

（三）利税情况

从企业利税情况看，样本企业2023年利润总额为63.49亿元，比上年增加2.36%，增加的企业占

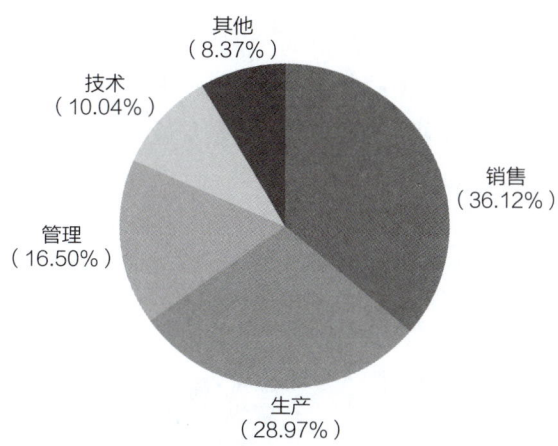

图21　2024年中国茶叶企业调查样本人员结构

样本的61.66%。样本企业平均利润为3284.70万元，利润亿元以上的企业有12家。从企业销售利润率看，有39家在15%以上，27家在10%~15%，59家在5%~10%，58家在0~5%，另有10家企业的利润率为负值。样本企业的毛利率分布在2022年与2023年间无明显变化，利润率整体处于较低区间（图22、图23）。

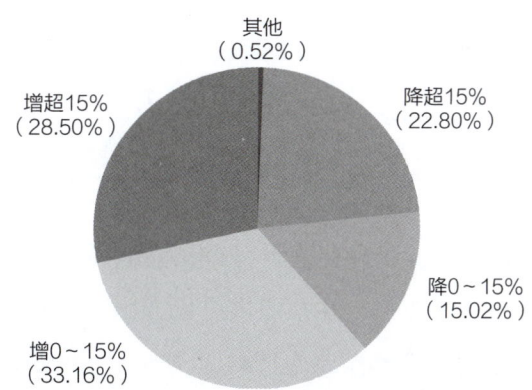

图22　2024年中国茶叶企业调查样本毛利比上年变化量

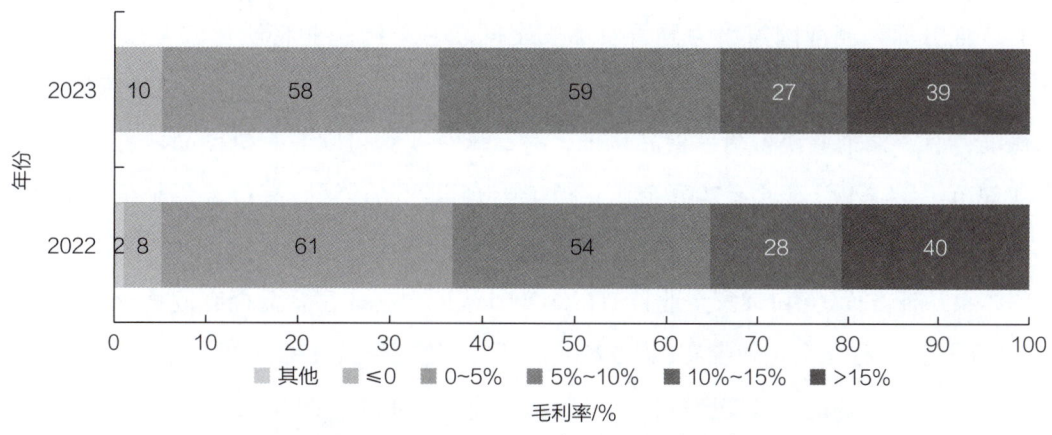

图23　2024年中国茶叶企业调查样本毛利率与上年对比

从企业纳税情况看，样本企业纳税总额为21.14亿元，平均纳税1095.10万元，纳税金额过亿元的企业有6家，介于1000万～1亿元的有31家，介于500万～1000万的有16家，介于100万～500万的有61家，而100万以下的有79家。基于大农业板块的税收优惠及近几年的免税政策，茶企的税收比例有效降低，茶企集群的区域财政支撑作用不强（图24）。

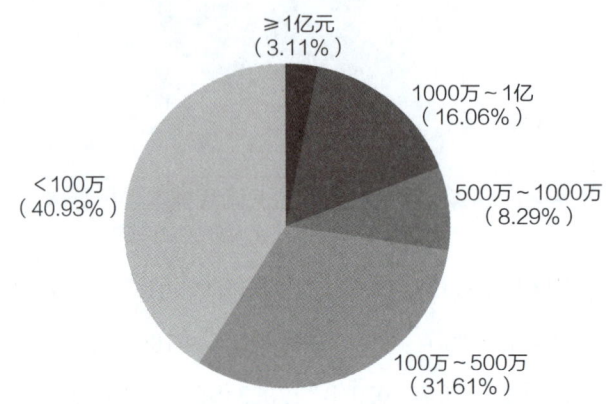

图24　2024年中国茶叶企业调查样本纳税额

三、生产情况

（一）自有茶园

自有茶园面积及产量方面。样本企业自有茶园143.49万亩，占全国开采面积的3.09%，另有合作茶园381.13万亩，占全国开采面积的8.20%。在茶园供应量方面，企业自有茶园的茶叶产量为18.10万吨，占全国干毛茶产量的5.42%，另有合作茶园生产42.30万吨，占全国干毛茶产量的12.67%。自有茶园亩产为126.12千克/亩，高于合作茶园的110.97千克/亩，更高于全国平均的71.81千克/亩。这表明样本企业的集中化、合理化管控提高了茶园的生产效率。

在产品认证方面，当前国家大力监管食品安全问题，茶叶企业将质量安全放在十分重要的位置，具有一定规模的品牌企业样本更是起到了带头作用。样本企业数据显示，有91家企业获得中国有机产品认证，有78家企业获得绿色食品认证，有27家企业获得欧盟有机产品认证，有18家企业获得良好农业规范（GAP）认证，有20家企业获得美国有机产品认证，有17家企业获得雨林联盟认证（图25）。

在管理体系认证方面，有118家企业拥有ISO 9001认证，有60家企业拥有危害分析与关键控制点（HACCP）体系认证，有72家企业拥有ISO 22000认证，有27家拥有ISO 45001认证，有38家企业拥有ISO 14001认证。样本企业的质量安全认证水平远超行业平均水平（图26）。

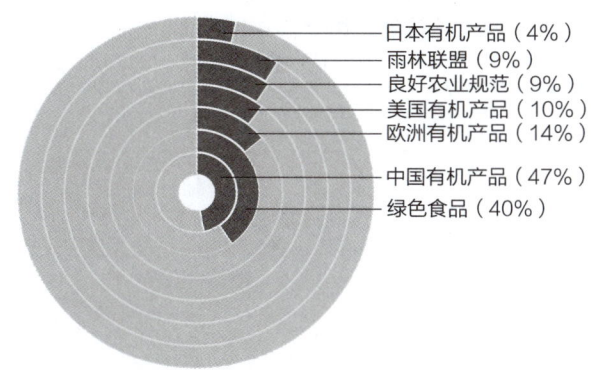
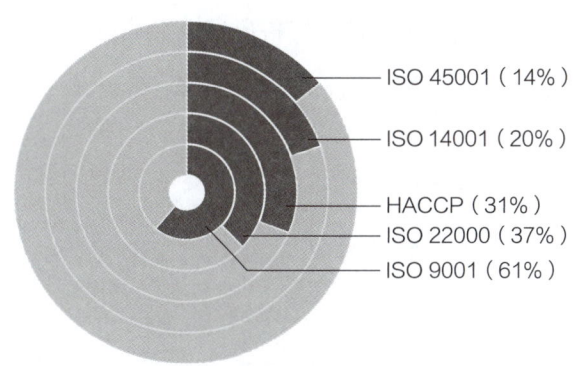

图25　2024年中国茶叶企业调查样本产品认证　　图26　2024年中国茶叶企业调查样本管理体系认证

（二）茶叶生产

从"年度企业调查"数据来看，中国茶叶企业仍以生产绿茶、红茶为主。样本企业中，生产绿茶的有150家，生产红茶的有156家，生产白茶的有88家，生产再加工茶（茉莉花茶等）的有67家，生产黑茶的有47家，生产青茶的有37家，生产普洱茶的有34家，生产代用茶（菊花茶等）的有38家，生产黄茶的有25家。分析主营（产量比重超过60%）茶类可以看到，样本企业中，主营绿茶的有65家，主营红茶的有17家，主营白茶的有15家，主营再加工茶（茉莉花茶等）的有10家，主营黑茶的有18家，主营青茶的有7家，主营普洱茶的有10家，主营代用茶（菊花茶等）的有1家，主营黄茶的有1家。部分头部企业已初步表现出全茶类综合性茶企雏形。

样本企业2023年茶叶生产总量为53.78万吨，占全国茶叶产量的16.10%。2023年与上年相比，产量整体增加3.76%；具体来说，产量增加的企业有141家，平均增幅10.31%，产量减少的企业有45家，平均降幅12.33%。样本企业绿茶产量为19.11万吨，占全国绿茶产量的9.88%；红茶产量为7.42万吨，占全国产量的15.11%；黑茶产量为12.31万吨，占全国产量的26.89%；青茶产量为2.05万吨，占全国产量的6.16%；白茶产量为5.10万吨，占全国产量的50.90%；黄茶产量为0.26万吨，占全国产量的11.28%。从主营茶类情况和产量全国占比来看，茶产业集中度依然处于较低区间（图27）。

（三）生产创新

样本企业共拥有有效期内专利3366项，其中发明专利376项，实用新型专利1656项，外观设计专利1334项。就与上一次企业调查的匹配子样本而言，三类专利比重在两年间的变化主要体现在实用新型专利占比由46.36%增加至49.20%，而外观设计专利占比由43.54%减少至39.62%。样本企业2023年共投入9.96亿元用于企业科技研发，平均516.01万元（图28、图29）。企业研发方向可以归纳为七类：种质资源与育种、加工技术与工艺、自动化与智能化、品质提升与安全控制、新产品和衍生品开发、茶叶种植与管理、标准化与认证，详见表16。从企业承担的地市级及以上茶叶科技项目来看，近3年完成的项目有36个，当前在研、在建的项目有32个。这些项目集中在七个核心领域：种质资源与品种改良、加工工艺与技术装备研发、品质提升与标准化、生态种植与绿色生产、功能与风味产品、生物农药与绿色防控、数字化与智能化。

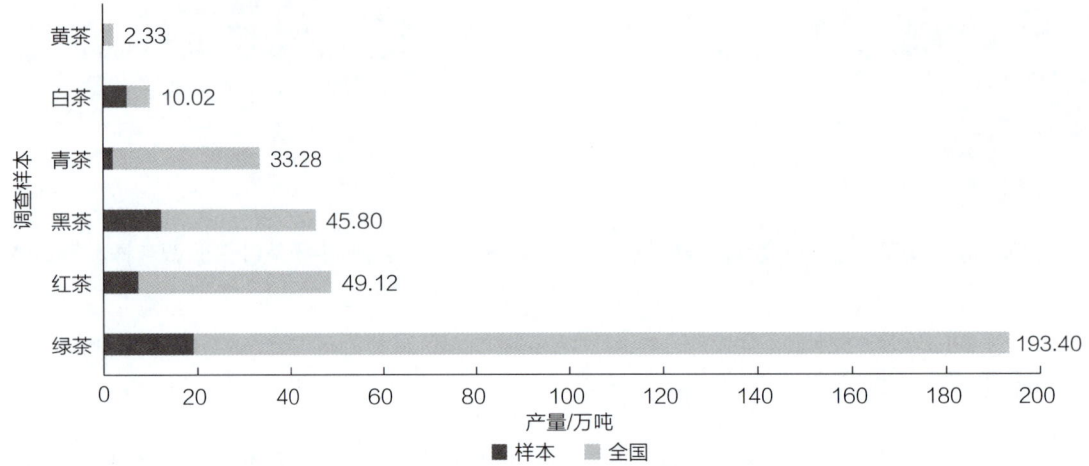

图27 2024年中国茶叶企业调查样本与全国产量对比

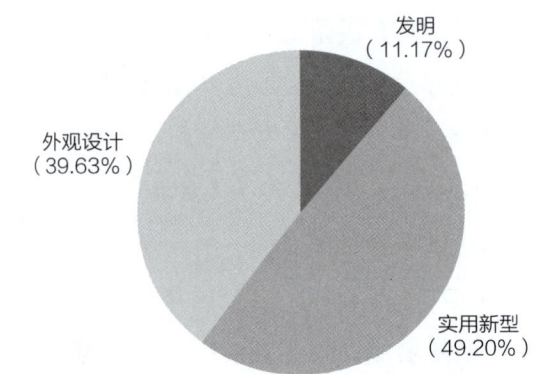

图28 2024年中国茶叶企业调查样本专利类型

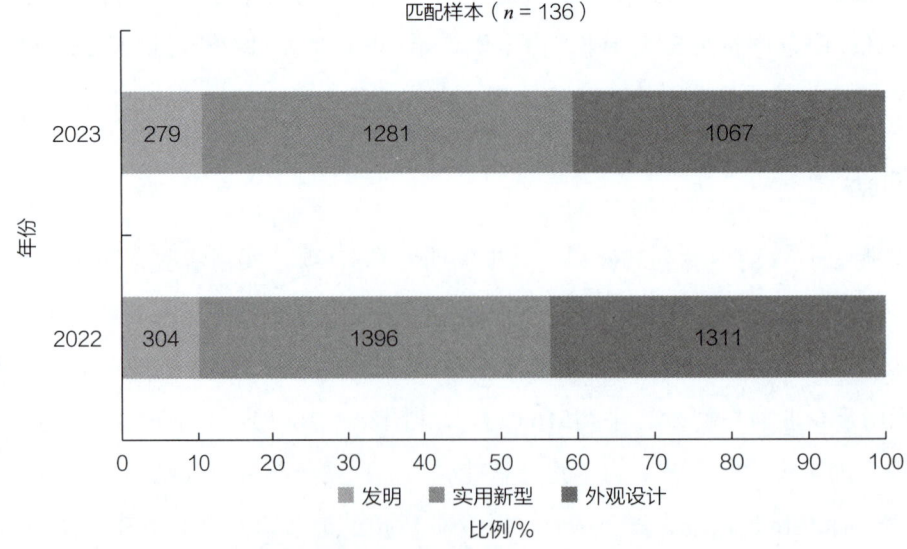

图29 2024年中国茶叶企业调查与前次匹配的子样本专利类型

表16　2024年中国茶叶企业调查样本研发方向

方向	详情
新品种选育	无性系品种的种植、野生茶树的选育
精深加工技术	茶叶风味物质提取技术、茶叶食品和饮品的深加工
特定茶叶加工	茯砖茶发花技术、乌龙茶智能化精制生产线、茉莉花茶窨制技术
自动化设备	自动化生产线、智能化加工技术
数字化应用	数字化种植业创新应用基地、数智工厂建设
品质提升技术	数字化可追溯品控体系建设、岩茶品质提升关键技术、红茶品质提升关键技术
新产品开发	即饮饮料专用原料茶、新式茶饮
衍生品开发	茶面膜、茶籽油、茶枕
一般茶园管理	智能化茶园管理、土壤改良
绿色茶园管理	病虫害绿色防控技术集成、生态管理与高效栽培
标准化建设	茶叶加工标准化、有机茶三产融合标准化

（四）品牌建设

样本企业共拥有有效期内注册商标1.41万个，平均73个，中位数9个。共有44家样本企业拥有中国驰名商标，有20家拥有中华老字号品牌。此外，共有27家企业使用省级区域品牌或地理标志，有52家企业使用地级区域品牌或地理标志，有81家企业使用县级区域品牌或地理标志，三级区域品牌或地理标志都使用的企业有8家。

样本企业2023年度共投入19.23亿元用于品牌宣传及品牌维护，平均投入996.39万元，中位数207.23万元。利用线性回归法，分析企业管理体系认证、产品认证、区域品牌与地理标志、专利、商标与字号这五个方面对年度品牌宣传投入的影响，有三项发现：一是注册商标越多，所需品宣投入就越高（11.8万元/个）；二是生效的外观设计专利可以有效节约品宣成本（-47.3万元/项）；三是拥有驰名商标意味着更大的品宣投入力度（1954.9万元/个）。我国茶叶企业正不断树立品牌意识，培育自主品牌，使品牌的核心竞争力不断提高。

四、销售情况

（一）茶类分布

2023年样本企业国内销售茶叶共45.02万吨，销售额总计602.88亿元。绿茶销量14.82万吨，销售额156.62亿元，均价105.71元/千克，均价比上年上涨4.36%；红茶销量4.97万吨，销售额78.94亿元，均价158.71元/千克，均价比上年上涨9.85%；黑茶销量11.26万吨，销售额44.40亿元，均价39.44元/千克，均价比上年上涨9.59%；青茶销量1.52万吨，销售额46.85亿元，均价308.09元/千克，均价比上年下降9.35%；白茶销量4.03万吨，销售额113.71亿元，均价282.36元/千克，均价比上年下降2.34%；黄茶销量0.25万吨，销售额5.64亿元，均价221.31元/千克，均价比上年上涨2.87%；普洱茶销量1.35万吨，销售额46.60亿元，均价345.09元/千克，均价比上年下降1.25%；再加工茶（茉莉花茶等）销售量4.80万吨，销售额94.58亿元，均价196.86元/千克，均价比上年上涨3.67%；代用茶（菊花茶等）销售量2.01万吨，销售额15.53亿元，均价77.30元/千克，均价比上年下降0.64%（图30、图31）。

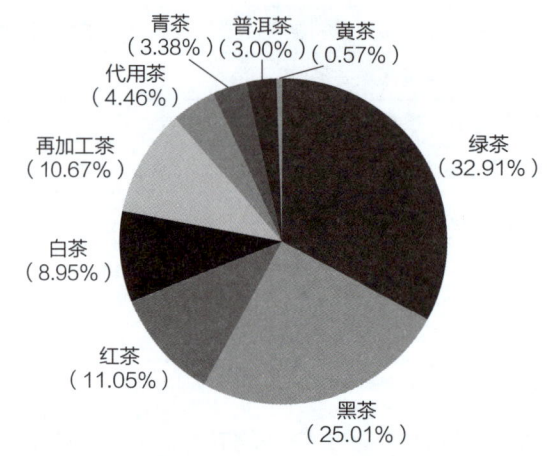

图30　2024年中国茶叶企业调查样本各茶类销售量

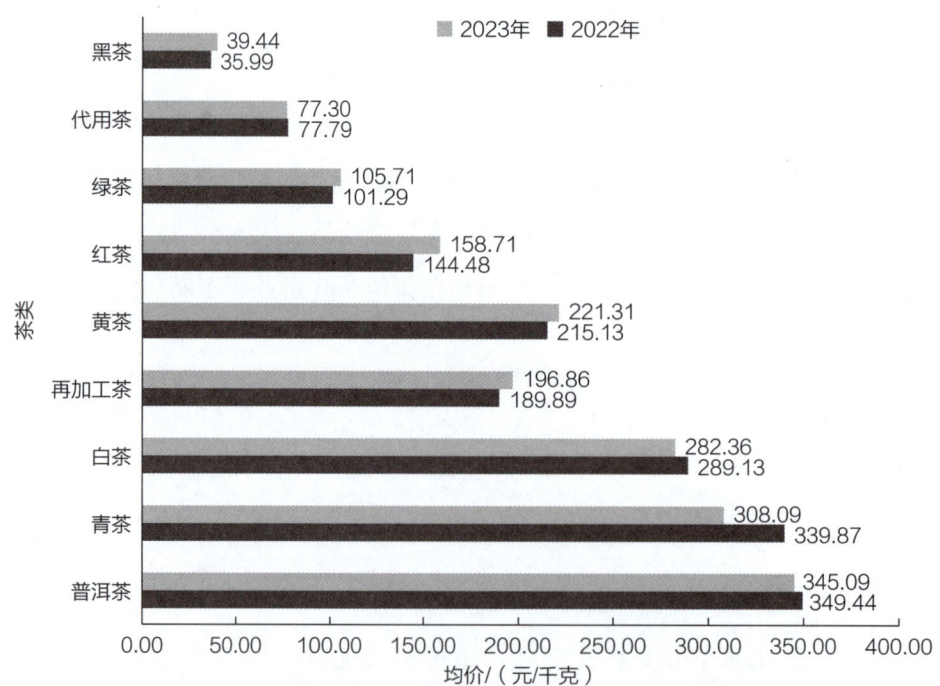

图31　2024年中国茶叶企业调查样本各茶类销售均价与上年比较

（二）其他衍生品销售

近年来，茶叶企业走向全产业链发展的趋势越来越清晰，茶企的经营服务范围不断扩张，衍生产出不断增多。2023年除常规茶叶产品外，样本企业共销售茶机械1.01万架、茶具262.95万件、茶食品4339.08吨、茶饮料944.24吨、新茶饮220.80万杯、其他茶叶深加工衍生品1762.59吨。它们为样本企业贡献23.58亿元的销售额。多元化的产业链使得茶企可以在各自优势领域创造更多的价值，带动就业，也有助于茶叶企业形成完整的产业模式，提升综合竞争力。

（三）销售渠道分布

样本企业共有直营店6544家，销售量8.57万吨，销售额142.05亿元；另有加盟店4.62万家，销售量11.72万吨，销售额188.80亿元。样本企业在商超渠道销售量为2.08万吨，销售额为18.29亿元；在电商渠道销售量为5.46万吨，销售额为81.92亿元；在集采渠道销售量为10.96万吨，销售额为102.94亿元；在其他渠道销售量为6.22万吨，销售额为68.88亿元。综合销量和销额来看，线上销售占比约13%，因此线下销售依然为企业内销的主要渠道。此外，样本企业2023年出口茶叶9.65万吨，出口额28.36亿元（图32、图33）。

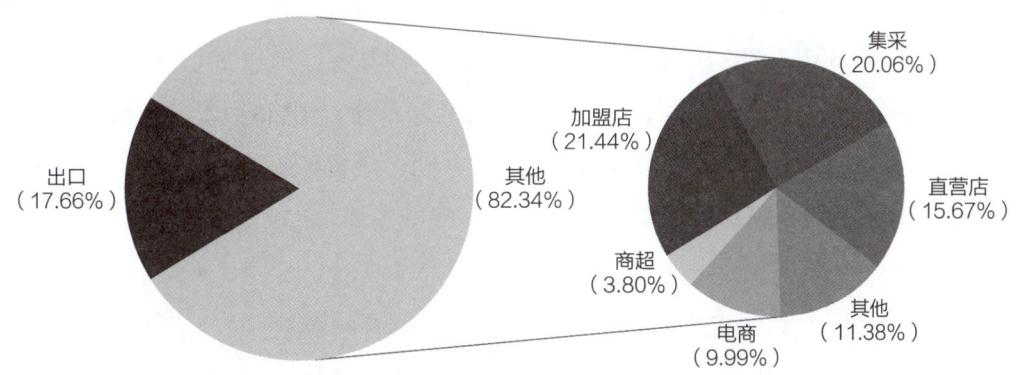

图32　2024年中国茶叶企业调查样本各渠道销售量

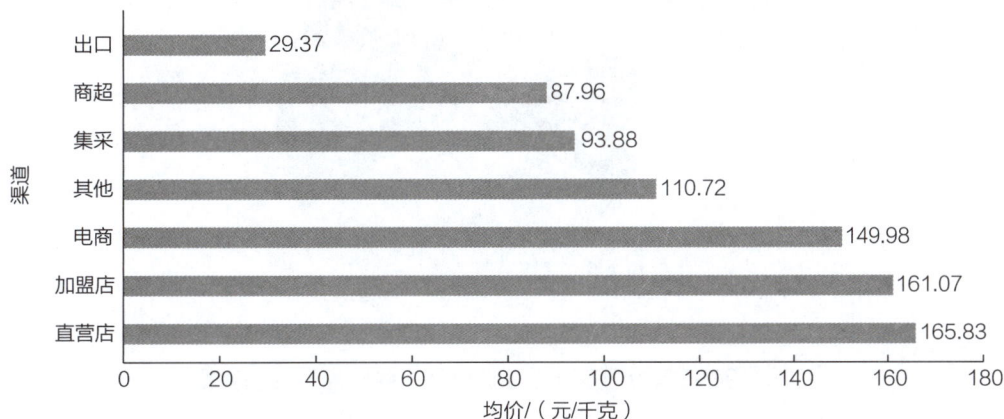

图33　2024中国茶叶企业调查样本各渠道销售均价

五、电商发展情况

（一）电商业务开展情况

样本企业中，共有151家企业开展了电商业务，占比78.24%，其中完全自营的企业有110家，完全委托代运营的企业有9家，双管齐下的企业有32家。开展电商业务的企业中，天猫（淘宝）平台有130家入驻，其中新入驻企业4家；京东平台有108家入驻，其中新入驻企业2家；拼多多平台有68家入驻，其中新入驻企业6家；抖音平台有106家入驻，其中新入驻企业4家；快手平台有26家入驻。2023年，同时入驻以上5个平台的样本企业有21家。此外，样本企业中，有65家使用自有平台，其中仅在自有平台销售的企业有7家。

（二）销售情况

样本企业2023年在电商平台实现销售量5.46万吨，比上年增加15.23%，销售收入81.92亿元，比上年增加18.18%。样本企业2023年在天猫（淘宝）平台销售量1.83万吨，销售额25.53亿元，均价139.41元/千克，均价比上年下降8.08%；在京东平台销售量1.11万吨，销售额19.28亿元，均价173.13元/千克，均价比上年上涨13.06%；在拼多多平台销售量0.41万吨，销售额3.35亿元，均价81.74元/千克，均价比上年下降7.38%；在抖音和快手平台销售量0.79万吨，销售额15.06亿元，均价191.28元/千克，均价比上年下降5.11%；在企业自有平台销售量0.56万吨，销售额12.17亿元，均价215.99元/千克，均价比上年上涨12.21%；在其他平台销售量0.75万吨，销售额6.50亿元，均价86.16元/千克，均价比上年上涨2.11%（图34、图35）。

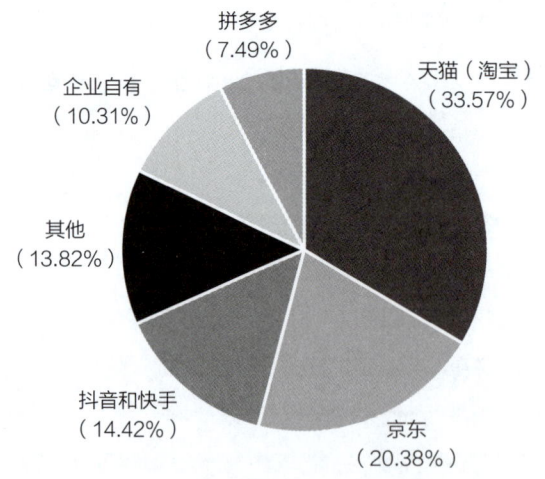

图34 2023年中国茶叶企业调查样本各电商平台销售量

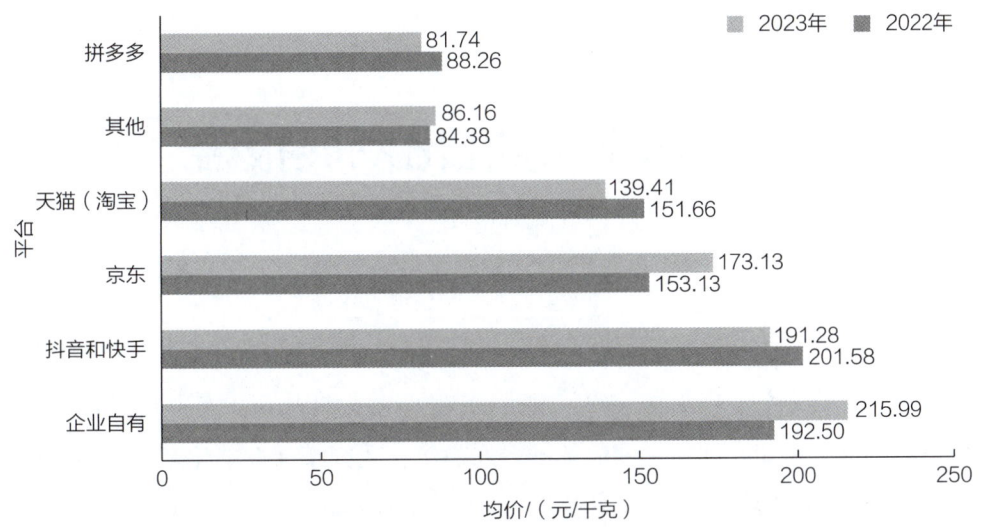

图35　2023年中国茶叶企业调查样本各电商平台销售均价

六、发展趋势

综合本次年度企业调查结果和有关行业信息，茶叶企业发展目前主要存在以下几个转型趋势。

一是全品类转型趋势。受限于中国茶叶的地域性品种，茶叶企业多年来呈现产品品类单一、分布分散的特点。近年来，随着茶产业的发展，部分龙头茶企积极向全品类、全渠道转变，有效提升了茶企抗风险能力。同时，为迎合成长壮大的"90后"消费群体，调味茶、代用茶、养生茶等呈现便捷性、多口味、高性价比的特色产品在市场上的占比有明显提升。

二是标准化转型趋势。长期以来，茶产业的农业传统色彩较为浓重，前端产品不稳定性强，忽视产品设计与包装设计，标准化、工业化程度弱。随着近几年买方市场趋势出现和人力成本的持续走高，茶企的标准化和工业化程度逐步提升。头部茶企纷纷开展智能化工厂及自动化生产线建设，并着力推行标准化拼配，形成了一系列口味稳定性强的茶叶产品。同时，包装新规的推行也促成了新一轮的茶叶产品包装设计提升，茶产品出现潮流产品、文创产品分支。

三是数字化转型趋势。部分茶企把握住数字化转型的大趋势，积极调动数据要素，催化传统要素，产生连锁聚合效应。通过大数据的统筹和应用，茶企在产品开发、店面设置、客群分析、供应链管理等方面效能出现明显提升，同时聚焦新赛道布局和新用户掌握，以提升市场适应能力。人工智能生成内容（AIGC）的广泛应用，也有效降低了茶企的广告策略、品牌传播、市场分析等领域的成本，为茶企的跨越式发展提供了条件。

（执笔人：梁晓）

2023中国茶叶标准化发展报告

中国茶叶流通协会

标准是经济活动和社会发展的技术支撑，代表着一个国家、一个产业的软实力水平和竞争力、影响力，更是科技成果的"扩散器"、产业发展的"助推器"。茶叶标准化建设是茶叶产品提质、品牌创培的基础，更是茶产业科技赋能、创新发展的关键。2023年，我国茶叶标准化工作取得了诸多的成绩：发布国际标准1项、国家标准2项、行业标准9项、地方标准163项、团体标注417项，发布了4项茶叶国家标准样品，各级茶叶标准化组织不断加强机构建设，多项标准化政策法规相继发布。为茶产业经济活动持续完善"最佳秩序"、普及宣传"通用语言"，全面助推产业高质量发展作出了重要的贡献。

一、2023国内茶叶标准化建设情况

（一）茶叶标准制定和修订工作

1. 国家标准

2023年，发布食品安全国家标准1项、推荐性国家标准1项，立项推荐性国家标准2项。

2023年9月6日发布的GB 31608—2023《食品安全国家标准 茶叶》，为首次制定的茶叶产品强制性食品安全国家标准，且是茶叶产品目前唯一一部食品安全国家标准，规定了茶叶标准范围、术语和定义、原料、感官、污染物限量、农药残留限量和食品添加剂等技术要求，将是其他推荐性茶叶产品标准的基础标准。

2023年9月6日发布的GB/T 25436—2023《茶叶滤纸》，代替GB/T 25436—2010《热封型茶叶滤纸》和GB/T 28121—2011《非热封型茶叶滤纸》，文件给出了茶叶滤纸的产品分类，规定了技术要求、检验规则和标志、包装、运输、贮存，描述了相应的试验方法。适用于热封型和非热封型袋泡茶机械自动包装用滤纸的设计、生产、研发和测试。

已立项《茶树栽培育种术语》（计划编号20230010-T-442），将归纳总结概念清晰、规范统一的茶树栽培育种名词术语，指导茶树栽培育种教育者、研究者和从业者合理使用专用名词术语，对于茶树栽培育种技术的发展提升和跨领域、多学科与多行业间的交流沟通，新理论的研究与建立，科技成果的推广，书刊的编辑出版以及文献的存储、检索，特别是对茶树栽培育种国际化交流的话语体系都具有十分重要而深远的意义。

已立项《茶叶供应链管理技术规范》（计划编号20230011-T-442），将分析、总结和凝练在茶叶供

应链中的采购、加工、包装、仓储、物流、销售等各环节或企业在供应链管理方面的成功做法和经验，形成相关技术、管理和控制要求与指南，从而实现茶叶供应链提高效率、稳定供给和控制成本的目标。

2．行业标准

据行业标准信息服务平台（http://hbba.sacinfo.org.cn/）公开数据统计，2023年发布的涉茶行业标准有9项，其中供销合作行业标准8项：GH/T 1445—2023《桐柏玉叶茶》、GH/T 1436—2023《广元黄叶茶》、GH/T 1425—2023《平水日铸茶》、GH/T 1424—2023《天柱剑毫茶》、GH/T 1391—2022《紫笋茶》、GH/T 1392—2022《望海茶》、GH/T 1119—2022《茶叶标准体系表》、GH/T 1117—2022《桂花茶》；机械行业标准1项：JB/T 14653—2023《茶叶压扁机》。

3．地方标准

据地方标准信息服务平台（http://dbba.sacinfo.org.cn/）公开数据统计，2023年发布的涉茶地方标准有163项，其中贵州省32项、湖北省12项、四川省12项、云南省11项、浙江省10项、河南省10项、陕西省10项、福建省9项、湖南省8项、广西壮族自治区8项、西藏自治区8项、江西省7项、安徽省6项、重庆市6项、广东省4项、江苏省3项、山东省3项、海南省3项、河北省1项。近5年发布的涉茶地方标准数量见图36。

4．团体标准

据全国团体标准信息平台（http://www.ttbz.org.cn/）公开数据统计，2023年共有129家社会组织发布了417项涉茶团体标准。以产品标准（34.8%）、技术规范（41.2%，包括茶园建设管理和加工工艺）为主，涵盖了质量安全、冲泡与品鉴、检测方法、评价、品牌和服务管理规范等全产业链条。近5年发布的涉茶团体标准数量见图37。

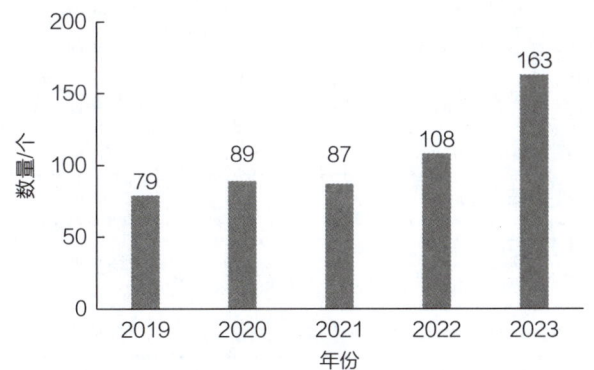

图36　近5年发布的涉茶地方标准数量

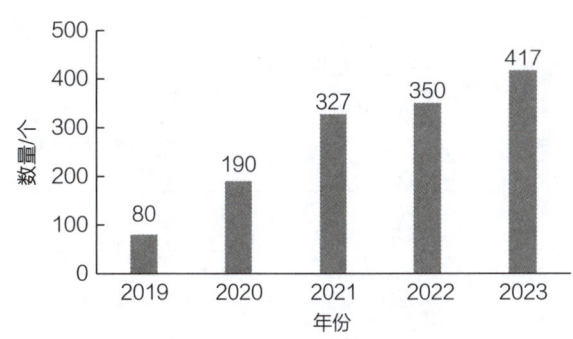

图37　近5年发布的涉茶团体标准数量

（二）茶叶标准样品研制工作

2023年批准发布了4项茶叶国家标准样品，见表17。

表17　2023年发布茶叶国家标准样品

样品编号	样品名称	对应文字标准	定值日期	有效日期
GSB 16-4161—2023	机制茯茶感官标准样品	GB/T 32719.5《黑茶第5部分：茯茶》	2022/09/17	2025/09/16
GSB 16-4163—2023	六堡茶（散茶）感官分级标准样品	GB/T 32719.4《黑茶第4部分：六堡茶》	2022/11/12	2027/11/11
GSB 16-1524-F07—2023	武夷岩茶标准样品	GB/T 18745《地理标志产品　武夷岩茶》	2021/12/03	2024/12/02
GSB 16-4162—2023	沱茶感官标准样品	GB/T 9833.5《紧压茶第5部分：沱茶》	2022/09/19	2027/09/18

2023年在研复制茶叶国家标准样品项目24项。其中研制项目17项，复制项目7项；理化标准样品9项，感官分级标准样品15项（表18）。茶叶国家标准样品是茶叶生产和感官品质检验的实物依据，同时作为茶叶标准化工作的重要组成部分，可以与对应的文字标准协同配套，共同促进茶产业的标准化、规范化高质量发展。

表18　2023年在研复制茶叶国家标准样品项目

序号	计划号	项目名称	研制/复制
1	S2023144	茉莉花茶感官分级标准样品	研制
2	S2021252	白茶感官分级标准样品	研制
3	S2014262	白茶（白毫银针）分级标准样品	研制
4	S2021042	龙井茶感官分级标准样品	研制
5	S2018027	云南大叶种晒青茶感官分级标准样品	研制
6	S2017156	眉茶感官分级标准样品	研制
7	S2016214	正山小种红茶感官分级标准样品	研制
8	S2016188	青岛红茶感官分级标准样品	研制
9	S2016187	崂山绿茶感官分级标准样品	研制
10	S2016171	没食子儿茶素标准样品	研制
11	S2021035	红茶中碳氮稳定同位素（$\delta 13CVPDB=-22.38‰$，$\delta 15NairN2=+1.90‰$）标准样品	研制
12	S2021019	绿茶中碳氮稳定同位素（$\delta 13C=-26$，$\delta 15N=3$）标准样品	研制
13	S2019334	茶叶中铅分析标准样品	研制
14	S2019332	茶叶中三氯杀螨醇、氯氰菊酯分析标准样品	研制
15	S2019326	茶叶中甲氰菊酯和溴虫腈分析标准样品	研制
16	S2019323	茶叶中氯氟氰菊酯和茚虫威分析标准样品	研制
17	S2014095	茶叶中硫丹、三唑酮、哒螨灵和二嗪磷定量分析标准样品	研制

续表

序号	计划号	项目名称	研制/复制
18	S2021324	黄山毛峰茶（特级二等）感官标准样品	复制
19	S2021323	太平猴魁茶（特级）感官标准样品	复制
20	S2021322	祁门红茶（特级）感官标准样品	复制
21	S2021321	霍山黄芽茶（特一级）感官标准样品	复制
22	S2021320	六安瓜片茶（特一级）感官标准样品	复制
23	S2019414	坦洋工夫茶感官分级标准样品	复制
24	S2018008	茶黄素-3,3'-双没食子酸酯标准样品	复制

（三）茶叶标准组织建设工作

2023年，全国茶叶标准化技术委员会及各工作组、各地茶叶标准化组织持续加强机构建设，及时组织工作交流会和委员换届会，补充完善我国茶叶标准化体系，助力茶产业标准化、规模化高质量发展。

3月，全国茶叶标准化技术委员会红茶工作组二届三次会议在福安市召开。11月，全国茶叶标准化技术委员会花茶工作组二届四次会议在福州市召开。11月，福建省茶产业标准化技术委员会二届二次会议在福安市召开。12月，全国茶叶标准化技术委员会三届五次会议在日照市召开，茶标委委员、观察员以及相关标准化工作组成员等100余人参会。12月，全国茶叶标准化技术委员会边销茶工作组换届会在雅安市召开，换届后的边销茶工作组由2位顾问、47位组员组成，刘仲华院士任组长，秘书处承担单位为雅安茶厂股份有限公司。

二、国际标准化建设工作

2023年，由我国牵头制定的国际标准ISO 20715：2023《茶叶分类》正式发布，标志着我国六大茶类分类体系正式成为国际共识，也是我国在茶叶标准国际化领域取得的具有里程碑意义成果。新立项了ISO/NP 20680《白茶 定义和基本要求》和ISO/NP 20680《茉莉花茶 定义和基本要求》，ISO/DIS 5642《茶多酚提取物：定义和基本要求》通过DIS投票，实现了我国茶叶国际标准化工作从参与到主导的转变。GB/T 22291—2017《白茶》和GB/T 32743—2016《白茶加工技术规范》国家标准外文版通过审查，将作为我国主导白茶国际标准的基础，提升我国白茶产品的国际认可度。

11月，国际标准化组织食品委员会茶叶分技术委员会（ISO/TC34/SC8）第29次会议在线上召开，来自中国、英国、德国、日本、印度、肯尼亚、斯里兰卡、土耳其、马拉维、沙特阿拉伯、葡萄牙等国家的代表以及联络组织代表40余名专家参会。中国代表团专家向大会报告了WG6（茶叶分类）、WG10（绿茶术语）、WG14（茶多酚）、WG7（乌龙茶和白茶）项目工作进展及计划，有效推动了我国主导在研国际标准项目的进展。

三、2023年我国茶叶标准体系领域年度重大事件

（一）GB 23350—2021《限制商品过度包装要求 食品和化妆品》正式实施

2023年9月1日，GB 23350—2021《限制商品过度包装要求 食品和化妆品》正式实施。同时，国家市场监督管理总局（国家标准化管理委员会）发布了《〈限制商品过度包装要求 食品和化妆品〉（GB 23350—2021）国家标准及第1号修改单问答》（以下简称1号修改单）。国家市场监督管理总局多次组织相关部门研讨，并组织召开限制茶叶过度包装标准宣贯解读会议。中国茶叶流通协会作为市场监管总局等6个部门联合开展茶叶过度包装专项治理行动指定合作的行业组织，积极开展限制茶叶过度包装主题宣传活动，对该标准及1号修改单进行讲解与答疑。各地市场监管部门及茶叶生产、包装企业等陆续开展了大规模的排查和整改工作。新标准的实施，有效地提升了茶叶企业的主体责任意识，限制过度包装的不良社会风气，从源头减少资源消耗和包装废弃物产生，同时引导企业使用简约包装，推动茶叶包装上下游产业链的绿色可持续发展。

（二）市场监管总局印发《标准创新型企业梯度培育管理办法（试行）》

2023年5月22日，为贯彻落实《中华人民共和国标准化法》和《国家标准化发展纲要》，激发企业在标准、技术、服务及管理互动发展方面的创新活力，培育一批以标准引领高质量发展的先导型、创新型行业标杆企业，市场监管总局印发了《标准创新型企业梯度培育管理办法（试行）》（以下简称《办法》），自2023年7月1日起实施。《办法》指出，标准创新型企业是指运用标准化原理和方法，以科技创新和标准化互动融合为核心竞争力，具有以先进标准的研制和实施促进技术创新、管理创新、服务创新，支撑自身高质量发展乃至引领行业高质量发展等典型特征的企业。

将标准创新型企业分为标准创新型企业（初级）、标准创新型企业（中级）、标准创新型企业（高级）三个递进式层级，按照不同梯度分别采取"自我声明+公示"和"自愿申请+认定"的管理方式，重点衡量企业在建设、应用、融合、效益层面的标准创新能力，更多体现"质"的要求而非"量"的要求，突出了企业创新技术转化为标准、执行先进标准、实现国际标准突破乃至引领产业国际化等特点。《办法》还给出了标准创新型企业梯度培育管理体系、评价认定指标体系、申报流程、政策衔接等措施。

（三）国家标准化管理委员会印发《推荐性国家标准采信团体标准暂行规定》

2023年8月6日，为规范推荐性国家标准采信团体标准，拓宽推荐性国家标准供给渠道，促进团体标准创新成果广泛应用，国家标准化管理委员会发布《推荐性国家标准采信团体标准暂行规定》（以下简称《暂行规定》），并于发布之日起施行。《暂行规定》结合我国现有推荐性国家标准和团体标准特点，在推荐性国家标准工作机制基础上，畅通渠道、简化程序、缩短时间，规范国家标准采信团体

标准程序。

在采信条件方面，一是坚持需求导向和社会团体自愿原则；二是符合推荐性国家标准制定需求和范围，技术内容具有先进性、引领性；三是符合团体标准化良好行为标准的社会团体；四是团体标准实施满2年，且实施效果良好。在采信程序方面，《暂行规定》缩短了采信标准制定周期，简化了立项评估，可以省略起草阶段、缩短征求意见时间，从计划下达到报批周期控制在12个月以内，大幅提升推荐性国家标准采信团体标准的时效性。此外，还对采信标准的版权、编号等作出了规定。

《暂行规定》的出台，搭建了先进适用团体标准转化为国家标准的渠道，将有效促进团体标准创新成果推广应用，增加推荐性国家标准供给，提升国家标准质量水平。

（四）市场监管总局修订出台《企业标准化促进办法》

2023年8月31日，为了引导企业加强标准化工作，提升企业标准化水平，提高产品和服务质量，推动高质量发展，根据《中华人民共和国标准化法》，国家市场监管总局制定了《企业标准化促进办法》（以下简称《办法》），自2024年1月1日起施行。1990年8月24日，国家技术监督局令第13号公布的《企业标准化管理办法》同时废止。《办法》主要包括总则、企业标准的制定、企业执行标准的自我声明公开、企业标准化促进与服务、监督管理、附则等内容。在保护和激发市场主体活力、增强企业标准化工作内生动力方面主要有以下三个方面的举措：一是用企业标准自我声明公开和监督制度代替企业标准备案管理制度；二是以"双随机、一公开"监管方式，依法进行监督检查；三是加大对企业标准化工作的激励和服务力度。《办法》在营造有利于提高企业标准技术水平，推动企业不断拉高企业标准高线，以及对标国际水平提升企业标准水平方面作出了详细规定。通过建立标准创新型企业制度、实施企业标准"领跑者"制度、实施标准融资增信制度这三个方面的规定体现了制度的创新突破。

（五）《标准化人才培养专项行动计划（2023—2025年）》发布

2023年11月7日，为贯彻实施《国家标准化发展纲要》和《国家"十四五"期间人才发展规划》，国家标准委、教育部、科技部、人力资源社会保障部、全国工商联联合制定了《标准化人才培养专项行动计划（2023—2025年）》（以下简称《行动计划》）。《行动计划》明确了到2025年的行动目标：专业化、职业化、国家化、系统化的标准化人才培养机制更加健全，真心爱才、悉心育才、倾心引才、精心用才的标准化人才培养格局基本形成，标准化人才职业能力评价机制初步建立，建成一批国际标准化人才培训基地、国家级标准化人才教育实训基地和全国专业标准化技术委员会实训基地，各类标准化人才素质全面提升。其中，一批大中型企业建立标准化总监制度，纳入国家企业标准化总监人才库重点培养人才达300名以上。开设标准化工程专业的普通高等学校达15所以上。建设国际标准化创新团队60个以上，全国专业标准化技术委员会委员国际标准组织注册专家占比达到25%以上。《行动计划》还指出要完善标准化人才激励机制，鼓励和引导社会各界加大标准化人才培养投入，探索建立市场化、多元化的标准化人才培养经费投入机制。

四、茶叶标准体系建设最新进展

（一）GB 23350—2021《限制商品过度包装要求 食品和化妆品》第2号修改单发布

2024年3月25日，经国家市场监督管理总局（国家标准化管理委员会）批准，限制茶叶等商品过度包装的强制性国家标准GB 23350—2021《限制商品过度包装要求 食品和化妆品》第2号修改单（以下简称第2号修改单）正式对外发布，并将于2025年3月1日起实施。第2号修改单主要对茶叶包装相关要求进行了调整，具体包括降低茶叶包装层数和成本、细化茶叶包装空隙要求、增加茶叶包装重量要求等，要求更加严格，同时也为国家市场监督管理总局等6个部委联合开展的茶叶过度包装治理行动提供了更科学的依据，将有效扼制过度包装乱象，提升企业主体责任人意识，规范企业依法生产符合标准的产品，倡导消费者树立科学、理性的消费观念，共同推动茶叶包装绿色简约创新，促进茶叶行业全面、高质量发展。

（二）我国牵头承担的国际标准ISO 5642：2024《茶多酚提取物—定义和基本要求》获批发布

2024年5月13日，国际标准化组织正式批准发布ISO 5642：2024《Tea polyphenol extracts — Definition and basic requirements》（中文名：《茶多酚提取物—定义和基本要求》），这是首个由我国主导制定的茶叶深加工领域国际标准。我国专家作为项目负责人的"茶多酚提取物—定义和基本要求"国际标准在2017年作为前期研究项目立项，2020年7月正式立项（编号：ISO/NP 5642），同时成立了ISO/TC34/SC8/WG14茶多酚工作组，由中国、英国、德国、日本、印度、土耳其等多个国家共20余名茶叶标准化专家组成。

我国是茶多酚生产第一大国，茶多酚国际贸易已有20多年，虽然茶多酚产业规模不断扩大，但在国际贸易中由于产品标准的缺失，长期阻碍着茶多酚产业的健康发展。ISO 5642：2024对茶多酚的定义、规格和质量指标进行了明确，将在有效推动茶多酚绿色制造等前沿技术研发和应用推广、加快形成茶叶深加工新质生产力、推动茶深加工产品消费提质扩容等方面发挥重要作用，更好地将我国茶制品的资源优势和技术优势转化为国际竞争力，引领中国茶产业大步"走出去"。

（三）国际标准化组织食品委员会茶叶分技术委员会（ISO/TC34/SC8）第30次茶叶国际标准会议成功召开

2024年7月23日，国际标准化组织食品技术委员会茶叶分技术委员会（ISO/TC34/SC8）第30次工作会议在斯里兰卡科伦坡成功召开。来自中国、英国、德国、印度、斯里兰卡、肯尼亚、日本共7个国家的30余名代表参会。中国代表团由来自中华全国供销合作总社杭州茶叶研究所、安徽农业大学、福建农林大学等单位共8名代表组成，宛晓春教授任团长，杨秀芳研究员任副团长。由我国牵头承担的4个工作组的召集人分别围绕牵头推进的茶叶化学分类、绿茶术语、茉莉花茶、白茶共4项国际标准制定和修订工作向大会报告进展及计划，代表团还提出了两项新的国际标准修订提案，在会上分别进行专题介绍和深入讨论，得到了大会各国专家的普遍认可，最后以会议决议形式确定推进。大会的成功举行，持续发挥着我国在茶叶国际标准化舞台的作用，推动我国茶叶国际标准化事业再上新台阶。

（四）国家标准化管理委员会印发《团体标准组织综合绩效评价指标体系》

2024年8月7日，为深入贯彻落实《国家标准化发展纲要》，引导团体标准组织（制定团体标准的社会团体）制定原创性、高质量标准，促进团体标准规范优质发展，国家标准委组织编制了《团体标准组织综合绩效评价指标体系》（以下简称《指标体系》）。《指标体系》共设置一级指标4项、二级指标21项、三级指标59项，其中包含关于收费管理、知识产权管理等18项基本条件。依据《指标体系》开展团体标准组织综合绩效评价，评价结果满分100分。为便于分类分级管理，评价结果95分以上为三星级、85分以上为二星级、70分以上为一星级。要求团体标准组织应按照《指标体系》于2024年12月31日前完成自我评价，并通过全国团体标准信息平台公开评价结果。各有关部门在政策制定等工作中可按程序重点采信评价结果为二星级及以上团体标准组织所发布的团体标准。

五、我国茶叶标准工作发展建议

（一）推动标准实施效果评价，促进标准发挥作用

目前，我国茶叶标准体系虽取得了显著的成绩，但是长期以来存在标准成果转化和落地实施不足的情况，标准制定工作也存在"重理论，轻转化"、标准制定者和标准实施者之间的信息沟通不畅、企业对标准成果应用"接不住，用不了"等问题。标准工作应立项制定和可实施性并重，各标准组织应研究制定相关标准实施效果的评价工作，进一步优化标准结构建设，促进标准成果转化，助力企业提升市场竞争力。

（二）严把团体标准质量，提高团体标准组织绩效

去年以来，国家标准化管理委员会先后印发了《推荐性国家标准采信团体标准暂行规定》和《团体标准组织综合绩效评价指标体系》，对团体标准的质量水平和团体标准组织的行为提出了新的要求和评价方法。茶叶团体标准组织应以此为依据和目标，提升团体标准质量和标准工作良好行为，有效促进团体标准协同配套我国茶叶标准化体系，切实以标准引领、助推茶产业发展。

（三）提升企业标准化工作水平

我国茶叶生产企业数量庞大，发布的茶叶企业标准数量超1万件，但大部分企业标准化意识不足、企业标准质量不高。而国家市场监督管理总局先后印发的《标准创新型企业梯度培育管理办法（试行）》和《企业标准化促进办法》，为激发企业在标准、技术、服务及管理互动发展方面的创新活力提供了新的思路和方法，将培育一批以标准引领高质量发展的先导型、创新型行业标杆企业。广大茶叶企业应以此为契机，加强企业标准化工作，提升企业标准化水平，提高产品和服务质量，提升市场竞争力。

（四）持续加强标准化人才队伍建设

人才是第一资源，标准化人才是推动标准化创新发展的重要基石。经过多年的发展，我国茶叶标准化人才培养取得显著成效，基本形成了一支由标准科研人才、管理人才、应用人才、教育人才、国际标准化人才等组成的标准化人才队伍。随着我国进入新发展理念和经济格局，对德才兼备的高素质标准化人才需求激增，茶产业也需要培养大批既懂茶叶又掌握标准化专业知识的复合型标准化人才，为全面推进中国茶产业高质量发展提供强有力的人才支撑。

（执笔人：张瑜）

第二部分
乡村振兴

2023北京市茶叶行业发展报告
2023山西省茶叶行业发展报告
2023内蒙古自治区茶叶行业发展报告
2023黑龙江省茶叶行业发展报告
2023江苏省茶叶行业发展报告
2023浙江省茶叶行业发展报告
2023安徽省茶叶行业发展报告
2023福建省茶叶行业发展报告
2023江西省茶叶行业发展报告
2023山东省茶叶行业发展报告
2023河南省茶叶行业发展报告
2023湖北省茶叶行业发展报告
2023湖南省茶叶行业发展报告
2023广东省茶叶行业发展报告
2023广西壮族自治区茶叶行业发展报告
2023海南省茶叶行业发展报告
2023重庆市茶叶行业发展报告
2023四川省茶叶行业发展报告
2023贵州省茶叶行业发展报告
2023云南省茶叶行业发展报告
2023陕西省茶叶行业发展报告
2023中国茶业重点县域发展报告
2023中国茶叶"千村示范、万村整治"实践报告

2023北京市茶叶行业发展报告

北京市茶业协会

北京作为我国北方的主要茶叶消费城市，2023年消费茶叶近100亿元。自2020年起，北京的茶叶消费量虽持续低迷，但同时促使很多茶企迈出了线上销售的第一步，部分企业从中获利，扩大了销售渠道，使线上线下有序结合，茶叶消费场景由门店转向网络的消费新模式，茶产业的"消费新时代"已经到来。

2023年，北京茶叶消费市场并没有出现报复性消费，但与2022年相比，还是有所增长的。市场消费逐步走向正轨，运行在合理区间，主要指标向好发展，市场结构调整不断深化，供需关系变化发展，各领域创新推动市场信心好转，呈现出平稳向好的态势。总体来说，北京茶叶市场与全国茶叶市场发展同步，可以用三个词来概括：品牌、质量、群体。随着人们消费趋于理性，消费者的品牌意识不断提升，促使各大品牌销售稳步上升。同时，对茶叶质量的要求大大提升，即便价格偏贵，只要质量有保证，消费者同样愿意考虑采购品尝。当前消费群体正在由原有的中老年向年轻化转变，年轻人对茶叶品质与茶文化需求量不断加大。

一、各茶类在北京市场的发展情况

茶叶消费市场经过连续几年的热点茶类调整后，已经形成相对稳定的格局，各茶类间虽有消长，但未出现大规模调整。茉莉花茶在京销售中依旧占据主体地位，同时占比稳步上升；绿茶作为市场消费第二大茶类走势平稳；第三大茶类的红茶在传统名茶与创新产品携手拉动下，市场份额稳步上升；白茶生产端大量外来资本涌入，并大量宣传，以及消费者对白茶的肯定，跃居市场第四大茶类；乌龙茶与普洱茶销售依旧保持平稳态势；黑茶销售相对回落。从消费结构调整来说，茶叶消费市场稳定，普遍呈现中档茶、高档茶小幅增量，很多商家反映消费者消费能力有很大提升；大宗茶销售态势平稳。茶叶市场总体年销售额中，品牌茶叶市场销售额增加接近两成，实现50亿元；非品牌茶叶市场销售额为50亿元，茶叶品牌消费格局更加稳固。从销售模式来看，门店销售下降，但各大企业电子商务有着大幅度上升，部分企业达到了100%的上升趋势。新式茶饮作为热点产品，得到了广大年轻消费者的喜爱，随着近几年的发展，态势趋于平稳。

二、北京茶叶市场老字号和品牌连锁店情况

每当提起北京人饮茶时，会自然地想到花茶，曾经的张一元、吴裕泰、京华享誉京城。近年来，随着人民消费水平的提高，以及北京市茶业协会通过举办各种宣传推介活动，北京市民的茶叶消费结构也发生了一些变化。消费者在重质量的同时，更加关注品牌知名度，其中张一元、吴裕泰、正兴德、京华、启元等老字号茶企销售仍以每年5%~10%的增长稳步上升。老字号企业精准开拓网络销售渠道、合理利用自身优势、稳固线上消费群体，销售额连年提升，线上线下完美结合，不少茶企线上销售额更是成倍地增加。随着茶饮料市场对茶叶品质的需求不断提高，老字号企业也争相进军原料茶供应市场，争抢茶饮市场原料供应份额。

三、茉莉花茶在北京茶叶市场的发展情况

茉莉花茶是我国特有的香型茶，是集茶味与花香于一体，茶引花香、花增茶味，两者相得益彰。茉莉花茶是北京百姓的口粮茶，饮用茉莉花茶有着悠久的历史，多家老字号茶企都是以销售茉莉花茶为主，其在北京的茶叶市场销售占有率达到60%~70%。

2023年经济逐步复苏，北京消费者对茉莉花茶的偏爱持续上涨，各企业茉莉花茶销售稳步上升。很多茉莉花茶销售企业，出现部分单品供不应求和断货的现象；部分企业反映，消费者消费越来越理性，消费水平有所上升，销售均价比往年有所提高。

据统计表明，北京老字号茶企2023年销售花茶约300万千克，比上一年增长15%，稳步上升，销售均价则上升至400~600元。在对北京马连道市场的抽样调查中，马连道茉莉花茶销售企业2023年销售花茶约150万千克，与上一年基本持平，销售均价在150~320元。消费者选购茉莉花茶的价格范围：100元以下占5%，100~200元占25%，200元以上占70%。

茉莉花茶在北京茶叶消费中仍占有较大的比重，保持茉莉花茶产业持续稳定地发展对促进茶农、花农增收具有十分重要的意义。一是要稳定茉莉花的种植和生产。要采取有效的措施，保持茉莉花生产的稳定，通过茉莉花品种更新换代，发展无公害、有机茉莉花生产基地，建设国家茉莉花生产标准化示范区等。二是要提升茉莉花茶的加工水平。茉莉花茶加工工艺落后，标准化程度不高，是制约茉莉花茶产业发展的瓶颈。要积极鼓励和引导茉莉花茶生产加工企业进行技术改造，引进新技术、提高科技含量，努力实现茉莉花机械化、自动化、清洁化生产加工。三是要继续加大茉莉花茶市场推广，加大对茉莉花茶营养和保健功能的宣传，树立茉莉花茶良好的市场形象。四是建立茉莉花茶价格指数。以茉莉花和茉莉花茶茶坯为基础，编制茉莉花茶加工的合成价格指数，为广大茉莉花茶生产企业和经销企业提供及时的价格信息，有利于生产者减少盲目性、尽量规避市场风险，节约生产成本和交易成本，增强市场竞争力。

四、北京茶叶市场的基本情况

据不完全统计，目前北京市茶叶企业为3000家左右，其中在马连道大约有1700家，马连道茶叶批发企业和零售企业约占全市茶叶企业的2/3。

马连道茶叶企业的特点：个体工商户占据主体，多数茶商规模小。截至2023年年底，马连道共有茶商1700家，其中个体工商户有600家，占茶业商户的35.3%；法人单位1000家，法人企业的分店或销售点100家，两者合计占茶业商户的41.1%。

2023年，全年茶叶市场稳步上升，形势向好。以销售茉莉花茶为主的企业，出现了全品类断货情况，并因饮料公司进入源头市场，促使低端茉莉花茶销售向好。据了解，随着线上直播带货和网店的开设，有部分商家线上增收千万元以上。北京市茶业协会工作人员随机咨询了部分消费者，大部分消费者注重品牌和产品质量，小部分消费者注重产品价格；同时，消费者也希望茶企推出质价相符的产品，多做百姓消费得起的口粮茶。

综上所述，为了进一步提高北京市茶叶企业适应新时代发展的要求，北京市茶业协会将发挥纽带作用，引导各茶企在进行市场发展中充分兼顾自身产品与市场建设特性，因茶施策促进消费。一是要有大众意识，注重培养茶叶消费；二是以民生为本，以服务大众为宗，转变经营理念；三是茶企必须走现代化、清洁化、品牌化、科学化发展之路；四是严格执行种茶、制茶、卖茶的道德规范。其次，要以市场引导为前提，通过优质供给促进消费、提升效益。同时还要延伸宣传途径，向消费者生活的方方面面拓展自己的品牌和产品；构建便捷式茶叶消费，打通线上、线下资源，实现全渠道融合。

（执笔人：王秀兰、马宽磊）

2023山西省茶叶行业发展报告

山西省茶叶学会

近年来，山西积极响应习近平总书记对农业可持续发展的号召。依托丰富的中药材资源，制定了重点发展现代生物医药和大健康产业的战略，推动特色农业的转型升级，提升特色农产品的附加值。将山西特色茶的发展纳入"十四五"规划，标志着山西茶叶产业迈入了新的发展阶段，迎来了新的历史机遇和挑战。

一、基本情况

（一）山西茶叶市场规模

根据数据统计，2023年山西省的茶叶市场呈现出蓬勃发展的势头。茶叶经销商和茶文化爱好者不断涌现，茶行、茶馆和茶文化服务业蓬勃发展，甚至一些地市成立了茶叶行业组织。仅太原市就拥有26个大小茶城，近2600家茶叶店和茶馆，逐渐成为我国茶叶消费市场的重要区域之一。

（二）山西茶叶市场结构

2023年，山西茶叶市场受益于消费者对健康生活方式的追求和茶文化的普及。茶叶的需求呈现明显增长，尤其是大宗茶叶的增长速度远超小众茶。山西茶叶市场较往年更加多元化，包括绿茶、红茶、白茶、乌龙茶、黑茶、黄茶、新茶饮、代用茶等多个品类。其中，绿茶和红茶、花茶仍是市场份额最大的品类。

在市场竞争方面，存在一些知名品牌和企业，竞争较为激烈。在山西茶叶市场中，茉莉花茶（尤其是中低等级）的销售量居高不下，占到整个绿茶销售总量的60%以上。在销售渠道方面，除了传统的茶叶市场和茶叶专卖店外，电商平台近年来逐渐崭露头角，成为茶叶销售的重要渠道之一。

整体来看，山西茶叶市场销售情况趋于稳定，各产区、各品种、各品牌的六大茶类在山西市场呈现出多样性分布。绿茶、红茶、青茶、白茶、黑茶和茉莉花茶是山西市场的主要产品，黄茶相对较少。展望2024年，白茶、黑茶和茉莉花茶仍然会是山西消费市场的热门产品。

（三）山西茶叶市场消费人群

数据显示，2023年山西茶叶消费者的普及率达到85%，其中35%的消费者保持每天喝茶的习惯。

山西茶叶消费者喝茶的主要原因包括保健养生、生活习惯、休闲放松以及提升生活时尚感。

1. 年龄群体和消费习惯

当前，山西茶叶市场的消费主力人群正从"50后""60后""70后"逐渐向"80后""90后"年轻群体倾斜。这些年轻消费者的消费习惯已经打破传统，不再像中老年消费者一样只关注茶叶的口感，而是更加注重产品的附加值。然而，许多茶企普遍缺乏品牌经营的理念，营销模式较为单一，导致消费者的消费体验也较为单一，成为茶叶行业发展的瓶颈。为了紧跟市场步伐，许多茶企正在尝试融入新的元素，在营销模式上大胆创新，以吸引更多消费者的目光。

2. 消费群体的差异

以50岁以上为代表的中老人士是茶叶市场稳定的消费力量，传统茶叶线下消费的主力军。这一群体在购买茶叶时，通常选择单一的茶叶品类，并且有部分消费者会收藏茶叶。

以30～49岁为代表的熟龄人士是茶叶市场的主要消费力量，贡献了超过七成的消费额，是线上茶行业的主要消费者。这一群体在购买茶叶时，通常选择多样的茶叶品类，约三成消费者会尝试两种以上不同的茶叶品类。

以18～29岁为主的年轻群体消费占比逐年提升，增幅显著。虽然年轻群体的年消费金额相对较低，购买茶叶品类较为单一，约八成消费者仅尝试一种茶叶品类，然而，这一群体却是茶叶行业未来发展的重要潜力。在职场办公和熬夜是年轻消费者高频使用茶叶的场景，茶叶在他们中间具备着更广泛的社交属性，促进了自制（DIY）茶饮等新兴潮流的社交喝茶方式的兴起。

3. 消费群体健康意识的提升

随着人们健康意识的不断提高，茶叶作为一种天然健康饮品备受青睐。消费者更加注重茶叶的品质、产地和制作工艺，对高品质茶叶的需求逐渐增加。

4. 消费群体品牌认知和消费习惯

山西消费者对茶叶品牌的认知度不断提高，更倾向于选择知名品牌的产品。同时，消费者的消费习惯也发生了变化，更注重品鉴体验和茶文化的传承。具有一定茶叶知识的消费者在购茶时会对茶叶的等级和新旧程度进行评审；一般消费者则更倾向于选择一些著名品牌和大型生产厂家的茶叶。

此外，人们对健康养生的关注增加，消费群体更加趋于年轻化。年轻群体在选择饮茶时，不再仅限于"0蔗糖"或"低糖"快消茶，而是更多尝试完全零糖的传统茶叶。这一趋势表明茶叶市场将继续向多样化和高品质的方向发展。

（四）山西茶叶企业规模

目前，山西茶叶行业企业数量众多但分散，整体规模较小，小型门店式企业较为普遍。山西的保健茶（代用茶）具备一定规模并拥有种植、加工、销售全产业链的品牌企业较少，企业整体规模不大，作坊式小企业较多。山西茶叶产业发展总体上仍呈现出"小、散、弱"的格局，品牌建设是其"软肋"，市场拓展更是其"瓶颈"，企业规模有限、综合实力偏弱是制约产业发展的主要因素。

随着生活水平的提高和消费升级，山西消费者已经逐步从购买非品牌茶叶转向品牌茶叶。品牌茶叶可以利用多种渠道快速占领市场，因此未来品牌茶叶的市场份额将会继续提升。茶叶品牌化是未来的发展趋势，推动茶叶行业进一步发展。

二、山西茶叶市场销售价格现状

2023年，山西省的茶叶市场呈现出多样化的销售价格状况，六大茶类的价格波动较为明显。作为山西市场上的主力产品，特别是龙井茶，在绿茶中备受关注，消费者对茶叶的品种、口味和品质日益关注。市场消费结构逐渐向现代化和多元化转变，从传统的大宗茶向名优茶和品牌茶转移。

（一）绿茶

龙井茶的价格区间在300~8000元，高端产品价格高昂，但实际销售量不大。

（二）红茶

红茶的价格整体稳定，但优质红茶的价格略有下降。

（三）黑茶和青茶

黑茶和青茶的价格相对稳定，但由于特定品种或品质提升，价格上涨的可能性存在。

（四）白茶

白茶的价格较去年有较大幅度下降，但仍然是主要消费者选择的茶类之一。

（五）黄茶和代用茶

黄茶的价格在山西部分地区相对稳定，销售量较大的为黄大茶，保健茶（代用茶）的销售量也在不断地增加，价格逐步合理化。

总体而言，山西茶叶市场六大茶类的销售价格整体呈现下降趋势，这可能是由于受到消费者经济状况和市场供求关系的影响。随着茶叶市场的发展和消费者需求的变化，价格波动仍将是山西茶叶市场的常态。

三、山西茶叶流通渠道

随着全国茶叶产区六大类茶叶不断地上市，山西以太原为中心，茶叶交易活动扩展到整个三晋大地。太原、临汾、朔州、大同等地的茶叶市场纷纷开设，吸引了来自全省各地的茶叶消费者。

（一）传统渠道

传统的流通市场包括连锁专卖店、专业交易市场、茶馆和商超，这些传统消费通路保持稳定。

（二）线上渠道

随着电商经营平台如网络、微信、直播、抖音和朋友圈的不断增多，线上交易已经成为线下消费市场的强有力补充。实体门店面临着客流稀少的问题，因此一些商家甚至缩短营业时间或转向微商和抖音直播带货，通过创作短视频宣传健康饮茶理念和茶叶知识文化，向电商方向发展。这种新型购物方式将逐渐成熟，并得到广泛接受。

（三）消费渠道

年轻态消费群体已逐渐成为市场主力，通过个性化、多样化需求改变茶产品与茶消费，年轻一代对茶文化与茶消费的兴趣日益增强。

四、山西消费市场对茶叶的需求

随着消费水平的提高，山西人对茶叶的重视程度不断增加，将茶叶视为健康的礼物，认为"送茶就是送健康"。他们不仅注重茶叶的包装，更喜欢精美、高质感的包装，对茶叶的品位、文化内涵和品质要求也越来越高。茶叶已经不再是简单的饮品，而是成为一种生活方式和文化体验的一部分。

（一）品味和品牌要求

消费者对茶叶的需求从单一品种转变为多品种，从传统的陈旧包装转变为新理念的精美包装。他们越来越注重茶叶的品牌、包装，对品牌茶的质量、历史文化和美感要求也越来越高。

（二）茶叶与生活的密切关系

山西茶民喝茶的档次越来越高，这种变化主要表现在消费者对茶叶质量的要求上。具有一定茶知识的人士在购茶时，会对茶叶的等级、新旧等进行选择；普通消费者则会选择一些著名品牌和大厂家的茶叶；一般消费者则各有所好，自行选择大宗低档茶叶。

（三）保健作用与礼品属性

山西人越来越重视茶叶的保健作用，认为"茶是健康象征"，茶叶的包装精美且拿得出手，茶叶品位高、有文化内涵、不俗气。茶叶的保健作用也逐渐上升为消费者的现实需求，茶饮逐渐从单一品种转化为多品种，从陈旧包装转化成新理念包装，从以大宗茶为主转向以名优茶、品牌茶为主。消费者对茶叶的品牌、包装，特别是对质量、历史文化和美感的要求不断增加。

（四）遏制过度包装

茶叶过度包装问题日益突出，为迎合消费者心理，茶叶经营者对茶叶包装层数、包装空隙、包装材料、包装价格进行过度包装。例如，有些10克茶叶被分成两小包包装放在大体积包装里，空隙率超标达95%，包装材料选用高档材料，包装成本价格增加百倍。对此，呼吁社会各方面加大宣传力度，遏制茶叶过度包装现象，并联合有关部门加大检查力度，促使茶叶生产经营者自觉主动规范茶叶包装行为，确保茶叶产品包装合法合规。

五、山西茶叶市场机遇和挑战

近年来，养生茶（保健茶）的购买人数持续上升，山西市场以50岁以上的中老年消费者为主力，消费群体中女性占比较高，并呈现出年轻化的趋势。具体数据显示，30岁以上的熟龄女性是市场的核心消费群体，而18~24岁的年轻群体增长显著。

（一）保健茶饮市场的拓展

随着保健饮品市场的快速发展，山西的保健茶（代用茶）成为茶叶市场的重要增长点。山西茶叶企业利用本地丰富的中草药资源，结合消费者需求，推出更多健康茶饮产品，以满足市场需求。山西保健茶（代用茶）采用本地道地的中药材作为原料，经过独特的制茶工艺加工，推出多种代用茶饮品。

目前，山西省拥有超过1800种药材，是全国著名的药材大省。市场调查显示，山西省内已有上百家保健茶（代用茶）加工企业，开发出包括连翘叶、沙棘叶、桑叶、枣叶、毛建草、槐米等单品茶，以及黄芪普洱、枸杞菊花等多种拼配茶产品，总计超过200款。这些茶叶产品在民间拥有深厚的文化基础和良好的口碑。

山西茶叶市场在养生茶（保健茶）领域拥有巨大的市场机遇，但也面临着市场竞争加剧和产品质量管理的挑战。随着消费者对健康养生意识的提升，山西茶叶企业需要不断创新和提升产品质量，才能在竞争激烈的市场中占据一席之地。

（二）山西保健茶（代用茶）产业的发展前景

山西保健茶（代用茶）与人们追求的健康消费新趋势高度契合，适合各个年龄段的人群饮用。山西保健茶（代用茶）产业正在与健康产业、乡村振兴、绿色生态和文化传承等方面互相融合，全省保健茶（代用茶）产业发展态势良好，氛围浓厚，产业规模加速扩大。山西保健茶（代用茶）以其千年的本草文化赋予"清香"，成为独具山西原创特色的优势品牌，也成为百姓增收的新支撑。特别是山西保健茶（代用茶）已经进入零售市场，未来发展前景广阔。

六、"三茶"创新服务助力山西茶经济发展

（一）构建多层次人才发展平台助力山西茶产业发展

山西省秉持服务科技工作者、服务党和政府科学决策的主线，以精准服务茶叶科技工作者为目标，构建高标准的多层次人才发展渠道。通过积极创新和有效探索，山西在服务科技人才方面取得了显著成果，2023年的典型案例为人才发展提供了生动范例。

（二）科技服务创新引领山西茶产业发展

山西致力于加快实施创新驱动发展战略，深度融入"科创中国"平台，搭建示范引领，推动产学研深度融合，促进科技成果转移转化，积极构建创新创业的良好生态。

（三）助力全民科学素质提升，茶科普服务再创高峰

山西省委省政府坚定贯彻习近平总书记对科普工作的重要论述，积极响应党的二十大关于加强国家科普能力建设的决策部署，为全面提升全民科学素质而努力。通过打造全民饮茶优质科普品牌活动，实现了茶科普服务的高质量发展。

1．不断丰富茶科普资源

组织专家编写了《古今茶叶图书博览》《山西茶叶技能培训教材》等书籍，累计字数近百万。这些书籍为茶文化传播提供了丰富资源，进一步彰显了山西在茶科普领域的学术权威，为全省居民提供了深入了解茶文化和茶技术的便利。

2．茶科普品牌活动影响力显著提高

通过强化"国际茶日"暨山西省"全民饮茶"活动品牌，成功举办了2023年国际茶日第十五届山西省全民科学饮茶月。以"每天一杯茶，健康进万家"为主题，活动联动万户家庭、百家社区、百家茶楼、千名学生和十家企业，形成了全民参与的良好局面。这些系列活动不仅推进了山西省茶文化、茶产业和茶经济的发展，同时为城市品牌提升做出积极贡献。

通过丰富的茶科普资源和有影响力的品牌活动，山西省在提升全民科学素质方面取得了显著成效，茶科普服务再创高峰。

七、政策建议

（一）提升产品品质和品牌形象

山西省茶企应加强对产品质量的控制和管理，以提升产品的品质和口碑。重视品牌建设和形象塑

造，增强消费者对品牌的认知度和信任度。具体措施包括以下内容。

1. 严格质量控制

建立和完善质量管理体系，从源头抓起，确保茶叶的生产、加工和包装全过程都符合严格的质量标准。

2. 品牌建设

通过品牌故事的挖掘与传播，打造品牌独特的文化内涵，增强品牌的情感价值。进行统一的品牌形象设计，提升品牌的市场辨识度。

3. 口碑营销

通过消费者反馈和社交媒体互动，及时了解市场反响，改进产品和服务，树立良好的口碑。

（二）创新营销策略和渠道拓展

山西省茶企应积极创新营销策略，充分利用互联网和社交媒体等新媒体渠道，提升品牌知名度和影响力。同时，拓展多元化的销售渠道，以满足消费者多样化的购买需求。具体措施包括以下内容。

1. 互联网营销

利用电商平台、社交媒体和直播带货等新媒体渠道，进行线上营销推广。通过精准广告投放和内容营销，吸引更多年轻消费者。

2. 多元化销售渠道

拓展线上线下结合的销售模式，设立茶叶专卖店、体验店和茶文化主题馆，提升消费者的购买体验。同时，探索进驻大型超市和便利店等传统零售渠道。

3. 市场细分

根据不同消费群体的需求，推出定制化产品和服务，如高端礼品茶、健康功能茶和亲民大众茶等，满足不同层次消费者的需求。

（执笔人：吴凤鸣）

2023内蒙古自治区茶叶行业发展报告

内蒙古绿泰源农产品开发股份有限公司

  内蒙古自治区地处中国北部边疆，凭借其独特地理优势，成为明清时期万里茶路的重要枢纽，在中国茶叶传播到世界各地的过程中起到重要作用。现如今，内蒙古积极参与"一带一路"建设，全力助力万里茶路的复兴，凭借着独特地理文化优势，继续为推动茶叶经济和茶文化的健康发展发挥重要作用。

  在内蒙古，具有消食解腻作用的青砖茶与古代农牧民肉食多、蔬菜少的饮食习惯相得益彰，形成了"宁可三日无粮，不可一日无茶"的独特饮食习惯和奶茶文化，充分体现了青砖茶在内蒙古人民生活中不可或缺的重要作用。以内蒙古绿泰源农产品开发股份有限公司（以下简称绿泰源公司）为例，青砖茶年均销售量均在1500吨以上，2023年销量也达到了800吨左右。同时，绿泰源公司承担着国家和自治区边销茶两级储备任务，储备量常年保持2800吨，为青砖茶在内蒙古地区的足量供应提供了有力保障，也充分体现了党和国家对边疆地区人民的关心和爱护。当前，内蒙古边销茶市场以湖北青砖茶为主，浙江、湖南等地的砖茶品牌作为补充。自2020年以来，为贯彻落实国家、自治区有关食品安全和推广低氟边销茶的相关工作要求，按照习近平总书记"要牢固树立以人民为中心的发展理念""落实'四个最严'的要求，切实保障人民群众'舌尖上的安全'"的重要指示，内蒙古边销茶市场逐步以符合国家标准的低氟砖茶取代传统砖茶市场。经过几年发展，生产企业的低氟产品不断迭代升级，销售企业和政府相关部门长期不懈的对低氟砖茶进行宣传推广，使得低氟砖茶在质量上日益趋于稳定，在口感、汤色以及耐泡度上均有了显著提升；低氟砖茶在消费者心目中的认可度也不断提升，健康的饮茶理念得到极大改善，边销茶市场向着更加健康的方向发展。

  与此同时，内蒙古地区的茶叶市场也逐渐向多元化消费转变，茉莉花茶、绿茶、红茶，普洱等也越来越受到消费者的青睐。人们喝茶更加注重茶叶品牌和品质，消费结构也更加趋于多元化和现代化。面对市场需求多元化、健康意识提升、市场细分与品牌差异化等机遇，内蒙古茶叶市场需要在销售企业体制创新、市场监管持续给力，品牌建设科学引入，文化推广纵深推进上下功夫；在保证传统边销茶市场不动摇的基础上，加大多样化产品的推广宣传力度，充分利用现代化营销方式，精准定位消费群体，以满足人民日益增长的美好生活需要，实现内蒙古地区茶叶行业的健康、稳定发展。

（执笔人：张引）

2023黑龙江省茶叶行业发展报告

黑龙江省茶业产业发展促进会

2023年，黑龙江茶产业依旧保持着销售、合作、对接等全面提升的势头，并从消费者需求、政府经济政策规划、对俄贸易需求、全国行业销区规划等方面出发，不断创新拓展新的销售形式与合作模式，进一步推进行业的高质量发展。

一、基本情况

在茶叶市场经营方面，黑龙江销区共有20余个大中型综合类茶叶市场，其中哈尔滨市10个、大庆市3个、佳木斯市2个、牡丹江市2个、齐齐哈尔市1个，综合经营来自全国各地的各品类、各品牌、高中低档茶叶产品。

在消费品类方面，黑龙江市场传统茶业以红茶、绿茶、普洱茶为主要消费品类，白茶的销售情况增长相对较快，而面向年轻人的奶茶、果茶、花果茶、花草茶等再加工茶和新茶饮的销售量也在不断增加。

在消费人群方面，在中老年群体保持原有消费习惯的前提下，"80后""90后"人群逐渐向消费主体过渡，成为消费市场的主力，"00后"也在行业推广、文化传承、教育培训、新茶饮等方面的影响下，对茶行业的兴趣逐步提高。

在销售路线上，黑龙江茶行业销售依旧以线下店面为主体，线上销售为补充，同时，介于互联网销售与店面购买之间的同城快送也成为了重要的销售趋势。

在茶文化推广上，以黑龙江茶路文化、中俄茶文化、冰雪文化、黑土文化、红色文化等形式相融合，推进茶文化的国际、国内扩大化普及与宣推，并与旅游、农副产品、保健产品等行业进行异业合作，拓展茶文化的普及形式，在产品的基础上加深文化体验。

在茶空间项目上，积极拓展茶楼、6茶（茶室）等依托茶叶形成的，为顾客提供洽谈、小聚、会议等空间的产业，拓展茶产行业的附加值与多元化发展渠道，为优质的行业人才与从业人员提供更好的就业岗位。

二、主要成就及变化特点

2023年，黑龙江茶产业逐步形成行业创新化、国际化、平台化等特点，主要成就体现在对俄贸易及国际化交流、冰雪文化融合、老字号品牌搭建、茶文化国际推广、跨省合作、校企合作、新茶饮拓展、行业数字化等方面。

（一）对俄贸易及国际化交流

2023年，随着俄罗斯海参崴港口的再次开放，黑龙江茶行业逐步全面开启对俄贸易新渠道与新平台，依托区位优势、渠道优势、运输优势、平台优势，进一步搭建对俄贸易进出口基地项目，推进全国茶行业经济向北开放进程，并以哈洽会、中俄博览会、政府赴俄经贸访问等形式全面对接俄罗斯茶行业，深入俄罗斯行业市场调研，分析市场需求，探索更多的合作项目与合作未来合作趋势，以茶为媒加深两国茶行业、茶文化、茶旅等方面的友好交流。同时，深入东南亚、南美洲等国际市场进行行业交流与考察，整合国际行业信息、分析及规划行业国际贸易新路径与新模式，为行业国际化进程探寻更多的可能性。

（二）冰雪文化融合

立足黑龙江冰雪文化与黑土文化优势，推动茶行业与冰雪文化的融合，同时借助2023年黑龙江旅游行业的文化热度与民众热度，进一步塑造黑龙江茶行业的形象与品牌力量。通过将茶产地政府、茶协、品牌、产品引入冰雪节，在冰雪大世界打造品牌冰雕等项目，打造黑龙江销区独有的专属合作，形成冰雪与茶相融合的全新体验，为行业销区发展拓展全新的模式，也为茶旅文化的宣传提供了更多的选择。在打造销区行业优势项目的同时，为全国茶行业销区发展拓宽了新的合作思路。

（三）老字号品牌搭建

打造黑龙江唯一的老字号品牌——契斯恰科夫茶，以及黑龙江专有的自主品牌。同时，开展涉及马来西亚、澳大利亚、巴西、厄瓜多尔、土耳其，以及我国黑龙江哈尔滨、湖南长沙、重庆、云南、安徽、粤港澳大湾区等地的巡展，将中俄茶文化理念、特色、优势与各类合作需求带向全球，在向全世界展示中俄特色茶文化理念的同时，准确捕捉市场动态，推进行业之间的优化合作，并从品牌出发，拓展外事礼、伴手礼等相关连锁项目，致力于打造黑龙江茶行业对外发展交流新名片，逐步提升茶产业在黑龙江销区的经济比重。

（四）茶文化国际推广

2023年，黑龙江茶行业在全力发展产业合作对接的同时，注重行业人才培训与茶文化的对外推广工作，对内不断深化行业教育工作，开展专业课程、培养专业人才，并带领学员走进茶山、茶厂进行实地考察与项目实操，全面提升学员们的专业素养，为行业的发展储备更多优质人才。对外开展国际留学生及国际游客茶文化、知识、礼仪培训与夏令营活动，为俄罗斯、英国、法国、德国、美国、荷兰、马来西亚、菲律宾、印度尼西亚等国家的留学生和华裔同胞打造专属茶文化培训活动，先后为1000余名外国留学生、游客、华裔同胞、茶叶爱好者提供了培训服务；同时，从俄罗斯游客的口感喜好出发，为其打造了专属的产品，并通过茶旅平台为全国茶行业与俄罗斯游客打造了优质的产品集散地，接待了1500余名俄罗斯游客的产品集采，不断向世界普及中国传统文化的同时，拓展行业产品的对外输出，打造专业的国际化茶文化培训平台，进一步提升行业国际化进程。

（五）跨省合作

2023年黑龙江茶行业依旧在不断优化加深与全国各产地的交流与合作，先后与云南、四川、贵州、安徽、湖北等茶叶产区签订了合作协议，并打造"黑龙江首届茶旅文化节"，进一步推进黑龙江茶行业的发展、对外合作及招商引资项目；确立了天府龙芽黑龙江销区"推广中心、体验中心、营销中心、服务中心"，为川茶销区市场的战略布局、发展框架打开了新的渠道；并以跨越全年的"万人推介会"活动形式，先后为20余个产茶市、县品牌进行了销区推介，在助力产地行业销区推广的同时，完善了黑龙江茶行业品类，实现了产销合作、互助共赢。

（六）校企合作

2023年，黑龙江省茶业产业发展促进会立足自身发展，依托资源优势，与多所大专院校合作，打造学生实训基地，通过茶文化知识培训丰富实习学生的文化底蕴，并为销售专业、管理专业、外语专业、互联网专业等多种专业的学员提供了特定岗位进行实习，在推动茶文化宣传普及的同时，为社会培养综合性人才；同时与各大专院校协调沟通，在校内开设茶文化选修课程等项目，从学校出发培养年轻人对茶文化的热爱与兴趣，让更多年轻人在传承中国茶文化的同时，走进茶行业从事茶行业，为行业发展储备人才，以茶文化带动中国传统文化的传承普及。

（七）新茶饮拓展

2023年，黑龙江省茶业产业发展促进会组织周大发国潮茶新茶饮参加了2023全国"赤壁青（米）砖茶+"新茶饮研发推广邀请赛，并荣获了三等奖的好成绩，将1吨赤壁青砖茶带入黑龙江销区，这也进一步刺激了黑龙江新茶饮行业的发展，为黑龙江茶行业的发挥拓展了新赛道。

（八）行业数字化

行业数字化一直都是黑龙江茶产业发展中的重要一环，也是一直努力的方向，从对俄贸易网站的搭建、直播平台的构架、网红基地的规划，到亚马逊平台的开通、俄贸通项目的发展、行业云商平台的搭建、社群销售的开通，以及俄罗斯野莓（Wildberries）、杨戴克斯（Yandex）、奥宗（Ozon）等平台的衔接，再到行业数字人项目的尝试、国际化直播的开通，每一步都立足行业发展、销售、供需的需求进行深入研讨、尝试，从而探寻出一条更适合黑龙江销区行业发展的数字化路径，也为进一步全国茶行业探索者提供新的国际互联网对接渠道，助推行业多元化、潮流化、创新化的发展。

三、政策及执行情况

2023年，黑龙江省茶业产业发展促进会各项工作的开展，都依托于政府推进经济建设的政策与方针，涵盖了"六个龙江""七大都市"、经济"向北开放""赓续黑土文化"等主要政策目标，与"构建优质营商环境""跨省招商引资""'扩内需　强主体　稳增长'的'十一条措施'""产业创新发展'二十条'政策""青年就业见习计划""职业技能提升培训""文旅经济发展"等多项行业性、指导性政策，以政策为指导先后开展了"茶行业跨省招商""茶行业人才培训""茶文化国际推广""茶叶市场营商环境规划""茶行业对俄贸易拓展""黑土文化、冰雪文化、茶文化融合项目""茶旅文化对接""行业推介会""行业经济向北开放项目"等系列会议、活动、合作，全面落实各项政府扶持政策，与政府经济发展规划方针同行，大力铺展行业的各种工作，同时加入了黑龙江交通广播企业振兴发展服务平台，推进行业文化宣传与产品对接；与哈尔滨市新的社会阶层人士联谊会（新联会）签订战略性合作协议，共同拓展新的发展路径与合作路径。此外，积极从行业发展出发向政府相关部门提出将行业纳入政府集采体系；打造黑龙江专属外事茶、伴手礼，借文化"出海"，宣传黑龙江，推广黑龙江；海外建立黑龙江共享仓，在政府的支持下，推进"买全国卖全俄"的理念，解决对俄结算问题；在各大专院校开设茶文化选修课程等相关的行业发展建议，得到了良好的反馈。

四、茶行业发展相关建议

一是持续加大力度发展对俄贸易，打造顺畅的产品出口渠道与对俄产品，打造东北亚销区特有的区域国际化模式。二是促进行业数字经济发展进程，支持企业数字化、科技化、智能化转型，不断实现数字经济与实体经济的有效结合。三是拓展政府对接项目，就销区而言，即打造政府行业集采项目与政府大型活动的伴手礼，将产品输出转型为文化输出和地域特色输出，助力政府、行业的有机结合。四是人才培养，提升从业人员的收入，为行业发展注入新的动力和新的思维。五是文化传承与输出，茶行业进入大专院校不仅是为行业培养人才，更重要的是有益于茶行业的文化传承与普及，带动更多年轻群体了解茶文化爱上茶文化，增加行业人文底蕴的能量继续与人口比重，同时向国际输出茶文化，增加传统茶文化在国际上的地位。六是跨省合作，包括产品对接、信息互补、政策互通、文化共享、资源共享、教育共享、茶旅合作、品牌推介等多种合作项目，产销联动，形成产业合力，持续构建多元化合作模式，共同推进行业经济国际化进程。七是科技创新，加大力度提升行业的技术、科技、产品创新研发与人才培养，更好地服务于茶产业的高质量发展，多举办行业新科技研讨会、新技术研讨会与产品展示会等活动，在形成产业互通有无的同时向世界展示茶行业在高精尖科技方面的成果。八是茶叶衍生产品的研发与推广，以茶品类的优势，打造更多的多样性产品，如含片、保健品、护肤品、功能茶饮等特有的产品，丰富行业种类的同时，提升行业就业率与创新力，能够更好地依托多元化产品开拓全球市场。九是完善各产地的品牌建设，打造产地品牌集中走进销区模式，形成地域性推广与特色性推广，向全球打造"产地印象"与品牌区域特色，以"见茶思地，闻地想茶"为目标，形成良好循环。十是打造异业联盟，通过打造异业专属茶、联名茶等形式，推动跨行业合作项目的扩大化建设，互补共赢。

（执笔人：张海波）

2023江苏省茶叶行业发展报告

江苏省茶叶研究所

江苏省茶叶协会

一、基本情况

（一）面积略增，产量持平、产值增加

2023年，江苏省茶园面积为49.26万亩，较2022年增加900亩，其中开采茶园42.35万亩、无性系茶园25.09万亩、有机茶园3.89万亩；茶叶总产量1.05万吨，产值30.1165亿元，产量、产值分别较2022年持平、增加4.25%（表1）。

表1　2023年江苏省部分市区及全省春茶和全年茶叶产量和产值

地区	宜兴	无锡滨湖区	苏州吴中区	仪征	南京高淳区	全省
产量/吨	3783	85	375	509	320	10500
较上年增幅/%	2.2	13.3	-2.1	-1.9	-1.2	0
产值/亿元	5.74	0.285	4.0	1.883	0.54	30.1165
较上年增幅/%	12.5	5.6	8.4	23.1	1.89	4.25

（二）宜兴以生产红茶为主，其他地区以生产绿茶为主

江苏以生产绿茶为主，其中绿茶占总产量的74.29%，红茶占总产量的25.71%。5个示范市/区中，宜兴以生产红茶为主，红茶占比60.5%，其他以生产绿茶为主；在绿茶产量上，宜兴同比增加0.9%，无锡滨湖区、苏州吴中区、仪征、南京高淳区分别同比增加2.8%、-4.7%、-0.8%、10.0%；在红茶生产上，南京高淳区仍然没有涉及，而在红茶产量上，仪征减幅较大，同比减少66.7%，宜兴、无锡滨湖区、苏州吴中区分别同比增加3.1%、200.0%、3.1%（表2）。

表2　2023年江苏省部分市区及全省茶类结构分布

地区	宜兴	无锡滨湖区	苏州吴中区	仪征	南京高淳区	全省
绿茶/吨	1496	73	241	506	324	7800
较上年增幅/%	0.9	2.8	-4.7	-0.8	-10.0	-0.7
红茶/吨	2287	12	134	3	/	2700
较上年增幅/%	3.1	200.0	3.1	-66.7	/	2.2

（三）茶叶开采期较去年提前

2022—2023年冬春季光温水条件对茶叶生长较为适宜，茶树总体长势较好，但期间冷空气过程较频繁，且有阴雨寡照过程，局部地区茶树出现轻霜冻、生长比较缓慢等现象。3月上旬气温回升迅速，其中3月7日、3月8日，苏南茶区最高气温达25℃；自3月17日起，气温开始下降，并降雨；3月20—24日全省以阴雨天气为主，其余时段以晴或多云天气为主；3月24日前后全省有一次冷空气影响过程，48小时降温6~8℃，部分茶区低至0℃左右，茶芽受到霜冻为害，一定程度上影响了茶叶产量和品质。由于3月上旬茶树主栽区日最高气温连续超过17℃，3月5日起甚至超过20℃，日照充足，气象条件有利于茶芽萌发，3月10日开始，苏州、宜兴、无锡滨湖区、溧阳、南京等地特早生茶树品种乌牛早、龙井43、中茶108、苏茶早等品种陆续开采，春茶开采期较去年提早5天左右（表3）。

表3　2023年江苏省南部茶区主栽品种开采期

品种类型	品种名	开采期
特早生种	苏茶早、乌牛早、苏玉黄、龙井43、中茶108等	3月中上旬
早生种	福鼎大白茶、福鼎大毫茶、苏茶120、浙农113、浙农139、黄金芽等	3月中旬
中晚生种	白叶1号、中黄1号、楮叶种、鸠坑种等	3月下旬

（四）鲜叶采摘工本情况

江苏省是名优茶产区，茶叶采摘主要依靠人工。近年来，劳动力成本逐年上升，据调研，今年江苏省茶叶采工工价平均为180元/天，较去年增加5.9%。在人工成本增加的同时，物质投入成本也逐年提高，全省多点调研结果显示，农药、肥料、农机具等物质投入成本，较去年增加8%~10%（表4）。

表4　2023年江苏省部分市区及全省生产成本

地区	平均工价/（元/天）	较上年增加/%	采工短缺/%	物质投入/%
宜兴	185	5.7	20	9
无锡滨湖区	195	5.4	10	8

续表

地区	平均工价/（元/天）	较上年增加/%	采工短缺/%	物质投入/%
苏州吴中区	225	4.7	20	10
无锡锡山区	195	5.4	20	9
仪征	150	7.1	15	9
南京高淳区	155	6.9	15	9
全省	180	5.9	18	9

（五）鲜叶价格、干茶价格及销售情况

由于受到去年夏秋高温干旱影响，今年3月份主产区春茶产量较去年减产10%左右，价格上升15%~82%；4月份春茶产量较去年减产5%左右，价格上升18%~43%。由于气候适宜、回温较快，春茶长势良好，茶叶质量与去年持平，销售价格较去年同期稍有提升。特一级洞庭碧螺春价格为6500元/500克左右，特一级雨花茶价格为4500元/500克左右，特级无锡毫茶、太湖翠竹、阳羡雪芽、金坛雀舌、绿杨春、溧阳白茶等价格为1600~2000元/500克；由于3月春茶产量不高，市场销售顺畅；进入4月份，随着气温提升，产量升高，市场销售速度减缓，销售价格下降。

（六）茶叶市场交易量、交易额大幅上升

2023年江苏省茶叶批发（交易）市场茶叶交易量、交易额均较2022年同期大幅上升（表5）。

表5　2023年示范市区茶叶批发市场交易量、交易额

批发市场	交易量/吨	较上年增幅/%	交易额/万元	较上年增幅/%
扬州市东方国际食品城茶叶市场	3980	30.7	59900	30.0
宜兴市阳羡茶文化街	440	37.1	5150	39.9
苏州市茶叶市场	6950	20.7	75900	20.3
无锡市朝阳茶叶市场	430	39.6	4810	40.2
无锡市红星茶叶批发市场有限公司	148	24.4	2950	25.0

二、主要茶事活动

（一）2023首届中国苏州太湖洞庭山碧螺春茶文化节

2023年3月18日，2023首届中国苏州太湖洞庭山碧螺春茶文化节在苏州吴中区金庭镇水月坞开幕，《洞庭山碧螺春茶产业振兴三年行动方案（2023—2025）》正式发布。苏州吴中区选址金庭镇太

湖生态岛水月坞，积极筹建中国（吴中）太湖洞庭山碧螺春茶文化园，高标准打造集洞庭山碧螺春茶炒制、展示、体验、休闲为一体的茶文化中心。

（二）"花果山杯"第二届江苏省茶席设计大赛

2023年4—5月，江苏省茶叶协会举办了"花果山杯"第二届江苏省茶席设计大赛，并于5月14日在江苏省园艺博览会开园期间举办了"花果山杯"第二届江苏省茶席设计大赛决赛。大赛以"山海连云 丝路茶韵"为主题，是2023年"国际茶日"江苏专场活动之一。

（三）"茶和天下·苏城共饮一杯茶"国际茶日主题茶会

2023年5月21日，"茶和天下·苏城共饮一杯茶"国际茶日主题茶会在苏州举行。本次国际茶日纪念活动包括茶学宣讲、茶席展示、茶艺表演、名茶品鉴、茶园参观等活动。主办方邀请了苏州茶叶行业从种茶、制茶，到茶艺、茶学领域的一批大师与茶友面对面交流，科普茶行业知识，讲述苏州的茶故事、茶文化，畅谈苏州茶现状及未来。

（四）全省优质特异茶树新品种新技术现场观摩会暨2023年江苏省乡村振兴农业科技新成果新技术培训会

2023年10月23—24日，全省优质特异茶树新品种新技术现场观摩会暨2023年江苏省乡村振兴农业科技新成果新技术培训会在宜兴成功举办。会议围绕优质茶树新品种、茶树栽培新技术、产品创新新成果展开宣传推广和技术培训。该活动通过专题报告、展板展示、现场观摩、样茶品鉴等多方式、全方位开展了新品种、新技术的集成推广，为省内茶业从业者的未来发展拓宽思路、提供参考。

（五）第二届江苏好茶馆推介活动暨茶产业跨界融合平台启动仪式

2023年10月27日，江苏省茶叶协会在苏州举办第二届江苏好茶馆推介活动暨茶产业跨界融合平台启动仪式。

（六）"中国传统制茶技艺及其相关习俗"江苏站巡展活动

2023年11月29日，以"茶和天下共享非遗"为主题的"中国传统制茶技艺及其相关习俗"江苏站巡展暨一周年开幕式活动在南京举办。活动共展出人类非物质文化遗产"中国传统制茶技艺及其相关习俗"的44个相关项目，包括南京雨花茶制作技艺、苏州碧螺春制作技艺、扬州富春茶点制作技艺等。

三、存在问题

（一）茶叶包装有相当数量不达标

GB 23350—2021《限制商品过度包装要求 食品和化妆品》已于2023年9月1日正式实施，但江苏省茶企还有相当数量的茶叶包装不符合要求，各企业门店在售茶叶，外包装有相当数量不达标。

（二）"一产"不够强、"二产"不够大、"三产"不够活

江苏省茶文化底蕴深厚，茶产业基础较完备，茶叶品类较丰富，是全国名优茶重点产地之一，但相对于全国先进产茶省份，茶产业发展还存在"一产"不够强、"二产"不够大、"三产"不够活等不足。

（三）人工、物料成本持续增长，利润持续下降

江苏省是名优茶产区，茶叶采摘主要依靠人工，近年来，劳动力成本逐年上升的同时，物质投入成本也逐年提高。

四、发展建议

（一）简化茶叶包装、崇尚节约环保

全省将督促各企业充分认识限制茶叶过度包装的重要性，认真及时开展自查自检工作，主动整改问题；推广简化茶叶包装，回归和挖掘茶文化内涵，推动茶产业持续健康发展。政府产业部门应引导茶企紧跟时代，把握市场，更多在茶叶质量、口味上下功夫，在茶叶包装中引入更多可循环利用的环保材料，推广简化包装，回归和挖掘茶文化内涵，以此获得消费者的持久认可，推动茶产业持续健康发展。

（二）推进智慧茶园建设，实现茶叶智能加工、茶业数智经营，以数字经济促进产业发展

贯彻落实江苏省委省政府《关于高质量推进数字乡村建设的实施意见》和《江苏省"十四五"数字经济发展规划》精神，推进智慧茶园建设、茶叶智能加工、茶业数智经营等；坚持推动绿色转型，以数字经济促进产业发展，不断推动茶叶加工向绿色、节能、安全、清洁方向发展，提升茶产业配置能力。同时，以文化服务促进消费恢复，将产业链向茶旅游、新茶饮等新消费供给渠道延伸，加快融入健康、时尚、社交等属性，着力提高茶产品附加值。要加快培育形成龙头企业集群，通过集聚效应

撑起区域公共品牌，将产品推向金字塔塔尖。此外，还要充分挖掘好、利用好茶文化，促进茶、旅、文、康、养深度融合，打造环境美、茶品牌响、文化底蕴深的茶文化高地。

（三）积极推动非遗与旅游融合发展，奏响水韵江苏茶旅"交响乐"，提高江苏茶文化的国内外影响力

加快推进茶叶非遗名录体系建设，建立体系完备、梯次合理的非遗传承人队伍；积极推动非遗与旅游融合发展，通过深入开展无限定空间非遗进景区活动；逐步加大传播推广力度，精心筹备承办"一带一路"茶艺展，加强国际交流合作，提高江苏茶文化的国内外影响力。

（执笔人：管永祥、徐德良、周静峰）

2023浙江省茶叶行业发展报告

浙江省茶叶产业协会

一、基本情况

据浙江省茶叶业务主管部门统计分析，2023年全省茶园总面积311.7万亩、总产量20.2万吨、总产值287.1亿元，与去年的310.5万亩、19.4万吨和264.0亿元相比，面积、产量、产值分别增长0.39%、增产4.12%、增值8.75%；其中名优茶产量、产值达11.0万吨和257.5亿元，较去年分别增产3.01%、增值8.80%，继续保持着较好发展势态。

（一）生产推进顺利、整体有序稳定

1. 开采整体提前

2023年，浙江省春茶虽然最早在温州于2月16日开采，比上年同期迟2日。但2月中旬起气温回升快而平稳且雨水较为均衡，全省春茶多数产区整体开采时间比上年提早5天左右。2月底到3月初，衢州、金华、绍兴、宁波、杭州自南而北陆续较大面积开采；至3月21日，最北的安吉白茶开采，全省大部开采时间比去年提前3天左右。

2. 采工相对充足

据调查，2023年春茶生产到岗采茶工153.53万人，比去年增加1.96%，到岗数超过年初预期。主要原因是2023年外省采工入浙畅通，省内工业企业订单减少转向农业劳力增多；其中2023年省外采茶工入浙人数达48.37万，比去年增加27%。采工增加的同时，用工成本也出现20多年来的首次下降，采工日均工资为178元，比去年的180.4元下降1.30%，主要原因是在劳务市场需求减少的大环境下，采工工资预期降低。

3. 春季茶青涨价明显

受去年夏秋长期干旱以及今年2月初霜冻、3月持续阴雨天气的影响，前期茶树长势弱、生长慢，茶叶产量比去年略减，局部中高档名优茶减少20%～30%。受前期鲜叶供求紧张影响，茶青价格明显上涨，2月下旬茶青价格为240～300元/千克，3月上旬维持在200～260元/千克，均比去年上涨20%左右，其中白叶1号最高价格达到700元/千克，且至清明品质好的茶青价格仍在200元/千克以上。中后期（4—5月）温度较去年同期低2℃，品质优于去年，采摘期有所延长，价格带动下茶农采摘意愿较强，优质茶产量有所上升，松阳、遂昌等优质茶主产县春茶产量同比反增，茶青价格较长时间维持在较高水平。据中国茶产业（杭州）指数采集分析，浙江春茶茶青同比交易量指数

为95.0、去年同期价格指数为118.9，呈量减价涨趋势。特别是去年受干旱最为严重的金华市，茶青均价为72.8元/千克，较去年上涨约50%。茶农普遍反映，2023年的春茶收入比上年明显增长、实惠更多。

4．夏秋茶气候适宜，量增价涨

2023年梅雨季节不明显，6月份降水量比常年减两成，出梅后温度整体偏低，极端高温天气少，整体晴雨相间，茶树适宜的好气候和近年来推广的生态茶园系列技术助力，茶叶产量和品质明显提升，采摘期延长10天左右。全省茶青价格较去年上涨10%左右，其中遂昌县大柘茶青市场手采鲜叶、机采鲜叶分别从上年的7元/千克、4元/千克提高到9元/千克、5元/千克，增幅达到25%。青叶价格也拉动了许多往年不采夏秋茶的产区加入了夏秋茶生产的行列。

5．地方出政增多，支持力度加大

温州市、金华市以及松阳县、淳安县等市/县加强顶层设计，编制《产业中长期发展规划》《产业三年行动计划》和专项工程行动计划，通过专业团队、科学分析，提出产业高质量发展路径。松阳、景宁、富阳、桐庐、遂昌等县出台政策加强对茶产业的支持，优化营商环境，发展"地瓜经济"，如景宁县发布茶产业激励新政策，将支持资金从1000万元提高到3000万元；松阳、桐庐、遂昌分别出台专项政策，针对性强化春茶采摘、龙井茶产业、春茶交易的扶持。

6．技能比武再创佳绩，匠心传承掀起高潮

2023年全省更加全面地组织了技术培训、加工比赛、产品评比、实物标准样制定等多种质量提升活动，在手工技能传承的同时，增加了机械组比赛，扩展了技能比武范围。尤其是在第五届全国农业行业职业技能大赛上茶叶加工赛项决赛，浙江队包揽国赛冠亚军；下半年的第六届大赛上，浙江队再夺冠军，创造了浙江队包揽农业农村部举办的四届茶叶加工赛冠军"大满贯"的历史。技能大赛的优异成绩，不仅展现了浙江在传统工艺传承中的人才优势与独特地位；同时，也进一步激发了传承传统工艺热潮的掀起和坚守匠心、精益求精精神的弘扬。

（二）产地市场交易恢复兴旺，内贸买方市场特征明显

产地市场信心恢复及时，茶商采购意愿强烈，也带动市场交易火爆，春茶前期名优茶减少，上市价格达4000～5000元/千克，比去年同期涨10%左右。春茶平均价格达218.6元/千克，同比增长4.12%。夏秋季茶叶品质好，来浙采购人数有所增多，秋龙井出现交易小旺季，新昌中国茶市6—9月交易量、交易额大增26%、32%。到2023年年底，全省茶叶交易量15.5万吨、交易额269.1亿元，分别同比增长0.05%、4.02%；平均价格173.3元/千克，同比增长3.97%。其中，2023年浙南茶叶市场年交易量8.17万吨、交易额67.21亿元，交易量与去年持平，交易额同比增长2.79%；中国茶市年交易量1.67万吨，同比增长0.27%，年交易额66.54亿元，同比增长6.19%。

国内茶叶销售市场疲软惯性依然延续。茶叶实体店仍不温不火，期望的线下销售火爆现象没有出

现；线上销售增长速率趋于平稳。不过新茶饮和深加工原料茶产销增长较快，但绝对量还不够大，不足以抵消产量和库存量的增加。市场整体对茶叶的需求趋于饱和，消费增长速度低于茶叶生产扩张速度，供求矛盾日益突出。

（三）茶叶出口波动幅度持续加大

1. 全国茶叶出口量值双双下降

据中国海关数据显示，2023年，我国茶叶出口量约36.75万吨，较去年减少约0.77万吨，同比减少2.06%；出口额约17.39亿美元，较去年减少3.43亿美元，同比减少16.49%；出口均价4.73美元/千克，较去年减少0.82美元/千克，同比减少14.74%。从2022年开始，我国茶叶出口额和出口均价开始下降，2023年下降幅度加大，且出口量也出现下降趋势。

2. 浙江茶叶出口量值重新位居全国第一

2023年，我国茶叶出口前10位的省份为浙江、安徽、湖南、福建、湖北、江西、四川、河南、贵州和重庆。

浙江茶叶出口量约15.03万吨，同比减少2.3%；出口额约4.64亿美元，同比减少3.95%；出口均价3.1美元/千克，同比减少1.7%；出口量和出口额均居全国首位。其中，绿茶出口量约14.43万吨，同比减少1.8%；出口额约4.35亿美元，同比减少3.7%；分别占全国绿茶出口的46.65%和36.78%。红茶出口量约3604吨，同比减少21%；出口额约1623万美元，同比减少18.9%。乌龙茶出口量约1072吨，同比增长9.6%；出口额约344万美元，同比减少5.4%。普洱茶出口量约119吨，同比减少17%；出口额约37万美元，同比减少23.1%。

3. 茶叶出口重点国家和地区增减不一

2023年，浙江茶叶出口至89个国家和地区。按出口额排序位列前10位的分别是摩洛哥（出口量4.24万吨，出口额1.27亿美元）、塞内加尔（出口量7903吨，出口额3129万美元）、冈比亚（出口量7487吨，出口额2694万美元）、马里（出口量7104吨，出口额2551万美元）、加纳（出口量6372吨，出口额2521万美元）、毛里塔尼亚（出口量5183吨，出口额2141万美元）、阿尔及利亚（出口量6709吨，出口额2076万美元）、乌兹别克斯坦（出口量1.08万吨，出口额1978万美元）、贝宁（出口量6339吨，出口额1635万美元）、马来西亚（出口量672吨，出口额1363万美元）。

二、政策建议

（一）强化顶层设计，合力推进茶叶产业立法

在当前茶产业总体繁荣的局面下，浙江省茶产业仍然面临市场、机制与技术等多方面问题，需要

统一对策、政策引导。茶叶作为浙江省农业主导产业、窗口产业，省政府的文件尚停留在《浙江省人民政府办公厅关于促进茶产业传承发展的指导意见》（浙政办发〔2016〕11号），需要重新制定新的政策。同时，在福建、湖北、贵州、湖南等省都已出台茶产业发展立法条例的情况下，作为引领全国茶产业发展的省份，也需要制定《浙江省促进茶产业发展条例》，以立法形式引领、推动、规范和保障浙江省茶产业高质量发展。

（二）主抓文化要素，着力提升茶文化引领力

一要深入挖掘茶文化内涵。抓住重视历史经典产业振兴机遇，有序推进茶文化史料、遗迹、文物的挖掘整理，提升茶文化资源应用价值。二要搭建茶文化平台载体。要搭建形式多样的活动载体，多渠道举办多形式的茶事活动，通过深挖历史，恢复建设一批茶的古建筑与遗迹（址），加强规划、切实推进建设一批茶博馆、茶庄园。借助发挥新媒体作用，大力宣传茶典故，讲好茶故事。三要深入推进茶文旅融合发展。按照全省茶区全域茶旅的总体要求，整合茶业文旅资源，分步推进建设功能丰富、沉浸体验的茶叶精品旅游点，支持茶楼、茶店等交流窗口的茶空间建设，打造一批全域茶旅一体化示范县。

（三）精准突破重点，着力提升茶产业竞争力

进一步强化产业集群，分区别类打造好竞争优势突破的龙井茶、浙北白化茶、浙南早茶、浙西南红茶、抹茶等优势特色产区。推进茶企整合重组、跨区域发展，推进经营主体发展壮大、推动共享带动力强的主体品牌做大做强。大力发展专业合作社和家庭农场，全面提高茶农组织化程度。大力发展社会化服务组织，建好茶事服务中心。坚持以名优绿茶为主导，有序推动多茶类协同发展。因地制宜开发抹茶产业，培育余杭、越城、武义等抹茶特色优势区域。

（四）强化优势聚合，着力提升茶科技驱动力

在加快茶树品种保护更新、加快茶技术创新应用、加快高素质人才培养总体目标的基础上，加强在浙茶科研院校、学术组织、茶科技体系平台等优势要素聚合，建立高效、协同的联合协作机制，推进浙江茶产业技术创新研发、转化示范、推广应用的最强支撑体系建设，推进省、市两级茶产业创新与服务团队与"农创客""新农人"平台建设与融合。加强茶艺师、评茶师、调饮师和加工工等职业技能鉴定和竞赛，完善茶产业技能人才激励政策与认定机制。

（五）深化"三茶统筹"，营造发展要素聚合新优势

浙江在茶文化引领、茶产业发展、茶科技支撑等方面有着独特的优势。21世纪以来，通过各界各方的共同努力，已为全面构建茶文化、茶产业、茶科技"三位一体"的茶叶融合发展体系打下了良好

基础。尤其是新时代,浙江省政府对包括茶产业在内的历史经典产业传承创新发展工作的高度重视和浙江省文化广电和旅游厅《关于扎实推进"中国传统制茶技艺及其相关习俗"系统性保护的意见》的出台,为浙江省茶产业再创新的辉煌提供了更多有利因素。因此,加强"三茶统筹"站高领导与组织协调已成为当务之急,建议省政府组织成立浙江省"三茶统筹"领导小组,明确发展目标、明晓任务清单、落实相应职责、统一协同机制,创新营造"三茶统筹"协调发展要素聚合新优势,着力提升茶产业高质量可持续发展能力,为全国"三茶统筹"协调发展提供浙江样板。

(执笔人:罗列万、刁学刚)

2023安徽省茶叶行业发展报告

安徽省茶业协会

2023年是贯彻党的二十大精神开局之年，是实施"十四五"规划承前启后的关键一年。安徽省坚持贯彻落实习近平总书记关于"统筹做好茶文化、茶产业、茶科技这篇大文章"和"茶产业大有前途。下一步，要打出自己的品牌，把茶产业做大做强"的重要指示精神，在省委省政府的坚强领导以及在有关部门和广大茶企茶人的共同努力下，发挥徽茶文化底蕴优势，强化茶科技创新驱动，提升徽茶品牌市场影响力，推进徽茶产业提档升级，助力全面乡村振兴。

一、基本情况

（一）总体概况

据安徽省农业农村厅农情调度数据，2023年全省茶园面积稳定在320万亩，实际开采茶园面积308.83万亩；干毛茶产量17.57万吨，同比增长3.72%；干毛茶农业产值226.08亿元，同比增长10.97%；茶叶出口量约6.73万吨，同比增长8.4%；茶叶出口额约2.5亿美元，同比增长2.08%；茶叶全产业链产值达到826.68亿元。安徽省茶产业结构主要以春季名优绿茶、红茶和大宗茶为主。2020—2023年安徽省茶产业发展情况见表6。

表6　2020—2023年安徽省茶产业发展情况

年份	茶园种植面积/万亩	开采茶园面积/万亩	全国位次	干毛茶产量/万吨	全国位次	干毛茶产值/亿元	全国位次	综合产值/亿元
2020	316.3	272.9	6	13.89	8	146.17	8	477.32
2021	320	289.59	6	15.45	8	182.53	8	614.91
2022	320	297.29	6	16.94	8	203.73	8	734.68
2023	320	308.83	6	17.57	8	226.08	7	826.68

注：表中数据来源于安徽省农业农村厅农业行业调度。

（二）春茶生产情况

2023年2月，安徽省雨雪天气偏多，低温条件下，茶芽萌发期延后，新芽生长放缓，有利于内含物质增加和品质提升。2月末天气转晴，气温快速回升，最高气温达20℃以上，茶芽生长加快，3月中旬茶叶逐步开采。4月中旬，名优茶太平猴魁正式开园，省内茶叶进入全面开采阶段。

2023年，受上年夏秋高温干旱天气以及早春低温、降水影响，安徽省各产茶区茶叶产量较去年稍有下降，价格小幅上涨。据安徽省农业农村厅农情调度数据，2023年，全省春季名优茶产量5.51万吨，产值174.45亿元，虽然产量仅占全年总产量的31.36%，但产值占比达77.16%。

（三）重大事件

1. 六大茶类分类体系成为ISO国际标准

2023年4月，由安徽农业大学茶树生物学与资源利用国家重点实验室主任宛晓春教授牵头制定的国际标准ISO 20715：2023《茶叶分类》正式颁布，标志着我国六大茶类分类体系正式成为国际共识，这是我国在茶叶标准国际化领域取得的具有里程碑意义的成果。

2. 徽茶文化发展成果显著

2023年9月，农业农村部公布了第七批中国重要农业文化遗产项目名单，歙县梯地茶园系统被认定为第七批中国重要农业文化遗产。歙县梯地茶园系统具有丰富的农业生物多样性，是传统技术条件下山区土地综合利用的最佳方式，这种集约高效的生产模式和历史经验，具有重要的历史人文价值和现代生产借鉴意义。

2023年12月，由安徽农业大学陈椽教授撰著的《茶业通史》作为茶文化类唯一的著作入选国家社科基金中华学术外译项目推荐书目。

3. 开展茶事活动助推产业发展

2023年，安徽省积极开展交流会等茶事活动，为全省茶产业搭建交流合作平台，有力助推安徽茶产业发展；筹办各项茶界赛事，提升品牌影响力。汪建明、范文翰两位选手在2023年全国行业职业技能竞赛·"武夷山杯"第六届全国茶业职业技能竞赛总决赛中分别荣获一银一铜奖牌。

二、存在问题

（一）生产成本持续提高

随着农村劳动力的逐年减少，在低海拔、低坡度适宜茶园推广无性系良种，提升茶园宜机化水平，成为未来发展主要趋势。安徽省高山茶园、生态茶园主要分布在皖南和大别山区，面积比重大，道路、水利、电力等配套基础设施相对薄弱，部分老茶园为20世纪70—80年代建园，良种覆盖率低，老化、退化现象较为明显。目前改造成高标准良种茶园投入成本至少需要5000元/亩，且连续投入3年后才能重新投产，生产经营主体改造积极性不高，茶园改造总体进度较慢。目前，全省无性系良种茶园面积140余万亩，占比未超过采茶园面积的50%，较全国平均75%仍有差距。

（二）亩均效益未充分挖掘

一方面，茶园亩均产量低。安徽省茶叶生产结构以名优茶为主，春季鲜叶价格普遍较高，早期收购价格达到80～100元/千克，但夏秋鲜叶市场价格仅0.5～1元/千克，多数茶园只生产一季春茶，导致亩均产量仅为56.98千克。与安徽省产业结构相似的浙江省，亩均产量则为61.18千克，全国亩均产量更是达到70.93千克。另一方面，毛茶均价未达预期。安徽省干毛茶品质优越，均价能够达到120.27元/千克，但相较于贵州省的179.43元/千克、浙江省的145.38元/千克仍有一定差距。2023年，全省茶园亩均产值7320.53元，纵向比较有较大进步；但横向与福建省、浙江省等产茶先进省份比较仍有较大差距。

（三）现代化经营水平较低

目前，全省共有茶叶企业5800余家，省级以上龙头企业仅63家，仅占企业总数的1%。上市企业仅1家，且为"新三板"。一方面是茶企多为本地种茶或制茶大户通过多代家族式经营发展壮大，企业现代化管理水平不高，更缺乏专业创新人才，制约了茶企进一步做大做强。另一方面由于茶叶生产投入成本高，风险性大，且安徽省主产的名优绿茶、红茶消费周期短，社会金融资本关注度不高，导致茶企在发展过程中缺乏融资。现阶段，全省营收额超2亿元的茶企仅有9家，市场话语权及辐射带动能力有待提升。

（四）品牌宣推重点不突出

安徽省茶叶区域公用品牌近50个，数量较多，且其中不乏"黄山毛峰""六安瓜片""太平猴魁""祁门红茶"等历史名茶品牌，"岳西翠兰"等多个新创制品牌，也导致多数主产市/县在品牌建设上"一心多用"。

（五）地方及企业科技人才支撑不够

安徽省高等学校、科研院所茶叶科技教育实力处于全国前列，但由于部分地方和企业对茶叶科技重视度不高，"产学研用"融合不紧密，导致应届毕业生大量外流，科技人才与成果未能有效转化为新质生产力。同时，省级主管部门从事茶产业管理和技术推广的力量有待加强，各茶叶主产市/县虽设有茶叶局（站、办），但面临编制少、人员结构老化等问题，特别是县、乡镇农业技术推广队伍中，大多数都是非专业技术干部兼职，打通"最后一千米"缺乏人才支撑。

（六）茶文化开发利用相对滞后

安徽名茶荟萃，中国传统十大名茶安徽独占其四（黄山毛峰、祁门红茶、太平猴魁、六安瓜片）；茶文化底蕴深厚、特色鲜明，是安徽重要的文化标识，但徽茶文化资源发掘、文化引领产业发展、新型业态培育、企业文化和品牌文化打造、文创产品开发等方面相对滞后，已无法满足现代茶业高质量发展的需要。

三、政策建议

安徽省委省政府高度重视茶产业发展，将发展茶产业作为做好"土特产"和"农头工尾"增值文章的重要抓手，提出"十四五"期间要将茶产业打造为安徽省十大千亿级绿色食品产业之一。未来，安徽省应进一步加大对茶产业的支持力度，健全利益联结机制，加快高质量发展步伐，把茶产业打造成安徽省优势产业、富农产业，乡村全面振兴的特色产业。

（一）健全产业发展机制

1. 加强统筹

充分发挥省茶产业发展联席会议制度优势，推行"专班制"，建议由省领导担任安徽省茶产业链链长，强力推动安徽省茶产业发展。

2. 优化政策

系统梳理安徽省茶产业政策，编制《推动茶产业振兴政策清单》，建立稳定的财政资金年度支持制度，分重点、分批次择优支持，建立财政资金支持涉茶高校院所开展产学研合作服务茶产业的政策机制，加大科技特派团项目经费支持力度。

3. 健全立法

加快推进《安徽省茶产业发展条例》立法进程。

（二）夯实生产加工基础

1. 加强茶树种质资源保护

开展茶树种质资源普查、收集保存和鉴定评价行动，建立资源分布区域、类型、农艺性状和适制性等信息数据库，加快茶树种质资源共享平台建设，促进资源整合、保护、共享和利用。加强茶树繁育、生产企业与茶叶科研院所的联合协作，不断提升茶树新品种的培育和推广力度。

2. 加快"三化"茶园建设

充分发掘与利用安徽地方种质资源，在安徽四大名茶和县/市区域公共品牌专用的无性系良种选育上取得突破。持续推进低产低效茶园改造，建设生态化、标准化、宜机化茶园。推广绿色技术模式，推进开展化肥、农药使用量零增长行动，建立健全茶园绿色防控技术体系。在省级层面引领发力，倡导各茶叶主产区严格管控禁用农药，禁用化学除草剂，助力茶产业生态绿色发展。

3. 提升茶叶智能化精深加工能力

加强初制茶厂改造，建立绿色标准生产体系。支持开展数字化技术改造升级，推进名优茶加工智能化、标准化生产线应用，倡导冷链运输和标准化仓贮，鼓励茶叶加工龙头企业要全部实现食品生产许可认证（SC认证）。以茶叶全价利用为重点，特别是夏秋茶资源的充分利用，深度开发黄大茶等新产品，开发茶叶专用原料，强力推动新式茶饮、茶食品、茶日化品等系列产品产业化，加大以健康为导向的功能性茶产品的开发力度。

（三）推动茶产业做大做强

1. 打造行业头部企业

支持优质龙头企业收购或并购中小型企业，鼓励社会资本进入安徽茶产业。整合省级国有茶业集团及六大主产茶市部分优质关联企业，通过兼并、股权合作等多种形式，组建混合制省属大型茶业集团，强力带动安徽省茶产业发展，壮大"四大名茶"品牌，促进茶旅文康养融合，双轮驱动内外贸，实现徽茶产业一体化发展。

2. 打造行业拳头品牌

重点支持"四大名茶"建立"一个公用品牌、一套管理制度、一套标准体系、多个经营主体"管理体系。打造"四大名茶"产业大脑平台，通过茶园、工厂、销售平台、品质监管等全程数字化智能化改造提升，实现产业大数据的统一管理，满足追溯、管理、服务需求，让产品质量更安全、消费者更了解、管理者更清楚。树立品牌战略观念，通过招商、推介、展会等形式，擦亮"徽茶"金字招牌。

3. 加大市场监管力度

监管部门围绕茶叶质量安全，依据行业管理体系，定期开展专项整治，严厉查处生产经营虚假宣传、假冒伪劣、以次充好、恶意侵权等违法违规行为。对生产经营企业严格监管，加强市场巡查和产品抽查、抽检，建立企业和个体经营者诚信档案，完善信用信息查询和披露制度，引导企业和个体经营者增强诚信意识。建立有奖举报制度，动员社会力量参与举报侵权和假冒伪劣行为。

（四）推动产业融合发展

1. 创新市场营销体系

支持线上线下相结合销售模式，创新发展线下销售渠道，全力打造"生态徽茶"，以绿色生态、有机、健康、高品质茶产品的打造，开拓长三角茶叶高端消费市场。加大对我国东北、华北、西北地区及皖北等主销区市场的开拓力度，对在销区开展宣传推介的地市政府给予财政支持，开设"生态徽茶"主题门店的经营主体予以政策奖补。积极融入国家"一带一路"建设，充分利用中欧地理标志互认、中欧班列等，积极拓展国际市场，推动茶叶出口转型升级。

2. 营造茶产业文化氛围

加大对茶文化挖掘、研究、保护、传承、推广的支持力度，在全省遴选更多具有价值的传统制茶技艺及相关习俗，依法列入非物质文化遗产代表性项目名录，并认定代表性传承人。投入资金，支持对古茶树、茶号、茶道等茶历史文化及遗迹（址）开展普查整理，加以详细登记备案，划定保护范围、制定保护措施。推进茶文化列入中小学课程或研学内容。同时，鼓励与支持传统媒体、新媒体、自媒体等开设茶频道、茶专刊、茶专栏，弘扬徽茶文化，促进茶产业发展。

3. 丰富产业业态

按照"生产基地标准化、加工营销集群化、经营体系一体化、要素集聚先进化、利益联结共赢化"的全产业链提升思路，统筹各地资源，优化专业分工，打造安徽茶产业集群。适应茶叶消费新形势和不同群体不断升级的消费需求，创新流通方式，打造消费新业态。支持电商、物流、商贸、金融等企业参与茶叶电子商务发展，大力扶持名优茶跨境电商，培育网络营销、直播带货等新业态。鼓励茶叶主产市、县、区打造茶旅精品线路、茶旅精品园区、茶旅特色小镇，开发"茶旅+民宿""茶旅+研学"等茶旅融合新业态。

（五）加强产业要素保障

1. 加强用地保障

统筹谋划重大茶产业项目，将重大茶产业项目专项规划纳入国土空间规划范围，科学确定村庄分类，统筹布局农村一二三产业整合发展项目用地和配套基础设施、公共服务设施，适量布局集体经营性建设用地，为茶产业提供空间保障。新增建设用地计划继续向乡村地区倾斜，鼓励在符合村庄规划和集体建设用地管控要求的前提下，通过自主经营、合作经营、委托经营等方式对依法登记的宅基地等农村建设用地进行复合利用，发展茶产业初加工、茶旅融合等乡村新产业、新业态。

2. 加强科技人才保障

支持茶产业科技创新，打造以安徽农业大学、安徽省农业科学院等科研队伍牵头的科研支撑服务体系，引导茶企成为科技创新主体，扶持其与科研机构、高等院校加强合作，共同建立重点实验室、院士（专家）工作站等，开展技术创新和先进装备的研发。强化专业人才队伍建设，大力支持安徽省有条件的高等学校和中职院校开设涉茶专业，培养茶产业发展后备人才；吸引并充实地方茶叶农技推广人员；发挥安徽茶业教育资源优势，培育一批茶产业领军人才、技术团队和企业家。

3. 加强金融保障

充分调动主产市/县政府积极性，特别是引导县级政府加大对茶产业的财政资金投入。积极拓展茶产业直接融资渠道，引导社会资本投入茶产业发展。鼓励农业保险经办机构开发茶叶保险专项险种，有效防范自然风险与市场风险。

（执笔人：柯绍元、韩欣羽）

2023福建省茶叶行业发展报告

福建省茶叶流通协会

一、基本情况

福建茶叶生产历史悠久，种质资源丰富，文化底蕴深厚，是白茶、乌龙茶、红茶、茉莉花茶的发源地。"中国传统制茶技艺及其相关习俗"列入联合国教科文组织《人类非物质文化遗产代表作名录》，福建省多项名茶制作技术为其组成部分。

多年来，福建在茶树良种覆盖率、茶叶单产、毛茶产值、茶叶出口量、国家级龙头企业及中国驰名商标数量等指标均位居全国前列。福建的工夫茶品饮方式，福建茶企的连锁经营、特许加盟模式，茶庄园、茶文旅模式成为茶产业发展的优秀范本。

2023年，福建全省茶园面积368万亩，位居全国第五，较上年增加11万亩；毛茶产量48.32万吨，位居全国第一，同比增长5.6%。福建茶产业全产业链产值在2022年达1500亿元的基础上有望突破1581亿元，连续多年位居全国第一。

2023年，福建省茶叶出口量2.9万吨，位居全国第四；出口额3.1亿美元，位居全国第二；出口均价10.6美元/千克。福建乌龙茶、白茶、茉莉花茶出口量均位居全国第一。

截至2023年年底，武夷岩茶、安溪铁观音、永春佛手、政和白茶、坦洋工夫、福建乌龙茶、福鼎白茶、福州茉莉花茶、武夷红茶、邵武碎铜茶共10个茶叶产品被列入福建省地理标志保护产品名录，85件茶叶商标被列入福建省地理标志商标名单，凸显茶产业在兴业富农、助力乡村振兴战略实施方面所取得的明显成效。

（一）生产情况

福建全省9个地级市均产茶，全省84个县（市、区）中有71个种植茶叶，茶园面积超过3万亩的县（市、区）有27个。9个地级市中，茶园种植面积从高到低依次为宁德市、泉州市、南平市、三明市、漳州市、龙岩市、福州市、厦门市、莆田市，传统上分为闽东、闽北、闽南三大茶区。其中闽东茶区代表为宁德市、闽南茶区代表为泉州市、闽北茶区代表为南平市，三个城市2023年的茶园面积分别为113.2万亩、78.7万亩、72.1万亩，产量分别为13.43万吨、10.42万吨、9.55万吨，面积与产量均居全省前三，合计茶园总面积占全省的71%、总产量占全省的61%，是福建茶产业的最主要产区，集中生产畅销全国的多种名茶。其中宁德市2023年茶园新增面积4.65万亩，茶叶总产量13.43万吨，同比增长5.9%，超过全省平均增幅。尤其是宁德的红茶产量为2.79万吨，同比增长6.1%；白茶5.88万吨，同比增长6.1%，占全国白茶产量的二分之一；绿茶4.54万吨，同比增长5.9%，红茶、白茶、绿茶产量均居全省第一。

（二）茶叶市场情况

福州、泉州、厦门是福建经济发达地区，也是茶叶销售的主要市场。闽东地区的宁德以白茶、红茶、花茶、绿茶消费为主，闽南地区的厦门、漳州、泉州则以乌龙茶为主，其中武夷岩茶、铁观音、闽南乌龙茶等是传统的工夫茶消费茶品，近年来随着白茶的兴起，该地区的白茶市场也迅速扩大。福州市场则多种茶类并存，乌龙茶、白茶、红茶、茉莉花茶、绿茶在福州都有着不少的消费群体，体现出省会城市的包容性。除了各品牌的专业连锁门店，分布在福州各大公园和景区的大众茶馆也成为市民喝茶休闲的好去处。

福建省内知名茶企主要以线下连锁经营与特许加盟为主，同时经营线上天猫、抖音、快手、拼多多等电商和直播平台。天福、八马、华祥苑、日春、武夷星、品品香、中茶蝴蝶与中茶海堤等品牌的连锁门店合计超过1万家，分布在全国各省（自治区、直辖市）。

近年来随着新茶饮的兴起，福建的凭借丰富多样的茶叶品种，成为新茶饮的最主要基底茶供应链建设地。2023年仅安溪一地就供应基底茶超过6万吨，约占全国的20%，全省有15个产茶县（市、区）建立了新茶饮供应工厂。

（三）茶叶出口形势喜人，乌龙茶、白茶、茉莉花茶出口位居全国第一

2023年1月1日起，茉莉花茶、白茶新增单独海关税则号，促进福建茉莉花茶、白茶出口。中国海关数据显示，2023年1—12月，福建乌龙茶出口量1.35万吨，出口额1.4亿美元，出口量、出口额均位居全国第一；白茶出口量354.9吨，出口额1265.1万美元，出口量、出口额均位居全国第一；茉莉花茶出口量2011.3吨，出口额1754.6万美元，出口量、出口额均位居全国第一；红茶出口量1167.5吨，出口额2805.3万美元，出口额位居全国第四；绿茶出口量1.2万吨，出口额1.0亿美元，出口量、出口额均位居全国第五。

（四）各级政府对茶产业制定的政策及执行情况

1. 漳州市诏安县

2023年5月8日，八仙茶主产区漳州市诏安县出台《诏安县人民政府关于推动茶产业高质量发展的若干意见》（以下简称《意见》），以在"十四五"发展期间，促进八仙茶产业又好又快地发展，打好"硒望田园"——八仙茶品牌，实现茶农增收、茶企增效、茶产业振兴。《意见》自发布之日起实施，至2025年12月31日终止。

2. 福州市

福州市人民政府于2023年8月30日印发《关于支持福州茉莉花茶产业发展九条措施》（以下简称

《新九条措施》）的通知，进一步扶持壮大福州茉莉花茶产业。主要内容包括支持茉莉花生产基地和茶园建设、支持茉莉花茶产业提升、加大支持茉莉花茶品牌宣传及标准化建设。《新九条措施》2023年1月1日起执行，有效期至2025年12月31日。

3．宁德市

2023年12月5日，宁德市五届人大常委会通过了《宁德市人民代表大会常务委员会关于促进茶产业高质量发展的决定》（以下简称《决定》），《决定》共分为六章，对总则、产业绿色生产、质量安全管控、三产融合发展、文化与品牌建设、产业扶持与服务等方面做出了要求。自2023年12月12日起施行。

二、未来发展趋势及产业建议

（一）举办茶文化活动，倡导百姓茶、放心茶消费，搭建新流通、扩大新消费

茶文化是促进和提升茶叶消费的有效手段之一，举办好茶事茶文化活动，是创建茶叶品牌与搭建市场流通的有效方式之一。福建省茶叶流通协会积极举办"福茶行天下"茶事茶文化活动，打造"福茶"新IP，积极推介福茶面向百姓消费，普及全民健康饮茶，倡导百姓茶消费，引导开创百姓茶、放心茶大市场，让饮茶健康活动融入大众生活，进一步扩大福茶新流通、新消费。

（二）加大对产业的资金与政策扶持

茶叶的种植加工与生产、供应链和流通建设，以及茶科研的投入与品牌建设，都需要资金与政策面的支持，希望能够进一步找准锚点，创新金融模式，专项服务茶产业发展。

（三）建设新茶饮信息化、标准化的供应链

在传统产品与业态持续发力的同时，潮饮茶、新茶饮、新袋泡、花草茶、调味茶以及速饮杯等新赛道快速崛起，发展消费新业态、新模式多点爆发，促进了线上、线下融合发展，为近几年的茶叶市场带来了增长。但是存在供求信息不平衡、不匹配，产品标准不规范的情况，应加快建设新茶饮信息化、标准化的供应链，促进茶产业发展。

（四）树立和践行大食物观，发展茶业新质生产力

以工业化变革传统茶业生产方式，开发对茶叶植物价值的全价利用，推动茶叶植物精深加工产品在大健康和日化、医美产业中的应用，挖掘茶树的多元化全价利用价值，实现茶农种茶即能增收的目标。

（执笔人：潘文毅、宋向洪）

2023江西省茶叶行业发展报告

江西省茶叶协会

2023年是江西省发展历程中具有重要里程碑意义的一年。习近平总书记再次亲临江西考察，赋予江西发展新定位、新使命，极大鼓舞了全省上下的信心和斗志。江西省人民政府印发的《江西省农业七大产业高质量发展三年行动方案（2023—2025年）》，更是明确提出要打好生态、文化、科技牌，主攻名优茶、推广大众茶、开发个性茶、做大出口茶。江西茶产业在省委省政府的坚强领导下，在各级政府、茶行业主管部门、行业协会组织和江西茶人们的共同努力下，积极推进"茶科技、茶文化、茶产业"统筹发展，全省茶产业综合实力稳步增强，各方面发展均取得了一定的成绩。

一、2023年江西茶产业发展回顾

（一）茶叶生产规模及产量稳步增长

2023年江西省茶叶生产规模持续增长，增速有所减缓。全省茶园总面积183.1万亩，采摘面积139.39万亩，茶园总面积比2022年的180.04万亩增长了3.06万亩，同比增长1.7%，茶园种植面积出现缓增。

全省茶叶干毛茶总产量7.9万吨，同比增长2.9%，其中绿茶6.15万吨，占比77.9%；红茶1.32万吨，占比16.7%；白茶、黑茶、乌龙茶等茶类0.43万吨，占比5.4%；全省茶类生产以绿茶、红茶为主，其他茶类生产规模占比较小。全产业链综合产值185亿元，茶园面积、干毛茶总产量分别居全国第11位、第13位。2021—2023年江西省茶园面积、干毛茶产量见表7。

表7　2021—2023年江西省茶园面积、干毛茶产量

年份	2021	2022	2023
茶叶产量/万吨	7.39	7.7	7.9
绿茶产量/万吨	5.73	6.02	6.15
红茶产量/万吨	1.25	1.27	1.32
其他茶叶产量/万吨	0.41	0.41	0.43
茶园面积/万亩	175.7	180.04	183.1
采摘面积/万亩	133.6	137.22	139.39

2023年全省茶叶出口量约1.31万吨，位居全国第六，同比减少6.61%；出口额9954.41万美元，同比减少23.41%，位居全国第六；均价7.58美元/千克，降幅17.99%。出口茶类以绿茶、红茶为主，绿茶出口量1.00万吨，占76.21%；红茶出口量2262.75吨，占17.22%，绿茶、红茶出口量在全国各茶类出口中成绩突出。

（二）茶产业竞争力持续增强

1. 完善标准体系建设，夯实茶产业发展基础

一是全省不断加快茶产业转型升级，紧抓产品提质工程，健全茶叶标准体系，整体提升茶产业专业化、规范化、标准化水平。逐步健全"庐山云雾茶""狗牯脑茶""婺源绿茶""浮梁茶""宁红茶""赣南高山茶""靖安白茶""资溪白茶""婺源皇菊"等省内各茶产区涵盖基地种植、生产加工、安全把控、流通包装等环节的标准体系，推动有标可依、对标生产、按标管控。浮梁县制定并发布浮梁茶团体标准、浮梁金砖红茶和浮梁红砖茶企业标准，切实规范和提升全县了茶叶产品品质；铅山县制定出台了《铅山河红茶种植技术规程》《铅山河红茶加工技术规程》两项省级地方标准，规范提升茶叶生产质量；遂川县按照"有标采标、无标创标、全程贯标"的原则，在狗牯脑茶良种繁育、种植、加工标准的基础上，制定了狗牯脑茶冲泡标准和金桔红茶、金桔白茶、金桔乌龙茶等企业产品标准，同时启动修订GB/T 19691—2008《地理标志产品 狗牯脑茶》。

二是全省大力推广生态、绿色、有机、富硒等种植模式，不断推进有机肥替代化肥，鼓励茶园套种绿肥和增施有机肥，改良茶园土壤，大力推广茶园病虫害生态、物理、生物防控等绿色技术，加强茶园绿色、有机、富硒基地认证及产品认证。全面推进生态茶园标准化建设，通过新建和改造升级的途径，持续推进茶树良种化、种植立体化、生产机械化、管理规范化的管理模式。婺源县积极推广种植本地国家级茶树良种，定期对投产茶园进行土肥管理、茶树病虫害绿色防控和防冻管护，提升茶叶品质，提高茶园综合效益；武宁县积极促进荒野茶的开发利用，全县荒野茶利用面积快速攀升，开发利用率从5年前的20%，快速增加到70%；遂川县按照"山顶戴帽子、山腰系带子、山脚穿靴子"的生态茶园种植技术标准，完成2500亩标准生态茶园建设，建设全国绿色食品原料标准化生产基地11.6万亩。

2. 加强品牌建设，构建现代化渠道销售体系

一是强化品牌管理规范，积极推进省内各茶产区区域公用品牌的创建和管理工作，充分发挥公共品牌和企业品牌的互促共进作用，支持建立在公共品牌基础上的企业品牌创建，大力倡导企业开展企业标准制定、著名商标和驰名商标注册申请等品牌建设工作。遂川县按照"严进、严管"原则，修订完善《"狗牯脑"地理标志证明商标使用管理实施细则》《遂川狗牯脑茶农产品地理标志使用管理办法》，严格品牌授权管理，统一狗牯脑茶标志、标识使用，提高品牌形象；为提高狗牯脑品牌识别度，统一狗牯脑茶包装元素、色调、材质、规格。婺源县积极开展茶文化、茶品牌系列宣传活动，发起"大家来找茶"活动寻根探源，寻访古树茶；建设方婺遗风茶文化传承点，传递婺源茶文化精神；成功举办2023婺源茶产业高质量发展大会、2023"婺源绿茶"杯第二届斗茶大赛、2023年国际茶日全

民饮茶日等茶事活动，宣传婺源茶，打响品牌知名度；联合京东成功举办婺源绿茶城市文创礼物发布会，进一步打响婺源绿茶系列产品、丰富乡村旅游文创成果。庐山市举办了首届"茶圣杯"庐山云雾茶技能大赛、中国九江名茶名泉博览会等活动，为宣传"庐山云雾茶"品牌做出了贡献。铅山县通过茶文化故事征稿、"武夷河红"门头设计征集、古树茶种质资源摸底调查、选送茶样参加省内外茶事茶赛等方式加强品牌建设，提高消费者对品牌的认知度和忠诚度；同时，全面构建区域公用品牌和企业商标品牌协同发展、互为支撑的品牌体系，成功申报"铅山河红茶"区域公用品牌、申请注册"武夷河红"（第30类、第35类）商标及黄岗山"2160.8"证明商标等，初步形成了"区域公用品牌+企业品牌+产品品牌"多轮驱动、协同推进的发展格局。

二是线上线下并举，持续开拓双向渠道建设。积极推进线下市场体系建设，逐步开辟大中型城市销售市场，建立营销渠道网络，充分利用互联网销售平台拓宽销售渠道，运用线下体验和线上销售结合的方式，构建茶产品现代网络市场营销体系。婺源县大力发展茶业电子商务，京东婺源绿茶自营旗舰店于2023年6月份正式运营，多家茶企入驻平台，并大力推进出口大基地的建设，将全县域具有合法经营种植用地资格的茶叶种植基地整合为一个整体的监管对象，即"大基地"；以海关与婺源县茶产业发展中心、婺源县茶业协会三方监管互认，建立"信息互通、监管互认、执法互助"体系，从源头推动婺源县茶叶种植管理水平与茶叶品质"双提升"，进一步拓展婺源茶叶外销市场。铅山县组织和利用省内外的各类茶博会、中国农民丰收节、农交会等会展和推介活动，引导龙头企业有计划、有针对性地组织河红茶产品开拓长三角地区城市、北京等大中城市市场。遂川县立足将"狗牯脑茶"打造为全国高端名优绿茶著名品牌，线下充分发挥茶香园、吉安狗牯脑茶旗舰店等载体的销售宣传推广作用，按统一形象设计，在北京、南昌、井冈山、吉安市左安镇桃源村梯田高标准建设了狗牯脑茶旗舰店；线上推进"互联网+茶"，组建了江西狗牯脑电子商务有限公司，在天猫、京东、抖音上注册了狗牯脑茶旗舰店。

（三）茶科技支撑力稳步提升

1. 强化科技引领，做好产业服务支撑

一是稳步推进茶树良种选育项目，发掘地方优异茶树种质资源。遂川县启动了新一轮狗牯脑茶本地良种选育工作，从汤湖群体种中选育出34株有优良性状的无性系良种，确保狗牯脑茶"根正苗红"。加大"狗牯脑茶2号"茶树品种繁育推广，年繁育本地良种200万株，逐步实施茶园品种更新，实现良种本地化。浮梁县优良品种"浮梁槠叶1号"获农业农村部登记后，立即建立了面积为10亩的母本园，为今后"浮梁槠叶1号"的培育起到积极的促进作用。修水县制订了荒老茶园改树、改土、改园的技术措施，预计今冬明春可完成荒老和低效茶园提质增效1万亩；确定了"15年以上老茶园、现处抛荒的茶园、欲打造示范的茶园"三类茶园扶持范围，对申报低改茶园进行现场认证和技术指导，预纳入提升支持的项目29个，面积4030亩。婺源县启动婺源绿茶定型、定标准、定工序事宜，结合DB36/T 752—2013《地理标志产品　婺源绿茶》的修订工作，着力构建以婺源茗眉的形制为代表的

婺源绿茶名优茶标准。

二是夯实加工设备基础，推进茶叶生产技改扩能。婺源县服务推进现代农业园入园茶企项目建设，培育打造以正稀公司为代表、以数字智慧茶厂为目标的现代茶叶产业集群。铜鼓县加快茶叶加工厂房标准化和清洁化改造升级，提高茶叶加工能力和加工质量，坚持高、中、低档茶开发并重，坚持春茶、夏茶、秋茶综合利用，满足不同市场和消费人群的需求；积极举办和参与各类制茶大赛，促进制茶工艺传承和现代加工工艺水平提升，支持茶叶精深加工，提高产品附加值。上犹县大力发展富硒茶叶基地及茶叶物联网示范基地，与江西省农业科学院园艺研究所等部门联合起草制定了《赣南富硒茶生产技术规程》，并建立赣南高山富硒茶地方标准，进一步规范地方富硒茶生产；同时，加强基础设施建设，大力推进数字茶业建设，在县农业农村局建设数字茶业调度中心，可视化监控茶园管理；打造智慧标准化茶园，推进建设智能农情监测系统、可视化监控系统、智能灌溉系统、网络及供电系统等应用场景，提升数字茶业发展水平。浮梁县升级配备技术水平亚洲一流的茶叶智能化生产流水线，装备了冻干茶粉制作设备和方形、圆形及巧克力形茶砖加工设备。

2. 深化科研合作，强化茶产业人才建设

紧紧依靠强劲科技支撑，构建产业质量有效管控体系，大力提升技术服务水平。遂川县依托省茶叶产业技术体系赣南站科研团队等力量，在汤湖镇、高坪镇、营盘圩乡等主产乡镇开展技术培训工作；春茶期间，成立专业技术服务队，分赴全县各产茶乡镇实地指导春茶生产工作，以赛代训提升茶叶技能水平。浮梁县组织全县茶叶企业、茶叶专业合作社和茶农代表200余人，举行春季茶叶生产加工技术培训班，为广大茶产业技术人员集中"充电"；邀请专家为学员详细讲解了春季茶园病虫害发生特点及防控技术、茶树品种与采摘技术、春季茶园管理技术和红绿茶加工关键技术等内容；与景德镇学院达成共建"三院一中心"战略合作协议，促进政产学研深度融合，充分发挥景德镇学院人才、学科、科研、设备等优势，建立浮梁茶叶科技研究院、浮梁林业科技研究院、农产品（茶叶）检测检验中心，借助地方高校人才优势，为茶文化传承创新起到推动作用，也为茶企后续的引进人才工作打下了坚实基础。上犹县围绕上犹茶产业技术需求，与江西省农业科学院共建江西省农业科学院上犹茶产业研究院，在上犹建设茶树种质资源圃、新品种引种示范圃、数字茶园等平台，合作开展上犹茶树新品种选育、数字茶园关键技术示范等，不断提高茶产业发展水平。铅山县坚持引进外部人才和用好本土人才并举、高精尖人才与实用型人才并行，与山东省农业科学院茶叶研究所合作，柔性引育茶行业专家11名，并建立"河红茶产业发展专家工作站""武夷河红试验示范基地"等，为铅山河红茶产业发展提供科学指导。婺源县举办茶产业绿色高质高效培训班，开展茶园以草控草技术培训，推动全县茶产业绿色健康可持续发展，进一步强化基层茶技推广人员队伍建设。

（四）茶文化影响力不断扩大

创新传承发展，延长茶产业发展链条。依托悠久的茶文化底蕴及厚实的茶产业基础，按照"产业生态化、茶园景区化、景区特色化"思路，着力打造一批集茶叶种植、茶园观光等于一体的茶园基

地，推进茶文旅融合发展，提升产业附加值，延长茶产业发展链条。浮梁县以茶文化为载体，打造出一条特色浮梁买茶街，吸引了国内外大批游客汇聚于此，据统计，店铺日均接待300余名游客进店品茶。上犹县在发展茶产业的同时，依托"大金山漂流"景区，实现年营业收入1亿元以上，辐射带动周边3000多户农户增收致富；依托"茶产业+民宿"等经营模式，辐射带动600多户农户，户均增收6000多元；同时，以"茶"为媒、以"游"为体，建成多条茶旅融合旅游线路，助推传统农业向现代农业转型的步伐。遂川县组织干部、企业代表等开展茶艺培训，在县职业中学开设茶艺拓展课程，进一步浓厚"都喝茶、能讲茶、会泡茶"的茶文化氛围；出台茶旅奖补政策，按照"茶园变公园""茶区变景区"的发展理念，鼓励充分利用茶园生态优势，将旅游与茶文化元素有机结合，建设了一批茶旅民宿示范点，依托茶香园、茶文化街、草林红圩、桃源梯田、汤湖温泉等，打造了"游红圩、观梯田、泡温泉、品狗牯脑茶"休闲康养绿色生态游，推出制茶体验、特色茶饮、茶秀舞台等多种茶旅项目，茶旅线路成功入选"2023全国茶乡旅游精品线路"。

二、江西茶产业发展思路及措施

（一）坚持质量兴茶的发展理念，打通绿水青山与金山银山双向转换通道

推进高标准茶园建设，严控新扩茶园，重抓现有茶园，打造示范茶园，保护野生茶园，标准化良种茶园开发，提升加工能力和加工工艺技术改良。从科技运用、生态有机、农旅融合、高产高效等方面入手，建设示范基地，以数字化赋能茶园建设，实现茶园可视化监管。

（二）夯实省内销售市场，逐步构建全渠道销售体系

坚持按照"省内省外并举、线上线下同步"的原则，开拓江西茶销售市场。一是要重点巩固好江西省内市场，积极巩固拓展南昌、赣州、九江、萍乡等省内重点市场，加大在省政府、市政府主要接待及会议场所的宣传推介。二是要加大省外市场开拓力度，做好华北、西北、华东等非产茶区的大中城市市场开拓，积极赴省内外目标市场开展茶文化交流推介活动，加快国内目标市场渠道建设，鼓励省内茶企业整合资源，"抱团"利用现有茶叶主流渠道展示推销江西茶产品，建立专卖店、专柜等，以多种形式拓宽销售渠道。三是要积极引导支持茶叶企业入驻淘宝、天猫、京东等电商平台，以"旗舰店""专卖店""特色店"等形式搭建线上销售渠道，用好抖音、视频号、小红书等短视频新媒体平台，开展精准推广，扩大茶叶销售辐射范围。四是要挖掘江西深厚的茶文化底蕴，促进茶文旅融合发展，推进茶与旅游、教育、文化、康养等产业的深度融合发展，增强江西茶产业经济发展新动能，开辟江西茶产业现代化发展新境界。

（执笔人：黄鑫磊）

2023山东省茶叶行业发展报告

山东省茶文化协会

2023年，山东茶叶生产继续保持了鲁东南沿海、鲁中南山区和胶东半岛三大茶叶产区，德州、济南等市也陆续微量种植生产，全省10多个市的43个茶叶生产县（市、区）基本都分布在这三大区域内。目前，山东呈现出较明显的区域优势，已成为全国纬度最高、面积最大的北方优质茶产区，茶科技与茶文化推广齐头并进，助推了茶产业的规范化、规模化、高质量快速发展。在茶叶主产区，茶叶产业已成为当地政府促进农业产业结构调整、推动农村经济发展和增加农民收入的重要途径。

一、基本情况

2023年，鲁茶在省、市、县党委和政府部门的高度重视下，各市/县以习近平总书记视察山东讲话精神和习近平"三茶统筹"指示为指导，紧紧围绕增加茶农收入和提升产业发展，强化政策扶持，扩大产业规模，加强基础建设，优化产业结构，推进精深加工，努力实现全省茶产业跨越式发展。山东省茶园面积今年已达53.1万亩；其中名优茶的产量仍高占70%，年产值达约40.3亿元；早春茶亩产量在18.9千克左右，全年单产水平124.6千克/亩，平均亩产值可保持在9000~17000元。尤其是日照、青岛、临沂、泰安、潍坊、威海等市，保持了发展势头，在茶农致富之路发挥了重要作用。

（一）鲁茶鹊起，成就日照绿茶金字品牌

日照市是山东"南茶北引"最早的践行地区之一，主要茶树品种有黄山种、鸠坑种、福鼎大白等有性系品种和龙井43、中茶108、白毫早、鲁茶一号等无性系品种，基本形成以绿茶为主、红茶为辅，白茶、黑茶多茶类、多品种共同发展的产业格局；全市现有茶叶加工企业1200多家，其中市级及以上龙头企业42家，茶叶生产涉及38个乡镇、760个村，茶叶从业人员32余万人，茶园总面积达到30多万亩，年产干毛茶1.87万吨，总产值34亿元。面积和产量分别占全省的60%和75%。

日照绿茶主产区岚山区，全区茶园总面积达到16.2万亩，其中成龄茶园14.6万亩，年干茶产量1.1万吨，种植业产值14亿元，平均亩产值超过9600元，茶产业销售收入达到29亿元，面积、产量、产值均居全省首位，实现了茶产业从无到有，形成了8个万亩茶园片区；有19处企业基地被命名为省级标准化茶园示范基地，13处基地被命名为市级标准化示范基地，14处基地被命名为市级高效生态示范园，9家企业获得市级茶叶清洁化加工示范企业称号。该区现有涉茶生产加工企业330余家，其中省级农业龙头企业7家、市级农业龙头企业13家；茶叶专业合作社392家，其中国家级示范社4家、省级示

范社9家、市级示范社12家、区级示范社19家；获得国家有机认证茶叶基地19处；全区无公害认证茶叶44家70个产品，认证面积44739亩，绿色认证14家20个产品，面积5414亩。位居主产区第二的日照市东港区茶园面积10.3万亩，产量7350余吨，系列产值约15.8亿元，茶叶生产加工企业252家。其他产茶区在去年的基础上，均稳步发展。

（二）鲁茶发展，激发崂山绿茶飘香名扬

2023年年底，青岛市实有茶园面积14.8万亩，投产茶园面积13.1万亩；茶叶加工企业310多家，流通企业2000多家；年消费茶叶约1300万千克，涌现出万里江、晓阳春、涵雪等一大批茶叶名牌产品。从种茶到炒茶，从卖茶到茶叶深加工，全产业链解决了数十万人的就业，为农民增收致富打下了良好的基础。

（三）鲁茶壮大，营造齐鲁遍地茶香浓

临沂作为山东的一个农业大市，是齐鲁"南茶北引"最早试种区和茶叶主产区之一。全市茶园面积、产量稳步发展。据业务部门统计，截至2023年年底，全市茶园面积10.2万亩（开采面积9.338万亩，占总面积的93.94%），全市干毛茶产量5345.9吨。产茶区主要集中在莒南县、沂水县、临沭县、兰山区、平邑县、沂南县、费县7个县区，其中，莒南县茶园面积占到全市茶园面积的82.27%，茶叶企业、合作社、家庭农场217家，其中食品质量安全认证（QS认证）的有11家，省级林业产业化龙头企业2家，市级农业产业化龙头企业20家，有"沂蒙绿茶""莒南绿茶""沂水绿茶"农产品地理标志3个。

紧邻济南的泰安市，近年来在市委市政府对泰山茶产业发展高度重视下，先后出台了《泰安市泰山茶产业振兴规划》《关于泰山茶产业发展的实施意见》等文件，并拿出专项资金，进行重点培育扶持。2023年，全市茶园总面积约有8.6万亩，产值9.6亿元。主要品种以黄山群体种、祁门褚叶种、福鼎大白、淳安鸠坑种有性系为主；以舒茶早、金寨1号、泰山罗汉茶、安吉白茶等无性系茶树良种为辅；共有113家茶生产加工企业，是山东省3个优势茶产区（鲁东南沿海产茶区、鲁中南产茶区、胶东半岛产茶区）之一，泰山茶也成为当地乡村振兴十大优势产业之一；年产干茶量1100余吨。多年来泰安市委、市政府重视泰山茶的发展，多家茶企业获得多种大奖，泰山绿茶、泰山红茶获得农产品地理标志认证。

目前，潍坊市茶叶产业也在发力，其主产区主要集中在诸城市。截止到2023年年底，诸城市茶树种植面积约3.7万亩。茶树品种主要是南茶北引以来，延续下来的鸠坑、福鼎大白、黄山群体、信阳种等有性系品种；近几年，开始逐步推广无性系栽培，主要有中茶108、龙井43等。茶叶加工企业也集中在诸城，拥有齐全生产资质的有10多家，另外各种茶厂、合作社、作坊等110多家；年干茶产量2700吨，多以潍坊本地销售为主。茶制品类别主要是诸城绿茶、红茶，还有少量的茶企在试制白茶。主要茶叶加工企业：鸿雨、怡明、碧龙春、德邻、颖青、大山春、御品香、茗盛春等。

截至2023年底，烟台市全市发展茶园面积约3.6万亩，主要分布在海阳市、牟平区、福山区、蓬莱区、莱阳市、栖霞市、龙口市、招远市、莱州市。其中，海阳市种植面积约占全市面积的80%，主要茶树品种以平阳特早、龙井43、中茶108、福鼎大白等无性系品种以绿茶为主、红茶为辅，白茶、黄茶、菊花茶、桑叶茶等多品种发展。全市现有茶叶加工企业43余家，茶叶从业人员1.6万人，年产干茶500多吨，总价值5.3亿元。

另外，省会济南市在茶产业化上也不断突破，除了打造出江北第一茶市以外，还筑起了全国最大的南茶北销集散地。近几年，市委市政府又把发展茶叶产业列为带动农业发展、支持农村农民致富的特色农业产业，并给予了高度的重视。据农业主管部门统计，济南市长清、章丘、莱芜等区域现拥有传统茶种植面积近万亩、花草保健类茶种植1.8万余亩。主要茶树品种：福鼎大白、龙井43、金萱、中茶108等茶树品种，示范推广"南茶北引"茶种植栽培技术。主要茶叶加工企业目前取得SC认证的有9家，在济南周边部分山区农民创业致富的过程中发挥了重要作用。

其次，山东的威海、淄博、德州等地区也在相对适宜的区域，把茶叶产业作为了特色农产业来抓，实行了政府引导、因地制宜、品牌企业带动、农民自觉自愿参与的方式，围绕如何把茶产业作为乡村振兴的特色产业做了许多工作。

（四）科技先导，促进鲁茶高质规范化发展

日照市将茶产业纳入生态立市、林水会战和乡村振兴等重大战略部署，着力打造绿色产业、生态产业、科技富民产业，实现"一叶"向"一业"的华丽转变，已经成为与韩国宝城、日本静冈齐名的"世界三大海岸绿茶城市"之一。

近几年，山东其他各产区各级政府把茶叶生产作为改善农村环境、发展农村经济、增加农民收入的重要产业，采取了一系列扶持政策。茶叶科技人员从南方引进了鸠坑、福鼎大白茶、安吉白茶等一批优良品种，并在本地培育成功。茶叶龙头企业总结出了青岛茶的生产加工技术规程和质量标准，形成了整套的生产、管理、栽培、加工、监测经验。茶产业作为临沂市特色产业，经过近60年的曲折发展经历，始终坚持以布局优化、提质增效、产业融合为重点，不断丰富茶叶种类，延伸产业链，把茶文化、茶产业、茶科技逐步统筹起来，实现"科技兴茶、绿色兴茶、品牌兴茶、文化兴茶"，以茶产业高质量发展助力乡村振兴。临沂市的茶产品越来越多样化，其独特的气候和地理条件造就了"沂蒙绿茶"具有叶片厚、耐冲泡、内质好、滋味浓、香气高的特点，得到了国内外茶叶专家们的一致好评和广大消费者的青睐。此外，临沂市的茶树品种不断丰富。目前的茶树品种主要是绿茶适制品种，红茶、乌龙茶等其他茶类茶树品种也在逐渐发展，尤其红茶、乌龙茶适制品种增加明显。

烟台市农民种茶积极性不断提高，烟台市已成为北方茶叶主产区之一。烟台最早发展茶产业的海阳市，高起点定位、高标准管理，引进无性系大苗进行设施栽培，也是山东最早大规模进行无性系茶树种植区域。经过3年的试验，形成了一套茶树种植规范。茶园建设向生态化、标准化、多元化发展。

山东农业大学位于泰安市，青岛农业大学位于青岛市，泰安市和青岛市具有天然优势的同时，坚

持抓好以下三项工程。一是实施品牌提升工程，以区域公用品牌，加大策划宣传力度，提高其知名度和美誉度，实施母子品牌战略，带动茶叶销售，促进农民增收。二是实施规模提升工程，以培强龙头企业为抓手，着眼于科技助力、提高茶种植规模和加工规模，提升茶加工档次，壮大一批具有科技含量的茶龙头企业。三是实施品质提升工程，把茶叶种植基地作为茶产业化经营的第一车间，集中打造一批高标准精品生态茶园，编制并严格执行种植标准、加工标准和产品标准，全面提升茶叶品质。

（五）鲁茶注入文化内涵，增加山东茶产业的辐射带动力

2023年，山东各市举办各种大型专业茶事、茶展及茶文化推广活动10余场。在大型茶事活动影响下，茶文化会所、茶叶专卖店星罗密布，还促使两大茶市周边的老屯和齐鲁茶城、茶街等4~5个茶城的形成，使这一地区聚集的全国各地茶商近达4000家左右，成为全国最大的茶叶批发市场聚集区，带动了济南西部张庄路茶文化一条街的形成，同时还在济南区域内繁衍发展了十几个已具有一定规模的茶叶专业批发市场。

青岛市自2015年创办茶文化节以来，已连续举办多届，各区/市每年也都举行各种各样的茶事活动，青岛会展中心、北方茶文化交流中心、万里江茶业博物馆、崂山茶叶博物馆等公益性茶文化普及单位引领岛城茶文化的快速发展。茶店、茶楼如雨后春笋般涌现，多个茶叶专业批发市场应运而生，茶马古道、天都锦茶城、兴邦茶城、东李茶城、润东茶城等大型茶叶批发市场很好地发挥了市场的带动作用，促进了茶叶产业的全面发展。此外，日照、潍坊、临沂、泰安等市茶展会及茶文化活动也都异彩纷呈、各具特色，工作成效显著。

二、存在问题

首先，部分茶园分布较分散，配套基础设施薄弱，技术力量欠缺、管理不到位，自然环境天气干扰仍然很大，部分地区茶树长势弱，产量和收益较低。

其次，品牌建设和推广仍然相对薄弱。一是缺乏知名主导品牌；二是部分茶农、茶企观念仍有滞后的现象，各自为阵，缺乏抱团发展合作共赢的战略观念，品牌集聚效应低、销售渠道不畅。

此外，各级专业管理部门、专业技术科研院校、行业协会组织，对鲁茶产业发展的全方位支持力度和指导作用有待进一步加强。

三、政策建议

第一，产茶市/县政府职能部门和行业协会，要加强对茶企和茶农的进一步关注和支持，帮助茶企对接和协调相关茶专业科研院校、茶叶协会，尽可能的从政策、技术甚至经济上给予较大力度的扶持和帮助。

第二，注重自身加工种植科技含量，学习借鉴贵州省严把茶叶种植生产源头关，塑造和维护鲁茶的生命之誉，真正做到生态之绿、干净之绿、鲁茶至纯。

第三，拓宽宣传、展示、销售渠道，充分利用实体店与互联网平台不同功能，实现线上、线下多方位渠道贯通，利用各地部门和各行业协会组织举办的各类型的茶博会、茶文化节等展示宣传推介活动，展示推广好鲁茶品牌，利用互联网将"永不落幕的茶博会"落地做实，实现鲁茶生产、加工、流通销售长期的良性循环畅通渠道，真正为茶农、茶商从茶致富营造实实在在的条件和环境。

第四，"三茶统筹"贯彻始终，将鲁茶文化、鲁茶科技、鲁茶产业融会贯通，持续融合发展，塑造认知度高、营销力度大的鲁茶品牌。

（执笔人：赵建设）

2023河南省茶叶行业发展报告

河南省茶叶协会

一、基本情况

河南省种茶历史悠久，茶文化底蕴深厚，是我国茶叶主产区之一。目前，茶产业已经成为河南省经济发展不容忽视的组成部分。截至2023年年底，河南茶园面积215万亩，较2019年增长18.59%；茶叶总产量约10.2万吨，较2019年增长8.19%；实现产值约146.3亿元，较2019年增长11.29%；茶叶出口7125吨，创汇5100余万美元；茶叶从业人员达131万，2023年全省涉茶产业产值约270亿元。加之天然优质的贮运环境和发达的物流体系，河南正逐渐成为全国茶叶"南茶北销"的重要集散地，茶叶流通领域市场发展繁荣，仅郑州地区就有20多家茶叶集中交易市场。

河南省茶叶流通领域的产业规模巨大，已经发展成为全省工商业不容小觑的业态。全省共注册涉茶企业49698家，其中，个体工商户28558家，占57.46%；公司21140家，占42.54%。在全省涉茶企业中，企业注册资金规模在10万元以下的有22799家，占比45.87%；注册资金100万元以上的企业16472家，占比33.14%。全省涉茶企业按照注册数量排名，2000家以上的市依次为信阳（14086家）、郑州（8882家）、南阳（4941家）、平顶山（3906家）、洛阳（3220家）、周口（2392家）、商丘（2116家）。

（一）依靠政府大力支持，提振产业发展质量

河南省农业农村厅会同茶叶产业链工作专班组织河南省相关部门和专家学者展开对《河南省促进茶业高质量发展三年行动方案（2023—2025年）》的起草、讨论、评审和修订并组织贯宣，进一步明确全省茶产业三年的工作任务纲要。

信阳市人民政府认真创新筹备主办第32届信阳茶文化节及2024年首届信阳毛尖斗茶大赛（决赛）在信阳青年营地创新举行。

全市上下将坚持以"三茶统筹"为引领，积极发展新质生产力，共同奔赴新时代信阳茶产业高质量发展的美好未来。

（二）坚持抓好茶园基础设施提升，坚持绿色引领发展

一是主抓生态茶园设施建设。召开全省生态茶园建设培训班3期，启动了生态低碳茶认证工作，建成高标准万亩生态茶园示范基地，生态茶园总面积达150万亩以上。2023年全省茶树病虫绿色精准防控技术推介会在信阳成功召开，绿色精准病虫害防控理念和新技术在湖北省也得到进一步应用。

二是及时部署河南省夏季茶园抗旱救灾工作。各级政府部门发出"抗高温、战酷暑、防旱灾"总动员，在产茶区开展科学防灾减灾服务工作，省级涉茶部门也派出27余位专家，有效指导各地茶农开展抗灾自救。

三是牢固树立绿色发展理念，遵循"生态优先、宜茶则茶、适度发展、自愿退出"的原则，持续推进高标准生态茶园建设和低产低效茶园改造。

（三）加强龙头培育，狠抓产业化水平提升

一是做大茶企龙头，大力支持茶产业组建大型企业集团，以龙头企业拉动延伸产业链。加强省级农业产业化龙头企业认定。2023年全省新增茶叶省级产业化重点龙头企业9家，总数达到99家。

二是做精做强茶叶加工链，在支持企业开展加工设备提档升级工作方面成绩斐然。引进全省首台全球智能化生产线，运用智能传感及生产控制集成技术，实现茶产业从由"制造"向"智能制造"转型升级。

三是加强产业集约化，引导茶叶加工向产业园集中集聚。

（四）坚持品牌战略，狠抓市场拓展

一是丰富茶事活动，二是加强媒体宣传，三是加强"走出去"推介宣传。积极开展系列活动，组织信阳市各区县、南阳市产茶县等茶叶重点产区的50多家知名茶企走进东莞、广州、深圳3市，开展专场推介活动。

四是支持"河南名茶馆"进驻"抖音河南茶产业带服务商"，系统性地培训茶叶带货主播和直播电商运营人员，为河南茶产业的数字化营销培育并输送一大批专业化人才。

五是通过新品种、新技术，提高产量，提升品质，降低成本；积极探索新业态新模式，产加销贯通、农文旅融合；培育具有全国影响力的知名特色品牌，提升品牌溢价；通过现代信息技术与传统茶业的深度融合，推动生产方式转型升级；用数字化、智能化的技术和手段为茶叶生产赋能。

（五）坚持对外合作，狠抓招商引资

河南省农业农村厅制定下发了《省十大重点农业产业链招商引资项目发布和集中对接活动实施方案》，形成重招商、抓招商的行动路径和浓郁氛围。加强外地企业与河南省茶企的亲亲合作，强强联合。

（六）坚持科技引领，牢固产业链支撑

一是开展科技服务，解决技术需求。深入信阳、南阳等地调研茶产业发展，解析当地茶叶企业技术需求，助力茶产业高质量发展。

二是开展科技攻关，落实先进实用技术推广。把茶叶重点技术纳入全省农业主推技术大力推广，

茶园绿色生态栽培集成技术入选全省农业科技服务产业链十大引领技术。

三是深入开展院士专家科技服务茶产业链"520"行动，加强省现代农业茶产业技术体系建设，对河南茶产业链"卡脖子"技术难题开展科技攻关。

四是开展技术人才培训工作。组织招集茶叶科技团队深入重点产区开展技术指导，培训茶农达1000多人次，茶叶科技创新有力，支撑了产业链高质量发展。

（七）豫茶茶叶非遗申报工作取得新突破

河南省申报的"信阳毛尖制作技艺"品牌纳入农业农村部办公厅发布的农业品牌精品培育计划名单中。省内加强公用区域品牌的授权审核，对符合授权标准的市场主体授权许可。

二、存在问题

（一）茶城生产经营困难

茶叶市场受到影响，很多在专业茶叶市场的经销商2023年只可维持店面运转，销量下滑严重，茶叶批发受到很大影响。

（二）线下消费疲软，供需失衡

受到经济大环境影响，消费者更加理性，消费力度大幅减弱；消费疲软的原因使线下批发市场交易雪上加霜。

（三）消费者对批发市场信任度低

茶叶批发市场内的商户多为中小企业和个体经营户，绝大多数商户靠自觉诚信经营，但因个别商家社会责任感低、以次充好，导致市场价格混乱，让消费者对茶叶批发市场的信任度越来越低。

（四）茶产业发展瓶颈问题显现

目前，河南省茶叶产品的标准化、规模化生产能力不强，缺少通过现代信息技术与传统茶业的深度融合，推动生产方式转型升级；用数字化、智能化的技术和手段为茶叶生产赋能。

（五）品牌建设有待加强

全省茶品牌整体实力亟待提升加强，缺乏强力措施手段对重点企业进行品牌培育扶持。在区域公共品牌建设方面，品牌资源开发缺乏精准定位，低值竞争和低值高配现象严重，难以充分体现和发挥品牌的综合价值。

（六）市场拓展力度不够

在销售热点方面，如新式茶饮产品与业态融合开发力度不够。在营销模式方面，河南省企业还未充分适应和应对好当前营销热点环境模式，如电商开发、商超餐饮、茶旅融合、茶金融开发等方面还有很大空间可挖掘利用。在外销市场开拓上，缺乏自主机制导入，在产品市场开发、营销专业队伍建设方面存有差距，难以完全摆脱目前对出口产品与国外市场的依附，原料输出和低附加值产品输出比重大。

（七）缺乏强力龙头企业拉动

全省各级茶叶龙头企业较少，规模总体偏小，对地方产业发展难以形成合力推进，缺少能够带动省级和地方茶产业发展的国内知名茶企，缺乏能消解各级茶产业链环节困难的集团运营模式体系，各经营实体普遍存在综合实力不强的短板。

（八）生产力要素结构性短缺

2023年河南茶产业全省劳动用工方面已有所改善，但劳动力短缺现象仍然严重，社会城镇化推进、农村劳动力减少且老龄化现象加剧、区域经济发展差异以及行业发展不平衡等现状加剧了各产区面临茶园面积和产能扩大所需劳动力的供给矛盾。另外，在用工成本、生产成本等要素方面也存在制约，近几年来河南省茶园管理、茶叶采摘、加工等用工成本每年均上涨。肥料、农药、能源、包装、运输等茶叶生产资料成本也在增加，茶叶生产和销售费用高居不下，产业环节利润空间被严重挤兑。

（九）产业政策与产业投入有待改善

随着省内各地茶产业链工作运行机制的建立，茶产业各专项工作得到重视，相继出台了一系列促进发展的利好政策，但在政策发放与实施工作中，政策适效性和精准度有待提高，主要体现在支持力度和规模不大、重点不够突出、监管督导不强等方面。

（十）茶科技推广应用有待加强

基层科技人才匮乏、从业人员专业技术水平低下，科技技术应用推广力度不够，科技成果转化效率低等现象仍普遍存在，导致河南省茶产业提档升级推进缓慢，不易消除、减缓供给侧与需求侧矛盾加剧的局面，也难改当前产业管理粗放、产业低附加值运行、品牌段位不高等现象。

（十一）宣传力度不够

与其他省相比，豫茶品牌宣传力度明显不够，缺乏专项政策资金登录中央电视台等媒体平台开展品牌广告宣传，缺乏高水平专业机构运营策划，品牌市场营销团队实力薄弱。

三、政策建议

（一）建设标准体系——产业支柱

持续推进标准化体系建设，推广优质高效种植技术。进一步发挥改革开放的排头兵、先行地、实验区的示范作用、优化产业结构、建设良种化、标准化茶园，同时要强化质量监管，提升茶叶产品品质，推动省级标准与国家标准相结合；建立具有全国影响力的质量标准检验平台，完善茶叶科学定级标准依据，健全茶叶质量安全监管制度，引导建立茶叶专业合作社、茶叶龙头企业生产基地，夯实茶产业健康持续发展的基础。

（二）科技驱动数字化转型是不竭动力

通过加快数字赋能，加强科技对现代茶产业发展的支撑作用和引领作用，推动现代产业业态结构提档升级，打造多元、高效、高品质的茶产业链；积极拓展融合创新的数字经济新渠道、新模式、新业态，支持茶企数字化转型、打造数智化工厂，并依托数字化手段提升政府、行业组织对茶产业的领导力，高效推进茶业数字经济与实体经济融合发展；发挥头雁效应，在产区政府的积极推进支持下，强化企业科技创新主体地位，激发茶产业创新活力。

（三）抢抓机遇，创新发展

紧紧抓住"全面推进乡村振兴、建设农业强国"的发展机遇和省委省政府"二高三新""农业现代化""打造百亿产业""五大强农行动"决策部署，依托《河南省茶产业发展促进条例》的实施，加强领导、加大投入，强化指导、完善服务，创新发展方式，优化政策措施，强化科技支撑，全面推动河南省茶产业高质量发展。

（四）坚定不移，强化品牌

坚持"政府引导、市场主导、协会平台、企业主体"的原则，围绕优势特色、品种品质、区域特点、品牌内涵，重点实施品牌形象打造工程，做优做精区域公用品牌、做大做强县域公用品牌，积极培育知名度高、成长性好、竞争力强的企业品牌，全力营造全新的产业发展新格局。

（五）壮大龙头，夯实产业

进一步加大对茶叶企业的支持，坚持"扶优、扶大、扶强"，尤其要培育壮大一批起点高、规模大、带动力强的龙头企业，推进以核心龙头企业带动、企业集聚的省市县茶产业园区建设，全力打造"信阳毛尖茶""信阳红""信阳白茶"等以及特色明显、发展潜力大的区域品牌产业强镇、产业集群，夯实百亿茶产业。

（六）科技引领，提升产业

依托科技力量，强化并适应河南省产业发展的特色种质资源选育、山区茶园机械化管理及采摘、特定品质加工工艺、精深开发及其清洁化、标准化、自动化与智能化设备等关键技术研究及新式茶饮开发；支持主产区与科研院所合作建立博士后工作站、茶叶研究院（所），不断提升科技含量，增加茶叶附加值，提高产业综合效益。

（七）创新营销，拓展市场

支持在省内外组织开展展销推介活动，强化品牌宣推、提升品牌形象、拓展豫茶市场；支持豫派茶馆建设，促进茶馆与产业融合；创新实体店经营，发展"实体店+电商+直销+配送+邮购+微营销+抖音"等新型业态。

（八）文化引领，三产融合

支持以中原文化为代表的豫茶文化的挖掘、整理与弘扬及其与地方民俗文化的有机结合；支持推进媒体传播专题栏目等豫茶宣传推介平台建设；传承豫茶、信阳毛尖茶等茶的传统技艺，开展制茶及相关职业技能大赛活动；支持开展豫派茶馆评定和职业技能培训；精选茶旅融合茶研学精品路线，开展茶文化探秘，搭建产销对接平台，推进河南省茶文旅融合发展。

（九）加快推进优势品牌建设

按照"做强绿茶、做大红茶"的思路，着力推动信阳毛尖茶叶企业龙头和集团经营阵地；制作高质量的茶产业宣传和广告视频，持续在中央电视台等重要媒体投放，多渠道、全方位宣传推广河南茶；深挖品牌文化内涵，加快推进申遗工作，通过图书、网络等形式讲好河南茶文化故事。

（十）强化绿色发展理念，提升茶叶品质

按照绿色化、机械化、标准化的改造思路，支持各地加快茶园更新改造，建成一批高标准生态茶园、绿色茶园，构建全程质量追溯体系。

（十一）培育壮大重点龙头企业

加大整合市场化要素资源力度，支持重点龙头企业不断做大做强。充分发挥龙头企业在产业链耦合、联农带农作用，支持茶产业农业产业化联合体建设，促进茶农增收。加快推进大别山茶产业集群建设，大力培育和引进龙头生产企业和营销企业，进一步提高产业集中度和市场竞争力。

（十二）"走出去"积极拓展市场渠道

支持茶企参加中国国际茶叶博览会、世界大健康博览会，积极举办河南省农业博览会等展会活动，扎实开展河南茶叶"边疆行""沿海行"等活动，支持出口企业推进海外加工、展销中心建设等。

（执笔人：洪克森）

2023湖北省茶叶行业发展报告

湖北省茶叶协会

一、基本情况

（一）基础数据

1. 面积稳中有增

2023年，湖北省茶叶面积564万亩，比2022年的558.03万亩增长了5.97万亩，同比增长1.07%，茶园种植面积在平稳增加。其中全省投产茶园面积为478万亩，同比增长6.2%；无性系良种茶园面积382万亩，茶树良种覆盖率达68.5%，同比增长1%；有机茶园面积44.5万亩，获绿色食品认证茶园面积160多万亩。

2. 产量持续增加

2023年全省茶叶总产量44.8万吨，比去年的42万吨增加了2.8万吨，同比增长6.7%。其中全省商品名优茶产量21.2万吨，占总产量的47%；全省春茶产量21.6万吨，占总产量的48%。

3. 产值增幅显著

2023年全省茶叶农业产值约235亿元，比去年的217亿元增加了17亿元，同比增长7.95%，茶叶综合产值超800亿元，再创历史新高。其中全省春茶产值146亿元，商品名优茶类产值177亿元，产值占比分别为62%和75%。

（二）产业优势表现

1. 茶树品种结构逐年优化

在推进茶树良种化工作方面，主要结合茶产业实际需求，加大对湖北省现有茶树良种的管理重视和推广应用。2023年，"五峰212""五峰310""宜茶一号""宜茶二号""宜茶三号"5个茶树良种通过了农业农村部非主要农作物品种登记，鄂茶1-14号系列、鄂茶201等湖北省茶树优良品种得到重视和推广，在苗圃建设、种苗繁育和栽培应用等方面都有突破，湖北省内优势茶树品种推广种植范围和良种化比例逐年增加，其他省良种品种合理引进与湖北省良种品种固本发展得到了有机结合。

2. 产品质量水平不断提升

近年来，通过大力推行茶叶绿色生产技术模式，采取绿色防控、化肥替代和农药严控等措施，全省茶叶质量安全水平不断提高。2023年，五峰县和十堰市入选全国首批生态低碳茶建制推进试点县、市名单，目前全省已有25个县、市的210家企业通过国内外有机认证，认证企业单位数量全国第二；在全省农产品质量安全监督检查中，湖北省茶叶产品抽检合格率达100%。

3．产品种类丰富，结构更趋合理

湖北茶类涵盖了全部六大茶类产品，绿茶、黑茶、红茶产业板块优势突出，宜红茶、青砖茶、地方传统名优商品茶、出口茶和再加工茶一直都是湖北茶类主导产品（表8）。

表8　2019—2023年湖北省茶叶产量统计

单位：万吨

年份	茶类						
	绿茶	红茶	黑茶	青茶	黄茶	白茶	合计
2019	24.8	3.6	6.4	0.20	0.03	0.26	35.29
2020	25.6	4.5	5.6	0.16	0.02	0.20	36.08
2021	26.2	4.5	6.2	0.14	0.06	0.20	37.3
2022	29.5	5.1	7.2	0.1	0.12	0.08	42.1
2023	30.8	5.6	7.9	0.13	0.17	0.19	44.79

2023年湖北茶叶总产量44.8万吨，其中绿茶占比68.8%、黑茶占比17.6%、红茶占比12.5%、其他茶类约占1.1%，其中工艺白茶增长变化最大。

4．区域公用品牌进一步加强

通过提升湖北省优势区域茶叶公用品牌实力，着力打造"楚天好"茶省级公用品牌，全面提升湖北茶叶品牌影响力和市场竞争力，在一系列的茶叶品牌建设工作中，湖北七大区域公用品牌不断积累优势。2023年，"恩施玉露"制作技艺作为"中国传统制茶技艺及其相关习俗"申遗的重要组成部分，入选联合国教科文组织人类非物质文化遗产代表作名录；"赤壁青砖茶"成为国家级茶叶品牌并入选农业农村部2023年农业品牌精品培育名单；"利川红"获"巴拿马万国博览会"特别金奖。在不断重视发展传统优质系列品牌前提下，湖北"楚天好"茶亮相即惊艳，让消费者品饮到"楚天好"茶系列特色风味，通过首届"楚天好"茶斗茶活动，区域公用品牌质量提升工作进一步得到各地茶产业链工作专班和相关部门的高度重视，获行业知名专家一致好评。

5．产业龙头不断壮大

2023年全省茶叶省级龙头企业149家，较2022年增加10家，国家级龙头企业10家。3个茶叶强镇入选农业农村部办公厅、财政部办公厅联合发布的首批国家农业产业强镇名单。

6．茶叶出口稳定发展

2023年，湖北茶叶出口贸易稳步发展。全省茶叶出口贸易企业现已增加到51家，茶叶贸易国及出口地区在扩大，湖北茶叶已出口到38个国家和地区，"一带一路"沿线国家已成为湖北茶叶出口主要贸易伙伴。2023年全省茶叶出口量约2.42万吨，出口额约1.95亿美元，出口量、出口额分别位列全国第五、第四（表9）。

表9　2019—2023年湖北省茶叶出口情况统计

年份	出口量/万吨	出口额/亿美元	出口均价/（美元/吨）
2019	2.16	2.61	12091.98
2020	1.84	2.01	10975.09
2021	2.41	2.17	9004.15
2022	2.45	2.00	8163.27
2023	2.42	1.95	8077.72

（三）2023年重点工作

1. 加强政府引导，提振产业发展信心

根据《关于实施十大行动推动茶产业高质量发展的意见》文件精神，及时下达了落实"茶十条"行动方案，分步谋划制定《关于实施十大行动推进茶产业高质量发展的实施意见》《关于加快推进赤壁青砖茶高质量发展实施方案》《湖北省茶产业标准化体系建设实施方案》等一系列政策方案支持茶产业发展，结合全省"种、防、供、推、改"工作方面的关键需求，明确分工任务、划定责任单位展开专项行动。

2. 坚持绿色引领，抓好茶园建设

为致力于提升茶叶质量安全、资源节约、环境友好的绿色发展模式水平，在全省五大茶区14个主产县/市，大力开展生态茶园建设项目。围绕"绿色、优质、高效"推导全省生态茶园建设和加工集成技术运用，2023年创建生态茶园示范点14个，标准化生态示范茶园面积23.4万亩，全省生态茶园总面积达到180万亩。五峰县、十堰市入选全国首批生态低碳茶整建制推进县（区）试点对象。为解决茶产业发展实际问题，继续开展院士专家服务茶产业链"515"行动（协同推广），深入茶产业基础环节开展技术培训服务，如组织全省春季田管大培训、线上开展"春茶生产技术管理"培训、制定和宣传《春茶倒春寒防范应对措施技术》等，促进各项实用科技落地生根，为茶农和产业服务。

3. 加强龙头培育，提升产业化水平

鄂西南武陵山国家级特色优势茶产业集群建设项目已进入第3年，2023年落实5000万元项目资金，聚焦恩施土家族苗族自治州和宜昌市的9个县/市200多万亩茶区的产业关键要素，瞄准短板、狠抓关键、重视龙头、科学规划，加强项目实施推进。通过项目支持与重点培育进一步完善了各地龙头企业与农民利益联结机制，高质量推进36个省级茶叶产业化联合体建设，引导龙头企业带领茶叶合作社和家庭农场协作发展，引导加工向产业化方向集约靠拢，全省茶叶产业园已建成17个。支持宜昌市打造宜昌茶业集团，支持萧氏茶业集团公司在保康县和竹山县组建保茶集团和竹茶集团。2023年全省

新增省级产业化重点龙头企业10家，总数达到149家，全省茶叶农业产业化国家重点龙头企业已有10家，位居全国第三。

4．唱响品牌，加强市场拓展

2023年4月21日，依托第二届文旅博览会举办了首届"楚茶论坛"活动，湖北省政协领导督导活动并为楚茶作专题推介院士等业内专家倾力支持，七个重点区域公用品牌集中展示宣传，呈现了茶文化、茶产业、茶科技融合的"楚茶盛宴"。《品荆楚好茶，行万里茶道》楚茶专题宣传片，在"楚茶论坛"上惊艳首发也引发关注，并先后在湖北卫视、学习强国、长江云等平台播出。4月7—10日，2023年世界大健康博览会在武汉举行，组织恩施土家族苗族自治州、襄阳市、十堰市、黄冈市等茶叶主产区抱团参展，开展系列宣传推介。6月12—17日，组织开展"湖北名优茶 健康边疆行"活动，期间分别在乌鲁木齐、博尔塔拉蒙古自治州、伊利哈萨克自治州举行专场推介宣传，让湖北青砖茶、红茶和绿茶等更多名优产品走进大美新疆，让更多边疆人民爱上湖北茶。

5．深入交流，扎实开展产业调研

湖北省政协领导和专班领导多次带队，深入湖北各产区进行茶产业调研，组织涉茶管理部门代表到福建、浙江、湖南、安徽、河南等茶叶强省调研学习，形成了高质量的调研报告。《强化标准引领 擦亮茶叶品牌——关于湖北茶产业发展的调研报告》得到省委省政府高度重视和多位省级领导的批示，将《推进茶产业强链补链做好"小绿叶"大文章》作为重点督办提案，进一步提振了产区政府和茶企、茶农的发展信心。多次组织召开湖北省茶文化暨品牌建设研讨会，广泛听取文化界、企业界和专家学者意见建议，研讨湖北茶文化定位，提出湖北茶产业省域公用品牌名称及宣传口号建议方案，加快进行"楚天好"茶省域公用品牌Logo设计和商标注册工作。

6．茶产业社会化服务展开试点运行

为打通茶产业链滞点，改善产业基础环节瓶颈束缚，省茶产业链工作专班提出加强社会化服务，促进湖北茶产业高质量发展的指导意见。首先，在五峰县启动茶产业社会化服务项目，以五峰县为试点，大力推进全省茶产业社会化服务体系建设。2023年12月7日，湖北省政协领导组织专班，包括省发改委、省财政厅、省农业农村厅、省农业科学院、省供销社、省茶叶协会等单位部门负责人赴五峰县调研茶产业社会化服务试点工作，部署社会化服务工作任务，按照"市场主导、政府引导、创新赋能、分步实施"的原则，实现"茶农增收、企业增效、产业增值、市场增热"目标，围绕"种、防、供、推、改"五个环节展开和深化，推动产区小农户与农业现代化有机结合。

7．重大茶事综述

2023年4月21—23日，首届"楚茶论坛"在武汉成功举办。5月9—11日，第四届中国茶旅大会在五峰县举办，通过茶旅大会擦亮茶旅品牌，促进产业融合，助力乡村振兴。6月20日，省茶产业链工作专班印发《关于加快推进赤壁青砖茶高质量发展的实施方案》，集中资源推进湖北黑茶产业率先突破。11月16日，为贯彻落实"茶十条"文件精神，加快推进茶叶强省建设，出台发布《关于实施十大行动推动茶产业高质量发展的意见》，标志着湖北省茶产业链建设开启了新的征程。11月17—20日，

咸宁市成功举办了"第十九届中国茶业经济年会"和"2023年一带一路赤壁青砖茶产业发展大会"。本届大会活动以"产业振兴、蓄势聚能、赤壁青砖、茶香万里"为主体，围绕产业经济、科技创新、行业政策等热点展开活动。11月30日，省茶叶协会举行第五届一次会员大会暨换届会议，本届大会得到省茶产业链工作专班高度关注，在省级多部门关心支持下顺利完成换届任务，在补链强链、推进全省茶产业高质量发展工作上，行业社团组织被委以重任。

二、存在问题

（一）品牌建设有待加强

湖北省是茶叶大省，但缺少能闻名国内外的知名大品牌。一是茶资源与茶品牌不匹配协调，茶资源优势难以转化茶品牌资源形成市场优势。二是品牌建设基础薄弱，就七大区域公用品牌而言，大多缺乏强力企业品牌集群作基础支撑。三是标准推广监管不力，企业品牌意识不强，对"三品一标"工作重视度不够。四是湖北省茶类品牌体系有待完善。五是普遍存在重内轻外现象，缺乏让品牌走出省外、迈出国门，参与国际、国内市场的竞争意识。

（二）市场拓展力度不够

目前，内销市场仍然是拉动湖北茶叶经济增长的主动力，但在国内市场开拓方面明显存在短板，缺乏在省内外市场抱团出击的大战略、大气势，在营销模式上，紧跟市场热点意识不够强，如新式茶饮、业态融合、电商经营、商超餐饮、茶旅融合等方面还有很大空间可挖掘利用；在外销市场开拓上，缺乏自主机制导入，原料输出和低附加值产品输出比重大。

（三）缺乏强力龙头企业拉动

湖北省虽然龙头企业较多，但规模总体偏小，对地方产业发展难以形成合力推进，缺乏能够带动地方茶产业发展的知名大茶企，以及能消解茶产业链环节困难的集团运营模式，大多数企业产品结构固化、产品同质化现象严重，缺乏准确市场定位，技术与管理创新不足等；在参与区域公用品牌建设方面，面对全省品牌现状，企业困惑多、积极性不强，也导致一部分企业难以成为龙头标杆。

（四）生产要素问题十分突出

2023年，湖北茶产业劳动力短缺和从业人员老龄化现象十分严重，另外在用工成本、生产资料成本等要素方面也存在制约。近年来，湖北省茶园管理、茶叶采摘、加工等用工成本费用每年上涨，肥料、农药、能源、包装、运输等茶叶生产资料成本也在增加，加上通货膨胀等因素，茶叶生产经营费用高居不下，影响到了茶产业的发展。

（五）产业政策导入与产业投入有待改善

随着省内各地茶产业链工作运行机制建立，茶产业各专项工作得到重视，相继出台了一系列促进发展的利好政策，但在政策实施过程中，适效性和精准度有待提高，茶产业的政策支持平衡度和规模存在一定问题，以及重点不够突出、监管督导不强等。要在端正和引导茶叶企业"在生产中求质量，从市场上要效益"的经营意识前提下，通过一系列奖补和专项支持提振广大茶农和企业对茶产业发展的信心。

（六）科技力量有待重视

茶叶科技短板主要是人才匮乏。据统计，目前全省从事茶叶科技专业人员，包括茶叶教学、科研和技术推广的专业人才不足500人，基层科技人才更是缺乏，人才流失和专业技术水平不高等现象普遍存在，技术应用推广和成果转化效率问题也值得深思。

（七）进一步加强产业宣传

湖北茶叶历史文化、生态环境、品质品牌、生产规模等是湖北省茶产业资源的主要体现因素，但对外展示与宣传力度明显不够。在茶文化遗产保护利用与宣传方面明显不及外省，如炎帝、神农、陆羽等历史文化资源，挖掘利用与宣传缺乏认知和重视。在茶品牌宣传方面，缺乏高水平专业机构运营策划及造势攻略，缺乏资金登录中央电视台等媒体平台开展品牌广告宣传，以及在省外主要消费市场湖北茶品牌出镜率不高等。

三、政策建议

（一）加快省域公用品牌建设步伐

立足湖北省七大区域公用品牌，进一步做优、做强各产区企业品牌和区域公用品牌，在逐步提升省内茶品牌基础水平前提下，尽快整合全省优质茶类品牌资源，按照"省域公用品牌+区域公用品牌+企业品牌"隶属关系打造"楚天好"茶省域品牌，制定"楚天好"茶管理办法和实施细则，完成省域公用品牌注册、企业申报、调查审核、授权及备案工作，严格市场行为规范，壮大"楚天好"茶品牌实力。前期工作重点要放在省域品牌标准体系建设和品牌推介宣传方面，加强推标贯宣，引导企业合规使用"楚天好"茶品牌商标，共同维护品牌形象，增强授权企业品牌和区域公用品牌市场辨识度和知名度。

（二）坚持绿色理念，加强品质提升

按照茶园绿色生态化、生产机械化、加工标准化的发展思路，支持各地加快茶园更新改造和示范标准茶园建设，继续开展院士专家科技服务茶产业链"515"行动，组织开展生态茶园建设技术培训，扩大全省有机生态茶园投产面积。积极支持企业开展生产技术改造，推广应用加工新技术、新设备，提升产品加工工艺水平，鼓励企业在新型茶饮、茶食品、茶药品和茶叶深加工领域开拓发展。

（三）培育壮大龙头企业

支持优势企业通过收购兼并、联合重组、合资合作等经济手段打造新型产业链主企业或集团企业，对其申报国家级龙头企业、行业重点企业给予支持。以国家级、省级农业产业化龙头企业为重点，建立企业信息化监测管理平台，关注企业加工、市场动态情况，及时掌握企业生产经营中出现的难点、痛点、堵点，更好地发挥企业龙头作用。

（四）积极拓展市场渠道

支持茶企参加各种高规格、高质量展会活动，扎实开展湖北茶叶"两行"活动，支持出口企业开拓海外市场，海外加工和展销中心建设等。要充分利用楚茶历史文化资源，加大对湖北茶品牌市场推介宣传以及"楚天好"茶品牌的广告投入，树立湖北茶品牌新形象，提高省域公用品牌市场美誉度和知名度。

（五）加强科技应用推广与人才培养

依托国家产业技术体系、院士工作站、省市级科研机构和涉茶大专院校，对茶产业链技术难点开展科技攻关，加快品种筛选和应用推广、关键技术创新、新产品研发、成果转换等课题攻关。大力弘扬"工匠精神"，坚持开展各项茶叶职业技能竞赛活动，培养一批茶叶加工能手、制茶大师和评茶大师，加强从业人员技能培训，不断壮大湖北省茶叶人才队伍、提高从业人员技能水平，促进茶产业高质量发展。

（执笔人：孙冰）

2023湖南省茶叶行业发展报告

湖南省茶业协会

一、基本情况

（一）产业规模稳步提升

据农业农村部调度，截至2023年年底湖南省茶园面积324万亩，同比增长2.9%；干毛茶产量27.6万吨，同比增长3.9%；农业产值191.6亿元，同比增长8.24%。据行业统计，2023年湖南省茶叶综合产值1062亿元，增长1.05%。据海关统计，2023年湖南省茶叶出口4.22万吨；出口额1.16亿美元，产品出口至摩洛哥、俄罗斯、美国、乌克兰等60多个国家和地区。

（二）茶叶品牌发展壮大

全省形成了以"潇湘茶""湖南红茶""安化黑茶""岳阳黄茶""桑植白茶"五大区域公用品牌为引领，市、县区域公共品牌协同发展的品牌发展格局。截至2023年年底，全省注册地理标志证明商标、地理标志保护、农产品地理标志登记的茶叶品牌达到25个，"白沙溪""君山银针"分别被评为中国黑茶、黄茶标志性品牌；"湘益""金井牌"荣获国家级老字号产品，"白沙溪""君山"等34个企业品牌产品荣获省级老字号产品。

（三）茶业集群初具规模

以国家级、省级茶叶龙头企业为主组成的湘茶产业集群逐渐成形。截至2023年年底，全省茶叶企业营业收入50亿~100亿元企业1家、20亿~50亿元企业1家、10亿~20亿元企业2家、1亿~10亿元企业103家。其中湖南省茶业集团被评为全国2021年度100家农业产业化头部企业，居茶行业头部企业榜首。随着全产业链的拓展，茶叶产业带动能力不断增强，2023年湖南省茶叶综合产值过100亿元的县1个（安化县）、过50亿元的县2个（长沙县、石门县）、过20亿元的县（市、区）9个（桃源县、沅陵县、桂东县、赫山区、桃江县、古丈县、吉首市、保靖县）、过10亿元的县21个。

（四）科技支撑能力不断增强

全省有茶叶创新中心8个、工程技术中心6个、科技推广站点20多个，产学研联动格局已经形成。国家和省级茶叶产业技术体系、全省茶叶专家指导组以及茶叶行业组织充分发挥专业特长、技术优势和行业影响，开展决策咨询、服务生产、技能培训等工作，为茶叶技术普及推广、湘茶高质量发展等提供了技术人才支撑。以刘仲华院士为领衔的院士专家工作站落户安化，并在长沙县、花垣县建立了创新中心、研究院，推动茶产业创新发展。湘丰茶业集团被农业农村部认定为2023年度农业农村信息化示范基地，全国仅三家茶叶企业入选，也是生产型示范单位的名单中唯一一家茶企。

（五）湘茶文化繁荣发展

2021—2023年开展了"挑担茶叶上北京——'五彩湘茶'大型宣传推介活动"，组合式宣传推介五彩湘茶品牌集群，引起了全国茶界的轰动和社会的广泛关注。

二、当前茶产业链发展情况

（一）第一产业

1. 区域布局

湖南省茶园主要分布在湘西、益阳、常德、怀化、岳阳、郴州、长沙共7个市/州，面积占全省的79.0%、产量占全省的87.4%。湖南现有产茶县108个，根据《湖南省千亿茶叶产业高质量发展规划（2020—2025年）》，全省有58个茶叶主产县（市、区），基本形成了"长岳山丘、武陵、南岭、罗霄山脉优质绿茶带""雪峰山脉优质绿茶带""雪峰山脉优质黑茶带""环洞庭湖优质黄茶带"和"湘南红茶带"五带四类优质茶生产区。58个茶叶主产县市区的茶园面积占全省的90%以上，茶叶产量占全省的95%以上。其中安化、古丈、保靖、沅陵、石门、吉首、桃源、桂东、长沙、花垣10个县（市、区）的茶园面积在10万亩以上。茶产业已成为促进农民增收、乡村全面振兴的重要产业。

2. 茶树品种

湖南目前种植的茶树品种主要有45个，其中本省品种19个，占42.22%。根据当前湖南省茶产业发展结构，湖南省主推的茶树品种有保靖黄金茶系列（保靖黄金茶1号、黄金茶2号、黄金茶8号、黄金茶168号，80万亩）、槠叶齐（40万亩）、碧香早（20万亩）、桃源大叶（8.5万亩）、白毫早、湘波绿2号、江华苦茶、汝城白毛茶等。2018年以来，湖南省大力发展"湖南红茶"品牌，适制红茶的槠叶齐、碧香早、保靖黄金茶1号、潇湘红21-3、金观音、金牡丹等品种的种植面积增长较快。

（二）第二产业

1. 茶叶加工情况

（1）初制加工　湖南省坚持多茶类全面发展，重点打造绿茶、黑茶、红茶、黄茶、白茶"五彩湘茶"。2023年全省茶叶干毛茶产量27.6万吨，191.6亿元；其中绿茶13.19万吨、产值105.4亿元，黑茶7.7万吨、产值13.1亿元，红茶5.66万吨、产值62.8亿元，白茶0.68万吨、产值5.0亿元，黄茶0.3万吨、产值3.5亿元，乌龙茶0.07万吨、产值1.82亿元。

（2）精制加工　湖南茶叶精加工主要为优质茶、出口茶、花茶、黑茶（边销茶）提供毛茶的精制、分级、拼配等生产服务，目前大型精制茶厂超过20家［年加工茶坯2万担以上（1担=50千克）］，中小型精制茶厂超过100家（年加工茶坯2000担以上），拥有连续化精制生产线厂家超过20家，关键设备色选机拥有量200台套以上，2023年精制茶叶加工量接近10万吨，占湖南毛茶产量的36.2%。其中边销茶2023年中央边销茶储备入库计划是57万担（成品30万担，原料27万担）。湖南省成品储备4.2万担（其中益阳茶厂2.0万担、白沙溪2.0万担、安化中茶0.2万担），原料储备11.5万担（其中益阳茶厂8.0万担、白沙溪2.5万担、安化中茶1.0万担）。2023年边销茶销售1.5万吨，市场主要为新疆、甘肃、宁夏等地区。

2. 茶叶深加工情况

（1）速溶茶　目前市场中较为普遍的是速溶茶，其中以速溶黑茶为主，主要产品有"臻溪"轻轻茶、"理想华莱"速溶黑茶、"华莱健"速溶黑茶、"梅山崖"速溶黑茶、"三十九铺"速溶黑茶、"茶守艺"黑茶固体饮料、"蕴身元"陈皮黑茶等。在竞争激烈的茶饮市场中，速溶黑茶凭借其独特的口感、方便的饮用方式以及优良的品质，赢得了广大消费者的青睐。目前速溶黑茶年产值为2亿元左右，发展前景十分广阔。此外，速溶黑茶应用领域不断拓展，除了传统的冲泡饮用外，还可以作为食品添加剂等广泛应用在食品工业中，尤其是保健品、功能性食品等应用领域。

（2）茶叶功能成分提取　湖南省具有我国茶叶深加工和植物提取物产业唯一的国家工程技术研究中心——国家植物功能成分利用工程技术研究中心。刘仲华院士团队成功构建了茶叶功能成分的现代分离纯化技术体系和高品质速溶茶提制新技术，使茶叶提取物从美国膳食补充剂原料的第25位以外跃升到了第4位。湖南省研发的茶叶功能成分制品催生了一大批国际主流健康产品，如研制的儿茶素GTC-80成为日本厚生省批准的第一个降脂减肥茶饮料的原料；与美国P&G营养研究院合作，独家研发的脱苦味绿茶提取物，广泛应用于全球功能茶饮料等。

（3）茶日化用品　茶日化用品在市场中较为成熟的产品有理想华莱黑茶牙膏（单价34元/支）、理想华莱敖司芬茶能舒润洗护套装黑茶植萃（洗发露、沐浴露、护发素，175元/套）、理想华莱敖司芬焕采润颜护肤套装（5件套，780元/套），产品在线上线下均有销售，但是其他品牌较少见。

（4）茶饮料　目前省内茶叶企业生产茶饮料的企业较少，目前市场比较成熟的茶饮料是由娃哈哈公司生产的安化黑茶无糖饮料，线上线下均有销售，但是线下销售渠道没有全面铺开，部分城市没有铺货，产品影响力小，市场占有率也较低。

3. 茶叶企业情况

湖南省茶叶企业规模以上企业（以下简称规上企业）451家，其中国家重点龙头企业7家（湘茶集团、华莱生物、湘丰、湖南中茶、金井、资兴狗脑贡，2024年新增了湘西州牛角山），省级龙头企业93家。从规上企业总数来看，市/州前三分别是益阳（81家）、常德（54家）、岳阳（40家），分别占比17.9%、11.8%和8.8%。规上企业最多的县是安化县，有60家，占全部规上企业的13.3%。2023年全部规上茶叶企业销售收入合计492亿元，较上年增长7.6%。2023年营收过10亿元的茶叶企业有4家（湘茶集团、华莱生物、安化芙蓉山、湘丰集团），4家营收占全部规上茶叶企业营收总数26.8%。2023年湖南省茶行业利润前三的茶企为湖南省茶业集团股份有限公司、湖南华莱生物科技有限公司、岳阳黄茶产业发展有限公司。

（三）第三产业

1．茶叶销售

湖南茶叶主要以本省销售为主，其中省内销售占比近70%，省外（含边销茶）销售占比18%、外销占比15%。目前全省茶叶内销渠道主要以厂家或农户直销、批发、专卖店销售为主，零售、电商、展销等方式为辅。省内茶叶市场主要有高桥茶叶茶具城（30多亿元），长沙茶市、神农茶都文化产业园、益阳茶业市场、岳阳茶博城、衡阳雁城茶都、衡阳海通茶叶城、衡阳万恒茶文化广场、古丈县茶文化一条街、张家界市茶叶专业市场、滨江茶叶市场、株洲大坪茶叶市场、常德桥南茶叶市场等；很多厂家、很多品牌茶叶都有自己的专卖店或加盟店，批零兼营，销量较大。近年来随着电商的发展，茶叶电商迅速崛起，成为茶叶销售的一个非常重要方式。据中国茶叶流通协会统计，2023湖南省茶叶电商营收13亿元，远低于福建省（182亿元）、浙江省（98亿元）。

2．茶叶品牌

全省形成了以"潇湘茶""湖南红茶""安化黑茶""岳阳黄茶""桑植白茶"五大区域公用品牌为引领，"长沙绿茶""南岳云雾""邵阳红""茶祖红""常德红茶""新化红茶""桃源红茶""桂东玲珑茶""东江湖茶""江华苦茶""临湘黑茶""城步峒茶""汝城白毛茶"等市/县区域公共品牌协同发展的品牌发展格局。

3．茶旅融合发展

近年来，湖南省茶旅融合发展来势很好，全省涌现出了很多茶旅融合发展的样板和典型，促进了产业发展，带动了农民增收。

一是茶园茶企观光模式。将茶叶种植、采摘、茶文化展示、茶产品销售与现代旅游观光相结合建设观光型茶园茶企，是湖南省茶旅融合的主要模式。例如长沙县以湘丰集团、金井茶场、金湘园等几家企业茶叶基地为核心，形成延绵北山、金井、开慧、高桥等乡镇的百里茶廊观光茶带。二是文化主题景点模式。以注入文化元素为主题，建设景点景区，如以君山洞庭生态岛、娥皇与女英传说和君山银针原产地等为核心的君山茶旅文化主题公园。三是加工工业文化旅游。主要代表有湖南省茶业集团茶叶博物馆、白沙溪安化黑茶博物馆、湖南中茶安化黑茶茶仓、渠江薄片手工制作展示中心。四是特色小镇综合模式。主要代表是安化黑茶特色小镇，以黑茶产业为主体的万隆（黑茶）产业园，以商业旅游为特色的县城滨江片区，以黑茶历史文化为特色的黄沙坪酉州片区，以中药材种植、健康养生为特色的槎溪片区，集茶旅文康四大产业融合一体，涉及安化黑茶企业22家。

4. 湘派茶馆

茶馆自古以来就是茶文化传播的重要场所，也是茶叶消费重要的末端市场。据初步统计，湖南茶馆已达2万余家，包括各种茶馆、茶艺馆、茶坊、茶园、茶室、茶社、茶楼等，从业人员数十万。2022—2024年，湖南省茶业协会组织相关单位开展了湘派茶馆星级评定活动，至此湘派茶馆已发展到100家，其中五星级湘派茶馆6家、标杆湘派茶馆17家、形象湘派茶馆31家、标准湘派茶馆46家，2023年100家湘派茶馆营业收入2.06亿元。湖南茶馆的标准化建设，成为湘茶产业向高、向好发展的重要抓手，对聚焦产业服务，拓展湘茶市场，宣传湘茶品牌，推动"茶文化、茶产业、茶科技"统筹发展。

5. 新消费融合

为适应年轻人（15～35岁）消费新需求，开发新式茶饮，拓展市场新空间，茶颜悦色、尚木兰亭、茶守艺、柠季、果呀呀等新式茶饮本土品牌脱颖而出，主打中式茶饮风，在长沙主流商业圈非常受欢迎，多次登上热搜，成为长沙美食新地标。此外，还有喜茶、奈雪、霸王茶姬、爷爷不泡茶、一点点、COCO、茶百道等外来茶饮品牌。目前茶颜悦色全国总计有627家直营门店，主要开在商场（占37.16%），人均单价18.55元。"大本营"湖南有403家、湖北117家、重庆55家、江苏52家，基本围绕湖南和周边省份做了门店的密集扩张。2023年茶颜悦色净利润约5亿元，平均单店利润79.74万元，茶颜悦色已成为长沙新消费一张亮丽的名片。2023年茶颜悦色在湖南长沙投入5.2亿元建设研发生产基地，预计2025年试投产，全面达产后产能将覆盖5000多家门店的核心技术原物料供应，这将大大拉动茶饮原料的需求。

三、存在问题

（一）优质茶园规模偏小

湖南省有近80万亩的低产老茶园，建园基础差，抗旱防灾能力严重不足，适合机械化采摘的标准茶园少，标准化程度较低。无性系良种茶园比例只有75%，低于福建、贵州的95%，优质茶园建设不足，部分茶区茶树品种较单一，采摘期过于集中，且加工多种茶类，品种搭配不合理，制约了产业高质量发展。

（二）品牌影响力有待提升

根据《2024中国茶叶区域公用品牌价值评估报告》，湖南省获评品牌的平均单位销量品牌收益仅21.63元/千克，远低于江苏省的671.90元/千克、浙江省的181.87元/千克。这说明湖南省大部分的茶叶区域公用品牌的价值发展仍处在产品的物理层面，品牌传播力和品牌发展力方面不强，品牌溢价能力较弱，特别是在传播投入、传播效能、提升认知、引导消费、实现产销拓展等方面的理念、能力均有待进一步突破。茶叶企业缺乏专业品牌策划、市场营销队伍，营销模式和营销手段单一，在产品的定位、包装、宣传手段等方面热衷于模仿，企业品牌共性程度高、个性不突出，市场拓展难。

（三）产业链延伸不够

目前湖南省茶叶产品大部分仍为大宗茶，在茶饮料、茶食品、茶保健品等茶叶深度开发和综合利用、茶具开发等方面不足，导致产品单一、科技含量不高、附加值低，影响茶叶产业的综合收益。普遍存在重视茶叶初制、名优茶生产加工，轻视或没有茶叶精制加工，在产品开发、茶叶精深加工等方面的产业链延伸空间依然较大。茶旅融合方面有了一定基础，但仍存在基础设施配套不完善、发展建设资金投入不足，规划、管理与营销方面缺乏经验，同质化现象较为严重等问题。

（四）市场竞争加剧

茶叶销售主要依赖传统经销商渠道，而如今新兴的年轻消费群体更加倾向于通过电商、社交媒体等渠道购买茶叶，这使得未能及时转型的茶企面临巨大的市场压力。部分传统茶叶店已经出现生意下滑甚至关店的现象。

（五）产业缺乏专项支持

自2022年12月1日《湖南省茶产业发展促进条例》正式施行后，省级专项并未对茶产业新增专项预算，且自2023年中央投资的"五彩湘茶"产业集群建设到期后，中央、省级资金对茶产业均没有专项支持。市/县几乎都没有设立茶叶产业财政支持专项，县一级大部分都是整合部分涉农资金支持茶叶产业发展，且支持方向集中在扩大种植规模上，对产业品种改良、基地建设、精深加工、技术创新、品牌打造等方面支持不多。

（执笔人：王准）

2023广东省茶叶行业发展报告

广东省茶业行业协会

2023年，广东省茶产业在巩固和提升传统优势的基础上，进一步加快了转型升级的步伐。通过加强标准化茶园、生态茶园的建设，推动现代农业示范园区和特色优势产业集群的形成，在品质提升、品牌建设等方面取得了显著成果。同时，还充分利用资源和市场优势，大力推动茶产业与旅游、文化等产业的深度融合，打造具有广东特色的茶文化旅游品牌。

一、基本情况

（一）茶叶生产规模、茶叶产量双双实现稳定增长

2023年广东省推进"百千万工程"建设，各地积极发展茶叶特色优势产业，河源市、江门市、清远市、梅州市等有序开展茶园扩种行动，全省茶园面积达149.52万亩。

2023年夏秋季降雨充沛，同时往年新增茶园进入丰产期，全省茶叶产量稳定增加，达17.7万吨，同比增长9.8%；亩均产量111.7千克/亩，同比增长3.6%。

（二）茶类结构小幅调整，格局总体稳定

2023年广东省茶类结构根据市场需求有小幅调整，乌龙茶、绿茶、红茶仍为广东茶产业主力，全省乌龙茶、绿茶、红茶、其他茶类的产量比例为46∶39∶13∶2。廉江红乌龙（乌龙茶类）、凤凰单丛茶等带动乌龙茶产量同比上涨15%，其中2023年乌龙茶产量约为8.1万吨；绿茶产量7.0万吨，同比上涨9%；红茶产量2.3万吨，同比上涨12%。

（三）茶叶销量相对稳定、价格下跌，销售渠道结构微调

1. 茶叶总销量相对稳定，流通以珠三角地区为主

据广东省农业信息监测体系数据，规模化基地干茶总销量同比下降1.4%，较去年基本持平。其中，乌龙茶销量同比增加9.8%，绿茶销量同比下降16.2%。全省茶叶流通区域基本维持去年的格局，仍以珠三角地区为主，占比达48.0%，较去年增加1.2万吨，粤东、粤西、粤北和省外销量占比分别为13%、14%、13%和12%，省外主要销往湖北、江西、浙江等省份。

2. 茶叶销售渠道愈加多元，但仍以传统方式为主

据省农业信息监测体系数据，2023年全省茶叶流通渠道以传统销售方式为主，其中自营专卖店的销量占比最大，达6.2万吨，占总销量的35%，其次是代理商，销量为4.2万吨，占比24%；电商销售规模扩大，线上交易已逐步成为传统线下销售的强有力补充，电商销量同比增长17%，为2.5万吨，占比14%。

3. 消费趋势回归理性，干茶销售均价下跌

据广东省农业信息监测体系数据，2023年全省规模化基地干茶均价389.5元/千克，同比下跌13.4%，以200～500元/千克的价格为主，占48%。绿茶和乌龙茶销售均以200～500元/千克价格区间占比最高，绿茶均价378.3元/千克，同比下跌13.0%，乌龙茶均价407.5元/千克，同比下跌19.9%；红茶销售则多集中在200元/千克以内的价格区间，占比51%，均价338.0元/千克，同比小幅上涨1.2%（图1）。

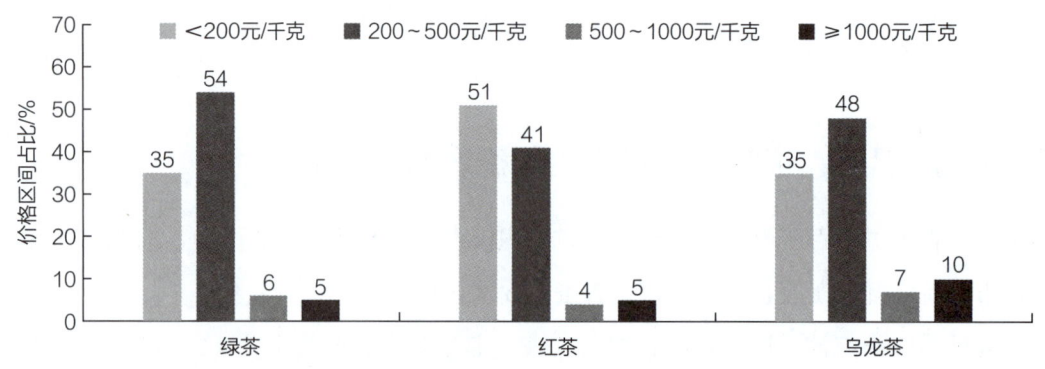

图1　广东省规模化基地各茶类价格区间分布

（四）生产成本上涨，利润空间压缩

据省农业信息监测体系数据，2023年规模化基地干茶总成本为6913.2元/亩，同比上涨15.5%。因茶区当地用人较短缺，需外地调配导致人工成本同比上涨34.0%，为2972.7元/亩，其占总成本43.0%；其次汽油涨价致使机械成本同比上涨36.5%，为898.7元/亩。

2023年全省积极推进生态茶园建设和质量安全检测，茶叶品质逐年向好，同时各基地积极探索多样化销售模式，全省茶产业保持正常盈利。但受单价下跌、成本上涨的影响，利润空间压缩，全省规模化基地干茶利润6483.0元/亩，同比下跌31.6%。

（五）2023年广东省茶叶进出口情况

出口方面，2023年广东省茶叶出口量4612.8吨，位列全国第十一；出口额6143万美元，位列全国第八，较2022年均有下降。广东省茶叶出口量中乌龙茶最多，为1623.6吨，占全省出口总量35%。值得一提的是，作为全国最大的普洱茶销售市场，广东省的普洱茶出口量位居全国第一，达703吨，同比增长44.5%，出口额341万美元。

进口方面，广东省茶叶进口量4550.8吨，进口额2132.2万美元。全省进口最多的是红茶，占比达84%。

二、主要成效

（一）规划先行，筑牢茶产业发展地基

2023年6月2日，广东省委省政府发布《中共广东省委、广东省人民政府关于做好2023年全面推进乡村振兴重点工作的实施意见》。

在各个产区，潮州市、梅州市、韶关市相继出台了《2023年潮州市凤凰单丛茶产业高质量发展行动方案》《梅州市茶产业发展规划（2023—2027年）》《关于推动茶产业高质量发展的行动计划（2024—2033年）》等一系列政策，从产业规模、品牌建设、市场流通、质量安全、茶文旅融合等多方面全力推进茶产业高质量发展。

（二）品牌打造，铸就茶产业金字招牌

近年来，广东省以农产品"12221"市场体系建设为引领，充分发挥茶产业资源和市场优势，着力做好"土特产"文章，提高茶产品质量、附加值，激发市场活力、创新动力，推动茶产业综合竞争力进一步提升。目前，全省共拥有茶叶省级特色农产品优势区17个、茶叶区域公用品牌31个、"粤字号"农业品牌目录茶叶产品290个、广东茶叶品牌示范基地33家。据有关数据显示，2023年"粤字号"茶叶市场满意度高达95.6%。同时，广东省通过举办各类茶事活动，各产区春茶开采节、茶叶推介会、全民饮茶日系列活动、名优茶质量竞赛、制茶和茶艺竞赛、茶产业发展论坛及博览会等，进一步"擦亮"粤茶品牌，使茶香经久不散。

（三）科技引领，驱动茶产业智慧升级

绿色是广东省茶产业恒久不变的底色。近年来，广东省率先推进生态茶园建设，现已创建认定168个生态茶园，覆盖全省主要茶产区，辐射带动茶园面积超过30万亩。生态茶园建设采取了一系列科技措施，如土壤改良、生物防治等，有效提升了茶园生态系统的稳定性和茶叶品质，同时还为当地生态环境建设做出了积极贡献。在茶产业绿色发展方面，广东省成果显著。

良种培育是广东省茶产业长青的根本。据广东省农业科学院茶叶研究所了解，广东目前无性系茶树良种贡献及科技贡献率均超80%，现已育有11个国家级茶树良种、10个省级茶树良种，成绩斐然。

以韶关市为例，2023年11月，韶关市委市政府印发《关于推动茶产业高质量发展的行动计划（2024—2033年）》，强调发挥茶树原种优势，狠抓茶树品种选育和推广，计划到2025年，韶关茶树种苗繁育基地累计实现年育苗能力达1.6亿株，保障全市白毛茶良种率达96%以上。

数字化是广东省茶产业持续繁荣的引擎。随着农业现代化的推进，广东省各地数字化设备不断涌

现。例如，在梅州市梅江区等地，通过手机一键操作即可实现水肥一体化管理，提高茶树的养护效率；在潮州市潮安区凤凰镇棋盘村，"智慧天眼"24小时"站岗"，不间断地观察和记录茶园情况，茶农可实时查看茶园的温湿度、光照、风速、水质、土壤等数据。在广东省茶产业发展的历程中，数字化、智能化已是大势所趋，茶叶生产的自动化和智能化水平的提升，有效提升了茶叶生产的精准度和效率，为茶产业的发展带来了强大动能。

（四）溯源守正，弘扬茶产业文化精髓

广东省高度重视茶历史文化，民风民俗的挖掘、传承及保护，通过建设茶文化历史博物馆，举办广州茶博会、全民饮茶日和国际茶日，举办省级茶艺师、评茶员职业技能竞赛，茶文化讲座等活动，让更多人了解和喜爱茶文化。同时，灵活利用地区的宣传矩阵，在媒体宣传、网络推广上加大对茶文化的宣传力度，提高茶文化的知名度和美誉度。此外，还积极推动茶文化进校园、进社区等活动，培养青少年的茶文化素养，增强其对茶文化的认同感。

（五）茶旅融合，创造全新茶消费场景

在潮州，随着英歌舞等潮汕特色民俗活动成功"出圈"，潮汕文旅大热，越来越多游客慕名前来潮汕游玩体验。潮州有关部门抓住文旅热这股"东风"，高起点规划占地465平方千米、总投资42.26亿元的凤凰山茶旅走廊，着力打造全球农业文化遗产保护开发新典范、文化旅游融合发展新品牌，让茶文化与地方文旅相互成就。

在英德，不少茶企一改传统发展路径，基于英德红茶产区区位特点，聚焦大湾区市场，以产促旅、以旅带产，增加了消费者的互动体验。近几年，有很多游客到英德各个茶园休闲、观光、旅游、度假，近两年来英德体验茶旅融合的游客占英德总游客的38%，旅游收入也占了40%左右，茶旅融合发展成效显著。

在韶关，自"百千万工程"实施以来，乳源瑶族自治县洛阳镇紧抓发展机遇，因地制宜赋能"茶旅康养+"模式，推动乡村文旅、农业产业与绿美建设互促互融，打造"农文旅"融合发展的休闲康养圣地，加上富有民族风情的畲族特色村寨，不仅延长了产业链条，为农民增收致富，同时也创造了茶叶消费场景，打响了韶关茶的名声。

三、发展建议

（一）向前引领茶风尚

引领茶风尚要充分利用现代化的语言和传播媒介。随着5G时代的到来，人们获得信息的渠道和途径变得更加多样便捷，这无疑给广东茶文化产业发展带来了全新的思路。借助大数据技术对广东地

区特色茶的制作技艺、历史文化、传承人群信息、茶品检测数据等进行数字化采集，构建相关的数字品牌，有助于进一步推动非遗文化创新和茶旅融合发展。

在宣传上，也要做到与时俱进，"线上+线下"两手抓。依托互联网，可以借助各类短视频平台，打破时间、空间上的限制，在线上为观众们介绍茶文化的相关内容以及蕴含的文化意义，同时也可以向观众们展示广东茶文化产业在制茶过程中的相关步骤以及方法，以此来加深社会大众对于茶文化产品的热爱程度，将更年轻、更时尚的茶文化传入千家万户。在线下，则要以一种更新、更潮流的方式走近年轻人。要开发更多类似围炉煮茶、围炉冰茶、新中式茶馆、新式茶饮融合宋代点茶这样的参与体验式活动来进行宣传，让公众有一个看得见、摸得着且有趣的途径来接触、认识茶文化。在新时代，茶文化正在朝着当代消费主力军的需求、喜好重塑，开创饮茶新风尚。

（二）向上延伸产业枝

在生产与售卖茶叶产品、茶器具产品以及茶包装产品的同时，应深挖茶的文化底蕴、保健价值，研发茶饮料、茶食品、茶化妆品等衍生品，还可以尝试探索茶空间设计布置相关的古典家具、书画、瓷器、花艺及现代艺术等产业链，从而满足消费者特别是年轻消费者的多元需求。

另外，也要抓住文旅热潮，进一步推进茶旅融合发展，各地产区政府、茶叶相关的协会商会、当地的龙头茶企及旅游公司应加强联动，制订独具地方特色的饮茶文旅线路、攻略，融合年轻人关注和喜爱的新式茶饮、亲子旅行、体验式旅行等元素，创新性地展示各地的茶旅资源，以年轻化的方式让消费者体验到中国茶的魅力。在宣传上，应顺应当下的潮流，邀请小红书、微博、哔哩哔哩等知名的社交平台、短视频平台的网红，美团、大众点评等生活服务平台的大众体验官进行深度体验、发布线路测评Vlog、笔记等，全方面做好宣传推广。

（三）向新培育茶品牌

为了擦亮广东茶叶这一"金字招牌"，必须充分立足广东茶的独特品种优势，在此基础上进行创新，在口味、形式、包装等方面做足"绣花功夫"，找准市场定位，打造差异化的卖点，这样才能够在消费者心中刻画一个清晰的品牌形象。同时，在推广的过程中要加大对茶文化底蕴、地域色彩的挖掘和细化，讲好茶的品牌故事，丰富其品牌内核，让消费者在品茶的时候，能够与茶建立起情感纽带，才能进一步增强消费者的黏性、忠诚度。

此外，知识产权和地理标志保护的重要性日趋显著，因此在打造特色品牌时，也要注重对品牌信誉度的塑造，维护"粤字号"农业品牌的良好声誉。要加大品牌监管力度，严格规范产品质量标准和生产行为，制定并执行品牌准入机制和管理办法，面对品牌侵权现象，要做到查处一例、严惩一例、公示一例，在全国范围内释放出严厉打击侵权行为的信号。构建完善的品牌保护体系，将防伪码与溯源系统结合，实现每一款产品都有独立的数据信息，由政府授权企业使用，并引导企业按指导价进行销售，避免恶性低价竞争，保证产品质量，提高茶叶品牌溢价，同时也让消费者可通过大数据平台快速、便捷地判断茶叶来源，以确保广东茶叶品牌保持良好的市场形象。

（四）向锐磨砺科技剑

在科技创新与研发上，应积极搭建科技创新平台，建立英德红茶、潮州单丛茶、客家炒绿等特色优势产业研究院，加强政府、企业、科研机构的联系与合作，形成强大的研发合力。在生产加工的过程中，应进一步提升智慧化的应用范围，如智慧茶园、水肥一体化、病虫害监测和安全监控溯源等新技术推广，使茶叶生产过程更加精准、高效和可控；用机械化采摘和加工提高茶叶生产效率和质量，降低人工成本，淘汰落后产能及污染。

此外，还可以积极探索和推进科研成果的转化，将光谱分析、基因测序、电子眼、电子鼻的技术应用到生化分析、茶叶审评中，为育种、栽培和加工提供全新视角、为提升茶叶的品质评价提供科学依据。同时，要进一步利用大数据技术，对海量的消费数据进行挖掘和分析，了解消费者需求和偏好，制订精准的营销策略。通过这样的方式全面提升广东茶产业的科技含量和竞争力，推动茶产业的持续健康发展。

（五）向实锤炼人才骨

一方面，牵头组建省级茶叶专家团队，建立茶产业专家库，为产业发展提供技术专家和人才支持。深入贯彻落实"科技特派员"等政策，坚持一地一策有针对性的服务支撑，助推广东茶产业在育种、生产、加工、研发等全方面进行转型升级，抢占新时代的新赛道。

另一方面，要加强培育本土的专业人才，加强政府、高校、企业三方的紧密联系，开展产学研合作项目，培养茶产业专业人才。同时，举办茶产业人才培训班，提升从业人员的专业技能和素质，进一步完善乡村工匠评价体系，为产业和行业的发展做出更大贡献。

（六）向外拓展茶市场

通过与国际茶叶组织、知名茶叶企业和研究机构建立合作关系，加强国际合作与交流。一是参加中国进出口商品交易会（广交会）等国际性展会，与来自世界各地的采购商进行面对面交流，展示广东茶叶的品质和特色。二是在国内外举办茶文化节、茶艺表演和交流竞技活动，展示广东茶文化的独特魅力和深厚底蕴。三是可以将广东茶文化的书籍和影视作品，进行翻译和二次剪辑，通过国外的官方媒体、TikTok等渠道向全球传播广东茶文化的魅力，从而进一步拓宽销路，促进广东省茶产业高质量发展、市场繁荣，赋能乡村振兴。

（执笔人：张黎明、李思葭、黄文彦）

2023广西壮族自治区茶叶行业发展报告

广西茶业协会

一、基本情况

广西壮族自治区党委、政府高度重视茶产业发展，为进一步贯彻落实习近平总书记在参加党的二十大广西代表团讨论时指出的重要指示精神："茶产业大有前途。下一步，要打出自己的品牌，把茶产业做大做强。"将茶产业列入广西"十四五"期间"10+3+N"现代特色农业产业体系中的重点产业，出台系列政策措施，大力支持茶产业做大做强，全力推动茶文化、茶产业、茶科技统筹发展，加速推进茶产业提档升级实现高质量发展。2023年，"桂茶"品牌形象和影响力进一步提升，形成了以六堡茶为引擎，茉莉花茶、广西早春茶、凌云白毫茶等特色优势茶协同发展的产业格局。2023年，全区茶园面积160.85万亩，干毛茶产量12.01万吨，干毛茶产值130.25亿元，实现综合产值510亿元。快速发展的背后，广西六堡茶做出了重大贡献，2023年广西六堡茶产量约3.7万吨，六堡茶综合产值269.08亿元，带动农户数量近10万户，受益茶农近30万人。

（一）生产情况

2023年广西壮族自治区茶叶生产情况及2023年广西壮族自治区茶叶主产县/区（前10位）见表10和表11。

表10　2023年广西壮族自治区茶叶生产情况

生产情况	茶园种植情况	茶园总面积/万亩	160.85	可采摘面积/万亩	151
		干毛茶/万吨	12.01	干毛茶产值/亿元	130.25
		名优茶/万吨	2.35	名优茶产值/亿元	24.36
	各茶类产量与产值	绿茶/万吨	3.98	绿茶/亿元	37.23
		茉莉花茶/万吨	8.10	茉莉花茶/亿元	99.00
		红茶/万吨	4.02	红茶/亿元	38.44
		六堡茶/万吨	3.7	六堡茶/亿元	41.40
		白茶/万吨	0.06	白茶/亿元	1.80
	总产值	一产产值	130.25亿元	综合产值	510亿元

表11 2023年广西壮族自治区茶叶主产县/区（前10位）

县/区	2022年面积/万亩	2023年面积/万亩
昭平县	24.81	25.6
三江侗族自治县	21.58	21.98
苍梧县	14.86	17.78
凌云县	11.21	11.25
乐业县	10.02	10.7
西林县	9.62	9.95
灵山县	8.03	8.31
金秀瑶族自治县	3.7	3.89
融水苗族自治县	3.62	3.72
贵港市覃塘区	3.27	3.3

（二）市场情况

2023年，受整体消费环境与名优春茶产销形势影响，茶叶内销情况不尽如人意，市场进入阶段性存量竞争期，大多数茶企承受了较大的销售压力，包括头部品牌企业。广西顶住外部压力、克服内部困难，全力以赴抓经济稳增长促发展，外贸运行总体呈持续恢复向好态势，实现扩规模优结构的目标。据统计，2023年广西茶叶出口量1687.70吨，位列全国第十四，同比增加45.26%；出口额1126.05万美元，同比减少56.03%，位列全国第十三；均价6.67美元/千克，同比减少69.73%。2023年广西茶叶进口量821.41吨，位列全国第八，同比减少1.75%；进口额270.21万美元，同比增加25.87%，位列全国第八；均价3.29美元/千克，增幅28.12%。

1．内销情况

2023年广西壮族自治区茶叶国内销售情况见表12。

表12 2023年广西壮族自治区茶叶国内销售情况

流通情况	量值		金额	
成品茶销量	国内总销量/万吨	9.16	国内总销售额/亿元	93.12
国内销售情况	区内销量/万吨	4.18	区内销售额/亿元	45.62
	区外销量/万吨	5.68	区外销售额/亿元	43.25
茶叶批发市场	销售额亿元以上市场总数量	4	市场总销量占比/%	80
			市场总销额占比/%	80
	产地批发市场总数量	8	产地批发市场总成交额/亿元	52
	城市茶城总数量	5	城市茶城总交易额/亿元	23

续表

流通情况	量值		金额	
其他渠道	连锁门店总销量占比/%	60	连锁门店总销额占比/%	60
	电子商务总销量占比/%	20	电子商务总销额占比/%	20
消费变化	广西六堡茶成为主要的消费茶类（消费市场进一步扩大，受到消费者青睐）			

2. 进出口情况

2023年广西壮族自治区茶叶出口量、出口额、出口均价统计见表13。

表13 2023年广西壮族自治区茶叶出口量、出口额、出口均价统计

茶类	商品名称	出口额		出口量		出口均价	
		金额/万美元	同比增长/%	数量/吨	同比增长/%	价格/(美元/千克)	同比增长/%
乌龙茶	乌龙茶，内包>3kg	17.208	63.30	35.871	106.76	4.797	-21.02
	乌龙茶，内包≤3kg	11.655	3.73	11.212	19.57	10.395	-13.24
其他花茶	其他花茶，内包>3kg	3.006	/	7.168	/	4.194	/
	其他花茶，内包≤3kg	1.02	/	0.119	/	85.681	/
黑茶	普洱熟茶，内包≤3kg	1.481	-45.52	1.959	-25.06	7.558	-27.30
白茶	白茶，内包>3kg	2.148	/	2.825	/	7.604	/
	白茶，内包≤3kg	8.26	/	1.89	/	43.703	/
红茶	红茶，内包>3kg	117.512	-94.45	420.126	-30.00	2.797	-92.08
	红茶，内包≤3kg	30.252	-0.34	19.367	-34.78	15.62	52.80
绿茶	绿茶，内包>3kg	85.369	529.85	143.672	646.62	5.942	-15.64
	绿茶，内包≤3kg	179.563	76.59	90.934	53.77	19.747	14.84
茉莉花茶	茉莉花茶，内包>3kg	444.904	/	664.008	/	6.7	/
	茉莉花茶，内包≤3kg	21.144	/	21.106	/	10.018	/
黑茶	黑茶，内包>3kg	115.497	47.01	236.12	48.59	4.891	-1.06
	黑茶，内包≤3kg	87.028	16.90	31.328	94.62	27.779	-39.94

2023年广西壮族自治区茶叶进口量、进口额、进口均价统计见表14。

表14 2023年广西壮族自治区茶叶进口量、进口额、进口均价统计

茶类	商品名称	进口额		进口量		进口均价	
		金额/万美元	同比增长/%	数量/吨	同比增长/%	价格/(美元/千克)	同比增长/%
乌龙茶	乌龙茶，内包>3kg	89.849	402.88	46.019	359.96	19.524	9.33
	乌龙茶，内包≤3kg	/	-100.00	/	-100.00	/	-100.00

续表

茶类	商品名称	进口额		进口量		进口均价	
		金额/万美元	同比增长/%	数量/吨	同比增长/%	价格/(美元/千克)	同比增长/%
黑茶	普洱熟茶，内包>3kg	/	-100.00	/	-100.00	/	-100.00
红茶	红茶，内包>3kg	177.292	20.97	766.471	-0.10	2.313	21.09
绿茶	绿茶，内包>3kg	0.834	-73.06	1.737	-90.68	4.8	188.97
	绿茶，内包≤3kg	2.24	105.35	7.184	84.58	3.117	11.25

（三）主要变化

1. 产业建设深耕细作

广西茶产业通过实施绿色茶园建设、加工水平提升等"七大工程"，逐步构建起覆盖全产业链的现代"桂茶"产业体系，目前呈现出"三增双多一实"的发展态势。

"三增"分别指产量增、面积增、产值增。一是产量增。根据国家统计局数据，广西茶叶产量已连续5年位列全国前十。2023年全区干毛茶产量12.01万吨，连续5年年均增长率为8.48%。二是面积增。2023年，广西茶园面积已达160.85万亩，连续5年年均增长率为9.83%。三是产值增。2023年，广西干毛茶产值为130.25亿元，连续5年年均增长率为18.08%。

"双多"分别指主体多、品牌多。一是主体多。广西共有涉茶企业（含合作社）2433家，其中，国家级农业产业化重点龙头企业4家，自治区级龙头企业35家，精制茶加工规上企业91家，广西工业龙头企业（茶叶类）3家。二是品牌多。广西茶叶区域公用品牌共22个，全广西茶叶注册商标约500个，茶叶"三品一标"认证产品总数超200个。横州茉莉花茶、广西六堡茶、昭平茶入围"2024中国品牌价值评价"区域品牌百强榜。

"一实"指基础实。近年来，广西创建了1个六堡茶国家现代农业产业园、1个茉莉花国家现代农业产业园、1个六堡茶中国特色农产品优势区、3个以茶叶为主导的农业产业强镇、14个茶叶类全国"一村一品"示范村镇、1个自治区级六堡茶优势特色产业集群等一批"国字号"和自治区级园区平台。同时，连续6年在广西范围内布局茶叶全产业链开发项目共186项，全面夯实茶产业基础。

2. 产业发展硕果累累

广西紧紧围绕"三茶统筹"发展，在科技创新、人才培育、茶旅融合发展等方面发力，取得了丰硕的成果，实现"三个新突破"。

一是科技创新实现新突破。全力推动由广西壮族自治区茶叶科学研究所牵头、刘仲华院士主持的广西科技重大专项"广西六堡茶'八新双增'关键技术研究与产业化示范"项目成果应用，7家茶企通过国家高新技术企业认定。广西六堡茶科技成果转化中试研究基地获自治区级科技成果转化中试研究基地认定，广西六堡茶生物学与资源利用重点实验室成功获评自治区重点实验室，实现茶产业自治区级重点实验室零的突破。

二是人才培育实现新突破。六堡茶制作技艺、横州茉莉花茶制作技艺等21个涉茶项目入选自治区级非物质文化遗产代表性项目，六堡茶制作技艺、瑶族油茶习俗两个项目列入联合国教科文组织人类非物质文化遗产代表作子名录，全区现有涉茶类项目国家级非遗传承人2人，自治区级非遗代表性传承人36人。2023年9月，举办中国—东盟茶业职教合作论坛并成立全国茶业产教融合共同体，与湖南农业大学、安徽农业大学、中国农业科学院茶叶研究所等科研院校开展深度联动。通过茶类职业技能竞赛以赛代训培养一批制茶、评茶、茶艺能手。2023年全区共2人获得"全国技术能手"称号，4人获"全国农业技术能手"称号，创历年最佳成绩。

三是产业融合实现新突破。开展广西早春茶系列活动、5·21国际茶日、桂品出乡等茶事推介活动，驱动茶文旅融合发展。打造"百里绿色廊道"乡村振兴文旅融合示范带，"梧州茶船古道·西江风情之旅"等线路入选全国乡村旅游精品线路，苍梧县六堡镇大中村入选全国乡村旅游重点村，塘平村、山坪村获评广西乡村旅游重点村。苍梧县六堡茶特色小镇旅游区年吸纳游客超100万人次。

3."拳头"产业引领发展

六堡茶是广西最具特色的代表性名茶，要牢记习近平总书记的"一肯定三问一叮嘱"，把六堡茶产业作为茶产业发展引擎，加速引领茶产业发展。2023年，全区生产六堡茶约3.7万吨，综合产值约240亿元。六堡茶产业通过完善标准体系提升产品质量，现有国家标准2项，地方标准21项，团体标准44项，已实现从茶苗到茶杯的全产业链标准体系全覆盖。截至目前，六堡茶区域公用品牌价值达49.73亿元，位居全国茶叶第十三。在做大做强六堡茶产业的同时，通过劳务报酬、收益分红、技能提升等方式助农增收致富，仅2023年六堡茶产业带动农户数量达8.36万户，受益村民约24万人，实现了产量、产值双增长和茶农、茶企双增收。

二、存在问题

（一）科技支撑、人才支撑能力不强

一是科技支撑方面，广西茶叶专项研究机构和茶学学科建设不强，缺乏高水平科技创新平台，科技项目支持口径较小，茶叶基础研究和应用基础研究薄弱，突破性科技成果产出进展缓慢。

二是人才支撑方面，茶产业专业从业人员数量较少，全区茶学专业博士学历人才仅有3名，茶学专业教师31名（具有博士学历的仅8名），每年茶专业毕业生约为300人，且学校专业设置以茶文化和茶艺方向为主。全区高校仅有贺州学院、梧州学院开设茶学本科专业，尚无硕博点，人才培养储备少，技术创新支撑产业发展能力不强。市级、县级、乡级普遍存在管理、农技推广人员科班出身专业人员少，精深加工及流通销售人才较匮乏，影响产业健康快速发展。

（二）龙头企业数量少、体量小

广西茶业龙头企业数量较少、体量较小，产业做大做强缺乏龙头企业的引领。茶叶类农业产业化国家重点龙头企业中，福建有15家、四川有12家，湖北、云南、湖南、贵州各有10家，而广西仅有4家，且体量与其他省名企还存在较大差距。从茶业强省的发展经验来看，浙江、湖南、安徽、贵州、四川等省均有组建省级大型茶业集团，这些竞争力强、市场占有率高的茶产业领军企业对推动本省茶产业高质量发展具有重要作用。广西缺少大型茶业企业，产茶大县仍以小型企业为主，如昭平县共有茶企142家，规上企业3家；三江县共有茶企490家，规上企业6家；灵山县共有茶企120家，无规上企业。

（三）品牌化程度不高

广西茶叶品牌影响力较弱，在全国知名度不高，营销渠道主要以线下为主，未形成完整的"线下+线上"营销网络体系，与西湖龙井、云南普洱茶、安化黑茶、福鼎白茶、安溪铁观音等名优茶相比，缺少市场竞争力。由于广西知名茶企品牌"小、少、散"，区域公用品牌竞争力不强，大部分茶企处于产业链的底端，如昭平、三江、灵山、凌云等产茶大县的茶企产品品牌附加值不高，部分企业成为外省知名茶企代工厂或茶原料供应方。

三、政策建议

（一）强化要素保障，有力支撑打造千亿元茶产业

推动与浙江大学、湖南农业大学、中国农业科学院茶叶研究所等高水平科研机构大力开展产学研合作，通过创新平台打造、科技应用和推广、人才交流培养等举措持续推进茶产业科技创新升级、业态融合发展，实现科技创新赋能产业高质量发展。加快提升广西壮族自治区茶叶科学研究所、梧州学院、贺州学院等院所高层次人才团队和创新平台建设，鼓励、支持广西有条件的高校开展茶学本、硕、博层次学历教育，培养高层次专业人才。加强基层农技推广指导和服务，选派专家定期到重点产茶区开展技术培训，同时选派基层技术人员和企业骨干进行专业能力提升培训，提高茶产业从业人员专业水平。定期举办茶行业职业技能竞赛，培养茶叶类的国家级非遗传承人、广西工匠、广西技术能手（茶叶类）等中高端技能人才。

（二）强化龙头企业培育，引领茶产业高质量发展

学习借鉴浙江、湖南、四川、贵州等地做法，选择综合规模大、发展潜力好、示范带动作用强的企业，培育成为引领广西茶产业的"领头羊"企业和全国茶产业细分领域竞争力强的"单项冠军"企

业。坚持招商引资和本土培育相结合，通过强链、补链、延链精准招商，定向招商行业领先企业，逐步培育壮大广西茶产业龙头企业队伍。大力支持重点产茶区打造茶叶加工园区，集标准化加工厂房、先进加工设备、标准化仓储、物流设施于一体，培育引进一批实力强、管理规范的现代化龙头企业，提高产业化发展水平。

（三）强化品牌打造，提升"桂茶"知名度和影响力

学习借鉴湖南打造"潇湘茶"品牌经验，在巩固提升"广西六堡茶"品牌的基础上，合力打造"横州茉莉花茶""凌云白毫茶"等广西茶区域公用品牌，推动茶叶品牌从"小而散"到"聚而强"，形成品牌矩阵。大力支持横州市西南茶城和茉莉花交易中心建设，鼓励茶企充分利用京东、天猫、抖音等头部电商平台进行销售，构建由专业茶叶市场、品牌形象店、电子商务三位一体的"桂茶"营销体系。进一步挖掘"茶船古道"历史文化，以文化为品牌赋能。继续开展茶博会、广西早春茶节等系列茶事活动，加大广西茶叶品牌宣传推介力度，营造浓厚的茶文化、茶产业发展氛围。积极推动"桂茶"与东盟国家的文化交流，充分借助东盟博览会等渠道，提升"桂茶"的国际知名度和影响力。

（执笔人：韦克英、周彦会）

2023海南省茶叶行业发展报告

海南省茶叶学会

海南省茶业协会

  2023年海南省深入贯彻习近平总书记在海南考察时"把茶叶经营好，把日子过得更红火"的重要指示，秉持绿水青山就是金山银山的发展理念，依托得天独厚的自然资源优势，挖掘海南雨林大叶茶的优异特性，按照"小而美、美而精"的发展思路，积极推进"三茶统筹"，聚焦茶叶发展"新标准、新工艺、新受众、新渠道"，落实好"抓种质资源、抓主体培育、抓产品开发、抓品牌文化、实现乡村振兴农民致富"，加快推进海南茶产业高质量发展。据统计，2023年全省茶园种植面积3.98万亩，其中，开采面积2.65万亩，茶叶总产量825吨，茶叶产值约2.85亿元。对比2022年，全省茶园种植面积增加0.43万亩，茶叶总产量增加115吨，茶叶产值增加8500万元，具有茶叶生产许可证的企业近100家，其中重点茶叶生产企业25家、标准化茶叶示范基地3个，茶农收入、茶企效益增加，海南雨林大叶茶品牌影响力逐渐增强，茶产业总体情况持续向好。

一、主要成绩

（一）系统布局、高位推进，促进茶产业有序发展

  全力落实《海南省大叶茶全产业链发展三年行动方案（2023—2025年）》总体目标，推动茶叶产业高质量发展，主要产茶市/县也相继出台了茶产业发展规划。五指山市设立茶产业办公室，统筹推进全市茶产业发展，编制印发《五指山市茶产业十四五发展规划（2021—2025）》，以规划引领，按照"小而美、小而精"发展定位，重点突出"精、美、名、特、高"，力争通过5年的发展建成独具五指山特色的红色茶文旅胜地、生态茶康养福地、茶产业兴旺富地、世界红茶集聚地；制定《五指山市大叶茶提质增效实施方案》，出台五指山大叶种茶种苗、设施建设、设备采购、品牌营销等方面全产业链扶持政策，不断推动五指山市茶产业规模化、品牌化发展；成立茶叶种植示范点专班，指导建立5000亩茶叶种植示范点；持续加大茶苗补贴的政策宣传，以及对已有约1600亩槟榔林下套种大叶茶的示范宣传，引导全市95824.44亩槟榔种植农户逐年逐步开展槟榔产业转产，保障农民收益。白沙黎族自治县妇女联合会印发《县妇联关于实施海南野生茶保护及社区发展巾帼伙伴项目的工作方案》，项目为白沙县21名农村女性提供资金、培训和技术等方面支持，有效提高群众参与野生茶产业发展的积极性，为做好资源保护与开发利用工作打下基础；计划开展《2024年白沙黎族自治县GEF—6粮农

遗传资源保护和可持续利用激励机制示范和推广项目实施方案》，项目通过可持续激励机制示范，提供资金支持农户建设种植示范基地，开展野生茶育苗、炒茶设备升级工作，大力发展白沙县海南大叶茶特色品种产业，致力乡村振兴以及加强海南地方特色遗传资源品种参与式原生境保护和可持续利用。

（二）开展溯源和标准体系建设，夯实产业基础支撑

海南省农业农村厅持续推进茶产业标准化体系的建设，省茶业协会牵头制定并发布T/HNCYXH 1—2023《海南雨林大叶茶全产业链生产规范》。五指山市组织实施T/CTSS 79—2023《海南大叶种茶树苗木扦插技术规程》、T/CTSS 78—2023《海南大叶种茶树栽培技术规程》、T/CTSS 80—2023《五指山红茶加工技术规程》标准修订，从品种、栽培、加工等方面建立标准规程体系；多次组织有关部门及茶企负责人前往省内外调研，学习先进的茶产业标准化建设、茶产业品牌培育、茶旅融合发展经验，不断的提升标准体系建设意识和能力，推进落实茶产业标准制定、修订及品牌建设等工作，引领五指山茶产业高质量发展并制定了T/HNBX 185—2023《五指山热带雨林大叶茶 红茶》、T/HNBX 186—2023《五指山热带雨林大叶茶 绿茶》、T/HNBX 187—2023《五指山热带雨林大叶茶 白茶》三项团体标准和标识，规范五指山市茶产品生产标准。

（三）抓种质资源及种苗培育，夯实茶产业发展根基

为充分挖掘利用海南省茶树品种自然资源禀赋优势，贯彻落实国家关于种业振兴行动的决策部署，推进海南大叶茶遗传资源多样性研究和基因组辅助育种技术开发，加强与科研单位交流合作，五指山市委托省林业科学研究院（海南省红树林研究院）五指山分院开展对辖区内五指山市野生茶树资源普查，摸清资源分布现状、面积、数量、生境状况等，掌握资源现状及存在的问题，建立长期固定监测样点；同时，建立五指山市野生茶树资源信息数据库，并对其进行遗传多样性及种质亲缘关系测定，所采集样品达到建库标准。积极主动与中国农科院茶叶研究所、云南农业大学、贵州大学、海南省农业科学院茶叶研究中心等科研院所开展联合攻关，申报"五指山大叶种茶种质资源库建设及资源创新利用关键技术研究与示范"揭榜挂帅项目，重点突破本土化优异茶树品种选育、绿色高效栽培、茶叶精准加工等关键技术研发，开展五指山大叶茶基因测序，为打造公共品牌和产业转型升级提供支撑。

（四）打造绿色生态有机茶园，提升茶产业种植管理水平

持续推进海南省雨林大叶茶全产业链发展，挖掘海南雨林大叶茶的优异特性，强化标准化茶园基地建设，加快传统茶园的改造提升进度，创建绿色生态茶园。五指山市财政投入资金开展五指山市茶园主要病害病原鉴定及生物防治关键技术研究与示范，推动茶园病虫害绿色防控工作。实施低产有机茶园改造，已完成560亩林下荒野茶改造提升，并通过支持开展5余次农民培训，逐步推广野生大叶茶种植和病虫害防治等综合管理技术。省财政厅支持奖补资金，用于扶持白沙县三家龙头企业开展茶叶

厂房设备升级改造，打造一批结构合理、链条完整的特色茶产业，有效推动白沙县龙头茶企高质量发展。

（五）科技赋能、创新提能，助力茶产业提质增效

海南省农垦五指山茶业集团股份有限公司（以下简称"农垦五指山茶业集团公司"）集现代化茶叶加工、仓储、商务交流为一体海垦茶业生态科技园（一期）项目完成建设，配备2条红茶生产线、2条绿茶生产线、1条名优茶生产线，于2023年6月正式投产，并不断进行配套升级；建设保鲜仓库及包装车间，配套控温控湿的中央空调系统、自动包装机等设备，提高茶产品的保鲜和仓储能力；为加强企业品牌、产品和技术保护，同时为后期申请高新技术企业认证做好准备，农垦五指山茶业集团公司成功申请"一种基于茶叶加工用茶叶揉捻装备"等11项实用新型专利、1项发明专利。

（六）注重品牌化，着力提升品牌知名度

为深入贯彻落实《海南省人民政府办公厅关于海南省农业品牌建设的指导意见》《海南省农产品公用品牌建设三年行动方案（2023—2025年）》的工作要求，加快实施强茶战略，省茶业协会协助开展全国茶叶品牌发展情况调查工作，汇总海南茶区概况；省农业农村厅、省现代农业检验检测预警防控中心联合发布了"海南雨林大叶茶"区域公用品牌，授权省茶业协会监管运营。五指山市积极开展对外宣介活动，组织茶叶经营主体参加中国国际消费品博览会、中国（海南）国际热带农产品冬季交易会等各类展销会，不断提升五指山大叶茶的美誉度和知名度；结合与海垦茶叶内在联系、产业现状和发展前景，积极参与加强区域品牌宣传推广，联合中央广播电视总台开展"CCTV强农品牌计划"战略合作，通过CCTV强农计划电视广告宣传播出《春茶地图》节目，赋予海垦茶叶品牌更高的辨识度，赢得更多消费者的信赖；在广州市场稳健布局海垦茶业专营店，利用揭阳茶叶批发市场南方名茶仓集散地优势，填补岛外消费者从正规渠道购买海垦茶叶的空白；在全国范围内布局推进"百城千店"专营店，通过专营店终端展示旗下系列产品，树立海垦茶业品牌形象，扩大知名度；截至2023年已开发150家形象装修、品牌标识统一的专营店，覆盖海南岛。

（七）加大培训指导力度、积极参加评比赛事，强化产业人才支撑

为贯彻落实习近平总书记对技能人才工作的重要指示精神，加快培养茶行业高技人才，为海南茶产业的可持续发展提供人才支持，2023年海南省成功举办了"第五届全国农业行业职业技能大赛茶叶加工赛项海南选拔赛"，选拔3名优秀选手参加第五届全国农业行业职业技能大赛茶叶加工赛项决赛，取得了优异成绩；推荐谭雁参加"中华人民共和国第二届职业技能大赛"，取得了全国第12名的可喜成绩；推荐杜成林参加"2023年全国行业职业技能竞赛茶叶加工（红茶）——第六届全国茶业职业技能竞赛总决赛"，获得优秀奖；各市、县相继举办茶叶行业职业技能竞赛，同时开展海南茶企经理人、茶叶生产技术人员、非遗传承人等培训班，如海南省农民科技教育培训中心在五指山举办海南

茶叶产业链带头人培训班，共120余人参加，为乡村振兴及海南自贸港建设提供技能人才支撑；海南省积极开展茶叶行业职业技能等级认定工作，新增中、高级茶行业技能人才近2000人。五指山市协调推动贵州大学茶叶科研团队在水满乡打造田间学校，着力培育本土茶叶种植管理能手；2023年以来，省、市相关单位在五指山市举办大叶茶栽培技术、绿色防控、茶叶采摘标准等相关培训，培训农户576人次，引导茶农和茶企积极打造生态有机茶。白沙县组织专家开发"白沙茶制作"专项试题库。农垦五指山茶业集团公司为提高职工的专业技术水平，增强人才队伍协作的凝聚力，先后组织开展多次培训活动及茶叶审评技能竞赛，累计培训200人次，通过培训提高鲜叶采摘质量、生产加工能力、审评技术，大力培养专业人才、骨干，为海南茶产业高质量发展打造业务过硬的队伍；职工在"海南自由贸易港第二届职业技能大赛——茶文化职业技能竞赛"中荣获茶叶加工组金奖和铜奖。

（八）深入链接茶产业，实现茶旅深度融合

推动海南茶文化和乡村旅游深度融合，以海南茶文化为媒介，依托美丽的自然风光、雨林文化及特色的黎族、苗族民俗文化，连接文化与产业沟通协作的桥梁，让海南乡村旅游空间变为特色茶产业与休闲旅游融合地区。五指山市支持水满乡依托茶产业成功申报农业农村部产业强镇项目，争取到农业农村部产业资金支持，深入链接茶产业，支持茶叶经营主体打造茶叶加工基地、茶文化展示、提升茶叶加工设备等；海南省农业农村厅提供资金支持，批准创建水满雨林茶园特色产业小镇，以海南富山集团有限公司为建设主体，五指山水满乡水满村为核心区域，打造水满河两岸的水满茶核心种植示范区、加工体验区、茶文化休闲区和黎苗文化休闲带、农耕体验带、雨林观光度假；积极谋划推进五指山雨林茶产业融合发展先导区配套服务项目建设，依托水满乡独具特色的茶产业资源优势和水满乡128.7亩建设用地，打造集雨林茶博物馆、茶坊体验区、生产示范中心、会展及住宿区等功能为一体的产业园；农庄茶园融入茶园观光体验、采茶体验、品茶论茶等，促进农旅融合发展，延长产业链。农垦五指山茶业集团公司依托茶叶在海南种植的生态优势，通过研学等方式，推广以品牌宣传与体验为目的的"茶主题"文化旅游路线，进一步打响农垦产品的招牌；截至2023年接待游客已突破15万人次。

二、政策建议

一是做好茶树品种资源普查和选育栽培工作。加快海南雨林大叶种茶古茶树普查进度，摸清底数，继续推进茶树省级林木种质资源库和大叶茶种质资源圃建设，深入开展野生大叶种等茶树种质资源的研究、保护及开发利用，建立特色茶树种质资源体系，繁育优质茶种质种苗，重点突破海南雨林大叶茶本土化优异茶树品种选育。

二是致力生态茶园建设，夯实茶产业基础。通过举办各类培训，做好全省茶园病虫害绿色防控工作，重点开展有机茶种植示范基地建设，不断提高亩产效益和产品质量；继续推进茶园基础设施建设，按照"一茶园一方案"的理念，优化茶园品种结构；重点引导农户（企业）大力发展茶产业，落

实大叶茶种苗补贴政策；建设智慧茶园集成示范项目、海南大叶茶种质资源圃，建设茶园灌溉引水基础设施；持续完善加工配套建设，开展对绿色高效栽培、茶叶精准加工等关键技术研发，购置制茶设备、自动化包装机、冷藏仓库设施设备等。

三是加强优秀品牌建设，持续提升品牌知名度。按照茶产业品牌化的发展思路，打造"海南雨林大叶茶"区域公用品牌，坚持以市场为导向，在茶品牌建设管理和营销环境优化上下功夫，不断提升品牌效益；在品牌建设管理上，组织海南雨林大叶茶生产企业认证工作，使更多符合条件茶企正确、高效使用海南雨林大叶茶区域公用品牌，促进海南雨林大叶茶标准化进程，开展一次海南雨林大叶茶公用品牌宣传和认证宣传活动；在营销环境上，采取以会促销、以赛促销和线上线下相结合的多元化品牌宣传营销模式，通过线上线下、多渠道多路径开展"海南雨林大叶茶"区域公用品牌推介，鼓励各市、县举办"茶商大会"，组织企业参加品鉴活动；充分借助媒体扩大"海南雨林大叶茶"区域及矩阵品牌的影响力，发挥微信、抖音、小红书等新媒体营销优势，在海南机场、高铁站、火车站投放广告，提高市场占有率，提升海南茶叶知名度。

四是营造产业文化氛围，促进茶旅融合发展。基于海南省自然旅游资源的优势，利用茶文化底蕴基础，深度促进茶旅融合发展，丰富以"黎茶文化""海南雨林古树茶文化"为核心的茶文化旅游产业，开发具有观赏价值和游玩价值的有机茶园；以多种形式宣传弘扬海南独有的茶文化，不断挖掘"海南雨林大叶茶"的文化内涵，实现茶产品与茶文化的协同发展；将茶文化嵌入当地旅游业中，开展主题品茗、茶叶冲泡技巧展示等文化活动，同时加强国家级生态茶园建设，推进"茶园公园化"；支持茶产区发展现代乡村服务业，发展共享茶庄、茶餐厅、特色民宿，提供茶事体验服务；设计精品旅游线路，串联海南茶叶产区，打造茶文旅专线，带动茶产品的消费。

五是培养专业人才，增加产学研合作，培养专业人才。加强经营人才培养，选择重点茶农和茶叶经营者，分期分批开展专题培训，进一步提升茶叶经营管理水平和企业效益，采取"走出去""引进来"的方式，积极组织茶企前往省外考察调研、参加"茶博会"等活动，鼓励各市、县开展茶产业交流会，邀请国内外著名权威专家学者"把脉问诊、传经送宝"；积极招募具备茶叶经营经验的专业人才，同时吸引高学历的本地大学毕业生返乡创业，以增强海南茶产业的人才储备和实力；加强行业人才培养，积极开展茶业行业职业技能等级认定考核工作，举办茶艺师、评茶师、调饮师、制茶班、考评员培训班及茶文化培训班，开展各种茶文化茶事活动，继续做好海南省茶行业职业技能大赛活动、国际茶日暨第十六届"全民饮茶日"公益活动及科技志愿者服务活动等；加强专技人才培养，完善茶叶领域专业技术团队的配置，发挥新型职业农民教育工程功能，培养一批茶业领域的专业管理人才、经销代理、制茶能手、文化传播者以及非遗传承人等，为海南茶产业的可持续发展提供人才支持；加强与科研院校合作，定向培养海南本地茶学专业人才，充实茶叶技术人才队伍，海南茶企与科研机构、专业研究团队建立合作关系，茶企提出实际问题和需求，科研机构进行针对性研究并提供解决方案，利用产学研合作模式将科研成果应用到实际生产中，推动海南茶产业的技术创新和发展。

（执笔人：陈世登、穆雪茹）

2023重庆市茶叶行业发展报告

重庆市茶叶商会

好山好水韵好茶。山城重庆，是茶树原产地之一，也是农业农村部规划的"长江上中游特色和出口绿茶重点区域"。重庆市委市政府高度重视茶产业发展，把茶产业纳入全市十大现代山地特色高效农业进行重点培育，目前已建成渝西特早名优茶、渝东南高山名优茶叶和三峡库区生态有机茶三大茶叶优势产业带，培育"永川秀芽""秀山毛尖""南川大树茶""三峡天丛""巴南银针"等区域品牌10余个，西大茶业、云岭茶业等渝茶行业领军企业在渝茶品牌、渝茶文化和渝茶科技成果转化等方面取得了长足的发展。2023年，尽管受到市场宏观环境的影响，但重庆茶产业坚持以"三茶统筹"为引领，通过科技提升、文化支撑、产业振兴，加快茶产业发展绿色转型，推动全市茶产业高质高效发展，茶叶总产量和总产值继续保持增长。为了展示重庆茶产业发展现状，正确研判未来茶叶产销走势，为指导茶产业发展提供决策依据，现就全市茶产业产销形势进行分析。

一、生产情况

2023年，全市茶叶生产克服去年极端高温干旱和去冬今春降雨偏少"双重"影响，茶叶生产运行良好，茶园面积保持稳定，茶叶产量持续增加，质量水平稳步提升，绿色低碳效益初步显现，茶叶产品向优质、多元化发展，带动茶农增收效果显著。

（一）产业数据

1. 茶园面积保持缓增

2023年，重庆市新茶园发展趋缓，茶园面积增幅收窄。据统计，全市34个主产茶区（县）茶园面积109.54万亩，较去年增加0.67万亩，同比增长0.61%。其中，面积在5万亩以上的茶叶生产大县（区）有6个，分别为秀山、南川、永川、酉阳、武隆、万州；开采茶园面积75.06万亩，较去年增加1.02万亩，同比增长1.38%；无性系茶园面积76.59万亩，较去年增加1.61万亩，同比增长2.15%；全市新发展茶园面积达1.93万亩，较去年的3.98万亩减少2.05万亩。

2. 茶叶产量持续增加

2023年，茶叶产量总体呈现持续增加态势。据统计，全市干毛茶产量5.20万吨，较去年增加0.47万吨，同比增长9.96%。其中绿茶产量4.43万吨、红茶产量0.73万吨、青茶产量0.0010万吨、黑茶产量0.0208万吨、白茶产量0.0209万吨、黄茶产量0.0010万吨，分别较去年增加0.3702万吨、0.0894万吨、0.0010万吨、0.0068万吨、0.0046万吨、0.0003万吨，分别同比增长9.12%、13.97%、100%、48.57%、28.22%、41.67%。产量增幅较大的区（县）是石柱、丰都、巫山、云阳、万州、秀山等；产量超4000吨的区（县）是秀山、永川、酉阳、荣昌、南川。全市茶叶平均单产69.30千克/亩，较去年增加5.40千克/亩，同比增长8.46%。

3. 茶叶产值明显提升

2023年，产品质量持续向好，茶叶产值明显提升。据统计，全市干毛茶产值53.69亿元，较去年增加7.64亿元，同比增长16.60%。其中绿茶产值45.22亿元、红茶产值8.10亿元、青茶产值0.0051亿元、黑茶产值0.0550亿元、白茶产值0.2785亿元、黄茶产值0.0364亿元，分别较去年增加5.8090亿元、1.7380亿元、0.0051亿元、0.0080亿元、0.0695亿元、0.0108亿元，分别同比增长14.74%、27.33%、100.0%、17.02%、33.25%、42.19%。干毛茶产值逾亿元的区（县）是永川、秀山、酉阳、南川、万州、巴南、江津、涪陵、荣昌、武隆、奉节、万盛。全市茶叶平均亩产值7152.98元/亩，较去年增加933.40元/亩，同比增长15.01%。

4. 产品结构持续优化

（1）茶类结构不断优化，特色产品发展较快　绿茶占总产量比重持续下调，降至去年的85.14%；红茶、黑茶、白茶、黄茶、特种花茶占比上升，青茶生产出现历史性突破，万州区填补了重庆市以往青茶生产为零的空白。

（2）名优茶量增价涨，茶叶品质得到提升　全市名优茶产量1.63万吨，同比增长12.33%；大宗茶产量3.57万吨，同比增长8.90%；名优茶产值33.94亿元，同比增长18.62%；大宗茶产值19.75亿元，同比增长13.30%。名优茶与大宗茶产量占比分别为31.34%和68.66%，产值占比分别为63.21%和36.79%，名优茶占比进一步提升。名优茶平均价格207.69元/千克，较去年增加10.99元/千克，同比增长5.59%。

（3）夏秋茶增产增收，销售渠道拓宽　夏秋茶产量2.06万吨，较去年增加0.33万吨，同比增长19.19%；夏秋茶产值11.28亿元，较去年增加2.17亿元，同比增长23.80%。

（二）产制运行态势良好

1. 生产运行良好

（1）春茶量价齐升　去冬今春，重庆市渝西茶区、渝东南茶区旱情较常年偏重，且立春以来气温波动大，开采期同比偏晚3～5天，2月12日永川区永荣茶场最早开采；3月8日，渝西、渝东北等茶区全面进入茶叶采摘和加工模式，秀山、酉阳等渝东南茶区陆续开采。春茶早期产量较去年减少，市场需求旺盛，价格较同期上涨。各茶区积极调整生产模式，加强科技增产技术措施落实，力保春茶中后期生产稳步推进，春茶总体呈现量价齐升态势。

（2）夏秋茶增产增收　夏秋茶以秀山、荣昌、万州等为重点，集成推广茶叶机械化采摘、绿色生态生产技术，构建了适用于不同区域的夏秋茶高效生产模式，推动重庆市夏秋茶增产增收。夏秋茶产品结构调优，产品质量单价提高，销售渠道拓宽，香茶、工夫红茶等附加值高的优质茶占比达30%。

2．生态低碳成为亮点

2023年，重庆市加快绿色生态茶园建设，打造绿色低碳产品和品牌，促进茶产业发展绿色转型，助推全市茶产业高质量发展。经重庆市农业技术推广总站指导创建和推荐、企业自主申报、中国农科院茶叶研究所茶叶质量认证发展研究中心组织专家现场审核及抽样检测茶叶农药残留等程序，严格把关和层层筛选，重庆永川、开州、南川、秀山、酉阳5个区（县）的6家企业获"全国首批生态低碳茶"认证，认证茶园面积达8000余亩，辐射带动全市31.10万亩的生态茶园。

二、销售情况

2023年，受宏观经济下行压力影响，整体市场环境不佳，市场销售压力增大，茶叶销售增幅减缓，茶叶消费保持稳定，销售价格稳中有升，销售渠道更加丰富。

（一）茶叶消费保持稳定

重庆区域茶叶消费以绿茶、沱茶和普洱茶、花茶、红茶等为主，绿茶、红茶仍是消费者最喜爱品类，传统茶消费保持稳定。传统茶消费由低、中、高向中、高、低转变，花茶减少，绿茶、红茶增长。日常消费更趋于理性，实用性强、性价比高的茶类产品更受消费者欢迎。地产茶叶购销以绿茶、红茶为主，500元以下产品成为主流，规模化基地干茶销售绿茶400～600元/千克，红茶200～350元/千克。在新茶饮、花草茶等消费增长同时，围炉煮茶、宋代点茶等茶文化消费热潮涌现，消费人群年轻化程度提高。

（二）茶叶价格稳中有升

据统计，2023年全市干毛茶平均价为103.21元/千克，同比增长6.04%。全市春茶期间茶青收购价格、干毛茶均价前期走高，后期较为平稳，茶青收购均价、干毛茶均价较上年同期均有上涨。全市春茶鲜叶收购均价35.66元/千克，同比增长13.85%；干毛茶均价135.09元/千克，同比增长9.74%。其中独芽鲜叶收购价140～260元/千克、一芽一叶鲜叶收购价80～140元/千克，一芽二三叶鲜叶收购价10～80元/千克。据调研，春茶干毛茶价格中，单芽价格1000～1300元/千克，一芽一叶干毛茶价格为460～510元/千克，一芽二叶干毛茶价格为150～200元/千克，大宗茶55元/千克。夏秋茶平均销售价格提高到54.70元/千克，同比增长3.90%。

（三）销售渠道更加丰富

重庆市茶叶销售主要以线下为主，天猫、京东等线上平台成为消费补充。茶叶专业批发市场、连锁专卖店、茶馆、商超是茶叶销售主渠道。在抓好传统茶叶销售的同时，重庆市积极探索创新营销模式，拓展市场空间。一是建设茶叶区域交易市场，打造现代化的区域性茶叶交易集散中心，如秀山县打造武陵山茶叶交易市场。二是创新销售体系，实现全渠道营销。鼓励企业建立基于电子商务的茶叶信息平台和移动营销网络，如重庆市农业农村委建立巴味渝珍电商平台。三是推进茶文旅融合新型业态发展。围绕茶产业将茶文化与旅游业相结合，利用"茶旅游+""茶文化+"等模式，拓展市场空间，如重庆茶业集团打造定心茶旅体验项目。四是持续拓展国际国内市场。2023年1—10月，全市红碎茶出口量4764吨，同比增长13%；出口额3127.5万元，同比增长17.8%。万州区利用夏秋茶树资源加工出口有机绿片茶、绿碎茶等产品，2023年茶叶出口量200余吨，出口额400余万元。香茶、工夫红茶等夏秋茶产品销售渠道扩大，销售到山东、陕西、湖南等10余个省（自治区、直辖市）。

三、重庆市茶叶商会全面推动渝茶产业创新发展

重庆市茶叶商会本着"依托会员，服务会员"的宗旨，以"振兴渝茶"为目标，在渝茶产业流通服务等方面开展各项工作。

（1）2023年，重庆市茶叶商会结合渝茶产业实际与人力需求，重点围绕茶叶技能大赛、茶叶从业技能培训、茶叶流通安全管理等开展技术服务，技能培训。

（2）在展会方面，以重庆市茶叶商会为中心，联合会员单位整合参与重庆地区各种规格的茶产业博览会，并积极配合区县茶产业协会开展区域性的茶叶展会展销活动10余场，推动渝茶品牌的可持续发展。

（3）在产业创新方面，重庆市茶叶商会联合会长单位重庆西大茶业有限公司，大力推进特种花茶生产技术与特色产品开发，形成了以柑橘花茶、珠兰花茶、玫瑰花茶、腊梅花茶、栀子花茶、桂花茶等特种花茶产品集群，得到了市场的高度认可与信息反馈。

（4）在宣传方面，2023年有了重大突破，重庆市茶叶商会联动重庆日报消费行业，对重庆重点区县茶产业进行调研、走访、宣传，并结合重庆日报等党媒资源优势和地方茶产业发展特色，对各区域茶产业和重点龙头企业进行跟踪报道，推动了渝茶产业的精准传播，显著提升了渝茶产业的社会影响力。

四、相关建议

坚持以"三茶统筹"为引领，通过科技提升、文化支撑、产业振兴，全力推动渝茶产业高质量发展。

（一）科技提升，促茶提质增效

整体来看，重庆茶产业规模小、分布散，竞争力不足，急需集成创新一批高产高效、绿色生态、

先进智能的优秀技术成果，引进先进的茶叶种植技术、加工工艺和设备，大力推进先进实用新型技术，提高茶叶品质和生产效率，降低生产成本。通过应用大数据、物联网等茶叶智能化、数字化技术，建设数字化茶园、智能化茶厂，实现茶叶生产、流通、销售等环节的信息化、数字化管理，提高茶产业的科技水平，推动茶产业高质高效发展。

（二）文化支撑，赋能产业融合

未来应注重茶文化传承和创新，挖掘茶叶的历史和文化内涵，支持各地以传统制茶技艺等非遗项目，开展渝茶文化传承人、传统工艺制茶工匠培育和认定，举办以不同背景和不同主题的茶文化活动，围绕茶产业将茶文化与旅游业相结合，利用"茶文化+"等模式，开发茶文旅融合新业态，打造高品质、沉浸式、体验式的茶文旅融合品牌，创建茶旅精品线路、特色旅游基地，形成特色旅游文化，拓展茶产业发展空间，推动茶文旅深度融合发展，培育茶产业新的经济增长点。

（三）产业振兴，做强渝茶产业

建议政府通过制定出台相关政策，对茶产业发展给予资金、技术、市场等方面的支持，推动产业整合，优化资源配置，提高整个茶产业的竞争力。通过加快渝茶产业发展绿色转型，推进绿色低碳生态茶园建设和茶叶加工设施装备更新升级，加强品牌建设，深入挖掘国内外市场，加强人才培养，推动茶文旅融合发展，做强渝茶产业，实现产业振兴。

（四）产业突破，需要聚焦核心资源

发展重庆茶产业不仅要思路创新，更要产业突破、跨界合作。由重庆市茶叶商会和重庆西大茶业有限公司主导的特种花茶产业项目，已成为重庆茶产业创新发展中的重要项目之一，也是未来链接更多产业创新机会的载体与桥梁。随着大众对茶消费意识的增强，消费者对茶叶的消费从传统的风味需求向健康、绿色、有机等方向转变。同时，消费者对茶的认知也从喝茶、吃茶到用茶等领域转移，这将推动、促使茶产业向多元化的方向发展，让茶真正成为人们日常生活的有机组成部分。

（执笔人：贺鼎、汪毅；统稿人：司辉清、张凯）

2023四川省茶叶行业发展报告

四川省茶叶流通协会

一、基本情况

四川是茶树原产地之一，也是人类饮茶、种茶、制茶的发源地，是我国主要产茶省份之一。截至2023年，全省共有135个县产茶，占全省183个县的71.04%，其中乐山、宜宾、雅安、成都为主产区，形成了川西名优绿茶、川南优质早茶、川东北富硒茶三大优势产业带，其面积、产量、产值均占全省的60%。全省优势产茶县32个，茶叶面积20万亩以上的大县有18个，产业集中度达80%以上。全省茶园面积为603万亩，其中良种面积达524.49万亩，较上年增加11.06万亩，同比增长2.14%，良种茶园面积占总面积的86.98%；茶叶产量42.4万吨，较上年增加3.12万吨，同比增长7.94%，其中名优茶产量25.8万吨，较上年增加1.75万吨，同比增长7.27%，名优茶产量占总产量的60.85%，名优茶产值354.9亿元，较上年增加39.83亿元，占总产值的88.06%，大宗茶产量16.6万吨，较上年增加1.37万吨，同比增长9.0%；茶园面积位居全国第二，茶叶产量位居全国第三，分别占全国的11.71%和12.70%，茶叶综合总产值达到1200.0亿元，较上年增长120.0余亿元，同比增长11.11%，其中，毛茶产值403亿元，较上年增加38.0亿元，同比增长10.41%，茶叶总产值位居全国第二，综合实力位居全国第二。百万元以上的加工企业达1750余家，规模以上茶叶企业614家，其中，销售收入500万元以上的有785、产值千万元以上328家、5000.0万元以上的有90家，逾亿元的企业有28家，市级以上龙头企业147家、省级重点龙头企业104家，省级示范合作社77家，国家级龙头企业11家，中国驰名商标16个，中国地理保护标志28个，中国名牌农产品企业5家，四川省著名商标68个，四川省名牌产品42个，有5家企业获得良好农业规范认证（GAP认证），40多家企业600多吨产品获有机产品认证。建成了川西、川南、川东北三大优势茶叶产业带。800万茶农实现人均茶叶收入达5000元以上。

二、川茶产业优势

四川茶叶历来以数量大、品种多、分布广、品质好、声誉高而著称，自古就有"蜀土茶称圣"的美誉。目前，四川茶园面积和产值均位居全国第二，茶叶产量位居全国第三，综合实力位居全国第二。建成了川西、川南、川东北三大优势茶叶产业带。

值得一提的是，20年来，全省良种茶园面积和名优茶产量呈快速增长势头，其发展速度和增幅居全国各产茶省市之首，茶叶企业不断发展壮大，优势龙头企业集群已凸显，其企业的规模、档次、形象、加工设备的先进性及加工技术水平堪称全国一流，四川已成为我国西南地区乃至全国的茶叶优势产区和茶叶生产标准化、清洁化、机械化、集约化的重点示范区。800万茶农实现人均收入5000余元，年人均纯增收800元。

三、川茶发展主要做法及经验

（一）坚持高位谋划，推动高质量发展

四川省委省政府高度重视川茶产业发展，先后对茶产业做出批示4次，召开了研究川茶产业发展专题会和川茶产业重点龙头企业专题座谈会，按照会议要求，牵头对《四川省人民政府办公厅关于推动精制川茶产业高质量发展促进富民增收的意见》（川办发〔2022〕78号）内容进行逐条梳理，细化省发展改革委、经济和信息化厅、科技厅、财政厅等17个部门的责任分工和任务清单，会同财政厅修订了《统筹推进精制川茶产业发展的指导意见》，进一步优化财政支持政策，为加快川茶产业发展提供了有力支撑。农业农村厅等6个部门联合印发了《川茶品牌提升行动方案》（川农发〔2023〕37号），又与省委宣传部等10个部门联合印发了《川茶文化研究传承工程实施方案》（川宣通〔2023〕22号），专项推动茶文化挖掘研究、茶品牌打造；与省、市监局等部门联合制定《茶叶过度包装专项治理行动实施方案》，并开展新标准的宣贯和督导，定期上报执行情况，全力推进茶叶包装向生态、绿色、低碳转型。

（二）建优产业基地，夯实发展基础

以四川川西南早茶优势特色产业集群、川红工夫红茶产业集群、产业强镇等部省级项目为抓手，深度加强与陈宗懋、刘仲华院士团队以及四川农业大学、中国农业科学院茶叶研究所、四川省农业科学院茶叶研究所等科研院校的合作，加强产学研协同攻关，推广机采、机耕、机防等机械换人技术，全面应用"两个替代"绿色生产和低产低效茶园改造技术，在适宜区推行水肥一体化设施，推进产业基地规模化、标准化、绿色化、良种化、数字化、宜机化建设。全省年产无性系良种茶苗约12亿株，其中专用红茶品种茶苗3900万株，无性系良种茶园面积达524.49万亩，较上年增加了11.06万亩；改造低产低效茶园面积达170万亩，机采茶园面积276.37万亩，绿色防控面积461.50万亩，入驻国家和四川省农产品质量追溯平台的经营主体达1606家。

（三）加强技术推广，促进绿色发展

认真落实习近平总书记春节前夕连线北川羌族自治县石椅村的重要指示精神，组织科研院校专家到北川羌族自治县开展"北川苔子茶"专题调研，指导完成了《北川羌族自治县茶产业全产业链发展规划》《北川羌族自治县茶产业高质量发展"五个一"实施方案》等系列文件的编制，并深入田间地

头、生产车间开展技术指导，助推北川羌族自治县茶产业高质量发展；举办了由政府、部门、科研院校、经营主体参加的全省茶产业系统培训会，以及全省标准化机采名优茶技术、茶园绿色防控技术等专业技术培训会，为川茶高质量发展提供了人才保障。省、市、县各级制定DB51/T 3072—2023《四川黑茶加工工艺通用技术要求》、DB51/T 3021—2023《观光茶园建设技术规程》等地方标准、团体标准23个，为提升茶产业整体水平提供保障。

（四）做精加工链条，提升产业质量

深入推进茶企清洁化、标准化建设，生产线连续化、自动化、数字化、智能化转型，提高分等分级、产品包装能力，提升加工设备生产效率和加工水平。指导企业围绕原料建基地，就近规范布局加工车间，改造优化加工设备，实现清洁化生产。全省名优茶产量达25.8万吨，产值达354.9亿元，清洁化加工率达75%以上，机制率达92%，仓储、保鲜、冷链物流等设施设备更完善。

（五）培优经营主体，增加产业活力

持续落实《四川省财政厅四川省农业农村厅关于印发〈统筹推进精制川茶产业发展的指导意见〉的通知》（川财农〔2019〕186号）要求，支持茶企在市场拓展、自主品牌打造等方面建设。加强对精制川茶产业联盟的支持和引导，建立共同研发新技术、共享供应链资源、共同开展市场推广活动等机制，扩大了川茶产业的竞争力。支持有实力的龙头企业牵头，带动村集体经济、中下茶企、专合社、家庭农场、茶农等共同发展。

（六）加大品牌营销，拓展川茶市场

建立川茶品牌发展、推介、保护和利用的运行机制，构建"区域品牌+企业品牌+产品品牌"的品牌体系，推进国家级、省级地理标志产品保护示范区建设。坚持以"天府龙芽"省级公用品牌为引领，协同推进"三山一早一红"等地方公用品牌打造，建立健全品牌标准体系，加大贯标、用标力度，加强产品企业自检、政府抽检、社会监督。

（七）深挖川茶文化，推动茶文旅融合发展

大力弘扬川茶文化，持续推进《川茶图谱》编撰出版，指导各茶区编撰《中国茶全书》地方卷编纂工作。邀请多位国家级、省级艺术大师和非遗传承人专题展示宣传茶道、非遗制茶等。推进茶园景区化建设、茶产品礼品化开发、茶文化品牌化打造，以文促旅、以旅带茶、茶文旅共融发展格局进一步优化。

（八）坚持川渝深度合作，促进产业融合发展

认真贯彻落实胡云副省长关于《"川渝地区茶产业高质量发展"调研报告》的批示精神，坚持川

渝协作，在共同做强茶产业、弘扬茶文化、创新茶科技、打响茶品牌上成效明显。推动茶叶技术创新战略联盟作用的发挥，促进两地基地互建、原料互供、加工互助、品牌互推等，四川省农业科学院茶叶研究所与重庆市农业科学院茶叶研究所联合成功申报科技部项目，实现两地、科技互动、人才共享。

四、四川茶叶发展存在的主要问题

一是茶园质量效益不高。基地建设水平有待提高，还有部分老旧低产低效茶园亟待改造，特别是高标准农田等农田基础设施建设重点用于永久基本农田建设后，对茶园宜机作业、水肥一体化和节水灌溉的投入不够，联农带农机制效益不强，茶园亩产出效率相对较低。

二是精深加工有待提升。茶叶产品同质化比较突出，11个茶叶主产市绿茶产量占比超过70%的有8个，30个优势县绿茶产量占比超过80%的达22个，各自特色不明显。初级产品多、精深加工少，再加工茶、新茶饮、茶食品、茶药品等延链产品开发度还不够，附加值较低。

三是品牌知名度不高。目前四川省茶叶注册商标多，同时也伴随着品牌多、杂、乱、散的现象，像"竹叶青"有较大市场份额的知名品牌不多，品牌号召力有限。各地方区域品牌打造力度不够、持续性不强，多层级川茶品牌体系建设亟须强化。

四是文化底蕴挖掘不够。四川省茶文化积淀浓厚，盖碗茶和茶馆文化至今仍是四川的特色。但川茶文化发掘、培育和宣传力度不够，很多川茶品牌和川茶文化名片没有"擦亮"，茶文旅等融合发展模式探索不深，产业链后端发展水平相对落后，一定程度制约着川茶振兴发展。

五、四川茶产业发展思路及措施

（一）推进茶园提质增效

实施好四川川西南早茶和川红工夫红茶优势特色产业集群，在"两区两带"推广集群建设模式，提升产业综合生产能力，打造行业标杆和产业高地。指导具备一定基础的现代茶产业园创建国家现代农业产业园，推动茶叶现代农业产业园区升星建设。在适宜区域推广优质茶树专用新品种。全面推动低产低效茶园提升改造，持续抓好提质增效示范片建设，提升茶园茶叶产出率。在新建茶园、幼龄茶园推广间作、套作技术，提高茶园整体效益。加大标准化茶叶机采技术应用面，建设一批名优茶机采示范片，名优茶机采率提高10个百分点以上；继续大力推行机械化作业技术，推动宜机化道路建设，加快推进降本增效技术。扩大绿色防控新技术应用面，建设出口茶备案基地，开展绿色食品、有机产品、低碳生态茶、碳足迹等认证。推进肥水一体、智慧茶园等装备，提高茶园现代化水平。

（二）提升精制川茶加工水平

支持初加工进基地，依托原料基地规范建设加工车间，合理布局设施，改造优化加工设备，全面提升产地初加工水平；按照食品生产规范整治加工环境，实现全程清洁化加工。鼓励精加工进园区，完善仓储、保鲜设施设备，提高分等分级、产品包装等能力，加大对连续化、数字化、智能化加工设备的推广应用力度，提升精制川茶品质、质量和商品化处理能力。加强对市场的研判，推进茶叶深加工，加快"新茶饮"开发，延伸产业链，提升茶叶综合价值。加快新派花茶等产品制作工艺研究，研发具有特色生态、特质品种、独特工艺的特色单品，支持发展黄化茶、白化茶、紫色茶等特色产品，培育文化底蕴深、品牌起步早、市场口碑好、发展潜力大的单品，继续开展"四川最具影响力单品"的评选。

（三）大力开发茶叶特色产品

通过科技创新，进一步改进和优化四川省茶叶加工工艺技术，开发生产优质特色的名、特、优、新茶产品，尤其要采取独特的工艺技术，研发高香型、高鲜型、花香型、果香型等风格独特，并具有较强市场竞争力的茶叶新产品，大力提高川茶的科技含量和市场竞争力，满足广大消费者的不同需求。

（四）培育壮大市场经营主体

推进国有资本和民营企业围绕茶叶初级、精制、深加工产品以及上下游关联产业开展密切协同、抱团发展，促进优势互补、产业链增值、集群化发展。鼓励有实力的企业跨区域整合资源，通过同业整合、兼并重组，培育行业产业"航母"。发挥精制川茶产业联盟和茶叶技术创新联盟资源整合、优势互补的作用，提高产业竞争力。依托"专精特新"中小企业和大企业大集团工作机制，发展一批乡村振兴带动力强的茶叶重点标杆企业，支持符合条件的茶企申报国家级、省级农业产业化重点龙头企业。支持茶企积极参与茶企牵头建设茶产业化联合体，推动"川茶兴千村"行动。充分发挥茶叶专业行业组织的协调、桥梁、监督等作用，加快制定、修订茶叶生产和加工等团体标准和地方标准，健全完善行业自律，构建共享利益机制，促进产业"抱团"发展。

（五）打造产业知名品牌

持续实施"区域品牌+企业品牌+产品品牌"的品牌打造战略，建立茶叶品牌发展、推介、保护和利用的运行机制，开展国家级、省级地理标志产品保护示范区建设。支持"天府龙芽"省级区域公用品牌的宣传推广，持续在销区举办推介活动，提升品牌价值和产品销售额。继续开展地标规范使用的监管、督导工作，维护品牌公信力。支持地方区域公用品牌打造，举办形式多样的茶事活动，邀请名人、茶企、销售商等参加，提升区域品牌知名度。支持企业积极参与省级以上具有公信力机构组织的品牌评选活动。支持开展制茶工匠、制茶大师、川茶文化传承人、传统技艺等的培育认定。开展产品包装设计大赛、大学生茶艺大赛等赛事活动，完成《川茶图谱》的编写。

（六）构建市场营销网络

建立健全川茶市场营销体系，探索川茶营销推广中心市场化、长效化运营机制。高质量举办好第十二届四川国际茶博会、国际茶日和重庆市第十七届茶博会，吸引国内外名人茶企入川投资，把四川国际茶博会打造成全国知名茶业展会，把四川建设成为西部茶业中心。组织重点龙头企业积极参加重大展示展销活动，扩大川茶市场占有率。各茶区要完善产地鲜叶、批发交易市场配套功能，推进交易模式升级改造。鼓励企业利用天猫、京东农场等主流电商平台，开展直播带货等直连消费者的贸易通道，引导茶叶电子商务规范发展。

（七）提高科技支撑能力

围绕产业链部署创新链，加强产学研协同攻关，协同推进品种、设备、工艺、产品创新，集成推广先进适用技术。鼓励各茶区成立专家顾问团，为茶产业发展提供技术支持。加大对茶学专业学校（院）的复合型、应用型茶产业关联专业人才培养的支持力度。持续开展全省茶叶系统培训，加大对技术骨干、茶农、营销人员等产业链各环节人才的培训力度。鼓励开展制茶工匠、制茶大师、川茶文化传承人等培育和认定。支持开展绿色食品、有机农产品、农产品地理标志、低碳生态茶和ISO、HACCP等质量管理体系认证。

（八）推动茶旅深度融合

推进茶园景区化打造，发展集茶园观光、制茶体验、茶艺欣赏、休闲养生为一体的"茶旅"经济，鼓励发展主题鲜明的家庭茶庄、休闲茶庄，建成一批功能完善的茶旅融合主题景区、主题茶城。深入挖掘弘扬川茶文化，讲好川茶故事，鼓励茶文化进茶楼、进社区、进机关、进学校，推动川茶文化走向大众、走向国际。支持茶馆行业协会出台行业标准，支持改造升级茶馆茶庄、开展"茶馆名店"评定，推进茶馆行业向连锁化、品牌化的方向发展。

（执笔人：王云、张冬川）

2023贵州省茶叶行业发展报告

贵州省绿茶品牌发展促进会

2023年，贵州省茶产业发展围绕目标任务，强化协调、推动落实，开展技术服务指导，多措并举推动全省茶产业高质量发展。全省茶园面积700万亩，茶叶产量46.9万吨，产值643.8亿元，分别同比增长3.3%和6.1%；茶叶出口量0.55万吨、出口额0.91亿美元，分别位居全国第九、第七，主要出口到马来西亚、摩洛哥、越南、贝宁、美国、荷兰、德国等国家和中国香港地区。

一、基本情况

（一）基地方面

今年春季热量条件好，回温快，全省大范围开采时间同比去年提早3~5天，部分茶区提早7天，开采时间在2月中下旬至3月上中旬期间，比其他省绿茶主要产区提早10天以上，为春茶抢占市场赢得了先机。一是注重茶园管理，自去年茶园受旱以来，省、市、县茶叶主管部门加强茶园抗旱、茶园管理等技术措施培训指导力度，有效提升茶园管理水平，缓解茶园受旱影响。二是组织采茶工上茶山采茶，采茶务工人员较去年充足。平塘县等茶叶主产县超前谋划，从邻近的乡镇统一召集采茶工人，茶企业为工人提供食宿等方式解决采茶劳动力不足问题。三是加大开展双手采茶培训，有效提升茶青采摘效率，通过现场培训、制作双手采茶视频、双手采茶竞赛等方式，指导全省9个市（州）开展多层次的双手采茶培训120余场。其中，在湄潭县开展全国双手采茶竞赛，云南、四川、重庆等8个省（自治区、直辖市）的17支队伍共71名选手参加双手采茶竞赛，显著提高采茶效率，促进茶青下树率提高。在瓮安县开展全省双手采茶竞赛，全省9个市（州）的50名选手参加比赛。四是加强冬季茶园管理培训，近期，省茶叶专班邀请贵州大学、贵州省农业科学院、贵州省植保植检站等专家，深入丹寨县、三都县等茶叶主产县，以县为单位开展茶园管理技术培训，为来年春茶优质高产打好基础。

（二）加工方面

一是强化茶叶加工技术培训。春茶开采以来，聚焦贵州绿茶，组织贵州大学、贵州省农业科学院等专家力量，以省级"揭榜挂帅"为抓手，推动专家深入茶区、茶企业茶叶加工一线，结合各地茶叶加工的实际需要，分别以扁形绿茶、卷曲形绿茶、直条形绿茶为主题，先后在普安县、贞丰县、晴隆县、雷山县、湄潭县、凤冈县、印江县、平塘县等茶叶主产县，采取"理论+实操"的方式教学，开展茶叶加工技术培训20场共500人次，提升茶企业技术骨干的专业技术水平和实际加工能力。针对茶叶出口的实际情况，组织在湄潭县开展一期出口茶加工技术培训，邀请国内出口市场开拓、产品精制拼配、污染物控制、田间管理等方面的权威专家授课。联合贵州广播电视台制作贵州茶叶加工技术要点培训视频，通过网络推送各地茶叶部门、企业、合作社学习，引导茶企按标生产、对标检验。二是以赛促训。组织开展2023年第六届全国茶业职业技能竞赛贵州选拔赛，推选出5名选手参加总决赛，获得4个铜奖和1个优秀奖。组织开展全省秋季斗茶赛，9个市（州）的138只茶样参加省级角逐，36只茶样进入分赛场环节。三是标准修订。以省茶叶研究所、省绿茶品牌发展促进会等为主要起草单位，对低氟紧压茶加工技术规程等17个省级地方标准和团体标准进行制定和修订；完成贵州绿茶标准样制备。

（三）质量安全方面

一是组织开展茶园清园行动。以茶园为主的草甘膦等除草剂专项整治行动和清源行动，在茶叶主产县清理收缴经营环节除草剂。二是开展质量安全风险排查。组织开展2022年度贵州茶叶质量安全风险监测交流暨会商会，通报全省茶叶质量抽检情况，分析和研判茶叶质量安全形势，排查风险，督促各地强化并落实茶叶质量安全管控措施。省级组织赴贵定县、三都县、丹寨县、石阡县、凤冈县、普安县等茶叶主产县，开展草甘膦等违禁农药的使用情况检查，发现4起问题，严格查处。三是推广茶园绿色防控技术。依托贵州大学宋宝安院士团队，在茶叶主产县建设的示范点、田间学校，在金沙、紫云、丹寨等地培训，大力推广"生态为根、农艺为本、生防为先"理念，推行"以虫治虫、以草抑草、免疫诱抗"的防控措施。今年全省推广面积346.6万亩，保障了夏秋茶的品质。四是开展质量安全技术指导。邀请贵州大学、省茶叶研究所、省植保植检站等专家，到茶园开展茶树病虫害绿色防控，指导各茶区安全用药、科学用药、合理用药。

（四）宣传推介方面

紧盯目标市场，坚持"走出去"与"请进来"相结合，促进茶叶成为"干净黔茶·全球共享"的龙头带动产品。一是抱团到目标市场开展茶产业推介活动，以"贵州冲泡"为主要推广方式，让更多人喜爱贵州茶、经销贵州茶。先后组织企业参加了济南茶博会、哈尔滨茶博会、广州茶博会等，举办2023贵州绿茶山东经销商千人大会暨贵州冲泡赛等，邀请省内外经销商参会，展示推介贵州茶产业。二是充分办好省内重要茶事活动。抢抓春茶开采等关键时间节点，在省内相继举办2023年"贵州绿茶"第一采活动、贵州（晴隆）早春茶采购商大会、梵净山抹茶大会、第15届贵州茶产业博览会、"观峰林美景·享康养胜地·品干净黔茶"活动、国际茶日主题活动等。三是以产销对接活动为载体，协调媒体资源宣传贵州茶，中央电视台直播贵州绿茶第一采等茶事活动，地道风物刊发贵州茶宣传视频，《贵州日报》整版刊发贵州茶，贵州广播电视台设置《茶香贵州》栏目，多彩贵州网开设《黔茶》专栏，贵州改革、贵州发布、黔茶资讯、贵州茶香等微信公众号长期宣传推介贵州茶产业。以栗香公司、贵天下公司等为代表的龙头企业在省内主要高速公路、龙洞堡机场、贵阳北站、地铁站以及城市户外广告密集推出"贵州绿茶""都匀毛尖""湄潭翠芽"等贵州茶广告，贵州茶的知名度迅速提升。在百度引擎以"贵州绿茶"为关键词，搜索到相关信息1780万条，以"贵州冲泡"为关键词，搜索到相关信息1070万条。"中国传统制茶技艺及其相关习俗"入选"人类非物质文化遗产代表作名录"，都匀毛尖茶制作技艺位列其中；"贵州绿茶"被评为贵州十强农产品区域公用品牌。

二、存在的问题

总体上看，贵州茶产业发展时间短，初步完成规模扩展，基本建成全国最大的茶叶原料中心，正处于从一产重、二产轻、三产弱向一二三产业融合的关键发展阶段，但贵州省茶文化氛围不浓、茶产业综合实力不强、茶科技贡献率不高，距离高质量发展的要求和建设茶产业强省的目标还有较大差距。

一是专用基地规模比例偏低，全省茶园700万亩，建成的出口、品牌专属、特色茶、茶资源综合开发利用等专用基地166万亩，占比不足25%。二是质量管控压力依然较大，一些茶区夏秋茶下树率偏低，茶园病虫害发生率较高，茶园使用违禁农药和除草剂的情况时有发生。三是龙头企业的带动效应不明显。部分企业既建设基地、又参与加工，上下游企业的专业化分工不明显，企业整体竞争力不强，缺乏大型龙头企业。多数茶区加工设备配置仍以生产名优茶为主，存在"重春茶、轻夏秋茶，重名优茶、轻大宗茶"的现象，夏秋季机采茶园和较老原料没有得到充分运用。四是贵州绿茶等品牌宣传覆盖面有待加大，产品输出滞后于品牌宣传，一方面投入不少人力、物力加大宣传贵州绿茶等品牌；另一方面大量茶叶以原料茶形式销售到市场，为他人做了"嫁衣"。

三、政策建议

一是确定目标任务，全省茶园面积稳定在700万亩，茶叶产量29.9万吨，同比增长4.1%，茶叶一产产值234.7亿元，同比增加5.2%。力争加工企业和合作社数量突破6000家，其中规模以上企业200家。二是提高加工能力和茶资源综合利用。发挥贵州六大茶类均能生产的优势，坚持以绿茶为主体，加快红茶、白茶、黑茶等发酵茶的生产。聚焦夏秋季卷曲形和颗粒形绿茶、贵州针等优势大的单品，大规模生产，提高产品辨析度。加快花草茶、花果茶等新式茶饮产品的研发生产。加强标准宣贯，推动企业全程对标生产、对标检验，实施同线、同标、同质。三是严守质量安全。持续推行病虫害绿色防控统防统治，提高绿色防控技术覆盖率。实施茶园化肥减量增效，推广茶叶专用肥使用。禁施草甘膦，禁用塑料制品，做好茶山的清洁化管理。完善茶叶质量安全可追溯体系。四是加强与全国性社会组织合作，深化省级行业组织、各市（州）和茶叶主产县与全国性社会组织的对接交流，邀请作为省内重要茶事活动的主办、支持单位，或将全国性社会组织的活动安排在贵州举办；组织参加全国性社会组织举办的各类展会、赛事、培训等。加强对国外目标市场的分析研判，扶持示范带动性强的龙头企业，带动全省茶叶出口。引导茶企培养主播团队或与国内一线主播合作，在电商平台开设"旗舰店"。五是推进"茶+"融合发展。用好贵州省特有优势资源，推动跨界融合，打造一批"茶+酒"等业态融合样板。发掘传承贵州优秀茶文化，围绕"贵州绿茶"，创作出版一批茶主题音乐、音乐短片（MV）、宣传片等文化作品。以"贵州冲泡"为抓手，普及茶文化、茶知识，倡导"茶为国饮、科学饮茶、健康消费"理念。六是加强人才培训。开展双手采茶、加工技术等产业链培训，提高从业人员素质，培养高素质茶农和乡土人才。用好科技特派员制度和"揭榜挂帅"行动，让科研人员深入茶区、茶企和合作社，开展技能培训与服务。

（执笔人：雷睿勇）

2023云南省茶叶行业发展报告

云南省茶叶流通协会

2023年是全面贯彻党的二十大精神的开局之年，云南省委省政府坚持把巩固脱贫攻坚成果、全面推进乡村振兴、促进农民增收作为农村工作的重中之重。2023年新年伊始即出台了关于农民增收的《云南省茶叶产业高质量发展三年行动工作方案（2023—2025年）》，明确提出云南茶产业必须坚持以绿色发展为引领，以"普洱茶""滇红茶"为重点、以市场需求为导向优化产业布局，从主体培育、品牌打造、科技创新、茶旅融合等方面全方位构建茶文化、茶产业、茶科技、茶生态协调发展的现代化云茶产业体系，努力实现由"茶业大省"向"茶业强省"的转变。云南茶产业在异常复杂的市场大环境下，通过市场主体的共同努力，坚持稳中求进的总基调，克服重重困难，为农民增收做出了积极贡献，取得了殊为不易的成绩。

一、基本情况

（一）气候情况

2023年春茶生产季（2月中旬至4月上旬），云南省主产茶区平均气温为17.8℃，较常年同期偏高0.8℃；平均累计降雨量30.2mm，较历年同期（59.5mm）偏少近五成；平均相对湿度59.5%，较历年同期（61.9%）偏低；主产茶区气温稳定通过18℃较常年同期的4月早10~15天。总体而言，主产茶区春茶生产季"干热"特点突出。

以普洱市宁洱哈尼族彝族自治县为代表的类似地区春茶生产季平均气温呈现略偏高态势，3月上旬稳定达到18℃，较历年同期提前8~10天；以勐海、澜沧为代表的类似地区春茶生产季平均气温18.6℃，较常年偏高，降水量偏少近23.3%，3月中旬稳定通过18℃比历年同期提前10天左右；以临沧、凤庆、永德为代表的类似地区春茶生产季平均气温较历年同期偏高，降水偏少，3月上旬稳定通过18℃较历年同期提前12~15天。

总体上看，云南茶区春茶由于平均气温偏高、降水明显偏少，茶树生长不同程度受限，导致春茶产量减少，采收时间、上市时间也较常年提早10天左右；但综合春茶生产季茶园空气湿度干燥有利于茶多酚内含物质合成，茶树叶片细胞液浓度增加，春茶浓强度及部分风味特征略优常年，对普洱茶的后期转化有利。

(二)生产情况

2023年,云南省茶产业在云南省委省政府的坚强领导下,坚持稳中求进的总基调,通过市场主体共同努力,在市场低迷的大环境以及春茶生产季节降水减少、气温偏高、茶树生长不同程度受限等不利气象条件下,取得了殊为不易的成绩。

1. 茶园面积及干毛茶产量稳步增长

2023年全省茶叶种植面积803万亩(采摘面积732万亩),约占全国茶园总面积的1/6,同比增长7.2%。2023年全省干毛茶总产量55.7万吨,同比增长4.3%;2023年全省成品茶总产量41.8万吨,同比增长5.1%(图2、图3)。近年来,随着茶产业发展和科技水平提高,茶叶产量逐年增加、产能过剩逐年加大,全省已遵循稳定面积、着力在提高品质、打造品牌、拓展市场发展之路。

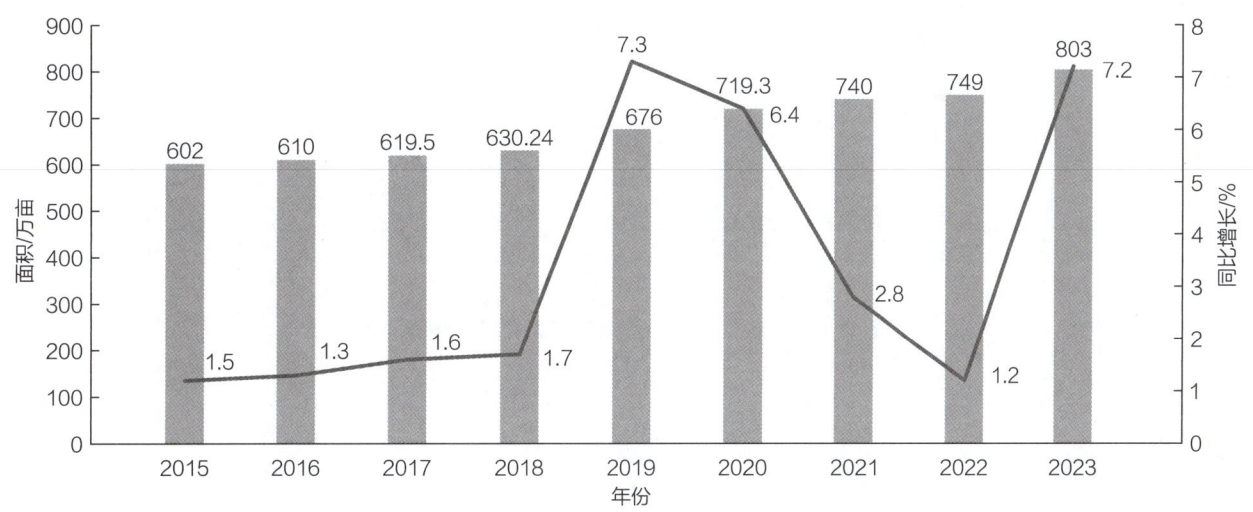

图2　2015—2023年云南省茶园总面积趋势

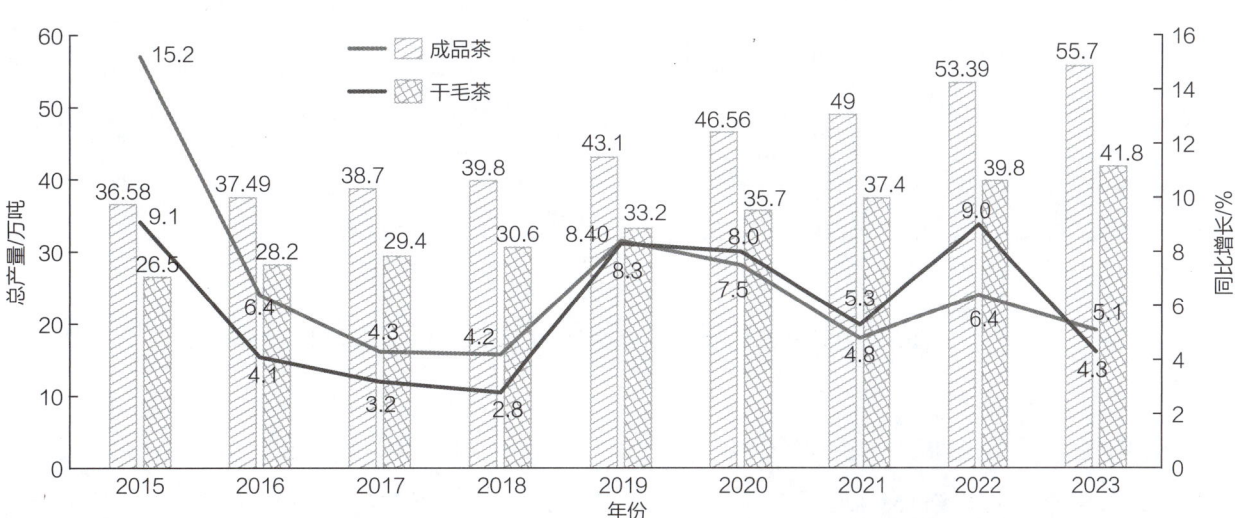

图3　2015—2023年云南省干毛茶、成品茶总产量趋势

2. 总产值持续增加，茶产业助力乡村振兴作用显著增强

2023年云南省茶叶综合产值1504.2亿元，同比增长9%，连续4年超千亿。全省茶叶农业产值248.8亿元，同比增长8.6%，加工业产值627.4亿元；批发零售环节增加值628亿元；茶农收入提高，全省茶区茶农来自茶叶的人均收入为5530元，同比增长6.6%（图4、图5）。西双版纳傣族自治州勐海县实现茶产业综合产值250亿元，产值和税收一直位居全省茶产业第一，带动28万茶农人均来自茶产业收入达1.31万元，茶区村容村貌整体提升，茶产业助力乡村振兴作用显著增强。

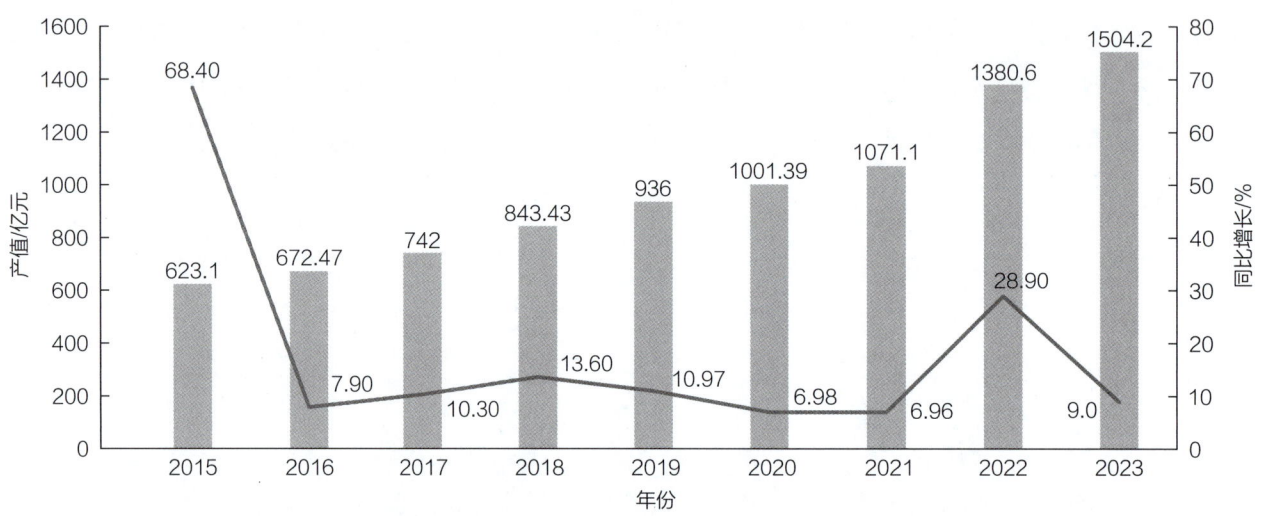

图4 2015—2023年云南省茶叶综合产值趋势

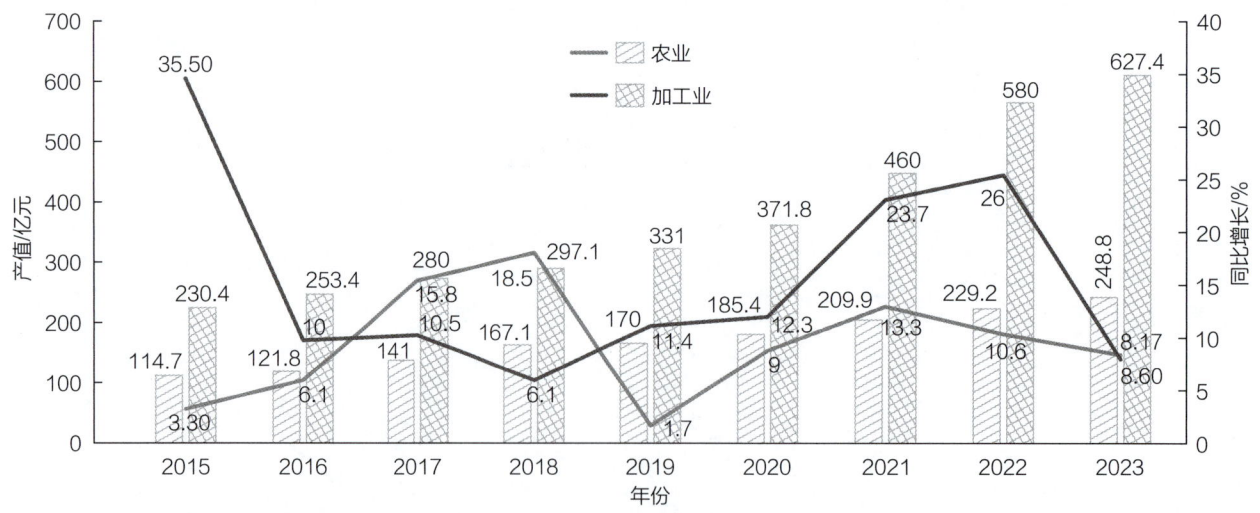

图5 2015—2023年云南省农业及加工业产值增长趋势

2023年全省毛茶平均价格为47元/千克，同比增长9.56%；成品茶平均价格150.1元/千克，同比增长2.8%；普洱茶平均价格168.3元/千克，同比增长13.9%。2015—2023年云南省毛茶、成品茶单价对比见图6，2015—2023年云南省成品茶价格趋势见图7，2020—2023年云南省分茶类产量见图8。

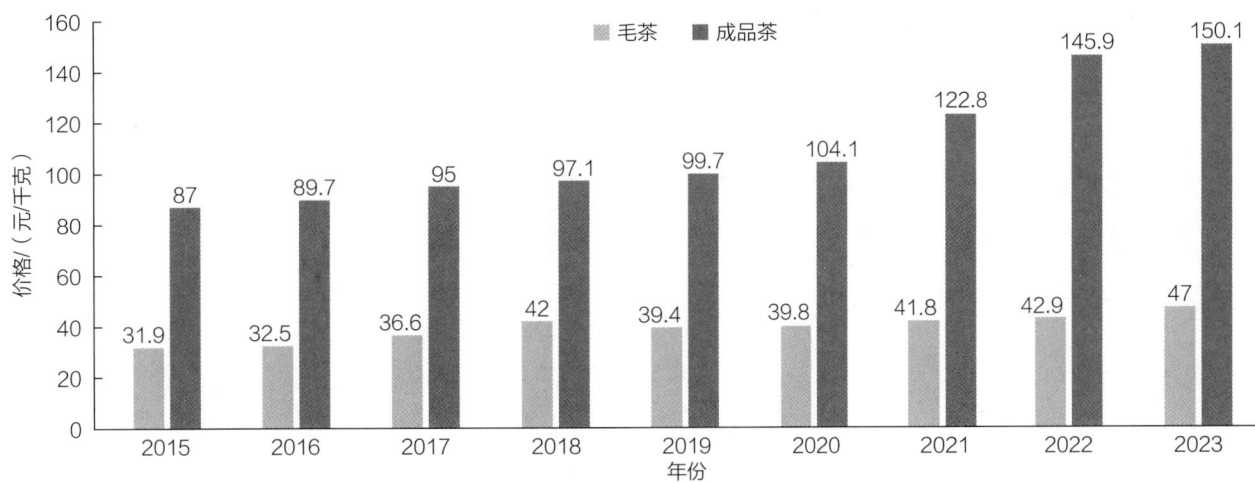

图6 2015—2023年云南省毛茶、成品茶单价对比

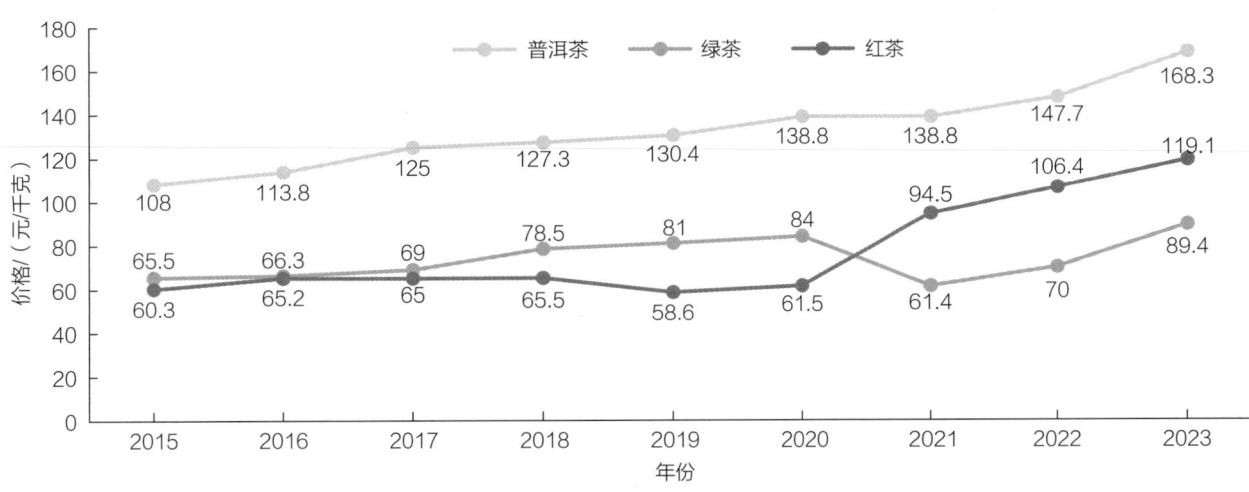

图7 2015—2023年云南省茶类成品茶价格趋势

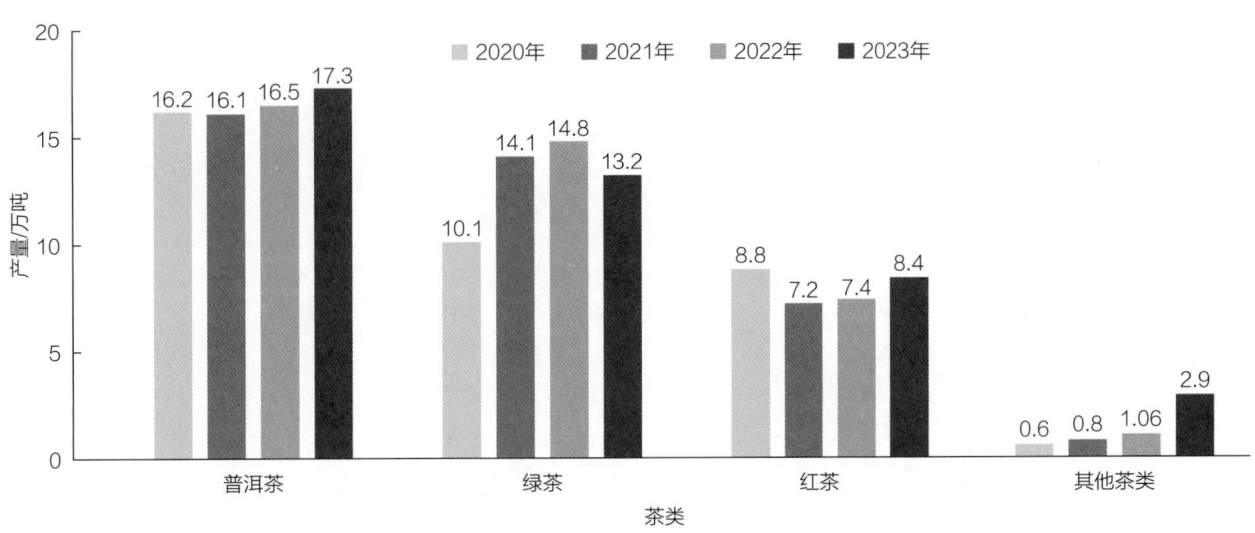

图8 2020—2023年云南省分茶类产量

3. 抓好主产茶区，带动茶产业稳步发展

云南省共有15个州（市）110多个县（市、区）产茶，年产毛茶万吨以上的县（市、区）有20个，其中有11个县（市、区）产量在2万吨以上，主要集中分布在西双版纳、普洱、临沧3个主产州（市）。2023年，西双版纳、普洱、临沧主产茶区茶园总面积为561.3万亩，占全省茶园总面积近70%；干毛茶总产量39.04万吨，占全省干毛茶总产量的70.1%；茶叶总产值共1132.72亿元，占全省茶叶总产值的75.3%（图9）。

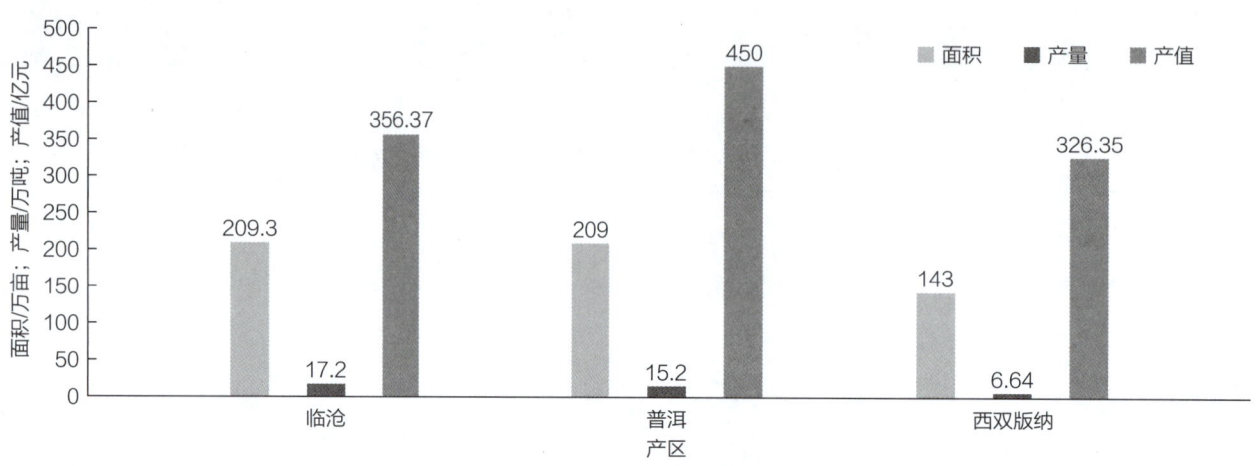

图9 2023年云南省3个主产茶区茶园面积、产量和产值

其次是大理、保山、德宏3个州（市），茶园面积为129.88万亩，占全省茶园面积的16.2%；干毛茶产量10.53万吨，占全省干毛茶总产量的18.9%；茶叶总产值98.49亿元，占全省茶叶总产值的6.5%（图10）。

2023年，6个州（市）茶园面积为691.18万亩，占全省茶园面积的86.1%；干毛茶产量49.57万吨，占全省干毛茶总产量的89%；茶叶总产值1231亿元，占全省茶叶综合产值的81.8%。

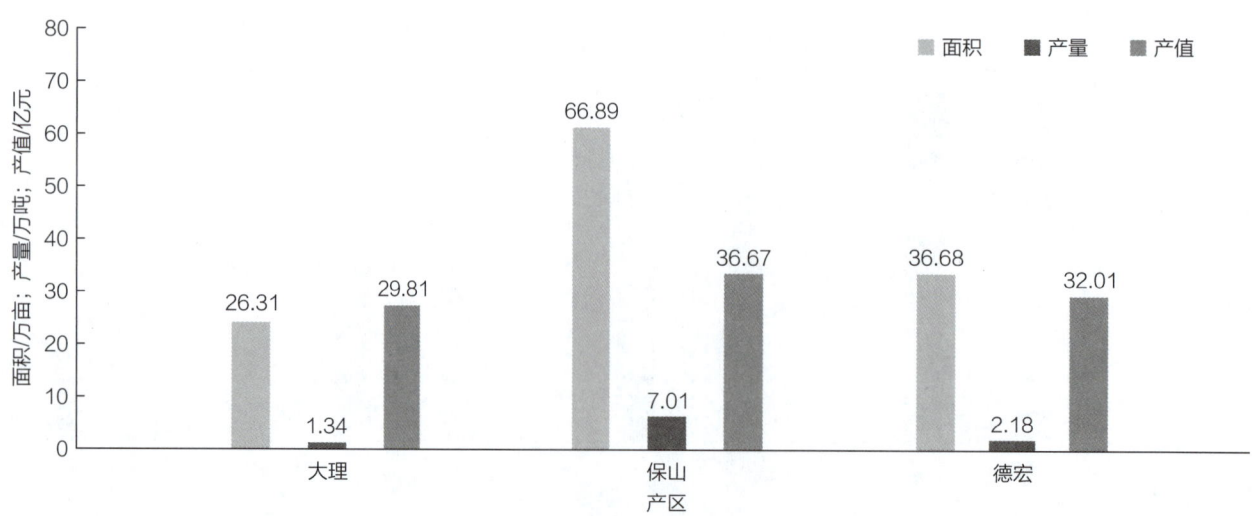

图10 2023年云南省3个产茶区茶园面积、产量和产值

4. 扎实做好服务，促高质量发展

随着科技的发展和消费者对健康生活的追求，云茶产业逐步从传统的生产方式向现代化、智能化转变。2023年云南省委省政府对推动云茶产业高质量发展高度重视，《云南省茶叶产业高质量发展三年行动工作方案（2023—2025年）》将产品质量监管工程列入重点，通过建立健全质量标准体系，引导提升茶农、茶企、茶叶经营者对茶叶质量的管控意识。云南省农业农村厅多措并举，强化绿色有机技术的培训推广应用，严格控制农药和化肥的科学使用，确保茶叶的安全和健康，茶叶产品合格率多年保持在98%以上。全省获得"十大名茶"的19家头部企业均建成了绿色有机生产原料基地，推广应用绿色生产技术。全省茶叶获有机认证产品2000余个，有机认证经营主体800多家，有机茶园认证面积173.5万亩、有机认证产品产量19.2万吨，连续多年全国第一，是中国有机茶第一省。

全省组织专家深入双江拉祜族佤族布朗族傣族自治县、宁洱哈尼族彝族自治县等主产茶区田间地头，全年开展10余次现场讲授，涵盖茶园管理、茶叶加工、电商直播等多项实用技术培训，参加培训达300余人次，有效提升了茶农在茶叶种植、采摘及初制加工等方面的技能水平，对加强茶叶质量源头管控起到重要推动作用。为200余家茶企、合作社及茶农的600多款产品进行感官审评，严把产品质量关、品质关。邀请专家顾问组成员、国家特派团专家在云南重点产茶县与茶叶产业技术人员、致富带头人结对帮扶，定期开展调研与采样、技术培训等工作。通过专题讲座、现场讲解等方式，围绕茶园管理、病虫害绿色防控、初制加工开展培训16场共1712人次，为助力云茶产业高质量发展培养一批懂技术、会经营、善管理的产业发展人才。

5. 坚持标准先行，提升云茶话语权

云南作为中国的茶产业大省，标准化工作不断加强，结合茶产业实际，坚持以市场需求为导向，确立"专业优势"、填补标准空白、规范"行业秩序"，制定发布并运用团体标准，为云南茶产业高质量发展做出了积极贡献。

截至2023年，全省制定并发布了DB53/T 1074—2021《普洱茶质量追溯实施规程》、T/YNTCA 011—2022《区块链茶叶数据追溯技术规范》、T/YNTCA 010—2022《基于区块链技术云南大叶种晒青茶质量保荐溯源技术规范》等23项团体标准，填补了市场空白，有效规避市场法律风险，为政府监管提供了技术支持，其中两项标准申请成为云南省地方标准。联合科研院所共同研制GB/T 22111《国家地理标志保护产品普洱茶》补充标准"普洱茶熟茶散茶国家标准样"和"晒青茶国家标准样"，以团体标准补充国标规范行业、规范市场的模式已初步形成，对云茶产业标准化建设及高质量发展起到了积极的推动作用。以国家质量基础设施（NQI）理论为指导，建立并实施"普洱茶品牌保护防伪溯源标准化方案"，实现不同形态普洱茶"一饼一码"验证，为全省100多家茶企提供了质量保荐溯源服务，发出云茶溯源标贴近150万枚。帮助重点茶区近10万亩茶园通过有机认证。以T/YNTCA 009—2022《茶叶价值评估规范》团体标准为依据，助力企业完成上市前茶叶库存价值评估。为企业提升质量管理控制水平，建立ISO 9001质量管理体系、有机产品认证管理体系等。多次联合广东、东莞，共同推动"年份普洱茶"标准工作。

邀请行业专家和政府有关部门为茶企、茶叶经营者解读GB 23350—2021《限制商品过度包装要求—食品和化妆品》强制性国家标准等相关文件，扎实推进茶叶过度包装专项治理行动，坚持为产业聚才、为产业强才，赋能云茶产业高质量发展意识整体增强，向好推进。

云南省茶叶流通协会通过应用标准、应用认证认可等科学技术手段赋能企业高质量发展、提升品牌价值，可以让消费者放心选择并促进增值流通。

6. 立足发挥优势，促茶旅融合发展

深入践行习近平总书记提出的"三茶统筹"发展理念，推动云茶产业持续快速发展。通过"中国·大理沱茶文化旅游节"、无量山藏茶谷半程马拉松赛、"藏茶谷村BA"等丰富多彩的活动，多方发力，推动茶旅融合发展。西双版纳傣族自治州勐海县南糯山建成半坡老寨1500米的茶园步道，到茶王树观光的游客从每年6000多人次增加到6万多人次。主产茶区将村寨变景区、茶园变景点、农房变客房的转变，走出了茶文旅融合的振兴之路。

二、存在问题

云南茶产业发展在新形势下仍面临着不少挑战，不确定性和严峻性依然存在，具体有以下几个方面。

一是产能过剩、库存茶量逐年增加，有效需求不足，茶叶市场萎缩，面临消费降级；茶叶内销进入阶段性存量竞争期，特别是云南茶区承压加大。加之直播销售中的乱象，加剧了存量市场竞争，增量市场销售更困难。产品开发无差异化，传统饼茶、砖茶、沱茶仍是主流，营销疲软，利润减少，市场的不确定性、不稳定性增加，茶叶市场复苏急需发力。

二是全球经济增长缓慢，出口贸易和对外加工贸易受影响，由于外部环境复杂性、严峻性、不确定性上升，国外合作伙伴进口接货渠道受阻，订单取消，茶叶出口渠道急需疏解畅通。

三是品牌建设亟待加强。云南茶业茶企规模小，茶农和茶企各自为阵，难于形成合力，品牌多而小，市场竞争力弱，小众的山头茶、古树茶过度宣扬，现代茶园的绿色有机茶少受青睐，急需加大宣传十大品牌的力度，扩大品牌市场影响力和占有率，促进龙头企业带动产业集群发展，推动云茶产业高质量发展急需加强。

三、政策建议

一是进一步加大龙头企业市场带动力，在龙头企业带动产业集群整体发展上下功夫，以龙头企业带动产业集群发展，加快产品研发创新步伐，强化大数据系统建设与产品市场定位。

二是进一步完善云茶品类结构和制型结构，在产品创新和市场拓展上下功夫。加大产品创新，在国际市场和新茶饮原料供应上同时发力，推出更多具有特色的茶叶品种，以满足市场需求。

三是进一步加大科技投入，在人才培养和提高科技水平上下功夫。加强全茶产业链的人员教育和培养，提高科技、人才支撑能力。

四是进一步重视民族茶文化建设，在加大民族茶文化推广力度上下功夫。深度挖掘、广泛应用、多形式展现、多渠道宣传云茶文化，充分激发云南民族茶文化软实力作用，不断提升云茶产业全产业链价值。

（执笔人：陈勋儒、徐亚和、齐艳丽）

2023陕西省茶叶行业发展报告

陕西省茶业协会

  2023年，陕西省围绕深入贯彻落实习近平总书记"因茶致富，因茶兴业、把茶叶这个产业做好"的重要指示精神，进一步贯彻落实《陕西省人民政府办公厅关于茶产业高质量发展的意见》，实施建设陕西千亿级茶产业链。全省按照"稳面积、优结构、提效益"的发展思路，抓实抓细生产、加工、营销三个重点环节，使全省茶产业取得了长足发展。特别发挥了茶产业在巩固脱贫攻坚成果以及乡村振兴中的巨大作用。同时继续挖掘、保护传统工艺，使咸阳茯茶成为国家和人类非物质文化遗产，成为"一带一路"建设中的重要载体和文化元素。

  在省级相关部门的具体指导下，依靠产茶县区政府和人民群众的共同努力，茶产业已经成为陕南三市、秦巴山区的支柱产业、朝阳产业、致富产业，陕西以实际行动践行着"绿水青山就是金山银山"理论，茶产业联农带农的作用彰显。西安、咸阳的关中茶区规模不断扩大，影响力不断提高，咸阳茯茶和泾阳茯砖茶已经成为"一带一路"建设中的重要文化元素。茶产业链建设、主体责任落实、示范引领作用加强。标准化、规模化、品牌化建设，不断得到提升。茶旅融合，一二三产业深度结合，不断推动陕西茶产业走向高质量发展之路。

一、基本情况

（一）生产情况

  截至2023年年底，陕西省茶园面积达301.59万亩，茶叶总产量13.97万吨，总产值257.40亿元；分别同比增长0.80%、8.80%和12.80%。其中，干毛茶产量12.87万吨，产值232.24亿元。开采茶园222.59万亩，较去年同期增长7.41万亩；新建茶园4.56万亩，较去年同期减少2.02万亩；无性系茶园132.26万亩，较去年同期增长2.66万亩。茶叶总产量13.97万吨，名优茶产量达49626.84吨，较去年同期增长5342.74吨；春茶产量达92908.39吨，较去年同期增长4952.19吨；夏秋茶产量达34867.02吨，较去年同期增长3133.32吨；绿茶产量达105517.17吨，较去年同期增长2544.07吨；红茶产量达11749.46吨，较去年同期增长2771.76吨；乌龙茶产量达2吨，与去年同期持平；黑茶产量达8051.51吨，较去年同期增长1734.91吨；白茶产量达2420.57吨，较去年同期增长1006.57吨；黄茶产量达34.7吨，较去年同期增长28.2吨；茯茶产量达11880吨，较去年同期增长3190.92吨。2023年茶叶总产值达257.40亿元，名优茶产值达1457902.29万元，较去年同期增长273007.49万元；春茶产值达2126416.4万元，较去年同期增长156794.37万元；夏秋茶产值达195962.65万元，较去年同期增长39109.95万元；绿茶产值达1930907.23万元，较去年同期增长81441.8万元；红茶产值达289449.37万元，较去年同期增长85302.17万元；乌龙茶产值达100万元，较去年同期增长40万元；黑茶产值达50295.98万元，较去年同期增长7916.38万元；白茶产值达49014.07万元，较去年同期增长20392.07万元；黄茶产值达2612.4万元，较去年同期增长812.4万元；茯茶产值达251600万元，较去年同期增长96173.73万元。

（二）市场情况

从陕茶市场反馈情况来看，集中体现为5个特点。一是内销额度大，外销份额小。其中9.5万多吨用于内销，占85%以上；外销1.5万吨，用于外贸茶和原料茶，不足全省份额的5%。二是省内销售不平衡，陕南三市销售陕茶占当地市场份额80%以上，而关中和陕北销售陕西茶只占40%不到，绝大多数销售的是云南普洱、福建乌龙茶、福建白茶。三是陕茶销售以线下销售为主，主要市场是西北地区和天津、济南、石家庄、沈阳等大城市。四是陕西茯茶，除泾渭茯茶外，各企业品牌小、知名度低、市场竞争力差，有待进一步提高。五是外贸茶效益差，产量大，生产企业集中。出口方向均为西亚地区、北非地区，价格偏低，仅作为原料茶。

（三）产业成果

1. 陕西千亿级茶产业链成效显著，高质量发展不断取得新的突破

2023年7月，陕西省政府出台了《关于茶产业高质量发展意见》，全省各级、各地、各部门高度重视，以高质量发展为引领，以全产业链建设为路径，以重大项目建设为抓手，强龙头、补链条、兴业态、树品牌取得显著成绩。全省茶园面积301.59万亩，茶叶总产量13.97万吨，总产值257.40亿元，综合产值突破900亿元，步入全国茶产业发展快车道。

2. 顶层设计、政策支持，茶产业高质量发展得到进一步增强

陕西省委省政府高度重视茶产业发展，明确茶产业发展的根本方向、发展布局和发展目标。成立以省政府领导挂帅，16个省级单位、5个产茶市为成员的茶产业高质量发展领导小组，统筹全省茶产业高质量发展。省级各部门和产茶市（县）制定实施方案、细化措施，出台了有力、有效的政策和措施。省发改委牵头编制了《陕西省茶产业高质量发展规划》，省人社厅将茶产业相关工种培训纳入政府补贴范围。汉中市、安康市分别出台了持续发展政策。为陕西茶产业高质量发展提供了政策支持。

3. 金融扶持、项目引领，茶产业高质量发展和联农带农能力进一步提升

依托国家级茶产业集群和省级农业优势特色产业项目，实施"八大工程"，建设24个重点项目，投资14.2亿元。全省茶产业金融贷款52.96亿元，实行了"行长+链长"的金融服务机制，印发了《陕西农信茶叶产业链金融服务方案》，23家行社开展网络化金融服务、贷款专营措施，保障了茶农、茶企的金融服务需求。

4. 茶旅融合、三产融合，茶产业高质量发展进一步夯实

陕西省改（扩）建茶厂34家，培育精深加工企业26家。拓展夏秋茶利用，研发新产品，多元化推动调味茶、茶酒、茶酸奶、茶饮料、茶点心、茶挂面等10余种茶叶深加工产品。陕南三市茶区和关中茶区相继打造出一批"茶叶+观光""茶旅+民宿""茶旅+研学"等典型茶旅融合示范区，开辟了16条茶旅旅游线，真正把"绿水青山"变成"金山银山"。

5. 拓展销售模式，定向推介宣传，陕茶品牌知名度进一步提升

先后组织茶企参加农交会、农高会、茶博会等国家级展会，举办"百企茶区行""大美新疆·陕茶飘香""网上茶博会"等系列宣传活动，线上、线下拓展陕茶销售活动。安康富硒茶、汉中仙毫、汉中红、泾阳茯茶4个区域公用品牌价值达111.9亿元。"汉中仙毫"入围2023中国地理标志农产品（茶叶）区域公用品牌前100位，排名第23位，"泾阳县·泾阳茯茶"等9个陕茶品牌入选国家茶叶产区品牌名单，"苍山秦茶"等8家企业入选国家茶叶企业品牌名单。

6. 举办行之有效的茶事活动，扩大知名度，增强市场占有率

2023年，陕西17个产茶县（区）和产茶市先后举办了各种开茶节、开园节、开采节、茶文化旅游节等活动26场（次）。举办各种类型的茶文化征文活动9次，共200多人次参加征文活动。省、市、县（区）开展不同形式的茶艺大赛、茶艺锦标赛90多场（次），展示茶艺节目400多个，近1000多人参加茶艺表演工作。参加全国各种茶艺、茶叶加工技能竞赛五场（次），参与组织第五届全国农业行业职业技能大赛茶叶加工赛陕西省选拔赛。挖掘陕西茶俗、茶礼、茶食四起。有力地推进了陕西茶文化建设，提高了陕茶的影响力和知名度。

7. 强化省级专家服务团作用，开展培训工作，提高行业综合素质

一是在陕西省茶业协会设立陕西省茶叶种植专家委员会、陕西省茶叶评审专家委员会、陕西省茶艺专家委员会、陕西省茶叶电商专家委员会，吸纳从种植到加工，从评审到销售一条龙的专家服务团队。二是明确专家团队的工作职责、工作任务、工作目标，建立健全的奖励、激励机制，充分发挥专业技术人员的作用。三是强化技术培训。各县（区）、各市及省级领导小组成员单位先后举办60多场（次）专题培训会。分季节性、针对性的开展实际培训，解决具体问题。同时还举办全省茶叶全产业链生产技术培训班，对从业人员进行集中培训，提升技术人员的技能水平。各县（区）组织了各类乡土人才培训工作班，不断解决在生产中出现的具体问题，从而提高了整个行业的综合素质。

8. 强基固本，扩大中低产茶园的改造工作

陕西全省引进各种优特新茶树品种30多个，建立良种繁育苗种500余亩。推广种植良法，改造低产、低效茶园25.7万亩，认定市级生态茶园46个、建立茶园水肥一体化示范点30个、茶园全程机械化示范点20个，辐射面积10万亩。建设标准化加工厂14家，改（扩）建初制茶厂34家，建设清洁化生产线14家、深加工企业26家，从而有力地夯实了产业发展基础。

9. 组织好西安春秋两季茶博会，积极参加国内外行业展会，提高陕茶名度和品牌影响力

西安一年春秋两季的茶博会，不仅是西北地区最大的茶博会，而且是北方最大的茶叶风向标。积极组织陕西各市展团、茶企展团参展销售，开展各种茶叶评优活动，行业创先争优活动，茶艺竞赛活动。开创茶空间，举办茶文化沙龙。不断提高陕茶品牌知名度和市场占有率。

二、存在问题

（一）总面积稳定，亩产增速缓慢

陕西全省茶园面积连续4年都稳定在300万亩左右，但亩产干毛茶仅40千克，低于全国62.5千克的平均水平。科技成果少，转化率不高，机械化水平低。

（二）品类多，实力不强

陕西全省六大茶类齐全，除绿茶、红茶、茯茶外，其他茶类生产企业多，加工不精，量少不优。龙头企业"数量少、规模小、实力弱"。引领和支撑能力不强。

（三）三产发展迅猛，但效益彰显不够突出

各市相继打造了一些茶旅融合示范项目，投资大、人气旺，但效益差、服务水平低、同质化严重、市场效益转化率低。

（四）项目支持力度有待提升

受各种政策的影响，全省茶产业发展专项资金支持力度减弱。在优化布局、引导社会资本投资方面缺乏有力抓手，建议增加相关项目扶持资金，引导产业高质量发展。

（五）生产基础薄弱

陕西茶产业基础建设仍存在生产基础弱、周期短、机械化程度低等问题。应加大北方茶区品种选育，生态茶园建设，机械化管理等方面的研究，破解产业发展瓶颈。

（六）品牌带动能力不强

陕西品牌均为新创名优茶，与历史名优茶相比，品牌影响力小溢价较低，产品"叫好不叫卖"。

（七）茶产业人才缺乏，统筹协作力不强

陕西全省茶产业技术专业人才紧缺，特别是一线，乡镇专业技术人员严重缺少。科研推广单位产学研结合还不够紧密，各部门沟通机制不活，缺乏统筹协作。各级各类茶叶协商会作用发挥不充分，缺乏凝聚企业共同发展的能力。

三、政策建议

（一）稳面积

配合在汉中、安康建设茶树良种培育和年产2000万株以上的无性系良种茶苗繁育基地建设；配合做好"四改一提升"的技术模式的推广；指导创建一批核心面积不低于300亩，年度综合效益不低于300万元的"六位一体"生态茶园。

（二）抓好两个提升

一是提升茶园单产。通过实施无性系良种繁育工程，生态茶园建设工程，低产、低效茶园改造工程，不断提升茶树良种选育、生态茶园建设、农机农艺融合、绿色生态防控、水肥一体化等重点环节的茶园管理能力，提高茶园单产水平，缩小和全国平均水平的差距。二是通过标准化管理、清洁化生产、生产设施的改进、夏秋茶的综合利用、品牌营销工程的扩大，提升茶叶的品质和效益。

（三）深化"三茶统筹"

认真贯彻落实习近平总书记关于"三茶统筹"发展的重要指示精神，将茶文化、茶产业、茶科技有效结合起来，推动陕茶高质量发展。一是做深茶文化，打造陕茶品牌。陕西省是文化大省，更是茶文化的重要发源地，有悠久的茶历史和资源。因此要协调支持培育一批茶文旅融合景区，创新推动一批茶文旅体验产品和新业态，传承展示茶文化。讲好陕茶文旅故事，提升品牌影响力和美誉度。二是做优茶产业，助力乡村振兴。全省坚持"做优绿茶品质，做大红茶体量，适度开发白茶，擦亮茯茶品牌"的发展定位，持续推动消费者参与"茶区行""茶叶五进"等活动。促进茶叶生产、加工、储运和销售等环节进行有效衔接、整合和拓展。三是科技赋能，创新发展。围绕全程机械化、栽培轻简化、初制智能化、拼配数字化，加快科技创新攻关，优化茶叶试验基地、重点实验室服务功能，加大科研创新与示范推广力度。

（四）做好"六个强化"

一是品种良种化，强化高质量发展内在动力。二是种植生态化，强化高质量发展承载力。三是生

产标准化，强化高质量发展驱动力。四是以组织集约化，强化高质量发展影响力。五是实施品牌化，强化高质量发展竞争力。六是以营销新颖化，强化高质量发展持久力。

（五）组织好各项各类茶事活动，提升陕茶影响力和知名度

积极参与承办好每年的全民饮茶日，茶叶开采节、茶文化节、手工制茶大赛、茶艺大赛等特色茶文化活动，提高陕茶品牌知名度和美誉度。引导各市、县依托丝绸之路万里行和中欧班列使陕茶走出国门、开拓国际市场，提高陕茶的整体竞争力。

（六）促进营销环节建设，创新销售模式

聚焦做好"土特产"这篇大文章，开发多元化的茶叶产品及衍生品，加强夏秋茶的开发和利用，提升茶叶产品的附加值。引导茶企创新营销运营模式，促进"直播+""短视频+"等电商新业态、新模式的普及和应用。做好产品设计、视频拍摄、文案策划、品牌推广等环节，满足不同年龄段人群的消费意愿和全场景消费需求。

（七）认真贯彻《陕西省人民政府办公厅关于茶产业高质量发展的意见》

各市按照要求，做好本市茶产业高质量发展规划的实施方案。进一步落实好现有支持政策措施，积极争取各级财政的扶持资金，营造社会积极参与的多元化投资格局，形成合力，推动茶产业高质量发展。

（执笔人：穆世超）

2023中国茶业重点县域发展报告

中国茶叶流通协会重点产茶县工作委员会

2023年，是全面贯彻党的二十大精神的开局之年，是实施"十四五"规划承上启下的关键之年，也是全面建设社会主义现代化国家新征程起步之年。中国政府和人民在以习近平同志为核心的党中央坚强领导下，克服纷繁复杂的国际环境对宏观经济造成的负面影响，统筹推进经济社会全面发展，向全世界展现了中国力量。

随着我国"十四五"规划的全面推进，重点产茶县域的茶产业工作核心转变为"全面助推产业振兴与现代化"，工作重点聚焦于高质量发展、特色集群建设与产业转型升级三个主题，同时更加关注防止出现规模性返贫，随之而来的是以龙头企业为媒介的产业整合、结构调整、效益提升。在此过程中，重点产茶县域的区域品牌打造、营商环境构建、服务能力提升、惠民手段增加，成为县域茶产业转型提升的关键性因素。

针对上述重点需求和产业发展情况，中国茶叶流通协会特撰写《2023中国茶业重点产茶县域发展报告》。本报告以中茶协开展的"中国茶叶流通协会2024年产茶县域调查工作"为数据基础，多维度、多视角分析展现重点产茶县域发展现状，旨在为各产茶县域提供建设性借鉴与参考。

一、数据分布

2023年产茶县域调查工作全面调研了重点产茶县域样本县域（以下简称样本县域）中基本情况、种植情况、生产加工、内销情况、出口情况、品牌建设、科技支持、产业政策等内容。统计汇总显示，各样本县域种植情况和生产加工经过多年发展已趋于稳定，品牌塑造及产业提升情况差别较大。为科学反映当前重点产茶县域情况、方便与历年数据进行比较，本报告对全体县域样本依照全国各省区产茶情况、本年度样本分布情况和历年调查情况，按比例分配各产茶省样本采纳名额，使之切实代表县域茶产业发展状况并体现县域后续发展趋势。本报告分层次抽选130个产茶县域作为本年度重点产茶县域样本进行分析，共涉及15个主产茶省（自治区），其中安徽12个、福建10个、广东1个、广西4个、贵州15个、河南8个、湖北18个、湖南9个、江苏2个、江西7个、山东2个、陕西9个、四川11个、云南14个、浙江8个。

二、基本情况

（一）涉茶劳动力情况

2023年，样本县域覆盖地区人口总数为6451.08万人，其中农业总人口4037.13万人，占总人口的62.58%；涉茶人口1822.62万人，占总人口的28.25%。

（二）茶产业基本情况

2023年，样本县域覆盖地区总国内生产总值（GDP）为3.87万亿，人均5.99万元，低于全国平均水平。农业总产值7890.63亿元，茶叶总产值6694.67亿元，茶业税收达到了41.67亿元，其中2023年茶业税收过亿的产茶县域（市、区）共有9个。

（三）情况分析

从基本情况版块来看，涉茶人口中的非农业户口比例有明显上升，茶叶行业产业化趋势逐渐明显。茶产业在县域经济中的成长属性尤为突出，税收相较于往年有所增长，地方富农产业逐渐向区域支柱产业转变。但同时也可以看到，茶产业的财税收益依然低于其他产业，这是由两个方面原因共同作用的结果：一是国家财税政策改革后，涉农产业的增值税征收过程较为复杂，且近几年国家推出多项税收优惠，尤其是初级农产品流通版块，按规定不征税，使得茶产业成为富民但不富税的产业；二是产茶县域营商环境及招商引资政策构建落后于发达地区，使得大型茶企在大中城市设置营销中心并开具当地发票，税收外流严重。

三、种植情况

（一）生产基础

重点产茶县域样本囊括我国的四大茶区，分别是华南茶区、西南茶区、江南茶区、江北茶区。气候多属于亚热带季风气候，部分为热带季风气候（主要集中于云南、广东、广西等省、自治区）或温带季风性气候（主要集中于山东、安徽、河南等省）。平均降雨量在1250毫升，森林覆盖率平均为42%，最冷月平均气温在0～15℃，平均海拔689.51米，土壤以酸性或弱酸性的红壤、黄壤为主，适合茶树生长与栽培耕作的需求，具备良好的地理环境条件。

（二）茶叶种植

样本数据显示，截至2023年年末，样本县域种植面积为2867.77万亩，占我国茶园面积的55.69%，其中涨幅最大值为9.91%，较往年相比，增长率呈明显下降趋势。茶园年均增长率不断下降，标志着各产茶县域逐渐脱离依靠面积扩张推进产业提升的模式。

样本县域茶园可采摘面积为2448.40万亩，投产茶园占总种植面积的85.38%，占全国投产茶园面积的52.65%。其中，54个重点产茶县域茶园投产率高于90.00%，贵州、福建、云南、浙江等省的产茶县域茶园投产率较高。新建茶园建设标准化程度相对较高，茶树品种主要为无性系品种，福鼎大白、福云六号、白叶一号等品种种植范围逐渐扩大。

（三）茶园管理

2023年样本县域中，实施专业化统防统治茶园面积为1393.69万亩，占茶叶种植面积48.60%，贵州、湖南、云南、福建、四川、安徽、河南等省普及率较高。获得有机认证的茶园面积为329.71万亩，占茶叶种植面积11.50%，云南、湖北、安徽、江西、福建等省普及率较高（图11）。

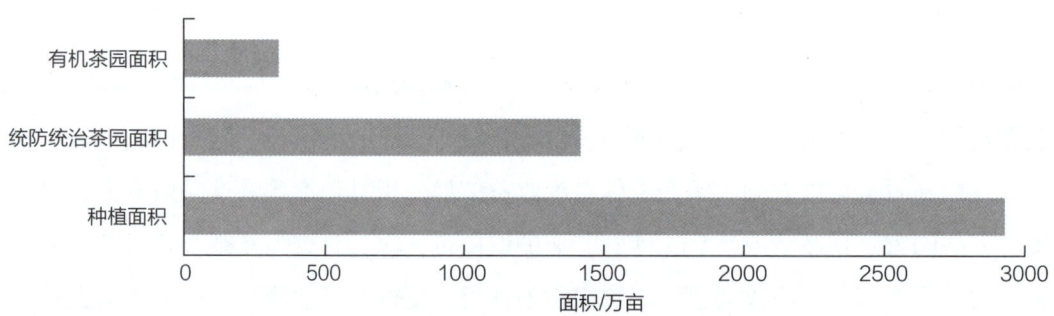

图11　2023年重点产茶县域样本茶园面积

（四）情况分析

从种植情况版块来看，目前产茶县域开始由单纯的面积扩张转向精细化管理，呈现出较为明显的两种趋势：新兴茶区聚焦于做好现有茶园管控水平，遴选适种适制的无性系良种；传统茶区聚焦于提升统防统治的水平，老旧茶区改造和培育本地良种。茶园的建设是茶产业的基本立足点，在经历2023年的洪涝灾害之后，茶行业更加意识到标准化的茶园对于茶叶的质量管控、种植采摘的机械化、茶园的抗灾防灾能力提升都有巨大的推动作用，改造更加重视茶园的标准化，以应对未来的气候变化。

四、生产加工

（一）茶叶生产

调查结果显示，截至2023年末，样本县域茶叶产量为244.44万吨，占全国的71.20%。样本县域茶园亩产量达到98.18千克/亩，明显高于71.81千克/亩的全国平均水平。干毛茶总产值为2585.35亿元，占全国的78.42%。

（二）各茶类生产情况分析

2023年样本县域各茶类生产情况：绿茶133.14万吨，占比54.47%；红茶35.24万吨，占比14.42%；黑茶（不含普洱茶）27.78万吨，占比11.36%；乌龙茶7.76万吨，占比3.17%；白茶10.38万吨，占比4.25%；黄茶1.28万吨，占比0.52%；再加工茶15.29万吨，占比6.26%；普洱茶13.56万吨，占比5.55%。另有代用茶2.99万吨（图12）。

重点产茶县域样本县域干毛茶产值中，绿茶1328.84亿元，占比51.40%；红茶457.43亿元，占比17.69%；黑茶（不含普洱茶）168.13亿元，占比6.50%，乌龙茶130.68亿元，占比5.05%；白茶185.79亿元，占比7.19%；黄茶14.42亿元，占比0.56%；再加工茶163.41亿元，占比6.32%；普洱茶136.65亿元，占比5.29%。另有代用茶38.04亿元（图13）。

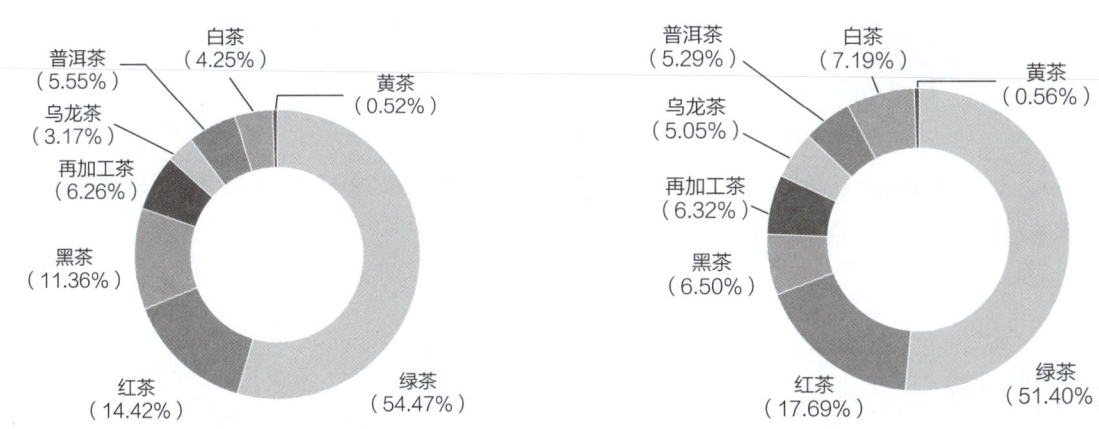

图12　2023年重点产茶县域样本分茶类产量　　　　图13　2023年重点产茶县域样本分茶类产值

绿茶、红茶、黑茶是当前各重点产茶县域生产的主要茶类，以上三个茶类的产量占到样本总产量的75%以上，是我国茶产业发展的绝对主力。值得注意的是，白茶、乌龙茶等茶类近年来受到市场的追捧并多次出现指数级的增长，现已逐步趋于稳定，新兴品类级茶类崛起的难度较大；同时，再加工茶保持持续稳定增长，专门性的代用茶，如菊花、绞股蓝、苦丁等的种植范围也开始扩大，调味茶、代用茶的市场规模逐渐扩大，更具个性化色彩的区域品牌也将是后期市场重点追捧的热点。

（三）加工情况

加工作为流通的前端，是茶叶生产体系的基础环节，也是产业转型升级和产业现代化的主要体现环节，整个行业效率和发展情况的集中体现，同时也是县域服务的重点环节。

样本县域中共注册有茶叶企业54065家，实现产量240.38万吨，产值2823.09亿元。其中中小企业

51400家，占比95.07%；实现产量127.77万吨，占比53.20%；实现产值1400.79亿元，占比49.62%。规模以上企业（规模以上企业按照不同地区、不同企业类型有不同划分标准）2665家，占比4.93%；实现产量112.50万吨，占比46.80%；实现产值1422.72亿元，占比50.38%。获得食品生产许可认证企业数量为9941家，占比为18.39%，中小企业基本未获得食品生产许可认证（图14）。

2023年样本县域名优茶产量为82.62万吨，占比34.37%，产值为1666.34亿元，占比59.03%；大宗茶产量为157.76万吨，占比65.63%，产值为1156.75亿元，占比40.97%。其中，夏秋茶产量为154.31万吨，占比64.19%；产值为964.43亿元，占比34.16%（图15）。

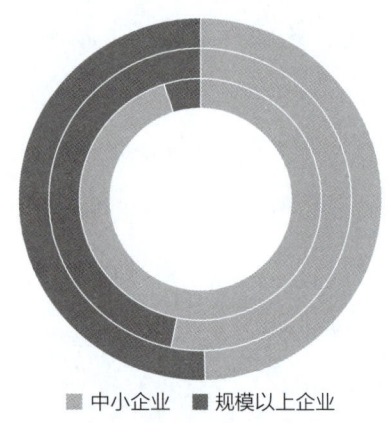 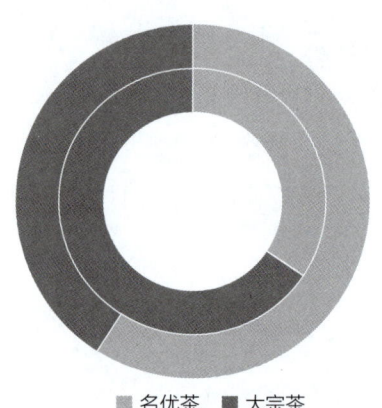

图14　2023年重点产茶县域样本企业产销情况　　图15　2023年重点产茶县域样本产量、产值

（注：内环为企业数量，中环为茶叶产量，外环为茶叶产值。）

（四）情况分析

从生产加工版块来看，目前产茶县域首要任务是规范，长远任务是统筹。规范主要体现在提升企业相关证照的获取率，作为茶叶生产加工企业，应在取得食品生产许可认证后参与市场经营。统筹主要体现在统筹规模以上企业与中小微企业的发展关系，完善规上企业与中小微企业上下游结构，扶持规上企业、带动中小微企业，形成链式传导，推动符合规上标准的企业升规，构建特色支柱产业发展集群。

五、流通销售

（一）内销情况

2023年，样本县域的国内销售量为182.75万吨，占全国的76.02%；国内销售额为2612.21亿元，占全国的78.05%。

销售量情况分布：绿茶98.12万吨，占比53.69%；红茶29.40万吨，占比16.09%；黑茶（不含普洱茶）19.37万吨，占比10.60%；乌龙茶8.79万吨，占比4.81%；白茶6.91万吨，占比3.78%；黄茶0.75万吨，占比0.41%；再加工茶11.20万吨，占比6.13%；普洱茶5.57万吨，占比3.05%；代用茶2.63万吨，占比1.44%（图16）。

销售额情况分布：绿茶1340.32亿元，占比51.31%；红茶428.92亿元，占比16.42%；黑茶（不含普洱茶）113.63亿元，占比4.35%；乌龙茶330.97亿元，占比12.67%；白茶133.74亿元，占比5.12%；黄茶8.10亿元，占比0.31%；再加工茶161.70亿元，占比6.19%；普洱茶62.69亿元，占比2.40%；代用茶32.13亿元，占比1.23%（图17）。

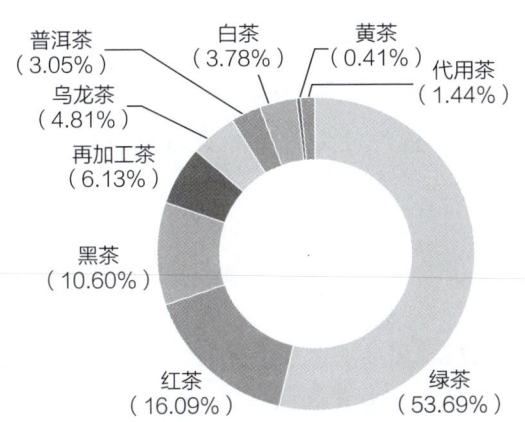

图16　2023年重点产茶县域样本分茶类销售量

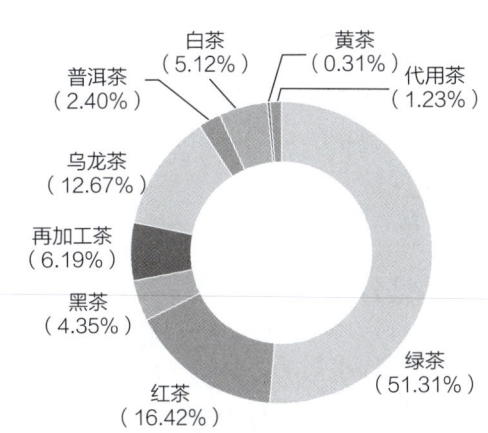

图17　2023年重点产茶县域样本分茶类销售额

（二）出口情况

据中国海关统计：2023年，中国茶叶出口总量36.75万吨，同比减少2.06%；出口额17.39亿美元，同比减少16.49%；2023年，样本县域的出口量为30.4万吨，占全国出口量的82.72%；出口额为103.21亿元，占全国出口额的84.79%。从出口区域来看，集中于"一带一路"沿线国家及欧美地区国家。此外，中国香港口岸出口量增幅明显，内外贸一体化发展成果显著。

（三）情况分析

从生产加工版块来看，目前产茶县域呈现出分层级发展趋势，按照不同茶类，已形成优势县域、振兴县域及新兴县域。其中，优势县域利用政策先发优势，已占领市场并初步构建特色产业集群，之后的工作重点在于产业转型提升和龙头企业培育；振兴县域拥有传统区域品牌和良好资源禀赋，但由于发展道路选择失去茶产业市场先机，之后的工作重点在于区域品牌的重塑和特色产业集群的构建；新兴县域多数是因政策导向而发展，产业规模大但区域品牌、企业品牌并不突出，后续工作重点在于构建品牌形象和销售网络，并利用好后发优势建设高质量的产销企业集群。

六、品牌发展

（一）品牌现状

调查结果显示，2023年样本县域注重品牌营销与品牌保护。在区域公共品牌建设方面，样本县域共有区域公共品牌259个，注册时间集中在2010年前后，近期内新注册区域公共品牌数量较少。样本中，共有121个产茶县域拥有茶叶区域公共品牌，其中50个样本县拥有两个及两个以上区域公共品牌。

（二）品牌建设

在县域样本数据中，区域公共品牌注册商标共有中国驰名商标数量116个，中华老字号38个，获得非遗项目117项，近三年荣获省部级以上荣誉共462项。品牌建设较为优秀的县域集中在福建、浙江、安徽等省。

（三）情况分析

根据县域样本情况，县域品牌建设出现两类倾向，多数县域需要有效提升区域品牌的建设，少数县域需要企业品牌的培育。目前，县域品牌建设的重点不明，除了人文情怀之外，树立品牌核心价值和整体调性、打造有核心竞争力的产品、构建适应本县域的营销策略才是发展重点。产茶县域要树立正确的品牌层级发展观念，正确处理区域品牌与企业品牌的发展互动关系，区域品牌为企业品牌背书保障，企业品牌为区域品牌赋能提升，明确自身品牌建设所处阶段，有侧重的统筹区域品牌与企业品牌发展。

七、科技支撑

2023年样本数据显示，各县域共有茶叶实验室1183所（含企业自设检测实验室及审评室）、科研工作站（含农技服务站）371家、茶叶专用保鲜库房248351家（衔接资金的应用使得新建茶叶保鲜库房明显上升）、育种中心（含种子资源库）255家，数字化管理系统（含物流中心管理系统）359项，专业技术人员88613人。相较于果品等其他涉农行业，行业综合能力有待进一步加强完善。

当前，产茶县域主要面临的问题在于茶产业的科技支撑能力与生产销售能力不匹配。现阶段茶产业科技支撑主要体现在检验检测、可追溯、茶园养护等生产质检领域，对产品开发、品牌推广、店铺选址等领域的科技研究和应用不强，县域实际需求与科研主要方向难以契合的问题尤为突出。

八、产业政策

发展茶产业既可提高茶农收入、振兴经济，又可保护生态环境、发展旅游，还能提升文化内涵、唱响品牌，因此很多县域将茶产业作为衔接乡村振兴的主导产业来建设，投入了大量的财政资金。2023年，样本县域针对茶产业共投入财政资金77.18亿元。按用途划分，12.35亿元用于品牌推广、4.38亿元用于茶叶机械专项补贴、31.02亿元用于茶叶电子商务建设、16.40亿元茶园建设改造、13.03亿元用于其他用途（如茶旅建设等）。

从样本数据可以明显看出，产茶县域的资金使用倾向性明显，集中于茶园基建和茶叶电子商务建设，茶叶机械专项补贴的资金使用量较小。部分地区的品牌发展资金使用方式有精细化的倾向，采用部分补贴和合标奖补的方式，有效撬动企业与社会资金参与，推进茶产业发展。

九、整体建设情况

2023年重点产茶县域建设具有明显的转型色彩。立足于脱贫攻坚衔接产业振兴，各产茶县域响应国家农业发展政策，重点聚焦茶产业现代化转型升级，"发展县域经济，建设支柱产业，实现高质量发展，推进现代化进程"已经成为各产茶县域茶产业建设发展的主基调。因此，在先决条件满足的县域，茶产业由单一产业向核心产业发展，逐步成为基础建设、全域旅游、产业培育的核心，并承担起先行产业的社会责任；尚未满足先决条件的地区，构建茶产业的主导地位成为核心任务，致力于现代茶产业生产体系、经营体系、销售体系建设，力求将茶产业建设为现代产业、特色产业、创汇产业。整体来讲，产茶县域更加注重茶叶企业集群的培育与发展。

2023年重点产茶县域在茶叶种植、生产、流通环节呈现以下特点。

（一）产业效能实现提升，生产结构调整优化

茶叶产业在面积、产量、产值等方面处于当地农业板块优势地位，产业效能提升明显，特色产业地位基本奠定。同时，以龙头企业为媒介的县域间合作增多，部分区域品牌借助成熟龙头企业先进的营销思路、品牌形象、宣传阵线和销售网络实现了有效提升。

（二）产业链条有效延伸，现代要素赋能增多

各产茶县域以茶产业为核心或重要组成要素，形成了旅游、文创、电商等延长产业链条。在产业建设中，资本赋能、品牌赋能、科技赋能等多种现代要素赋能越发明显，标准化、工业化、特色化正成为县域茶产业未来发展的关注点。

（三）经营主体逐渐成熟，服务治理有效释放

家庭农场、农民合作社、龙头企业等经营主体已经初步形成经营网络，组织化、社会化、市场化、专业化程度逐步提升。政府的服务治理能力有效释放，各级政府通过政策调节、资金支持、简化服务等手段，盘活社会资源，提升茶产业综合实力。

十、发展建议

（一）着力优化营商环境

产茶县域在未来一段时期的主要任务是鼓励和支持茶叶企业产业集群建设，核心是优化县域营商环境。产茶县域要优化自身服务功能，推进商事制度改革，"放管服"激发市场活力，优化办事流程；重视和做好招商引资工作，明确招商引资政策制定和落实，合力使用财税政策，吸引税源企业回归在地，以做大财政基本盘；优化财政资金使用方式，灵活变通的解决企业与产业的"急难愁盼"的问题，利用财政资金撬动引导社会资本参与到县域茶产业发展当中；处理好政府和市场关系，厘清二者边界，让"有形之手"与"无形之手"相得益彰，做到不缺位、不越位、不错位，保障市场秩序，降低市场经济的交易成本，提高市场的运行效率；强化需求导向，充分吸纳市场主体的意见，建立健全企业家参与的涉企政策制定机制。

（二）继续推进"三茶统筹"

县域茶产业发展应做到全面理解、深入贯彻"把茶文化、茶科技、茶产业统筹起来"的重要指示精神，以茶产业为核心，茶科技助力茶产业进步，茶文化赋予茶产业活力，茶产业反哺茶科技、茶文化发展。围绕联合国教科文组织《人类非物质文化遗产代表作》——"中国传统制茶技艺及其相关习俗"核心概念，深入挖掘茶产业的中华制造和中华智慧的内涵，牵头整理地方茶文化及风俗，以打造区域品牌的宣传核心和文创方向。

发挥政企合力，挖掘产业核心痛点，有效沟通地方性茶叶研究院等科研机构，专题性研发解决方案，形成以需求为导向的科技成果转化机制。摒弃过去粗暴的建园区、划地块的粗放型政策，吸纳企业建议并结合产业需求，行之有效地推进以茶产业为核心的配套产业集群建设和基础设施提升工程，深入贯彻落实"千万工程"先进经验。

（执笔人：王智超）

2023中国茶叶"千村示范、万村整治"实践报告

中国茶叶流通协会

习近平总书记在浙江工作时亲自谋划推动"千村示范、万村整治"工程（以下简称"千万工程"），从农村环境整治入手，由点及面、迭代升级，20年持续努力造就了万千美丽乡村，造福了万千农民群众，创造了推进乡村全面振兴的成功经验和实践范例。2024年2月3日，《中共中央 国务院关于学习运用"千村示范、万村整治"工程经验有力有效推进乡村全面振兴的意见》全文向社会公布，对学习运用"千万工程"经验，有力有效推进乡村全面振兴作出部署。

茶产业是"千万工程"经验发源地与率先实践地，浙江的代表性农业产业，也因此成为了践行"千万工程"经验的先行产业。各产茶区自觉肩负起了运用推广"千万工程"经验的使命与担当，聚焦重点、靶向指引、因地制宜、扬长补短，围绕践行"千万工程"经验形成了丰富的案例。

一、低效改造，退茶还耕，确保国家粮食安全

粮食安全是"国之大者"。近几年，面对全球粮食安全形势严峻、国内自然灾害多发频发等多重挑战，我国把解决14亿人的吃饭问题作为"三农"工作的头等大事，千方百计促生产、夺丰收。2023年全国粮食产量再创历史新高，达到13908.2亿斤，比上年增加177.6亿斤，粮食供应充足、库存充实，为推动经济持续回升向好提供了有力支撑。

茶叶是高附加值的经济作物。在宜茶地区，茶树与粮食作物的亩收益比可以达到10∶1。较高的种植收益，使得部分地区在非宜茶地形的区域种植茶树，造成茶树产出低效，同时茶叶种植面积挤占耕地面积。鉴于此，茶叶产区积极开展实践，一方面改造低效茶园，扩展耕地面积；另一方面根据全面规划，严控茶叶面积。

四川省雅安市名山区深入践行"藏粮于地、藏粮于技"，对全区地势较平整的近20万亩茶园进行科学分析和划分，结合农民种植习惯和意愿，将700余亩零星散碎的低效茶园实行统一流转退茶种粮，实现粮油基地连片、统种统防统收。以三级"田长制"责任落实为抓手，名山区统筹财政政策和资金2000余万，制定出台粮食规模化生产财政奖补政策和鼓励退经还粮财政奖补政策，支撑农民退茶还粮和粮食规模化种植积极性，为园区建设提供"良法"保障。通过各种措施，名山区初步建成万亩粮经现代农业园区，涵盖车岭镇全域及新店镇中坝村，形成集粮食生产、农耕文化体验、农业深加工、科研成果转化为一体的综合性园区。

浙江省安吉县是"两山理论"的诞生地，安吉白茶是"一片叶子富了一方百姓"的区域品牌典

型。近年来，安吉白茶品牌知名度不断提升，市场紧俏，成为全县农民增收的推动力，为全县农民人均增收8000多元。但也可以注意到，安吉县近年来一直维持17万亩的茶叶种植面积。早在2014年，安吉就全面规划部署，提出系统性的"退茶还耕"政策，历年控制拔除违规种植的茶园数万亩，严守地方耕地红线。在维持茶园面积的同时，安吉县积极开展白茶品牌建设和产业链延伸，吸引新农人返乡创业，通过极白、宋茗、龙王山等龙头企业集群，拓展了休闲养生、影视开发等衍生产业，综合产值不断提升，达成了耕地保护与产业发展的双赢。

二、产业融合，提升就业，确保不发生规模性返贫

统筹新型城镇化和乡村全面振兴是谱写中国式现代化崭新篇章的必然要求，确保不发生规模性返贫是推进乡村全面振兴的底线要求。我国很多区域，尤其是14个集中连片贫困区，城乡发展不平衡问题较为突出，巩固拓展脱贫攻坚成果任务艰巨。基于现实条件，我国因地制宜采取了各项措施，尤其是产业扶持措施，保证不出现大面积规模性返贫。

作为比较经济效益最高的农产品，茶叶在乡村振兴、助农增收方面被寄予厚望。发展茶产业既可提高茶农收入、振兴经济，又可保护生态环境、发展旅游，还能提升文化内涵、唱响品牌，因此很多贫困地区将茶产业作为农业扶贫、乡村振兴的主导产业。据统计，全国共有337个国家级贫困县以茶产业为脱贫产业，其中有三分之一以茶叶为支柱产业。在实现脱贫攻坚后，如何不产生规模性返贫，成为茶产业研究的主要课题，并涌现出一批实践案例。

广西壮族自治区横州市充分挖掘那阳镇区域资源优势，因地制宜发展乡村特色产业，通过产业培育、茶旅融合、联农带农等方式，大力发展茶产业。那阳镇通过优化"企业+合作社+农户"利益联结方式，因地制宜发展茶产业，增加农民生产经营性收入。指导政华村、三合村等8个村集体合作建成560亩茶叶扶贫示范园，每年为8个村集体增收22.4万元，带动当地130多人就业，每人每年增加收入2500多元。鼓励宝华村与南山白毛茶公司签订购买种苗、技术指导、保价回收协议，自主建设300亩有机茶园，带动当地88人就业，预计2024年进入采收期后每年可为村级集体增收6万元。同时培育小康茶叶、山夫茶叶两家茶叶种植专业合作社为帮扶车间，带动35人就业，其中26名脱贫劳动力稳定就业。

云南省凤庆县把握滇红茶核心产业，抓住"凤庆—茶叶工"技能促增收培评项目试点工作的有利契机，按照"试点打造、典型引路、扩面增效"的原则，精准健全培评标准，搭建多元培评平台，构建了一个"培训+评价+就业+增收"的全链条工作体系，为茶产业培养技术人才，稳定乡村就业。同时，凤庆县通过实施"三位一体"发展模式，即"龙头企业+村委+合作社"的扶贫致富联合体，稳定就业成效显著。以滇红集团为例，他们与26个茶场和17个专业合作社合作，带动了公司核心基地和周边茶园的共同发展，惠及了13个乡（镇）的18万茶农，其中建档立卡贫困户超过2300户，实现了产业精准帮扶。

三、品牌集群，人才扶持，提升乡村产业发展水平

产业是乡村振兴的基础支撑。这些年来，各地发展乡村产业有了较好的基础，但主体不强、链条短、带动能力弱、同质化等问题仍然较为突出。2024年中央一号文件强调，坚持产业兴农、质量兴农、绿色兴农，加快构建粮经饲统筹、农林牧渔并举、产加销贯通、农文旅融合的现代乡村产业体系，把农业建成现代化大产业。

习近平总书记在福建考察调研时指示："过去茶产业是你们这里脱贫攻坚的支柱产业，今后要成为乡村振兴的支柱产业。"各宜茶地区贯彻落实总书记的重要指示精神，将茶产业作为支柱产业来抓，以区域品牌为引领，构建龙头企业品牌集群；以返乡人才为助力，推动地方产业现代化发展。

湖北省赤壁市积极响应省级茶产业发展战略，高度重视"赤壁青砖茶"区域公用品牌建设，以农业生产"三品一标"为核心，全方位提升产品品质，全面推进标准化生产，将传统工艺与现代生产流程相融合，告别厚重的"板砖"形象，开发出速溶茶、青砖茶面膜、青砖茶啤酒等30多类160多款新品，提升了"赤壁青砖茶"的质量效益和竞争力，当地的古镇古街也打造成了热门景点。截至2023年年底，赤壁全市茶园16.5万亩，年产量7.4万吨、产值67.8亿元，全产业链产值171亿元，拥有茶企162家，其中国家级龙头企业1家，省级龙头企业6家。赤壁青砖茶入选农业农村部2023年农业品牌精品培育名单。

湖南省长沙县在"一县一特"政策引领下，在蜿蜒100千米的春华镇、路口镇、高桥镇、金井镇、开慧镇、福临镇、北山镇建设了百里茶廊产业带。通过持续深化集种植、加工、观光休闲、科普研学于一体的产业高质量发展模式，2023年，长沙县加工干茶8.02万吨（包括县外订单茶园），茶及相关产业综合产值50亿元。在政策的引领下，长沙县补齐了茶产业机械化生产加工的短板，为企业高质量发展提供了科技支撑和装备支撑。目前，全县共有2家国家级龙头企业，1家省级龙头企业，3家市级龙头企业，60多家茶叶经营主体和大户，茶产业释放出更强的发展动能。

四、核心规划，基础改造，提升乡村建设水平

全面建设社会主义现代化国家，既要建设繁华的城市，又要建设繁荣的农村。2024年中央一号文件明确提出要"提升乡村建设水平"，并从六个方面进行了系统部署，为当前和今后一个时期扎实稳妥推进乡村建设提供了行动指引。提升乡村建设水平，是推进乡村全面振兴的必然要求，必须瞄准农村基本具备现代生活条件的目标要求，聚焦重点任务，完善推进机制，坚持久久为功，努力绘就宜居宜业和美乡村新画卷。

茶产业横跨一二三产业，可以有效调动乡村建设中的各类要素。宜茶产区政府坚持"一张蓝图绘到底"，以茶产业为核心，以统筹城乡规划为引领，以种植基地改造为抓手，综合开展基础道路建设、水电燃气改造、人居环境提升、物流体系构建等，构建了一批新农村、新茶乡典型。

贵州省湄潭县依托茶产业，把握美丽乡村建设重点，整合城乡资源，以土地承包经营流转为纽带，统一茶园、山林、土地、房屋等资源，采取统一规划、统一资源、统一管理的"三统一"模式，统筹农村人居环境改善、茶产业发展、乡村旅游等工作，形成了核桃坝村、金花村（"七彩部落"）等实践典型。其中突出代表核桃坝村，依托茶产业，不断延长产业链，与文化、旅游、教育、康养等行业紧密结合，走出了一条发展新路。村里已建起茶青交易市场，引进20多家茶企业，兴办62家加工作坊，开发一家北纬27°茶旅融合体验基地，吸引省内外的单位、学校、企业前来开展研学、培训活动。

云南省勐海县以茶业兴推动产业兴，实施生态安全屏障建设、古茶树（园）保护、生态有机茶园创建、茶园基础设施完善和新型茶农培育"五大工程"。依托气候资源、民族文化资源和古茶山资源，勐海县统筹推进森林城市、特色小镇建设，实施林城融合行动和城市生态修复工程，统筹村庄规划建设，保护传统村落和乡村风貌，加快补齐农村生活垃圾和污水处理等基础设施短板，发展半山酒店、乡村旅居，打造以老班章、南糯山等名茶山为代表的特色主题酒店和精品民宿、乡村客栈；推出工业旅游、边境旅游新路线，加快"普洱茶工业+文化旅游"一体化示范基地和打洛口岸边境旅游特色小镇的建设步伐。

五、党建引领，文化铸魂，提升乡村治理水平

现阶段我国乡村正在发生重大变迁，包括人口总量和结构、生产生活方式、思想文化观念、传统乡土秩序等方面都在发生深刻变化，这对乡村治理体系和治理能力现代化提出了新的要求。新时代，我国着力推动乡村治理水平提升，乡村治理体系和治理能力现代化持续推进，不断增强广大农民的获得感、幸福感、安全感。

2023年，"中国传统制茶技艺及其相关习俗"列入联合国教科文组织《人类非物质文化遗产代表作名录》。制茶技艺及其相关习俗是党的领导下农村文化传承的重要抓手，产业主体依托各级党组织形成凝聚力，发动社会力量创新传承，实现物质文明和精神文明相协调的现代化。

浙江省新昌县积极探索党建联建赋能共同富裕新路径，东茗乡"下岩贝·金山上"片区是其中典型。东茗乡成立"下岩贝·金山上"片区党委，统筹三个村资源，实行"1+1+3+N"工作体系：乡党委+县旅游集团+三个村集体+乡贤、人才、农村共富领头人等各界社会力量。通过党建联建，把三个村的资源、优势、力量整合起来，统一规划、统一引入规模化产业、统一管理、统一运营。目前在片区从事精品民宿、数字茶园、迷你番薯等产业的农创客大约有40多人，带动村民就业1000余人，增收超200万元，2023年片区经营性收入298.7万元，同比增长78.5%。去年全年接待游客53.2万人，同比增长12%；旅游收入1580.3万元，同比增长30%。

福建省福鼎市携手中国篮球协会、中国茶叶流通协会召开了首届中国茶叶百强县域篮球公开赛（"茶BA"）。作为国内首个以茶产业县为参赛对象的大型篮球赛事，本届"茶BA"共有25个产茶县

域的球队参与角逐，以"县域名+茶品类名"组队命名，既比拼篮球实力，又集中展示各县茶叶等特色产品，展开一场文化的"走亲"交流。以茶叶融合体育，群众性文体活动越办越红火，茶产业品牌也越来越响亮。

六、要素促进，守正创新，强化科技和改革双轮驱动

科技与改革双轮驱动是实现乡村振兴的方法路径。科技创新和农村改革好不好、快不快、稳不稳，将是推进农业农村现代化和乡村全面振兴的关键。协同推进科技创新和制度创新，能够激发农村各类要素潜能和主体活力，为乡村振兴增动力、添活力，从而推动产业的高质量发展，反哺乡村。

我国是世界上最早种植茶树和制作茶叶的国家，茶产业作为我国传统优势产业，具有较强的国际竞争力和较为深厚的产业基础，是农业产业板块要素聚集最明显的行业之一。"十四五"期间，我国各茶叶主产销区深化聚焦要素市场化配置改革、激发活力，提高发展质量效益、振兴茶乡。

福建省安溪县积极推进科技要素融入茶行业，发射了国内首颗以茶叶品牌冠名的遥感卫星，可提供自然资源监测、城市精细管理、精准农业、数字茶园、智慧海洋、应急防控及全球重点目标变化监测等领域的空天大数据服务，为铁观音茶叶的品质、铁观音品牌的"硬实力"提供保障。安溪县还以福建安溪铁观音集团股份有限公司为抓手，建设全国首个国家茶叶质量安全工程技术研究中心，围绕茶叶的农药和有害重金属残留、有机物和有害微生物污染等问题研究开发新技术、新产品。

湖南省安化县积极践行"龙头企业+合作社+农户"利益联结机制，打造"茶乡花海"景区，实现巩固拓展脱贫攻坚成果同乡村振兴有效衔接，"茶乡花海"集中安置区探索以工代赈巩固易地扶贫搬迁成果典型经验，得到国家发展改革委专题推介。同时，注重充分发挥产业集群带动作用，以理想华莱、白沙溪、中茶等龙头企业为引领，带动中小企业形成安化黑茶制造特色产业集群，该集群获批湖南省中小企业特色产业集群并正在申报国家中小企业特色产业集群，改造提升黑茶产业园、江南工业园、梅城工业园，发挥产业聚集和产业链耦合效能，形成合力激发安化黑茶创新动能，构建安化黑茶现代化全产业链体系。

福建省政和县积极打造省级数字乡村试点，完善工作机制，不断夯实乡村数字基础设施，以数字赋能推动乡村振兴。建设"中国白茶城"省级现代农业智慧农业项目，利用智能搬运机器人（AGV），实行茶叶智能化、自动化仓储，打造以智慧仓储和云仓为核心的中国白茶城运作模式；安装11个生态茶园智慧茶山监控，实时监测空气PM指数、噪声指数、温湿度等环境参数，开发运行"政和智慧茶园"微信小程序，建设茶产业大数据中心；创建天村稠岭、云上念山、新康红三个巾帼直播基地，建设"直播平台+供应链基地"的"三茶"融创园，进一步打响县域知名度和做好政和白茶这篇大文章。

七、产业融合，协同发展，强化农民增收举措

增加农民收入是"三农"工作的中心任务，国家多措并举、协同推进，通过产业拉动、就业带动、改革促动，不断拓宽农民增收致富渠道，让广大农民共享改革发展成果。2023年，农村居民人均可支配收入21691元，比上年增长7.7%，扣除价格因素，实际增长7.6%。农村居民人均可支配收入中位数18748元，增长5.7%。

以茶兴业，以茶富民。茶产业链接着亿万茶农，是民生之所系。各产茶区抓住茶产业横跨一二三产业的特色，积极推动产业融合，"茶产业+"的新模式铺开并推广，通过休闲文旅、电子商务等新业态融入，延长产业链条，延展配套产业，形成新的就业机会；鼓励茶农以多种形式组建合作社，开展多种形式的规模经营，取得经营性收入和财产性收入。

广西壮族自治区柳州市三江侗族自治县是广西唯一的侗族自治县，也是全国5个侗族自治县中侗族人口最多的县份，素有"千年侗寨·梦萦三江"和"中国侗族在三江"的美誉。依托当地茶叶产业、民族风情，三江县成功创建国家4A级景区——布央仙人山景区。景区内打造了四季红枫林、仙人山侗寨、茶马古道、红军路、仙人弈迹、仙人古茶园、茶浴露营区等多个著名景观；茶园观日出、采制茶体验、百家宴、侗族大歌、芦笙踩堂等侗族民俗文化和茶旅文化表演旅游项目深受游客青睐。让游客尽情体验茶叶采摘、制作、品尝乐趣的同时，深切感受侗族优秀传统文化的丰富内涵，打造打响文旅融合的"金名片"。这也是三江县茶旅融合发展的一个缩影。茶农依托景区，通过资源入股、灵活就业等模式，收入得到了进一步提升。

河南省信阳市浉河区抢抓"电商+直播"机遇，将电子商务作为推动茶产业发展的抓手，通过搭平台、送服务、促销售，"三步联动"促进直播电商新业态领域高质量发展。围绕信阳产业形态，浉河区以茶叶为引领，结合山茶油等信阳本地优势农特产品，开启"两茶一菜"产业带"直播+短视频"带货的"新零售模式"。结合信阳的乡村特色，探索两茶一菜和旅游业创新融合，推动浉河区产业数字化发展，助力乡村振兴。积极招引头部达人，形成直播人员的管理和培育机制，孵化、带动更多新农人和电商主体加入到直播产业中。电商带动了物流配送、库存供应等相关行业，有效增加了就业岗位，提升了乡村居民的收入。

（执笔人：王智超）

第三部分
国内市场

2023中国茶叶电商发展情况简报
2023中国新茶饮产业发展报告

2023中国茶叶电商发展情况简报

中国茶叶流通协会电子商务专业委员会

国际货币基金组织（IMF）当地时间2023年10月10日发布《世界经济展望报告》，全球经济增速从2022年的3.5%放缓至2023年的3.0%，增速均低于3.8%的历史（2000—2019年）平均水平。在世界经济的严冬中，以习近平同志为核心的党中央团结带领全党全国各族人民，着力扩大内需、优化结构、提振信心、防范化解风险，我国经济平稳向好得到世界瞩目。中国茶产业也伴随中国经济经历了震荡和调整，其中，茶叶电商板块尤其是直播电商，是茶产业销售渠道中调整最迅速、反馈最及时的渠道，也成为品牌茶企最为关注的渠道。

一、中国电商发展概览

中国互联网络信息中心（CNNIC）第53次《中国互联网络发展状况统计报告》数据显示，截至2023年12月，我国网民规模达10.92亿人，较2022年12月新增网民2480万人，互联网普及率达77.5%；网络支付用户规模达9.54亿人，较2022年12月增长4243万人，占网民整体的87.3%；网络购物用户规模达9.15亿人，较2022年12月增长6967万人，占网民整体的83.8%；网络直播用户规模达8.16亿人，较2022年12月增长6501万人，占网民整体的74.7%。电子商务基础随着相关指标的增长日渐稳固，并逐渐向纵深发展。

据国家统计局官网数据，2023年社会消费品零售总额471495亿元，比上年增长7.2%。全国网上零售额154264亿元，比上年增长11.0%。其中，实物商品网上零售额130174亿元，同比增长8.4%，占社会消费品零售总额的比重为27.7%；在实物商品中，吃类、穿类、用类商品网上零售额分别同比增长11.2%、10.8%、7.1%。

直播电商因具有强互动性、强感染力等特点，自2017年起发展迅速。网经社电子商务研究中心发布《2023年中国直播电商市场数据报告》显示，2023年直播电商交易规模达到49168亿元，同比增长40.48%；直播电商渗透率，即直播电商交易规模占网络零售交易规模的比值，在2023年达到31.9%，增长率为26.08%；直播电商用户人均年消费额为8660元，同比增长17.03%。直播电商领域增幅出现明显下降的同时维持高位，进入稳定发展的新阶段。

根据星图数据发布的《2023年"双十一"全网销售数据解读报告》显示，2023年"双11"总交易额达到11385亿元，同比增长降至个位数2.1%，其中，直播电商增长暴跌至18.6%。从2020年开始，"双11"已经开始连续4年的增速下滑。

另外，根据国家统计局物流数据显示，2023年11月1—11日（基本可看做预售到最终结束的全程），全国共揽收快递包裹52.64亿件，同比增长23.22%。平均每个包裹的单价为216元，同比下滑17%。反映出客单价的降低与消费降级，电商呈现出"以价换量"的常态。

二、茶叶电商概况

2023年，中国茶产业依托国内超大市场规模和较为稳定的市场需求，通过放缓增速、调整结构，开始并推进了新一轮的茶类消费结构的调整与升级，这也成为2023年茶叶电商发展的重点方向。

2023年，受消费需求缓慢复苏及销售通路的影响，中国茶叶内销总量基本持平，内销总额小幅回调，总体表现不及预期。2023年，全国茶叶内销总量240.4万吨，增加0.7万吨，同比增长0.3%；全国茶叶内销总额3346.7亿元，同比减少48.5亿元，回调约1.4%。受绿茶均价调整影响，2023年全国茶叶内销均价出现回调。

据中国茶叶流通协会电子商务专业委员会汇总估算，2023年中国茶叶线上交易总额已突破350亿元，增长率回调至6%，远低于前三年（2020—2022年）年均复合增长率（11%）。基于2023年我国网民规模、网络支付用户规模、茶叶电商交易额、社会消费品网上零售渗透率、线下饮茶人口基数综合分析，目前茶叶电商占整体茶叶交易额比例尚未达到高点，未来一段时间内，茶叶电商增速还会快于其他消费品行业。

总体来说，内容电商和直播电商凭借强沟通性和强互动性为行业带来新活力，与货架电商分别承担着满足日常消费需求和刺激新兴消费增长的功能，并协同助力茶叶行业电商渗透度提升。

三、茶叶电商发展特点

2023年，茶叶电商领域展现以下几个特点。

一是整体板块增量趋缓。在电商整体板块增速下滑、流量见顶、增量难寻的大背景下，茶叶电商板块也很难独善其身。据中国茶叶流通协会调研了解，茶叶头部电商企业，2023年增速目标普遍为10%以下，全年除重要销售节点（"双11""6·18"等）外，平日销售出现明显下滑，勉强完成本年度增长目标。

二是品牌效应日渐明显。不少知名茶叶区域品牌以及企业品牌逐渐熟悉电商模式，且在经过多年线下、线上口碑发酵，获得了消费者的认可，在2023年线上搜索量和消费量获得提升，其中作为平台腰部的中小茶叶品牌提振较为明显，分散了头部和脚部企业的流量。原有的电商头部品牌矩阵格局基本稳定但增速回调明显，腰部企业矩阵迅速扩大。

三是私域流量入局发展。进入2023年，抖音、快手、小红书等私域电商倾向明显的平台发展更加迅猛，并通过提升软件界面设计（UI）、添加搜索字段等手段提升购物便捷性与指向性，聚拢了新兴私域流量（如"银发族"等）入局；淘天平台顺势允许商家开启会员运营、专属客服等功能，成立了品牌业务发展中心共建企业会员体系，并将免费提供15款全新的私域运营工具，淘系私域运营进入新的阶段。在直播电商板块，根据消费者个性需求定制的茶叶产品不断涌现，多集中于个性化包装定制。

四是产品结构调整迅速。随着经济的震荡调整，市场的消费需求逐渐集中于单价200～1000元/千克的产品。消费者的消费思路出现明确的转变，回归原始的"需求、触点、信任"的决策路径，主动搜索、计划性购买倾向明显。这一基于自身消费能力的低预期消费决策路径，导致茶叶电商新品向"颜值、混搭、解压、便捷、社交"的高性价比产品转变。

此外，茶叶直播电商呈现以下三个趋势。

一是店播比例上升。由于达播的成本趋高和不确定性增加，茶叶企业纷纷开启店播。其中，八马茶业持续开启"双11"46小时连播狂欢，稳居抖音、淘天两大平台品牌自播双第一。

二是文化效应火热。国潮文化的兴起，带动了中华茶文化以崭新的面貌回归到大众视野。2023年，"围炉煮茶"等新国潮文化及社交媒体的大行其道形成聚合效应，迅速拉动了茶叶、茶具、茶点、茶服等相关板块的消费。

三是品质低价回归。大众消费思路转变，更着眼于茶叶商品的低价时刻，而非低价的茶叶商品，对于低价的要求不是"绝对低价"而是"品质低价"。维护品牌形象，同时把握核心节点成为茶叶电商打造爆款产品的关键。

四、消费人群变化情况

因各平台，尤其是直播电商平台，触达人群不同，各平台茶叶电商消费人群呈现不同特征。总体来说，货架电商中，淘天覆盖面最广，京东拥有较为稳定的北方地区及中原地区的中产消费人群，拼多多则集中于都市蓝领阶层及小镇新势力；直播电商主要几大平台都能够有效触达至小镇阶层，其中，抖音有效引流了年轻女性用户，快手则成功开发了"银发族"，微视频作为后起之秀拥有巨大的私域流量基本盘。

总体来说，茶叶电商消费人群的基本格局未产生颠覆性变化，核心消费人群依然集中在30～49岁阶层，贡献了超六成消费额，是近年来茶叶电商板块增长的有效助力；性别分布基本一致，男性人数略高于女性，男性用户的平均客单价高于女性用户。这种稳定的基本格局反映出茶叶电商的发展潜力，核心人群虽然还是30～49岁人群，但很多是20世纪90年代成长起来的茶叶消费者，这种类似于"中国人的饮茶血脉觉醒"的消费习惯，使得茶叶电商基本盘稳定扩大，线上茶叶电商消费规模呈现稳定成长。这部分人群已经逐渐形成了自身的消费习惯，品牌聚焦度较高且个人偏好特征明显。

同时，茶叶电商的消费人群也出现了一些新的变化，主要体现在近几年18～29岁的年轻群体比例逐年增加。与核心人群相比，年轻群体购买茶叶年消费金额相对较低，购买茶叶品类单一，但已形成较为可观的消费力。这部分消费者很多是由现调茶饮培养起来的消费人群，聚焦于与现调茶饮口味类似的调味茶或现调茶饮宣传较多的小产区茶品，且有明显的健康需求。

五、电商产品变化趋势

随着"90后"逐渐成为茶叶电商的主要消费人群，茶叶电商消费习惯出现了较为明显的改变，引导着电商产品的新变化。主要体现在口味改变、价格回归、方便快捷和颜值提升四个方面。

1. 口味改变

注重健康的年轻化消费群体已形成，健康理念成为消费升级新需求，健康化、无糖化、功能化成为缓解情绪焦虑的关键词。由现调茶饮培养出的新消费者，也倾向于购买口味类似、价格适中的替代类茶叶产品。基于此，以都市年轻女性为目标客户的养生茶、调味茶呈现较为明显的爆发趋势，众多企业开发出了年销过亿的产品。

2. 价格回归

随着国家经济的平稳调整，居民消费逐渐向计划性消费转变，在不降低生活质量的前提下，消费产品聚焦于高性价比的平替类产品，囤货量逐渐降低。基于此，各品牌企业根据市场反馈，积极开发1000元/千克左右的茶叶产品线，而原本居于此类产品生态位的中型企业，尤其是原产地企业，在短期内获得了较大增长。

3. 方便快捷

茶行业在多年的电商运营后，根据年轻消费者冲泡烦琐、携带不便等消费反馈，推出了易冲泡、易携带的产品，有效降低了年轻消费人群的进入门槛。年轻消费者更习惯于快捷的物流体系，形成了高频多次的购买习惯，进一步催生了小包装茶的流行。冷泡、袋泡、独立紧压、多类试饮等方便快捷的产品促进了新消费力在茶行业的释放，培养了新的消费人群。

4. 颜值提升

新消费人群有效涌入，对茶叶产品的颜值提出了新的要求。高级感、简约风、新国潮、潮流色、透明化，多种新元素的融入，使茶叶产品成为了新的时尚单品。同时，高颜值茶叶产品自带的拍照仪式感，解锁了茶的新社交场景，赋予产品新的流量，促进了产品的销售。

六、茶叶直播电商打造路径

（一）达播与店播配合，辐射全渠道

就目前来看，选择"达播+店播"融合模式，是茶叶电商事半功倍的路径。达播虽然风险不小，却能多维度展现品牌内涵，有效提升渗透度，强化与用户之间的链接；店播可以有效的打造品牌形

象、节省直播成本、扩大利润空间，还是提升私域运营能力的绝佳方式。两者的阶段性侧重和有机结合，是打造电商板块的重要路径。

同时，直播电商渠道与原有渠道并不是替换的关系，而是有效补充。在大众消费观念改变，消费计划性提升的当下，货架电商、内容电商成为了互相促进、互相引流的有机整体，电商全渠道的整体规划和构建成为品牌茶企的关键性课题。

（二）塑造网络形象与品牌形象

网络形象是传播学范畴，更多侧重于直播间的主播群体形象和运营团队形象的打造，是与消费者直接互动的形象管理；品牌形象则是品牌学范畴，是企业核心文化的体现。顺应潮流、张弛有度的"官方玩梗"有价值、有趣味、有共鸣，也理应收获"泼天富贵"。

网络形象侧重于加强互动性，内容接地气，可以提供有效情绪价值，维护品牌形象的同时更加活泼有趣，以便拉近与消费者的距离，引导消费者进入直播间，是渗透度提升的重要抓手；品牌形象侧重于强调企业特点与品质特征，是消费者最终触达的重要参考，也是增加消费者留存度的核心。

（三）结合消费反馈，打造爆款产品

当前中国的消费市场已经进入到"买方至上"的地步，茶叶品牌销量提升的做法在于发挥自身优势特点并符合消费者需求。现阶段，茶叶品牌企业总部直接掌握的直播电商渠道无疑是互动性最强、消费反馈最及时、销售动态爆发最明显也是最容易进行归纳的渠道。

茶叶品牌企业应进一步精细化运营，将直播电商作为重要销售渠道的同时，作为企业产品调研的重要抓手，综合发动企业产品打造、供应链管理等各个部门，在关键节点前后利用渠道数据、互动弹幕等收集消费者反馈和意见，形成核心客户画像和产品需求画像，以打造爆款产品。

七、茶叶电商发展建议

（一）构建达播培训筛选机制

深度与品牌绑定的达人主播，容易使品牌出现"一荣俱荣、一损俱损"的现象；达播非专业化、商业化和过度娱乐化，这也使得茶叶品牌需慎重选择合作对象。茶叶企业、行业协会应构建达播的培训筛选机制，提升达人的业务水平，构建良好的茶叶电商直播环境。

（二）塑造茶叶电商标准体系

随着直播电商等新兴电商业态的高速发展，涌现出了新"打法"与新问题，原有茶叶电商标准体

系已无法满足。直播电商标准化工作已列入国家"十四五"期间的发展规划，茶叶行业要积极响应，形成监管部门、行业协会、直播平台、头部机构的规范共进模式，维护行业快速发展。

（三）提前布局人工智能应用

现阶段，生成式AI（AIGC）已经有部分成熟度较高的提效能力；未来，随着AIGC能力的普及和应用模式丰富度的提升，或将开辟新的电商营销模式。茶叶企业应当把握这一趋势，利用AIGC高智能、高效率的特征和电商平台私域流量管理工具升级，构建私域流量模块，千人千面，精准营销，降本增效。

（四）有效提升行业透明度

长久以来，"什么是好茶"一直是消费者面临的核心问题之一。基于交互性更通畅、交互时间更短暂的直播电商，行业需了解如何用简单易懂的语言表达出产品的比较优势和特殊概念，以标准化、个性化体现企业品牌优势与产品价值，进一步推动行业透明度的提升，有效加强渗透率。

近年来，中国茶叶电商依据消费者的需求，求新求变，逐步探索自身领域的高质量发展道路，并成为了整个茶叶行业的增长热点，孕育出了很多综合销售额过亿的新型茶企。中国茶叶电商市场相较于其他已实现充分竞争的领域和渠道，虽然已逐步脱离低投入高产出的野蛮生长阶段，但依然是一片蓝海。相信2024年，茶行业将在电商板块迎来新的进步与发展。

（执笔人：王智超）

2023中国新茶饮产业发展报告

浙江大学茶叶研究所

新式茶饮是指采用优质茶叶、鲜奶、新鲜水果等天然、高品质的食材，通过更加多样化的茶底和配料组合而成的中式现制茶饮品。在现制茶饮领域，原料的迭代见证了行业的创新与成长。最初，市场以传统速溶茶粉调配为主，随着消费者对品质的日益重视，行业逐步转向使用成本较低的碎茶茶末。然而，行业历史性变革由喜茶、奈雪的茶、古茗等头部品牌引领，突破性地采用原叶茶名优茶作为原料，确保了茶饮的新鲜度和高品质。近年来，随着原叶茶在现制茶饮中的广泛应用，新茶饮品牌更进一步挖掘了白茶、武夷岩茶、凤凰单丛等多品类小众优质茶原料，而新茶饮也逐渐呈现出标准化、多元化、健康化、国际化等趋势。

2023年，新式茶饮市场规模进一步增长。从门店总量来看，门店数量前20名品牌门店总数从2022年底的78324家门店扩张至103783家门店，各大新茶饮品牌向着"万店"规模冲击。据相关机构预测，2023年全年新茶饮市场规模将达到3333.8亿元，并在2025年将进一步增长至3749.3亿元。

中国新茶饮市场持续保持快速发展，新茶饮行业的竞争也日益加剧。面对激烈的市场竞争和不断变化的消费者需求，产业需不断创新和提升，以实现可持续发展。随着市场的不断成熟和品牌的国际化布局，新茶饮行业有望在全球范围内传播中国茶文化，将中国茶以创新的产品形态推向世界。

一、2023年新式茶饮料的重大事件

（一）喜茶公布产品配方

2023年10月26日，新式茶饮品牌喜茶宣布了一个行业创新举措——逐步公开所有在售产品的配方原料、营养成分和原料溯源信息。这一行动标志着新茶饮行业可能迎来更加透明化的"配料表时代"，使消费者拥有更全面的知情权和选择权。

通过"喜茶GO"微信小程序，喜茶首次向消费者展示了40多款茶饮的详细配方，包括真原茶、真水果、真牛乳、真蔗糖等超过40种原料的溯源信息。以饮品"月观"为例，一杯中含有103千卡（1千卡=4186.8焦）热量、4.4克蛋白质和5.5克脂肪等，其热量和一颗苹果的热量相当。同时，喜茶还为部分完成第三方检测的产品提供了营养成分报告，让消费者能够清楚地了解每款茶饮的具体成分和热量。

这一透明度提升的行动，不仅增强了消费者对喜茶产品的信任，也可能推动整个新茶饮行业向更

加透明化的方向发展。公开配方原料信息，让消费者在购买时更加安心，同时也为行业树立了新的标杆。喜茶表示，未来将持续公开其他在售产品的配方原料信息，并公示营养成分报告，使"配方公开"成为其产品的"标配"。

喜茶的这一决策得到了消费者的积极响应，许多消费者表示，公开配方原料后，他们能够更清楚地了解产品的组成，从而做出更加明智的消费选择。这一行动也被视为新茶饮行业向规范化、透明化发展的重要一步，预示着未来可能会有更多品牌跟进，共同推动行业的健康发展。

（二）奈雪的茶开放加盟

2023年7月20日，新式茶饮品牌奈雪的茶正式推出"合伙人计划"，奈雪的茶表示："为了让更多消费者更便利地体验公司的产品和服务，把'美好力量'带给更多用户，公司正式开放'合伙人计划'。奈雪的茶希望充分发挥多年积累的品牌、产品、数字化、供应链、门店运营等方面的优势，吸引并支持优秀的合伙人投身实体经济和新茶饮行业，促进新茶饮行业高质量发展。"这一战略举措标志着品牌在加盟模式上迈出了重要一步。通过这一计划，奈雪的茶旨在吸引更多志同道合的合作伙伴，共同推动品牌的快速发展和市场扩张。

"合伙人计划"的推出，立即引起了市场的广泛关注和积极响应。奈雪的茶为合伙人提供了全方位的支持，包括品牌、培训、运营等多方面的资源和服务，确保合伙人能够快速融入奈雪的茶的品牌文化和运营体系。此外，品牌方还提供了市场分析、选址建议等前期辅导，帮助合伙人降低创业风险。同时，奈雪的茶也坚持对加盟店进行严格的管理和监督，此次开放加盟，依然坚持大店策略。在奈雪的茶公布的细则中，对于门店面积的要求明确限定在90～170平方米，此外，无论是合伙人门店还是直营门店，在产品品质、装修设计、门店管理、原料供应等方面，奈雪要求保持一致，确保产品和服务质量与直营店保持一致。

随着"合伙人计划"的实施，奈雪的茶的加盟门店数量开始显著增加。截至2023年12月31日，奈雪的茶在111个城市拥有1574家直营门店，其中2023年净新增506家。截至2024年2月底，奈雪的茶已开业加盟店超200家。已开业加盟门店经营表现优秀，内蒙古呼伦贝尔、福建龙岩、河南商丘等多地加盟门店单月营收超70万元；多地加盟店春节营收超45万元；五线城市中内蒙古乌海万达店两日营业额近10万元。品牌通过加盟模式，实现了在不同地区和市场的广泛覆盖，满足了更多消费者对高品质茶饮的需求。

（三）中国茶叶学会发布现制茶饮料系列团体标准

2023年11月10日，"新茶饮·让世界更有味道"新茶饮高质量发展主题沙龙在杭州举办。中国国际茶文化研究会常务副会长、中华茶奥会组委会主席、浙江省人民政府原副省长王建满与中国农业科学院茶叶研究所所长、中国茶叶学会理事长姜仁华上台揭幕发布中国茶叶学会现制茶饮料系列团体标准。中国农业科学院茶叶研究所研究员、中国茶叶学会茶饮料茶食品专委会主任尹军峰解读标准。

由中国茶叶学会发布的现制茶饮料系列团体标准T/CTSS75—2023《现制茶饮料术语分类基本要求》、T/CTSS76—2023《现制茶饮料茶叶原料》、T/CTSS77—2023《现制茶饮料制作规范》于2024年3月1日正式实施。该系列标准明确规定了现制茶饮料的专业术语和分类，确保了产品类别的明晰性；对茶叶原料的质量要求进行了严格界定，包括但不限于品种、等级、新鲜度及农药残留等关键指标，强化了原料的可追溯性和供应链的透明度。同时，对现制茶饮料的制作过程设定了细致的操作规范，涵盖了茶叶提取、水温控制、浸泡时间等关键环节，并严格控制添加剂和调味料的使用，以确保产品的质量和安全。通过这些标准的实施，不仅提升了现制茶饮料的品质、保障了消费者的健康权益，也为行业的规范化发展和市场竞争力的提升奠定了坚实的基础。

二、风险与挑战

（一）茶饮品牌新茶饮联名营销的风险

新茶饮行业中的"联名"现象作为近年流行的营销策略，其优势在于能够结合不同品牌的特色与粉丝基础，创造出独特的产品吸引消费者，提高品牌曝光度和市场竞争力，同时为品牌注入新鲜感和创新形象。据统计，16个头部品牌中，2023年共联名了近150次，即平均约2.5天就会有一个品牌发起联名。然而，过度联名可能会带来一系列弊端及营销风险，如品牌核心价值的稀释、联名产品方向关联度低、联名对象不合规等问题。

2023年9月，某茶饮品牌与小说IP《盗墓笔记》联名，而联名开启后，较多消费者在社交媒体上指出其缺乏《盗墓笔记》的元素且图案设计不美观，话题一度登上微博热搜，随后，品牌方发布道歉声明。2023年11月，某茶饮品牌与景德镇中国陶瓷博物馆联名推出茶饮套餐，包括沉思罗汉塑像款、伏虎罗汉塑像款、欢喜罗汉塑像款等，但因其外包装含有不符合规定的宗教元素，该联名上线一周内就因涉嫌违反《宗教事务管理条例》被下架。

新茶饮品牌借由联名营销策略固然能够在短期内显著提升流量，并在消费者心中保持品牌的新鲜感，但联名并非"万能钥匙"，新茶饮品牌在策划联名营销时，必须审慎考虑合作方的选择，确保联名活动与品牌定位相符、合规，真正为消费者带来价值。

（二）茶饮品牌竞争加剧

近年来，随着新茶饮市场竞争的不断加剧，"内卷"现象在多个层面显现，主要表现在产品价格的下调、融资活动的减少以及品牌集体寻求上市机遇等方面。

近两年，消费者的购买习惯发生了显著变化。为了争夺市场份额和吸引顾客，众多品牌开始采取降价策略，推出性价比更高的产品选项。例如，2022年喜茶和奈雪的茶等品牌全面下调了产品价格，告别了"30元时代"。到了2023年8月，奈雪的茶更是宣布启动"周周9.9元，喝奈雪鲜奶茶"的促销活动，以吸引消费者。

在融资方面，数据显示2021年新茶饮品牌共完成了24笔融资，总金额达到83.22亿。然而，到了2022年，尽管融资活动增加到26起，总金额却急剧下降至46亿。2023年，融资数量和金额双双下降，仅有茶百道和荷田水铺两起融资事件，其中茶百道获得了10亿的融资金额。

同时，新茶饮品牌纷纷寻求上市机会。2023年6月，茶百道完成了新一轮融资，筹备赴港股上市；7月份，沪上阿姨也被传出准备赴港IPO，由中信证券和海通国际协助推进。此外，霸王茶姬也在探讨赴美IPO的可能性，并与美国银行和花旗集团合作。一些已经提交招股书的企业，如蜜雪冰城，也在寻求新的上市机会，转战港股市场。

新茶饮市场的"内卷"现象和资本对新茶饮越发谨慎的投资态度表明，行业正面临转型和升级的需求。对于品牌而言，如何在激烈的市场竞争中保持独特性和可持续发展，同时为投资者带来合理的回报，将是未来的关键课题。

三、新式茶饮行业发展趋势

（一）茶原料搭配多元，产品创新加快

随着新茶饮的快速发展，越来越多的茶叶原料被创新应用到新茶饮产品之中。原本以红茶、绿茶、乌龙茶为主的茶基底也逐渐开始出现细分。近年来，红茶主要以锡兰红茶、阿萨姆红茶、红玉红茶等为主，绿茶以茉香绿茶为主，乌龙茶则主要延伸为金萱乌龙、四季春、白桃乌龙、桂花乌龙等。如今，越来越多名字新奇、风味特征区分度明显的小众茶底开始进入新茶饮的赛道。

奈雪的茶2021年10月推出的一杯"鸭屎香宝藏茶"后，相继推出霸气鸭屎香柠檬、霸气芭乐鸭屎香玉油柑、鸭屎香单丛茶礼盒和鸭屎香单丛袋泡茶，覆盖鲜奶茶、鲜果茶、纯茶多个品类。鸭屎香已经从一款小众茶，成为一款新茶饮行业纷纷采用的爆款茶底。武夷山雀舌、水金龟、金观音、坑涧肉桂、陕西茯砖茶、漳平水仙、福建老寿眉、四季春、金萱等特色茶叶品种，也在新茶饮应用中出现。喜茶在2023年创新推出和应用了近20款茶叶原料，包括水云间、素馨茉莉、夏栀白茶等，涉及乌龙茶、普洱茶、白茶等种类，茶园产地分布在福建、广东等5个省份12个茶叶核心产区，覆盖了广东潮州凤凰山、福建宁德和安溪等众多茶叶传统优质产地。

除了优质小众的茶底被不断挖掘外，咖啡也逐渐成为新式茶饮的新伙伴。2023年，瑞幸相继推出了碧螺知春拿铁、茉莉花香拿铁、蒸青日向夏拿铁等多款茶咖，结合了茶香、花香、果香及拿铁的浓郁，在上市首周便实现447万杯的销量。在"茶咖一体化"趋势下，"果茶+咖啡"已成为年轻人热衷的新选择。

（二）新茶饮原料配方透明化、健康化

当前，越来越多的新茶饮品牌开始关注健康理念，专注于提升消费者信任、满足健康需求以及增强品牌责任感，原材料健康化、原料配方公开化成为新趋势。品牌采用新鲜水果、优质茶叶和纯净乳制品等高品质原料，减少添加剂和人工成分的使用，以提升产品的健康价值。同时，营养成分的标注和清洁标签的推行，使得产品成分更加简单、易于识别。

2022年8月，霸王茶姬发布《一杯伯牙绝弦里面有什么?》，首度公开产品配比，霸王茶姬陆续为多款产品公开"产品身份证"，包括营养成分表、产品风味表等信息。2023年9月，霸王茶姬正式上线热量计算器功能，支持旗下超30款产品的自定义热量值计算；茶百道推出真鲜奶茶系列，强调无植脂末、无反式脂肪酸等。2023年10月，喜茶宣布主动公开其在售产品的配方原料、营养成分和真品质原料溯源信息。

此外，新茶饮行业正兴起使用植物奶替代传统动物奶的趋势，这一转变不仅为消费者提供了富含膳食纤维、无乳糖和无胆固醇的植物蛋白选择，从而支持更健康、更平衡的饮食，还有助于降低产品的碳足迹。以书亦烧仙草为例，2023年3月，该品牌推出的以燕麦奶为基底的橙漫山茶花茶饮，凭借其健康属性和环保理念，销量迅速突破1000万杯，为新茶饮的健康化和可持续发展开辟了新方向。

新茶饮品牌通过营销活动，强调健康和原料的营养价值，能够强化消费者对健康茶饮的认知。此外，供应链的可追溯性和对国际健康标准的对齐，进一步使品牌的市场竞争力和消费者信任程度得到加强。

（三）资源整合升级，投资拓宽供应链渠道

2023年，中国新茶饮行业在供应链管理上的布局彰显了深度与广度，行业领导者通过一系列战略性投资和创新举措，显著加强了从原料采购到产品加工的全链条控制能力。

喜茶通过深入上游的茶园、果园、牧场和工厂，持续夯实其供应链体系，确保原材料的品质与供应的稳定性。古茗则在3月27日宣布其原料加工基地正式施工，预计2024年4月投产，这一投资高达10亿元。蜜雪冰城在6月启动了总投资50亿元的智能生产加工和出口基地及亚洲总部项目，这不仅提升了其生产智能化水平，也为其产品的国际化布局奠定了坚实基础。茶颜悦色在9月宣布投资5.2亿元建设研发生产基地。此外，茶百道与霸王茶姬在11月合资成立新公司，目标也是为了布局供应链，通过整合双方资源，提升整体供应链的效率和响应速度。

整体而言，茶饮品牌不断优化供应链上的布局体现了对品质控制、成本效率和市场响应速度的高度重视。通过这些战略性投资和合作，品牌们不仅能够加强自身的竞争力，也为行业的可持续发展和国际化发展奠定了坚实基础。

（四）加速海外布局，占领全球市场

随着中国新茶饮品牌的不断成熟和国内市场的日益完善，国际化已成为行业的重要发展趋势。喜茶、奈雪的茶等品牌纷纷将目光投向海外市场，开设海外门店，参与国际食品展，与当地企业合作。

截至2022年6月，蜜雪冰城海外门店突破1000家。2023年2月，蜜雪冰城将出海版图扩张至澳大利亚悉尼，5月，7分甜宣布"出征"加拿大；8月，喜茶在英国伦敦中华城SOHO区开出欧洲首店；10月茶百道首家海外门店落地韩国首尔。年报显示，奈雪的茶于2023年底在泰国开出首家门店，此后将持续加大境外市场拓展力度。据介绍，该店位于曼谷Emsphere高端商场，单月营业额超100万元，单日营业额破6万元。

新茶饮品牌的国际化趋势，不仅为品牌自身带来了新的增长点，也为整个行业的发展注入了新的活力。展望未来，随着中国新茶饮品牌的持续国际化，预计中国新茶饮将在世界舞台上扮演更加重要的角色。

（执笔人：王岳飞、倪子鑫）

第四部分
国际贸易

2023世界茶叶产销形势报告

2023中国茶叶进出口发展报告

2023中国茶叶"一带一路"建设报告

2023中国新式茶饮品牌国际化发展报告

2023世界茶叶产销形势报告

中国食品土畜进出口商会

2023年,在俄乌冲突、中东局势错综复杂及全球经济下行的大背景下,茶叶产量稳步提升,进出口贸易总体运行平稳,但仍面临供求失衡等诸多挑战。

一、生产总量上升

全球茶叶产量约660.4万吨,较2022年增加12.2万吨,同比增长约1.9%(表1)。亚洲茶叶产量571万吨,占全球总产量86.5%,较2022年增加9.9万吨;非洲茶叶产量79.8万吨,占全球总产量12%,较2022年增加2.6万吨;南美洲茶叶产量7.6万吨,占全球总产量1.2%,较2022年减少3070吨;独联体茶叶产量9620吨;大洋洲茶叶产量8700吨。

表1 2023年全球茶叶总产量(前10位)

名次	国家或地区	产量/吨	同比增长/%
1	中国	3250000	2.2
2	印度	1367700	0.2
3	肯尼亚	570260	6.6
4	土耳其	265000	7.8
5	斯里兰卡	256040	1.8
6	越南	170000	-2.3
7	印度尼西亚	120800	-3.4
8	孟加拉国	102951	9.7
9	日本	71500	2.1
10	阿根廷	68000	-4.5
	全球茶叶总产量	6603813	1.9

(资料来源:国际茶叶委员会)

表1数据表明,产量增长主要来自中国和肯尼亚,但两国的茶叶产量中有相当一部分被结转为年终库存,其他茶叶生产国未出现显著增长。孟加拉国的茶叶产量增加9.7%,但大部分用于内销。印度尼西亚、越南、阿根廷的产量下降,而土耳其在良好气候条件的推动下产量增加。

二、出口总量几乎持平

全球茶叶出口总量约173.7万吨，较2022年增加6797吨，同比增长0.39%，占全球茶叶总产量的26.3%（表2）。其中亚洲茶叶出口102.9万吨，占全球总出口量59.3%，较2022年减少4.8万吨；非洲茶叶出口62.9万吨，占全球总出口量36.2%，较2022年增加5.9万吨；南美洲茶叶出口6.8万吨，占全球总出口量3.9%，较2022年减少4981吨；其他地区出口约1万吨。

表2　2023年全球茶叶总出口量（前10位）

名次	国家或地区	出口量/吨	同比增长/%
1	肯尼亚	522915	16.1
2	中国	367444	-2.1
3	斯里兰卡	239195	-3.2
4	印度	225000	-1.3
5	越南	121000	-13.6
6	乌干达	69000	-8.9
7	阿根廷	66000	-7
8	马拉维	42584	-7.1
9	卢旺达	38163	4.6
10	印度尼西亚	35971	-20
	全球茶叶总出口量	1736740	0.39

（资料来源：国际茶叶委员会）

肯尼亚茶叶出口总量增长约16%，其中向巴基斯坦出口21万吨，占其出口总量的20%；向埃及出口6.6万吨；向巴基斯坦、英国、伊朗、阿富汗、约旦和也门的出口量大幅增加。肯尼亚平均拍卖累计价格为2.07美元/千克，低于2022年（2.33美元/千克）。由于肯尼亚茶叶发展局（KTDA）对茶叶设定了最低价格，这在很大程度上导致每周约有40%的拍卖茶叶未售出。

斯里兰卡的茶叶出口量同比下降4%，但对土耳其的出口量几乎翻番，达3.1万吨；对中国和约旦的出口量增加，但对俄罗斯、伊朗、伊拉克和美国出口量下降。

印度对大多数主要市场的茶叶出口量保持稳定，然而对俄罗斯、阿联酋和伊朗的出口量明显下降。伊朗买家的采购量下降，影响了传统茶叶生产商，尤其是印度生产商。

越南茶叶产量下降导致其出口量有所下降。除德国和马来西亚外，印度尼西亚对大多数市场的出口量减少。马拉维向英国和南非的茶叶出口量有所增长，但整体出口量下降。美国和智利的采购量下降导致阿根廷出口量减少。

三、进口总量小幅缩减

全球茶叶进口总量约165.5万吨，较2022年减少10.6万吨，同比下降6%，创2012年以来最低水平（表3）。其中，亚洲地区（不包括茶叶主产国）进口茶叶54万吨，占全球总进口量的32.6%，较2022年减少2.5万吨；欧洲地区（不包括英国和独联体）进口茶叶12.8万吨，占全球总进口量的7.7%，较2022年进口量减少约1万吨；非洲地区进口茶叶34.4万吨，占全球总进口量的20.8%，较2022年减少2.6万吨；亚洲地区茶叶主产国进口茶叶17.5万吨，占全球总进口量的10.5%，较2022年增加9025吨；北美洲地区进口茶叶12.2万吨，占全球总进口量的7.4%，较2022年减少1.6万吨；拉丁美洲地区进口茶叶2.3万吨，较2022年减少6265吨；大洋洲地区进口茶叶1.87万吨，较2022年减少1623吨。

表3 2023年全球茶叶总进口量（前10位）

名次	国家或地区	进口量/吨	同比增长/%
1	巴基斯坦	236060	-0.18
2	俄罗斯	130000	-5.4
3	美国	104236	-12.8
4	独联体（除俄罗斯）	90000	-5.3
5	英国	83551	-16.1
6	埃及	72000	-16.3
7	摩洛哥	60000	-26.6
8	阿联酋	46000	-8.7
9	中国	44000	6.3
10	伊拉克	42000	-16
	全球总进口量	1654700	-6

（资料来源：国际茶叶委员会）

除了也门和几个非洲西北部市场外，2023年几乎没有一个国家的进口量同比有增长。巴基斯坦再次成为全球最大茶叶进口国，进口量约23.6万吨，占全球进口总量的14%。俄罗斯、美国、英国、埃及、伊朗、伊拉克、波兰、摩洛哥、智利和苏丹的进口量明显大幅下降。埃及进口茶叶7.2万吨，同比减少16.3%。摩洛哥的官方茶叶进口量6万吨，同比下降26.6%。

巴基斯坦茶叶进口总量的95%来自东非。美国进口量均有所下降，红茶进口量同比下降13%，绿茶进口量同比下降15%。俄罗斯的进口量下降了约1万吨，来自印度和其他主要来源国的进口量减少。

继2022年茶叶进口量增长之后，2023年英国的茶叶总进口量同比下降16%，来自所有主要来源国的进口量再次下降。英国73%的茶叶来自东非，与正常进口量一致。自有品牌包装商占据25%的市场份额，其他主要品牌占据剩余份额。

四、促进全球茶叶消费任重道远

总体来看,国际贸易出于"量稳质升"阶段,贸易规模较为稳定。但全球经济发展充满不确定性、贸易保护主义影响更加显著、跨境商务往来仍在恢复,贸易流通仍面临诸多挑战。

就茶叶而言,产量持续增加,但消费增速放缓。2023年全球消费量约621.2万吨,2022年为623.3万吨。产茶国的总保留量占总产量的74%,过去10年全球表观消费量增长27%,而进口量下降4.5%。

具体分析,家庭茶叶消费大幅上涨,电子零售渠道为茶叶消费增加潜能。而价格、消费群体、茶文化、产品多样化、物流和库存状况等因素依旧制约全球茶叶消费。水、咖啡、花草茶饮料和许多其他酒精和非酒精饮料,都在争夺有限的市场份额,如何刺激茶叶消费、缓解供需矛盾,需要全球茶行业的共同努力。

一是构建国际互信互利机制。定期对话,交流各国茶叶贸易现存问题,减少不必要的贸易摩擦。求同存异,实现茶叶生产、加工、可持续发展国际标准互认,缓解贸易壁垒对茶叶出口的限制。

二是搭建产业共享共赢平台。加强文化交融互鉴及各国茶叶管理机构、行业组织、企业、科研院所交流合作,共享最新发展成果,打造国际茶叶品牌,倡导科学饮茶、健康饮茶,吸引年轻消费者,引导国际主流茶叶消费市场升级。

三是推动公平贸易与可持续发展。发掘生产国国内市场潜力,不断推陈出新,扩大茶在各国饮料市场的覆盖率和市场份额;在非传统饮茶国,要重点研究传统市场与新兴市场不同的饮茶习惯、口味和消费需求,有针对性地选择推广合作伙伴,拓展深度合作机会。

(执笔人:王文琪)

2023中国茶叶进出口发展报告

中国食品土畜进出口商会

茶叶作为融汇中西的桥梁和纽带，战略使命及实效意义日趋重要。2023年囿于全球经济下行、传统消费市场需求不稳定等因素影响，中国茶叶进出口贸易历经阶段性波动，最终维持了基本盘的稳定。

一、出口总量小幅缩减，出口额及均价下降

2023年中国茶叶出口36.8万吨，金额17.4亿美元，均价4.7美元/千克，分别同比下降2.0%、16.3%和14.6%。出口呈现近年首次量、价、额齐降，主要受到传统进口市场库存积压、美元加息、物流成本高涨等因素影响。

（一）红茶、普洱茶（熟普）降幅较大，黑茶增幅明显

绿茶出口量（30.9万吨）、出口额（11.8亿美元）、均价（3.82美元/千克）呈不同程度下降；红茶出口2.9万吨，降幅12.6%；黑茶出口427吨，增幅21.8%（表4）。

表4　2023年中国各茶类出口统计

茶类	出口量/万吨	出口额/亿美元	均价/（美元/千克）	出口量同比增长/%	出口额同比增长/%	均价同比增长/%
绿茶	30.94	11.80	3.82	-1.4	-15.1	-13.9
红茶	2.90	2.67	9.19	-12.6	-21.6	-10.3
乌龙茶	1.99	2.07	10.38	3.0	-20.0	-22.3
茉莉花茶	0.62	0.50	8.13	/	/	/
普洱茶（熟普）	0.17	0.13	7.71	-10.2	-55.6	-50.5
白茶	0.06	0.15	25.24	/	/	/
黑茶	0.04	0.03	5.92	21.8	-7.7	-24.2
其他花茶	0.02	0.04	16.12	/	/	/

注：自2023年起，茉莉花茶、白茶新增单独海关税则号，无往年可比数据。

浙江省持续领跑中国绿茶出口，出口量和出口额分别占绿茶出口总量和总额的46.7%和36.8%；四川省出口绿茶5838吨，出口额1228万美元，增幅达24.6%和29.5%（表5）。

表5 2023年中国绿茶出口省份统计（前10位）

名次	省份	出口量/万吨	出口额/亿美元	均价/（美元/千克）	出口量同比增长/%	出口额同比增长/%	均价同比增长/%
1	浙江	14.43	4.35	3.00	−1.8	−3.7	−1.9
2	安徽	6.52	2.41	3.70	10.5	5.0	−5.0
3	湖南	3.48	0.90	2.60	−13.6	−18.6	−5.8
4	湖北	2.18	1.38	6.30	−0.5	−11.9	−11.4
5	福建	1.17	1.03	8.80	−11.0	−55.2	−49.7
6	江西	1.00	0.48	4.80	−6.4	−23.0	−17.7
7	河南	0.65	0.38	5.90	11.5	29.3	16.0
8	四川	0.58	0.12	2.10	24.6	29.5	4.0
9	贵州	0.35	0.35	9.80	−1.7	−7.0	−5.3
10	云南	0.20	0.07	3.80	−11.9	−76.7	−73.6

重庆市红茶出口量5424吨，位居全国第一，同比下降16.6%；福建省乌龙茶出口量1.35万吨、出口额1.43亿美元，占全国乌龙茶出口总量和总额的67.8%、69%；广东省普洱茶出口量703吨，同比增长44.5%；广西壮族自治区黑茶出口量267吨、出口额203万美元，分别同比增加52.8%和32.4%，占全国黑茶出口总量和总额的62.6%、80.1%。

（二）多数主销市场需求旺盛，对摩洛哥出口降幅较大

2023年中国茶叶出口至130个国家和地区，向摩洛哥出口近6万吨，同比下降20.7%；向俄罗斯出口约1.5万吨，同比下降25.2%；向阿尔及利亚出口约2万吨，同比增长76.8%。向"一带一路"沿线国家出口9.5万吨，出口额5.1亿美元，均价5.42美元/千克，分别同比下降8.4%、25.9%和19.1%。向欧盟出口2.6万吨，出口额1.1亿美元，均价4.15美元/千克，分别同比下降6.9%、10.8%和4.1%（表6）。

表6 2023年中国茶叶出口国家和地区统计（前10位）

名次	国家和地区	出口量/万吨	出口额/亿美元	均价/（美元/千克）	出口量同比增长/%	出口额同比增长/%	均价同比增长/%
1	摩洛哥	5.98	1.90	3.18	−20.7	−20.6	0.1
2	加纳	3.53	1.42	4.02	44.0	35.3	−6.1
3	乌兹别克斯坦	2.72	0.53	1.91	9.2	−5.7	−13.6
4	阿尔及利亚	2.03	0.71	3.50	76.8	49.5	−15.4
5	塞内加尔	1.67	0.69	4.15	−2.8	0.6	3.4
6	毛里塔尼亚	1.58	0.67	4.24	25.7	20.0	−4.5
7	俄罗斯	1.47	0.54	3.66	−25.2	4.4	39.6

续表

名次	国家和地区	出口量/万吨	出口额/亿美元	均价/（美元/千克）	出口量同比增长/%	出口额同比增长/%	均价同比增长/%
8	马里	1.20	0.50	4.21	29.3	19.3	-7.7
9	日本	1.03	0.53	5.09	7.6	16.7	8.5
10	喀麦隆	1.02	0.18	1.80	-8.9	11.3	22.3

（三）浙江继续领跑出口，四川增长亮眼

2023年中国6个省份茶叶出口量突破万吨，其中浙江省出口量（15.03万吨）和出口额（4.64亿美元）居首，占中国茶叶出口总量、总额的40.9%和26.7%；四川省出口增幅亮眼，出口量（7508吨）、出口额（2154万美元）、均价（2.9美元/千克）分别提升23.7%、52.7%和23.4%（表7）。

表7 2023年中国茶叶出口省（自治区、直辖市）统计（前10位）

名次	省（自治区、直辖市）	出口量/万吨	出口额/亿美元	均价/（美元/千克）	出口量同比增长/%	出口额同比增长/%	均价同比增长/%
1	浙江	15.03	4.64	3.10	-2.3	-4.0	-1.7
2	安徽	6.73	2.50	3.70	8.4	2.1	-5.8
3	湖南	4.22	1.16	2.80	-11.5	-17.0	-6.2
4	福建	2.89	3.06	10.60	-9.3	-42.5	-36.6
5	湖北	2.42	1.95	8.10	-1.4	-2.1	-0.7
6	江西	1.31	1.00	7.60	-6.6	-23.4	-18.0
7	四川	0.75	0.22	2.90	23.7	52.7	23.4
8	河南	0.70	0.61	8.70	13.7	40.0	23.1
9	贵州	0.58	0.98	16.90	17.9	15.6	-2.0
10	重庆	0.54	0.05	0.90	-16.7	-17.1	-0.4

二、进口总量小幅下降，进口额及均价上扬

2023年中国进口茶叶3.9万吨、同比下降5.5%，出口额1.5亿美元，均价3.8美元/千克，分别同比增长0.2%和6%。

（一）黑茶进口增幅明显，普洱茶降幅较大

红茶进口量3.2万吨，出口额1.1亿美元，占中国茶叶进口总量及总额的82.1%、73.3%；绿茶（4871吨）、乌龙茶（1648吨）和普洱茶（6吨）进口量下降，其中普洱茶降幅达95.3%（表8）。

表8　2023年中国各茶类进口统计

茶类	进口量/吨	进口额/万美元	均价/（美元/千克）	出口量同比增长/%	出口额同比增长/%	均价同比增长/%
红茶	32221	11218	3.48	7.0	4.5	-2.3
绿茶	4871	952	1.95	-42.0	-28.6	23.0
乌龙茶	1648	2326	14.12	-36.3	1.2	58.9
其他花茶	247	69	2.80	/	/	/
马黛茶	118	47	4.03	1.4	-3.2	-4.5
茉莉花茶	21	55	26.04	/	/	/
普洱茶（熟普）	6	17	27.04	-95.3	-79.3	344.8
黑茶	2	4	19.65	69.2	-42.3	-65.9
白茶	0.1	3	31.47	/	/	/

注：自2023年起，茉莉花茶、白茶新增单独海关税则号，无往年可比数据。

北京市进口红茶3729吨、进口额1438万美元、均价3.9美元/千克，大幅提升693.7%、995.8%和38.1%；福建省进口乌龙茶956吨，占中国乌龙茶进口总量的58%，但较去年下降45%；上海市进口绿茶233吨、进口额238万美元，分别同比增长62.2%和43.5%，进口马黛茶27吨、进口额11万美元，分别大幅提升279.4%和213%。

（二）斯里兰卡和印度小幅提升，缅甸降幅较大

2023年中国茶叶进口自62个国家和地区，其中斯里兰卡占中国茶叶总进口量的三分之一；自印度进口茶叶从2019年的最高值1.3万吨持续下降，2023年进口6159吨，较2022年的5715吨略有回升（表9）。

表9　2023年中国茶叶进口国家和地区统计（前5位）

名次	国家和地区	进口量/吨	进口额/万美元	均价/（美元/千克）	出口量同比增长/%	出口额同比增长/%	均价同比增长/%
1	斯里兰卡	12120	5913	4.88	4.5	-0.3	-4.6
2	印度	6159	1633	2.65	7.8	16.2	7.8
3	布隆迪	3278	853	2.60	27.4	17.9	-7.5
4	缅甸	3110	254	0.82	-46.9	-52.7	-10.9
5	马拉维	2410	384	1.59	20.4	14.4	-5.0

（三）浙江进口居首，北京增长亮眼

中国茶叶进口集中于东南沿海城市、北京及上海等经济发达地区，浙江和福建两省进口量占总进口量的50%以上；北京市进口量（3741吨）、进口额（1467万美元）、均价（3.9美元/千克），分别大幅提升681.4%、834%和19.5%（表10）。

表10　2023年中国茶叶进口省（自治区、直辖市）统计（前10位）

名次	省（自治区、直辖市）	进口量/吨	进口额/万美元	均价/（美元/千克）	出口量同比增长/%	出口额同比增长/%	均价同比增长/%
1	浙江	11215	2727	2.40	34.2	34.9	0.5
2	福建	8617	3992	4.60	-29.6	-14.2	21.9
3	广东	4627	2161	4.70	5.9	7.9	1.8
4	云南	3774	390	1.00	-48.5	-54.1	-10.9
5	北京	3741	1467	3.90	681.4	834.0	19.5
6	上海	3649	2687	7.40	-5.4	-19.9	-15.3
7	江苏	1297	329	2.50	-44.7	-42.3	4.3
8	广西	823	271	3.30	-7.4	15.5	24.7
9	山东	407	174	4.30	16.4	-0.3	-14.4
10	江西	272	94	3.50	11.3	58.7	42.6

三、培育新质生产力，引领全球茶产业高质量发展

近10年（2014—2023年）全球茶叶产能快速增长，贸易增速放缓，产量年复合增长率为2.6%，出口量、进口量年复合增长率为负，出口量占产量的比重从2011年的33.4%逐渐跌至2023年的26.3%。中国茶叶产量年复合增长率为6%，出口量、进口量年复合增长率分别为2.2%和6.3%，为茶叶生产和消费做出积极贡献。

伴随"三茶统筹"指示的深入落实，有力促进茶叶"生产要素创新性配置、产业深度转型升级"。特别是《区域全面经济伙伴关系协定》（RCEP）全面生效，将持续推动区域内产品、技术、人才、资本等自由贸易，发掘沿线国家市场中蕴藏的巨大消费潜力。此外，由中国科学家团队主导制定的国际标准ISO 20715：2023《茶叶分类》正式颁布，标志中国六大茶类分类体系正式成为国际共识，对推动国际茶叶公平贸易与可持续发展具有里程碑式意义。新式茶饮"出海"，名优品牌不断打造，中国茶产业将以更加年轻化、创新性的发展态势，引领塑造全球茶叶多元化消费新格局。

同时，中国正不遗余力地推动茶文化的传承与发扬。44项"中国传统制茶技艺及其相关习俗"列入联合国教科文组织《人类非物质文化遗产代表作名录》，"普洱景迈山古茶林文化景观"成为全球首

个以"茶"为主题的世界文化遗产,彰显了中国在世界茶叶起源、种植、贸易和茶文化传播领域的主导地位,也将为茶文旅全面融合发展增加源源不断的动力,贡献中国范例。

未来,中国将继续发挥茶叶大国力量,为全球茶产业高质量发展赋能添彩,中国食品土畜进出口商会茶叶专业委员会将不断优化行业协调与服务效能,以"请进来"和"走出去"为战略指导,持续搭建高质量贸促合作平台,携手全球茶界同仁,共绘茶产业蓬勃发展新篇章。

(执笔人:王文琪)

2023中国茶叶"一带一路"建设报告

中国茶叶流通协会

一、引言

2013年，习近平总书记提出共建"一带一路"倡议，给当今整个世界的发展带来了巨大的积极影响。十年间，这一倡议以其开放性、包容性和互利性，得到了国际社会的广泛认可和高度关注，为开拓新经济增长空间，促进区域互联互通和贸易投资自由化、便利化做出了重要贡献。目前，"一带一路"已成为全球贸易与投资的重要引擎、经济一体化的重要平台，以及文化交流与民心相通的重要纽带。

茶产业作为我国历史悠久和文化底蕴深厚的重要农业产业之一。近年来，中国茶产业乘着"一带一路"的东风，迎来了新的增长机遇，不仅在物流建设、市场开拓、品牌打造、文化传播等方面取得了巨大成就，还在科技创新、绿色发展、国际合作等方面展现出新的活力。本报告将详细回顾和总结中国茶产业在"一带一路"倡议下的十年发展成就，并展望其未来趋势。期望本报告能够为中国茶产业的从业者以及所有关心茶产业发展的各方提供有价值的参考和启示，共同推动中国茶产业在全球市场上的繁荣与发展。

二、中国茶产业在"一带一路"倡议下的发展成就

（一）出口贸易规模扩大

近年来，中国茶叶出口在"一带一路"倡议的推动下，展现出强劲的增长势头。特别是过去十年间，中国对"一带一路"沿线国家的茶叶出口总量与出口总额均实现了显著提升，不仅深化了中国与这些国家的经贸合作，也促进了中国茶文化的国际传播。

据中国海关统计，2013年，中国茶叶出口总量32.58万吨，出口总额12.47亿美元，均价3.92美元/千克；至2021年，中国茶叶出口各项指标均达到历史最佳水平，出口总量增至36.94万吨，出口总额达到22.99亿美元，均价提升至6.22美元/千克，较2013年分别增长了13.38%、84.36%和58.67%。尽管2023年数据有所回落，茶叶出口总量36.75万吨、出口总额17.41亿美元、均价4.73美元/千克，但较2013年，2023年的出口总量、总额、均价仍保持12.8%、39.6%、20.7%的显著增长。

特别值得关注的是，中国茶叶在全球范围内的声誉与日俱增，在"一带一路"的沿线国家和地区

尤为明显。据中国茶叶流通协会数据统计，2015年至2023年，中国内地对共建"一带一路"国家茶叶出口量、出口额稳步增长，出口量由25.44万吨增长至31.62万吨，涨幅为24.3%，出口额由9.53亿美元增长至12.9亿美元，涨幅为35.4%，对共建"一带一路"国家出口量的占比也由78.3%增长至86%。2023年，中国茶叶出口排名前20位的目的地国家中，有17个是"一带一路"倡议的合作伙伴。中国对这17个国家（地区）的出口总量达27.23万吨，出口总额达12.92亿美元，占比分别为74.10%和74.21%（图1、图2、图3）。这一数据充分证明了中国茶叶在"一带一路"沿线市场的强劲表现和巨大潜力。

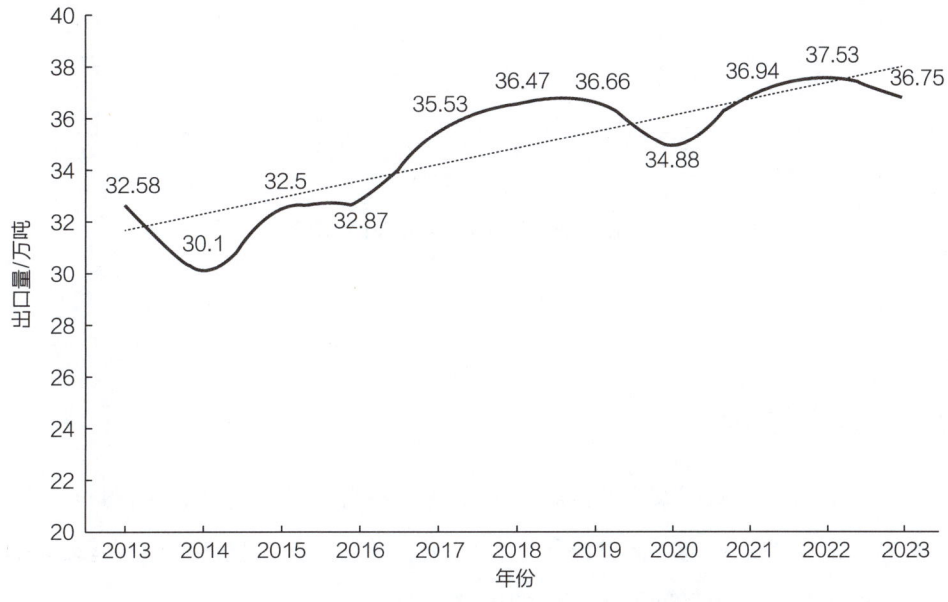

图1　2013—2023年中国茶叶总出口量

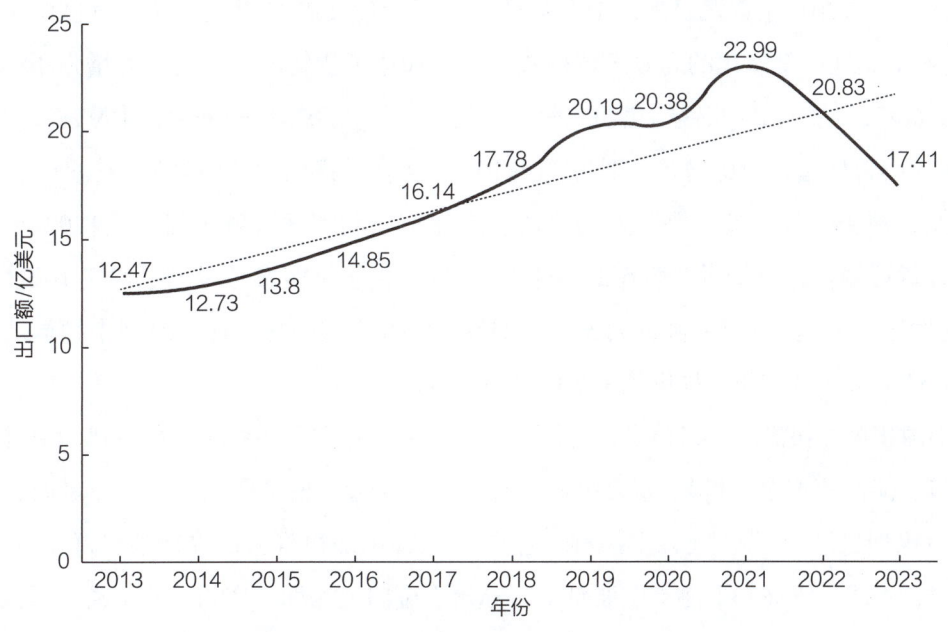

图2　2013—2023年中国茶叶总出口额

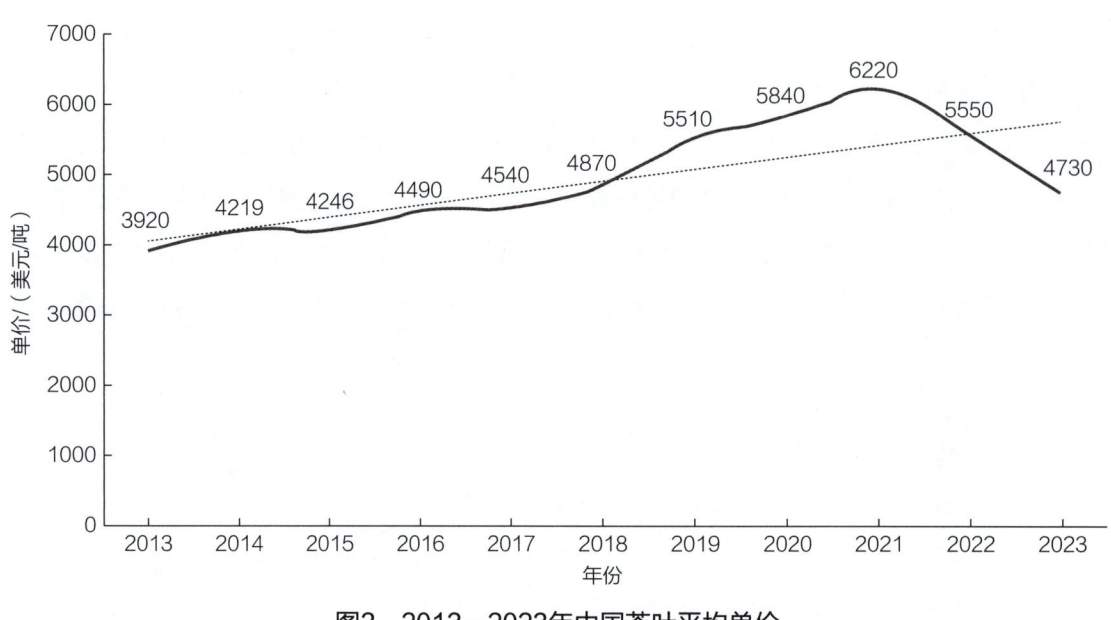

图3　2013—2023年中国茶叶平均单价

（二）物流通道加速建设

在"一带一路"倡议下，中国茶产业的物流通道建设取得了显著进展，对促进中国茶叶的国际化出口发挥了核心作用。中欧班列与中老铁路等关键物流通道的开辟，显著缩短了运输周期，削减了物流成本，为中国茶叶开拓国际市场铺设了宽广的道路。

中欧班列，作为"一带一路"共建项目中的"明星工程"，已稳固确立其作为中国茶叶出口主要物流通道的地位。自2011年首发以来，中欧班列累计开行量突破8.7万列大关，其网络覆盖欧洲25个国家的222座城市。这一常态化的高效运营模式，不仅加速了货物流转，还显著增强了中国茶叶在欧洲市场的竞争优势。据中国国家铁路集团有限公司最新数据，2024年一季度，中欧班列开行4541列，运送货物量达49.3万标箱，同比增幅分别为9%和10%，彰显出蓬勃的发展势头。

中老铁路，被誉为"一带一路"上的"黄金大通道"和"钢铁新丝路"，自2021年12月通车以来，老挝段客货运输量持续攀升。截至2024年8月25日，当年旅客发送量已达22.7万人次，同比增长39.8%；货物发送量则达到35.5万吨，同比增长25%。值得注意的是，这些班列中频繁装载着茶叶产品，为中国茶产业迈向全球舞台提供了坚实的物流支撑。

此外，中国积极加快沿海港口建设，并深度参与"一带一路"沿线国家的基础设施建设合作，涵盖交通、港口、能源等多个关键领域。2024年6月，国家交通运输部印发了《关于新时代加强沿海和内河港口航道规划建设的意见》（以下简称《意见》），提出加快打造世界级港口群。《意见》提出，稳步推进大连、天津、青岛、上海、宁波舟山、苏州、厦门、深圳、广州、北部湾、洋浦等港口重要集装箱港区建设，提高集装箱干线港国际连通度和枢纽功能。未来，中国将进一步加强与沿线国家的互联互通，为中国茶叶出口构建了一个更为便捷、高效的物流生态系统，进一步推动了中国茶文化的全球传播与茶产业的繁荣发展。

（三）多元产品开拓市场

中国茶产业紧抓"一带一路"倡议带来的历史机遇，积极开拓新兴市场，与沿线国家构建了广泛的经贸合作网络。这一战略不仅极大地丰富了中国茶叶的出口路径，更为产业注入了新的活力与增长点。在国际化进程中，中国茶叶企业展现出高度的市场敏锐度，针对不同国家和地区的独特消费习惯与文化背景，精心策划并执行了差异化的市场渗透策略，针对偏好传统饮品的欧洲市场，推出经典原茶产品；针对注重健康养生的消费者群体，推出具有保健功能的绿茶或红茶；针对追求高端品质的消费者群体，则推出具有世界语言的"中国风"产品，结合现代科技和工艺的名优茶，以增强产品的文化内涵和市场吸引力；对于追求新奇体验的年轻消费者群体，推出融合了现代时尚元素的新茶饮、花草茶、果味茶，形式上开发迷你茶砖、茶晶、速溶茶粉等新型产品，满足了年轻消费者对于口感独特与获取便捷的需求。通过产品类型、包装风格、使用场景、文化习俗的差异化、多元化创新布局，不仅增强了中国茶叶在国际市场的适应力，也极大地促进了中国茶文化的全球传播。以摩洛哥等偏爱绿茶的国家为例，中国绿茶品牌凭借对当地口味的精准把握与卓越品质，成功赢得了消费者的广泛好评。

（四）品牌形象显著提升

品牌，作为企业与产品在国际舞台上的亮丽名片，对于提升中国茶叶的国际竞争力至关重要。通过持续的品牌建设，中国茶叶企业成功塑造了独特的品牌形象，显著提升了产品的附加值，从而在"一带一路"沿线国家与地区的市场中脱颖而出。

近年来，中国茶叶品牌加速国际化步伐，2020年9月14日，中国与欧盟正式签署了《中华人民共和国政府与欧洲联盟地理标志保护与合作协定》（以下简称《中欧地理标志协定》）；2021年3月1日，协定正式生效。在首批互认的100个地标产品中，包括安溪铁观音、安化黑茶、福鼎白茶、武夷岩茶、横州市茉莉花茶在内，共有来自全国11个产茶省的28个茶叶地标产品，协定运行一年，名单涉及的茶叶产品出口总额已超过1亿美元。第二批又将有31个中国茶叶地标产品得到保护。《中欧地理标志协定》通过建立健全标准体系、检验检测体系和质量保证体系，确保产品质量与特色品质满足多个目标出口国家和地区的标准，为中国茶业经济赢得了更大的发展机遇，也极大地推动了茶产业的出口和转型升级，为新时代茶产业的发展保驾护航。

此外，中国茶叶企业通过参与国际展览、开设海外专卖店、举办品牌巡展等多种途径，有效提升了品牌的国际知名度与影响力。例如：八马茶业通过参加"一带一路"国际合作高峰论坛、在联合国总部举办的"国际茶日"等活动，向世界展示中国茶的品牌力量和文化之美；华祥苑茶业通过举办"茶和天下，福茶先行"国际巡回推介活动，在国际舞台上频频亮相，为中华文化助力大国外交作出了积极贡献；霸王茶姬通过与7位冠军健康大使代言合作，亮相巴黎奥运会，把现代东方茶介绍给更多人；喜茶打造的"喜茶巴黎观赛茶室"快闪门店在法国巴黎开业，见证奥运举办，传播中国茶文化；多个茶叶品牌在国际上设立营销网点，利用互联网和电商平台等新媒介，扩大产品销售范围。

目前，中国茶叶通过区域共用品牌与企业品牌的双重驱动，以及多赛道、多形式的营销策略，打造了一批备受推崇的明星产品，成功在全球市场上树立了良好的口碑。

（五）贸易流通更加高效

1. 茶叶国际化标准建立

国际标准化组织食品技术委员会茶叶分技术委员会（ISO/TC 34/SC 8）共有17个成员国及28个观察国。中国作为成员国之一，与全球各茶叶产销国，围绕国际茶叶标准的制定、修订以及未来茶叶国际标准的研究方向献计献策。我国茶叶标准领域专家通过牵头、参与ISO国际标准的制定、修订工作，积极承办ISO/TC 34/SC 8茶叶国际标准化会议，开展国家标准外文版翻译等工作，推动与主要贸易国之间的标准互认，推进优势、特色领域标准国际化，创建中国标准品牌，以中国标准"走出去"带动我国产品、技术、装备"走出去"。中国茶叶企业也积极追求国际质量认证，如ISO、HACCP等，进一步巩固了品牌在国际市场上的信誉，增强了消费者的信任与购买意愿。

2. 茶叶海关税则号建立

税目被称为贸易的"语言"。当一类商品拥有相应的税目之后，有助于促进商品贸易流通，有利于统计商品的国际贸易情况，提高贸易透明度，将更加方便地落实进出口贸易许可管理政策或税收征管政策等。

2021年之前，中国黑茶进出口一直没有单独的税则子目，影响了生产与进出口贸易的良性发展。为了有效破除产业发展瓶颈，中国茶叶流通协会主动联系海关总署有关司局，在汇报情况提出黑茶进出口税则号单独列目要求的同时，还大力组织湖南、广西、陕西等省（自治区）的行业组织、骨干企业、产区政府共同推进有关工作，经过三年的持续努力，促成了国务院关税税则委员会正式明确黑茶出口单独列目，实现了中国黑茶进出口税则号列"零"的突破。

黑茶列目不仅有利于中国海关准确统计行业进出口数据，减少归类争议与国际纠纷，维护中国信誉与大国形象，也有利于促进中国黑茶出口的规模化与规范化发展，同时扩大了茶叶出口创汇，提升中国茶产业的国际话语权。

（六）科技赋能产业升级

在"一带一路"倡议的引领下，中国茶产业在国际舞台上的科技合作与技术创新能力显著增强，成为驱动产业高质量发展的关键引擎。中国与沿线国家深化科技互动与技术协作，携手探索并实践了一系列新技术与新产品的开发，不仅在技术层面实现了飞跃，而且在国际市场拓展与文化交流中展现了新的活力与潜力。以下是对几个关键领域的细化阐述。

1. 高新技术融合创新

小罐茶等中国现代化茶企引入的智能化生产线，茶叶加工环节深度融入高新技术，实现了从杀青、揉捻、干燥到包装的全流程自动化生产，大幅提升了加工效率，更确保了茶叶的天然营养与风味得以完美保留，显著增强了茶叶的品质魅力。

2. 智能化与自动化转型

八马茶业在福建武夷山投建的智能化生态产业园，其中投产的第七代智能化生产线，结合岩茶和红茶产品生产工艺流程需要，对整线生产设备进行了优化升级，依托先进的计算机控制系统与精密传感器技术，实现了从原料处理到成品包装的规模化、标准化、智能化转型升级，有效保障了产品质量的稳定性和均一性，进一步提升了生产效率和国际竞争力。

3. 绿色低碳技术实践

中国多个茶业产区积极响应全球"双碳"目标及绿色环保理念，通过采用先进的"茶光互补"模式，通过建设光伏茶园、茶光电站，在保障茶树生长的同时，实现了空间立体高效利用，提高土地和光能利用率，实现茶产业与光伏产业的优势互补；通过推行茶园复合生态种植模式，如"林—茶—草""茶—果""茶—油茶"等立体复合生态种植模式，提升生态系统稳定性与生物多样性，改善土壤环境与提升土壤肥力。安溪铁观音产区，通过1号、2号遥感卫星提供茶树病虫害监测预警、茶园规划、质量溯源等技术支持；还建设地面"全国首家茶生态医院"，通过云技术和物联网技术，构建起"生态修复+环境监测+联动控制+质量溯源"的低碳生态系统，形成了低能耗、低污染、低排放的绿色发展模式。

（七）绿色理念合作共赢

绿色发展是"一带一路"倡议的重要理念之一。中国茶产业积极响应这一理念，通过积极推动生态茶园建设，采用生物防治、有机施肥等环保措施，减少化学农药和化肥的使用，保护茶园生态环境；创新环保、节能的茶叶生产加工技术，如低温烘干、清洁能源使用等，减少能源消耗和环境污染；同时，在绿色包装与物流方面，采用可降解、可回收的包装材料，减少塑料等难以降解材料的使用，并优化物流流程，减少运输过程中的能耗和排放。

此外，中国茶产业还与沿线国家加强绿色发展合作，共同推动茶叶产业的可持续发展，通过签署生态环境保护文件、加强资源节约和循环利用等方式，降低了生产过程中的能耗和排放，并积极参与全球环境治理和生态文明建设，为构建绿色"一带一路"作出了积极贡献。

三、中国茶产业面临的挑战

中国茶产业在国际市场上面临着多方面的挑战，这些挑战涉及市场需求、贸易环境、产品质量、品牌竞争力以及文化认知等多个层面。以下是对这些挑战的详细分析。

（一）贸易环境的不确定性

全球贸易环境复杂多变，国际贸易保护主义抬头，关税壁垒和非关税壁垒增加，给中国茶叶出口带来了不确定性；发达国家对茶叶的农残检测标准日趋严格，地区的检测标准严苛且频繁调整，给中国茶叶出口带来了较大的挑战。茶叶生产企业需要加强质量控制，确保产品符合国际安全标准。此外，国际贸易中汇率波动也对茶叶出口企业造成了较大影响，导致出口企业成本增加、利润减少，这都对茶叶贸易产生不利影响。

（二）品牌竞争力不足

1. 品牌意识薄弱

相比国际知名茶叶品牌，中国茶叶品牌在国际市场上的知名度和影响力较低。部分中国茶企缺乏品牌意识，品牌建设和推广力度不够。

2. 产品质量参差不齐

目前，我国茶叶出口中"原料型"茶产品出口占比高，出口价格与附加值偏低，茶叶国际市场有效挖掘与深耕待提升，产业整体优势不明显；同时，"原料型"产品同质化严重，在国际市场上的辨识度相对较低，缺乏差异化竞争优势，中国茶叶在国际市场上难以形成独特的品牌形象和市场定位。

（三）文化认知差异

1. 茶文化传播不足

茶文化是中国茶产业的重要组成部分，但在国际市场上的传播力度和影响力有限。部分国家和地区对中国茶文化的了解不足，影响了中国茶叶在国际市场上接受度。

2. 消费习惯差异

不同国家和地区的消费者差异化的饮茶习惯和消费偏好，对茶叶产品多元、品质升级等个性化、多样性的要求日益提高。随着消费者口味和消费习惯不断变化，中国茶产业需要深入了解目标市场的消费习惯和文化背景，制订有针对性的营销策略和产品方案，不断满足市场需求。

四、中国茶产业的未来发展趋势

（一）持续拓展国际市场

未来，中国茶产业将继续深化与"一带一路"沿线国家的贸易合作，扩大市场份额。同时，中国茶产业还将积极开拓新兴市场，如中东、非洲等地区，以进一步拓展国际市场。通过参加国际展会、设立专卖店、开展品牌巡展等方式，提升中国茶叶的国际知名度和美誉度。

（二）深化国际合作，推动品牌建设与品质提升

推进茶叶种植、加工技术的国际交流与合作，促进区域品牌的国际化发展。利用当地资源和市场优势，建立海外生产基地或加工中心，实现本土化生产与服务，提升品牌影响力和市场占有率。紧跟全球健康消费趋势，注重茶叶品质提升，通过技术创新和标准化生产等方式提高茶叶的品质，开发特定健康功能的茶叶产品，如低咖啡因、高茶多酚、富含微量元素等特色茶叶。同时，结合不同国家和地区消费者的口味偏好，推出定制化、个性化的茶叶产品，满足多元化的市场需求。通过品牌建设和品质提升相结合的方式，推动中国茶叶在国际市场上的竞争力不断提升。

（三）加强科技合作与技术创新

科技合作与技术创新是推动中国茶产业高质量发展的重要动力。未来，中国茶产业将继续加强与国际先进技术的交流与合作，引进和消化吸收国外先进技术和管理经验。同时，中国茶产业还将加大自主研发力度，推动茶叶加工技术的现代化与智能化发展。通过科技合作与技术创新相结合的方式，推动中国茶产业不断升级和转型。

（四）强化标准化与认证体系

建立健全茶叶生产、加工、包装的标准化体系，确保茶叶品质的一致性和安全性。同时，积极申请并获得国际认可的食品安全和质量认证，如ISO、HACCP等，以突破国际贸易壁垒、增强国际市场信任度。

（五）促进绿色发展与合作共赢

坚持绿色发展理念，通过推广生态种植和有机茶生产、加强资源节约和循环利用等方式降低生产过程中的能耗和排放，减少对环境的负面影响；通过建立绿色供应链，从源头保障茶叶的纯净与健康，提升产品附加值，满足国际市场对环保产品的需求，推动茶叶产业的可持续发展。

（六）推动茶文化国际传播

茶文化是中国传统文化的重要组成部分，也是推动中国茶产业国际化的重要力量。推动在国内外设立茶文化教育机构，开展茶文化普及教育，培养更多了解并热爱中国茶文化的国际友人。定期举办国际茶文化论坛、茶艺大赛等活动，促进茶文化的国际交流与合作，提升中国茶文化的全球影响力。

（七）创新营销模式与数字化转型

利用大数据、云计算、电子商务等现代信息技术，构建全球茶叶营销网络，实现线上线下融合

销售。开发智能茶艺体验、在线茶文化课程等新型服务模式，增强消费者互动体验，拓宽茶叶消费群体。

五、结论

历经2000余年的悠长岁月，丝绸之路以其连绵不绝的商旅步履，巧妙融合了丝绸的细腻柔滑、茶叶的淡雅馨香、香料的浓郁芬芳与马匹的矫健英姿，构筑起一座横跨东西方的文化桥梁，拉开了人类文明相互借鉴、共同发展的新纪元序幕。时至今日，"一带一路"的壮阔构想，为这条历史悠久的商路注入了新的生命力，铁轨如龙般蜿蜒伸展、班列似箭穿梭往来，横跨亚、非、欧、拉美四大洲，编织出一张紧密相连、覆盖全球的中国与世界交流的新网络。

在"一带一路"倡议的首个辉煌十年间，中国茶产业犹如夜空中最耀眼的星辰，在国际舞台上大放异彩，展现出前所未有的勃勃生机与强劲活力。依托"一带一路"的平台，中国茶香飘向世界每一个角落，不仅引领了国际合作的新潮流，更积极倡导绿色创新与可持续发展的先进理念，为中国茶产业的海外扩张与转型升级，开辟了一片广阔无垠、充满无限可能的市场蓝海。

展望未来，随着"一带一路"共建进程的不断深化，中国茶业与世界之间的联系将更加紧密而深刻。这不仅是商品与技术的交流，更是文化交融与情感共鸣的升华。中国茶，这承载着千年文化底蕴的饮品，必将在"一带一路"倡议的推动下，成为连接不同文明、促进共同繁荣的重要纽带，续写新时代下东西方交流互鉴的华彩乐章。

（执笔人：王春雷）

2023中国新式茶饮品牌国际化发展报告

喜茶（深圳）企业管理有限责任公司

2023年，是中国新茶饮品牌"出海"全面加速的一年。各大新茶饮品牌通过品质管控、风味革新、文化普及等方式，为海外市场带来了高质平价的茶饮产品，在全世界刮起了一阵中国新茶饮风潮。除了产品实力过硬，中国新茶饮品牌在海外的目的选择、运营思路、品牌策略方面都进行了创新，从而在海外市场获得了很好的市场反馈。中国新茶饮已经在全球市场获得了众多消费者的喜爱，为全球消费者带去了中国的新式茶饮体验。

据有关数据统计，2023年我国各大新茶饮品牌已在越南、印度尼西亚、新加坡、泰国、韩国、日本、澳大利亚、美国、法国等国家开设门店，海外门店总数已过万家。其中，东南亚地区因气候条件、文化基础等优势，成为首选地。

一、新茶饮"出海"加速，"出海"目的地呈现新特征

2023年，中国新茶饮品牌持续加速布局海外市场，呈现出一些新的特征。特别是头部茶饮品牌把出海目的地选在了欧美等地区，不再局限于传统的东南亚区域。这也使得中国茶饮进入了更多全新的海外市场。

例如2023年，为了把一杯高品质、纯风味、好口感的新茶饮带给更多全球用户，喜茶进一步加速海外市场布局，并携手和支持优秀的海外事业合伙人，共同促进新茶饮行业在全球市场的高质量发展。在2023年初正式开放海外事业合伙业务后，喜茶便收到了来自英国、美国、加拿大、澳大利亚、日本、韩国等国家和地区大量海外事业合伙业务申请。历时半年多的筹备，2023年8月起，喜茶在海外多个新的国家市场接连开出当地首店，正式落地喜茶在海外的事业合伙业务。与传统茶饮企业"出海"布局不同，喜茶海外门店多落地于伦敦、纽约等全球知名的标志性城市，且选址均为当地核心商圈。

2023年8月，喜茶在英国的首家门店"喜茶英国伦敦SOHO店"开业，该门店位于伦敦西区的代表性商业街区SOHO，是伦敦西区的娱乐、餐饮和文化艺术中心。门店坐落于唐人街的繁华商圈，这里聚集了来自世界各地的消费者。10月13日，喜茶在澳大利亚墨尔本首店斯旺斯顿（Swanston）店正式开业。该门店位于墨尔本城市核心商圈的步行街道斯旺斯顿街（Swanston Street），邻近中国城、联邦广场、墨尔本火车站、墨尔本Emporium购物中心等地标位置，周边购物、娱乐、百货、休闲餐饮等多种业态发展良好。10月底，喜茶加拿大本拿比（Burnaby）店也投入营业，这也是加拿大的喜茶首店。门店位于大温哥华地区最中心的本拿比市丽晶广场。该区域不仅为当地华人的主要活动区

域，其周边密集的住宅和办公群体也可辐射到周边的主流消费群体。12月8日，喜茶美国首店在纽约百老汇正式投入运营，喜茶美国市场开启布局。门店地处美国纽约曼哈顿百老汇核心位置，距离时代广场、帝国大厦、麦迪逊广场花园等纽约地标均步行10分钟左右可到达。

通过在这些全球标志性城市的核心商圈开出首店，喜茶获得了更高的关注度，在全球各市场积攒了较强的品牌势能，为其后续的持续发展提供了支撑。

二、真品质的产品，中国新茶饮推动海外市场品质升级

在加速进入全球各个市场的同时，中国茶饮品牌也把国内的产品形态带入全球各个市场。当前，海外市场现有的主流茶饮产品还处于植脂末、茶粉冲泡的阶段，很难满足全球健康化的消费大趋势。中国茶饮品牌把高品质产品带入这些市场，为海外消费者带来了健康、灵动、新鲜的消费体验，推动海外茶饮品质升级。

中国新茶饮品牌在国内经过多年发展，已经积累了雄厚的产品研发实力，也打造了一批经典爆款产品，这些产品也成为新茶饮品牌"出海"的开路先锋产品。比如多肉葡萄家族作为喜茶经典销冠，自2018年推出后就畅销多年，累计卖出超1.6亿杯，人气居高不下。在进入海外市场后，多肉葡萄依然是当地消费者首选的爆款产品。此外，清爽果茶、浓郁牛乳茶和清爽茗茶等系列产品也深受海外消费者喜爱。

以喜茶在美国门店为例，喜茶主要供应时令上新、清爽真果茶、浓郁真乳茶、清爽茗茶、轻负担系列等系列产品，为消费者带来轻芝多肉葡萄（首创）、多肉葡萄（首创）、轻芒芒甘露、烤黑糖波波牛乳（首创）、烤黑糖波波牛乳茶、芝芝绿妍茶后（首创）等产品。

中国新茶饮品牌推出的产品中应用了来自中国多个不同茶饮产区的多款定制茶底，搭配数十款新鲜水果与果汁，以及100%纯牛奶。这些原材料及产品形态，都与美国市场当前常见的仍在使用植脂末、茶粉等粉末冲泡的茶饮产品有着显著区别，为美国消费者带来了全新的品饮体验。喜茶也由此成为首个在美国售卖以原叶茶、鲜奶、水果为主要原料的新一代茶饮产品的中国茶饮连锁品牌。

此外，各个茶饮品牌还根据当地的消费者需求，以及饮食文化，积极研发全新产品，在各个海外市场推出，实现了产品的本地化。比如喜茶在美国推出了"满杯甘蓝橙"，选择本地消费者接受度比较高的新鲜羽衣甘蓝和苹果进行搭配，加上亚奇籽和中国绿妍茶叶，给当地消费者带来了全新的茶饮体验。

三、创新的品牌化举措，海外刮起中国新茶饮风潮

除了真品质的产品，中国新茶饮品牌也把国内的各种创新品牌玩法也带到了海外，以中国茶文化为基础，通过创新的品牌化方式和消费者进行持续互动，在海外市场逐步打造出了中国茶饮品牌新势能，在全球刮起了中国新茶饮风潮。

中国新茶饮品牌的"出海"，也把中国茶文化带到了全球，持续推动中国茶文化在海外的传播。喜茶纽约百老汇店的空间设计充分融入了中国传统文化元素，不仅延续了喜茶标准的东方极简设计风格，即金色Logo、木纹、墙裙纹理与现代化的白色墙体和吧台，共同带来了明亮的视觉体验，而且点缀了以东方丝绸为意象设计的造型装置。2023年5月，喜茶参加了由文化和旅游部举办的"茶和天下"·雅集活动，来自中国的茶艺师在门店演示传统茶艺，邀请国际友人沉浸式体验中国传统茶文化和雅文化。

此外，中国新茶饮品牌还根据各个海外市场消费者的文化习惯，推出了多种本地化的品牌举措，持续提升在当地的品牌势能。如作为喜茶新店开业推出的限定周边产品，城市冰箱贴结合各城市的人文地理特色进行设计，此前在国内推出后，引发大众收藏热，并形成互换、组团跨市打卡等形式的"冰箱贴式社交"。喜茶在进入海外各地市场时，也把城市冰箱贴这种独创的周边带到了当地消费者手中，带去了全新的喜悦品牌体验。喜茶伦敦城市限定冰箱贴以喜茶Logo——阿喜与英国地标大本钟为灵感，引发当地消费者追捧；喜茶墨尔本城市限定冰箱贴则以澳大利亚国宝级动物袋鼠为灵感创作，呆萌的"袋鼠阿喜"引起墨尔本消费热潮；喜茶本拿比城市限定冰箱贴将冰球和加拿大枫叶融合其中，阿喜"化身"专业冰球选手彰显体育风采；喜茶吉隆坡城市冰箱贴则是以吉隆坡双子塔地标为灵感来源，寓意喝茶时同亲朋好友之间的欢笑喜悦与美好回忆。喜茶纽约首店在开业当天，关于喜茶的形象宣传片也登上了纽约时代广场大屏，年轻化、潮流化的品牌形象，吸引纽约市民纷纷驻足，刷新了传统茶饮在当地消费者心中的印象，由此在纽约掀起了一股"喜茶风潮"。

四、中国新茶饮品牌海外销量持续火爆

得益于中国茶饮品牌真品质的产品和创新的品牌举措，中国茶饮饮品在进入海外市场后获得了当地消费者的追捧，门店销量持续火爆，获得了较好的市场反馈。

以喜茶为例，喜茶伦敦SOHO店开业后，每日人潮涌动。开业后单店单日最高销量达2000杯，日均销量超1300杯，单日销售最高超1.2万英镑（超人民币11万元）。喜茶墨尔本Swanston店开业后，单日最高销量近3000杯，单日销售最高超3万澳元（超人民币14万元）。美国纽约首店开业当天，等待的消费者排起长队，门店人潮涌动。开业首日，产品销量超2500杯。

中国新茶饮进入海外市场时，也同样引发了一场社交打卡热潮。本地用户在购买后也在社交平台晒单，分享自己品尝到"正宗喜茶"的惊喜体验。比如纽约首店开业时，当地用户取茶后纷纷拍照，并在小红书、TikTok等社交平台上晒出自己的饮茶体验，充分彰显中国传统茶文化所散发出的"新"魅力。

五、新茶饮品牌持续强化综合实力，支撑全球门店发展

中国新茶饮品牌在"出海"方面取得的亮眼成绩，离不开背后的供应链、人才培训、营运支持服

务、食品安全管控等综合实力，为分布在全球各地的门店的品质运营提供全面支撑。

首先，品牌出海需要极致供应链体系高效运转，为全球的门店提供支撑。目前，各个新茶饮品牌均建立了比较高效的供应链体系。以喜茶为例，为了保障原料品质，2023年喜茶持续深入上游茶园、果园、牧场和工厂，以严格的品质标准规范原料的种植、生产和制作，并结合自身的研发实力不断创新品质原料。2023年，喜茶创新研发推出了行业首款新茶饮专用奶——3.8源牧甄奶，富含3.8克/100毫升优质乳蛋白，比普通牛奶高27%，实现从真奶向好奶的升级；喜茶还率先推出了《喜茶真茶标准》，重申拒绝香精茶和速溶茶粉的原则，推动行业进入零香精茶时代，响应消费者对品质健康茶饮的需求。

其次，为了保障全球门店的产品风味统一，新茶饮品牌也在积极通过研发各项创新工具支撑门店产品制作。如喜茶自主研发推出了三大类共7款智能设备，覆盖门店原料制备、原料管理、调饮制茶等全流程应用场景，带动新茶饮供应链端的创新化和科学化发展，大幅提升了门店制作产品的准确性和效率。喜茶智能出茶机具备产品配方云存储及所有门店实时同步更新的能力。用户点的每一杯喜茶都会生成一张包含二维码的专属杯贴，门店调饮师在智能出茶机上扫码识别后，即可按照用户所选择的个性化产品配方精准出杯，从而实现此前茶饮门店高度依赖人工记忆配方、需要长时间培训练习才能达到的出杯准确性和效率。更重要的是，该设备让不同城市每一家门店的出品都更加高效精准，以科技创新保障食品安全，为消费者带来"放心茶"。

最后，中国新茶饮品牌也在打造更全面的中后台服务实力，特别是人才培训、运营支持服务、食品安全管控等，保障全球门店的营运品质，从而为全球消费者带来真品质的产品。

专业的人才输送是确保服务品质的首要条件。以喜茶为例，2023年喜茶基于10多年的人才培养经验，建立成熟的人才培训体系，并从零到一打造了7个专业培训基地，分布在多个城市，全年为店长、合伙人、店员等超16600人次提供了专业培训，为门店持续输送专业人才。此外，喜茶以10多年的门店营运为基础，建立了细致全面的门店营运支持服务能力，保障门店日常稳定运营。数据显示，2023年喜茶巡店助手平台全年共输出了234万份门店检查报告，平均每天就有6500多份检测报告产生，协助门店管理更加数字化和精细化。

得益于这些全方位的实力赋能，中国新茶饮品牌将门店开到全球各地市场后，各个门店在产品品质、服务和经营管理方面也得到了全方位的支持。

"茶之为饮，发乎神农氏，闻于鲁周公。"中国是茶的发祥地，几千年来，茶叶已是中国人日常生活的一部分，成为重要的中华文化符号。在漫长历史长河里，中国茶漂洋过海，早已开启了"出海"旅途，融入到全世界不同文化人群的日常生活中。茶叶千年，历久弥新。在新时代，中国诞生了众多新茶饮品牌。这些品牌通过国际化征程，以传统茶饮为基础，为全球消费者带去更年轻的中国茶，让全世界的消费者感受到中国新式茶饮的魅力，持续传递中国茶文化。

（执笔人：崔江）

第五部分
产业前沿

2023中国茶产业新质生产力发展报告

2023中国茶产业新质生产力发展报告

湖南师范大学

茶学教育部重点实验室

中国茶叶流通协会

2023年9月，习近平总书记在黑龙江考察调研期间提出："要整合科技创新资源，引领发展战略性新兴产业和未来产业，加快形成新质生产力。"[1]2024年1月31日，习近平总书记在中共中央政治局第十一次集体学习时强调，加快发展新质生产力，扎实推进高质量发展。[2]

新质生产力，是创新起主导作用，摆脱传统经济增长方式、生产力发展路径，具有高科技、高效能、高质量特征，符合新发展理念的先进生产力质态[3]。"新质生产力"，起点是"新"，关键在"质"，落脚于"生产力"。

对于茶产业来讲，新质生产力能够有效推动其跨越式、高质量发展，成为新动力、新引擎。具体而言，茶产业新质生产力需要将绿色发展作为主基调，将现代科技作为手段，将创新应用作为主动力，在茶产业的种植、采摘、加工、销售等环节中广泛研究、推广与应用，推动茶产业科技化转型，进而实现高质量、可持续发展。

一、新质生产力要素

随着科学研究的不断深化，科技创新的广度、深度、融合度不断扩展，进而推动生产力水平与先进程度不断提高，逐步形成涉及领域广、交叉属性强、科技含量高的"新质生产力"，其要素内涵也发生根本性改变。

（一）目标措施调整

"新质生产力"与传统生产力有较大区别，它是以创新为主线，摆脱传统增长路径，符合当今社会发展需求的生产力；是数智时代更具融合性、更能体现新内涵、符合高质量发展的生产力[4]。

"新"体现在其战略目标发生了调整，是以创新为支撑，牵引科学技术取得颠覆性突破，实现量变到质变的飞跃，进而实现中国高质量发展。"新"同样体现在战略措施重塑：要推广应用新一代信息技术，以人工智能赋能全产业体系，以科技创新推动产业创新；要充分利用国内大市场和丰富应用场景，推动新兴产业健康有序发展；要前瞻布局未来产业，开辟新赛道，构筑未来发展新优势[5]。

（二）要素结构变化

马克思主义认为，劳动者、劳动资料与劳动对象是构成传统生产力的三大要素。劳动者将自身体力与脑力同劳动资料相结合，通过劳动对象转化为生产力。对于新质生产力来讲，其转化过程也是如此，但要素结构却发生了变化。

第一，劳动者获取专业知识与技能的渠道不断丰富。科技创新的发展让劳动者更易于开展知识学习、技能训练、信息获取等活动，从而使劳动者的文化素养与专业技能得以提升，进而形成新质生产力的"第一资源"。

第二，劳动资料的升级改造更为便捷。科技创新促使劳动资料变得更为科技化、智能化，其内在成分、结构、存续样态及运行方式都会得以优化与重塑，最终转变为具有数智化、信息化、自动化、绿色化的"新介质"。

第三，科技创新的不断深化也促进劳动者对于其专业领域的探索不断深入，进而推动更多物质转换为劳动对象。另外，科技创新所带来的数智化加持让海量数据涌现，成为非物质性的"新"劳动对象，在科技创新的催化下，演变为"新料质"。

总体而言，"新质生产力"的出现从根本上改变了传统生产力的三大要素结构：以科技创新为内核，"高素质"劳动者、"新介质"劳动资料、"新料质"劳动对象三大"新劳动要素"创造出适应时代变化、符合经济需求、促进产业高质量发展的新型生产力。

（三）产业结构衍化

由于要素结构变化，产业结构也随之发生调整。新型劳动者、劳动资料与劳动对象通过新科技，将自身转换成以技术成熟度为划分依据的未来产业、战略性新兴产业以及传统产业的新格局。

据统计，目前中国的传统产业占比为80%；处于成长期的战略性新兴产业增幅较大，占比约13%；未来产业占比则不足7%[6]。数据显示，2018年至2023年，中央企业在战略性新兴产业领域投资规模由0.7万亿元[7]增长至2.18万亿元，投资规模增长311.43%，年均增长25%[8]。国家发展改革委2023年12月修订发布的新版《产业结构调整指导目录（2024年本）》中，对中国产业结构进行了调整，鼓励发展"智能制造""农业机械装备""数控机床""网络安全"等行业大类及相关领域中有利于产业优化升级的条目。

因此，在新质生产力的概念提出后，产业结构逐渐衍化为推动传统产业升级转型、大力发展战略性新兴产业和超前布局未来产业三大板块，进而为现代化产业体系的构建打下基础。

（四）需求结构演变

基于科技创新的不断深化以及产业结构的调整，中国宏观需求结构也出现调整，三大产业结构比例呈逐步优化的态势，即第一、第二产业产品在消费中的占比不断降低，第三产业产品的占比不断升高，这也直接推动中国经济从投资和出口导向型转向消费主导型，国内市场的潜力将得到进一步挖掘，消费需求将成为拉动经济增长的重要力量。

二、茶叶新质生产力现状

（一）新品种

1. 新育种

随着消费品质的提升，消费者对于茶叶品质的要求越来越严格，甄选出品质优、产量高、适应性强的茶树品种已成为行业发展关键。2023年，共有77个茶树品种授权获得植物新品种权，其中农业农村部授权70个，国家林业和草原局授权7个（郁金芽、曙雪、红韵1号、采金毫、红韵2号、采金雪、采金玉）；4个品种（茗冠茶、中茗2807、中茶148、中茶150）在2023年度通过了非主要农作物品种登记[9]。

2. 育种技术研究与平台建设

品种是农业生产最重要的生产资料，其创新离不开育种技术的研究与突破。2023年度，围绕茶树基因挖掘、育种调控开展了诸多研究。同时，面对海量数据，建立高效的收集处理平台成为推动茶产业数据资源合理利用的重要环节，各大高校也开展了云库建设。

中国农业科学院茶叶研究所利用龙井43×白鸡冠F1代杂交群体进行数量性状位点（quantitative trait locus，QTL）分析，鉴定到编码镁螯合酶Ⅰ亚基的$qChl-3$基因的非同义单核苷酸多态性（Single nucleotide polymorphism，SNP）突变（G1199A）是导致茶树叶片叶绿素缺乏的关键原因[10]，首次从正向遗传学角度解析了茶树白化的机制，为茶树白化新品种创制和选育提供了理论依据。

中国农业科学院深圳农业基因组研究所联合国内多家单位，选取了22个代表性茶树品种进行测序组装，成功构建出首个茶树泛基因组图谱。研究进一步揭示了茶树基因组扩张的遗传基础，鉴定得到了多个参与茶树叶色、发芽期、儿茶素合成、香气合成等多个性状的核心基因及其等位变异，为茶树分子育种改良提供了重要靶标[11]。

安徽农业大学Gao等[12]整合了大量的山茶属植物遗传数据，开发了多功能基因组数据库与分析平台TPIA2（http://tpia.teaplants.cn），该数据库包括了7个栽培茶树品种和3个野生近缘种的参考基因组、350种不同茶树品种重测序数据的遗传变异信息及上百个转录组学和代谢组学等数据，全面提升认识了茶树在各种逆境胁迫与品种性状改良领域的遗传分子调控机制，有助于茶树的遗传改良。

云南农业大学Li等[13]发布了茶叶多组学综合数据库Teabase，该数据库包括12个参考基因组和1份泛基因组组装、100份转录组、705份全球茶树种质资源的遗传信息、1350份云南临沧古树茶重测序及对应的448份土壤宏基因组测序数据等，为茶树遗传育种提供重要的数据支撑和检索分析平台。

3．新产品

依托当前茶叶消费终端触电，结合当下人民群众日益增长的精神与文化需求，依托前沿科学技术，各大茶企纷纷推陈出新，在袋泡茶、即饮茶、深加工茶、机泡茶进行产品迭代与创新升级，以适应市场发展趋势。

在众多迭代、创新升级产品中，无糖即饮茶占比最多，主打零糖、零脂、零能量等。主要有东方树叶推出的黑乌龙茶饮、元气森林推出的麦茶和金桂普洱、三得利推出的茉莉乌龙Plus和栀意乌龙茶、康师傅推出的纯萃零糖高山乌龙、统一茶里王推出的生榨绿茶、CHALI茶里推出的山茶花香红茶、伊利推出的活泉现泡茶无糖茶饮、八马茶业推出的纯茶无糖乌龙茶和陈皮白茶饮等，丰富了无糖茶饮品类，迎合更多消费者的需求[14]。

4．新服务模式

颠覆性与前沿技术催生茶产业新服务模式。区块链提供溯源服务，确保茶叶生产与品质安全；茶礼定制化服务广泛应用，平台个性化、多样化服务受到追捧；VR、AR等虚拟技术打造茶园参观体验，有效激发茶叶消费。

茶叶安全、品质追溯方面将生物技术、物联网技术与区块链相结合，构建了茶叶质量监管系统，实现茶叶质量安全的精准检测和高效管理。制定茶叶法定专用标识，并与溯源二维码识别相结合，通过区块链中溯源信息与实物的对应完成专用标识和溯源平台的双重保障，让茶叶溯源的真实性、可信度达到一个新的高度[15]。

随着消费的升级，消费者对茶礼品的需求不再仅仅是品质和价格，他们更注重产品的独特性和个性化。茶礼定制拥有独特的方式和丰富的产品线，可满足消费者对茶礼品的不同需求，定制不同风味、包装、规格等要求的茶礼品，实现茶礼品的个性化和差异化。

通过AR技术、VR技术等科技手段，搭建以数字科技为基础的茶叶电商交易平台。AR技术巧妙融合虚拟信息与现实世界，并以真实或虚拟的环境进行直播销售，使消费者可以身临其境地体验茶园、制茶场景，增加了直播的效果；VR技术可将茶园的生长环节呈现在用户手机中，使茶叶生长情况实现可视化，促进茶叶产品的销售[16]。

5．高度个性化的产品优势

高度个性化的产品优势通过茶叶定制业务的盛行得以发展，茶叶定制可以根据消费者的需求提供多样化的选择，有助于增加产品的独特性和吸引力。高度个性化的产品定制，可增强企业产品、市场竞争力。通过与不同行业的合作，可以拓展销售渠道，增加销售额和利润。此外，茶叶企业通过提供个性化定制服务，不仅能够满足消费者的特定需求，还能根据市场反馈调整产品策略，推动茶叶行业的创新和发展。

2023年厦门茶博会期间，"速创意"AI定制开启茶行业的新纪元，茶叶企业从定制产品、定制包装等方面提供更多与时俱进个性化的服务，以满足更多客户、消费者的需求[17]。

（二）新技术

2023年，智能化生产研究已在茶业领域广泛应用，主要集中在茶芽的识别、常见病害的检测和茶叶产品的分类等方面[18-21]，在茶叶加工监测等方面应用正在逐步探索中[22]。

数字化技术已经逐渐融入到茶叶加工各个方面，通过数字化技术对茶叶生产加工情况进行数据分析，帮助茶企茶农及时发现茶叶生产过程中的问题，从而促进茶叶生产质量升级[23]。

随着智能化技术在茶产业中的不断发展，更多智能化杀青设备、发酵装置、连续加工集成装备被研发出来。各地企业应当结合当地实际情况和茶企发展需求有选择地合理运用这些智能化装备，从而有规有序地完成茶叶加工设备更新，推动茶产业健康、科学发展。

实现清洁、绿色、低碳的茶叶加工流程是茶产业高质量、可持续发展的必由之路。通过普及自动化茶叶加工设备，发展智能加工技术，建立有效的管理体系可实现茶叶加工清洁化发展[24]，如代云中等[25]提出的新型茶叶烘干装置能自动化烘干茶叶，提高了茶叶烘干效率和质量。

总体而言，中国茶叶加工技术正处于快速转型阶段，随着现代信息技术、无损检测技术等多领域技术的高速发展，以新质生产力为导向的未来茶叶加工技术将向高端智能控制方向不断转型升级[26]。

（三）新业态

以"三茶统筹"为指引，中国茶产业呈现多元化态势，多种新业态蓬勃发展。新茶饮异军突起，充分迎合年轻消费群体的需求。2023年，中国新茶饮市场规模预计可达1498亿元，同比增长44.3%[27]。众多新茶基底、新品原料被挖掘与应用，风味的多样性为市场提供了丰富的创作空间与灵感。各产茶区政府将茶产业与旅游、文化、康养、教育等行业紧密融合，不断延伸茶产业链条，提升整体附加值，正在走一条从一产到三产、从农产品到休闲品的发展新路径。

2023年喜茶、奈雪的茶、茶百道、沪上阿姨等新茶饮头部企业不断挖掘新茶基底、新品原料，纷纷推出迎合消费者对"清爽"茶饮喜好的轻乳茶系列新品。喜茶推出了月关、水云间、芭比粉、小奶茉等新品；奈雪的茶推出了香水茉莉初雪、香水大红袍奶茶、香水鸭屎香等原叶鲜奶茶新品；沪上阿姨联名国风马面推出了念念桃乌、浅浅清茉等新品[28]。

湖南省安化县坚持谋发展于县域，构建以"茶为基础、旅为媒介、文为内涵、体为活力、康为延伸"的融合模式，举办2023安化黑茶开园节暨第六季中国《最美茶艺师》启动仪式和湖南省（秋季）乡村文化旅游节暨湖南省秋季"村晚"示范展示活动[29]。同时，安化县以黑茶文化、梅山文化、羽毛球文化、陶澍文化等为品牌依托，打造以梅山文化产业、特色旅游文化产业为主导的旅游、康养等产业链条，2023年前三个季度实现总营业收入7207.8万元[30]。

茶文化广泛传播，逐渐得到世界认可。中国牵头组织推动联合国设立的"国际茶日"已是全球农业领域的国际性节日，"中国传统制茶技艺及其相关习俗"被列入联合国教科文组织《人类非物质文化遗产代表作名录》，进一步深化了茶文化交流互鉴。各大茶企将线下门店打造成集文化展示、创意销售、社交等功能于一体的复合型茶叶零售业态和文化综合体，实现了文化消费供需两旺。

艺福堂茶业丽水品牌旗舰店打造了中式庭院茶文化风格的服务场景，输出了围炉煮茶、竹椅茶桌、露营饮茶、席地对饮、中式饮茶包厢等多功能饮茶场景，以茶文化展示、多主题饮茶方式带动茶叶的新销售模式[31]。

（四）新模式

以科技为支撑，新模式不断丰富，促进茶产业提质增效。在可持续技术推广方面，绿色防控、土壤治理等创新层出不穷，严格保护茶园生态环境。在绿色防控方面，物理防治杀虫灯与诱虫色板、生物防治害虫天敌、绿色除草以草覆（抑）草、化学生态防控性诱剂等绿色防控创新技术的应用，有效降低了茶园化学农药使用的种类、频次和用量。在土壤治理方面，生物炭改良、微生物肥料改良、复合调理剂改良等技术的应用，有效增加土壤孔隙度、提高土壤含水量、改善土壤酸化度、增加土壤微生物总数和菌落组成，提升土壤质量[32]；深加工技术的革新，推动传统茶叶种植园区向产业综合园区转变，形成高产值农业全产业链，如浙江省安吉县做大做强安吉白茶特色产业，推广"公司+合作社（基地）+农户"的订单农业模式，开发精深加工产品。积极推进种植园区向产业综合园区转变，已形成一条产值超30亿元的农业全产业链[33]。AI、机器人研发、视觉技术应用等技术的不断发展，催生了智能生产线的研发推广，生产效率大幅度提高。2023年，全球首条智能化、数字化、信息化武夷茶精加工生产线——八马茶业第七代智能化生产线正式投产，原料精制生产线日产量可达3.6吨，全包装生产线日产量可达12000盒，同时可减少约40%的人工，实现24小时不间断作业[34]。线上线下融合发展的茶叶流通模式不断创新，线上应用先进信息技术，"刻画"消费者用户画像，以大数据精准搭建购销桥梁，赋能销售增长，辅以线下综合性茶空间服务模式，以"组合拳"有效提升多样化、便利化、品质化消费需求。

在农业数字革命时代，各省茶产业积极开展数字化转型，稳步推进数字化基础设施配置，加速融合电商与直播带货等新模式。云南省依托大数据精准搭建购销平台，打造普洱茶直播基地，通过网络推广、视频宣传、直播等新模式，加快推进网络营运建设；利用线上推广模式，创新探索普洱茶"定制茶园""专属茶树"等销售模式，加快普洱茶交易线上市场建设，形成了系统化、综合化的线上网络，充分发挥平台作用，丰富消费体验[35]。

（五）新型生产关系

新质生产力发展离不开"新"的劳动者，各产茶区根据区域茶叶种植、加工、销售等特点，对茶叶业务负责人以及茶叶生产企业生产、管理、销售负责人员进行针对性培训。2023年，杭州市对各产茶县（区、市）茶叶负责人和茶叶生产企业相关人员进行培训，培训内容涉及社会媒体时代茶叶经济特点、"互联网+茶叶"电商营销技巧、茶园及茶叶生产机械化新技术等方面[36]。新质生产力发展需要"新"的生产资料，数字化、智能化时代下数据要素的出现，能够有效促进数据元素流动和优化配置。国家数据局等17个部门联合印发《"数据要素×"三年行动计划（2024—2026年）》中也强调"加快打造以数据和模型为支撑的农业生产数智化场景，实现精准种植等智慧农业作业方式，支撑提高粮食和重要农产品生产效率。"数字经济、新能源科学与工程等新兴学科，植物表型组学、智慧农业等交叉学科，有效推动跨专业合作、跨领域培养，为茶产业提供更多高层次人才。在高等教育中，茶学专业注重引入数字经济、新能源科学与工程等新兴学科，以及植物表型组学、智慧农业等交叉学科知识的传授；培养茶叶智能化生产管理以及茶叶市场数据分析和预测方面的人才、具备茶叶绿色低碳生产的创新人才、具备茶树品种精准培育的人才，以及具备利用现代信息技术提升茶园的智能化管理和茶叶生产过程的智能化控制水平的人才。新质生产力发展有赖于"新"的劳动对象，区别于传统物质形态对象，数据、信息等非物质形态对象以其非竞争性、使用的非排他性、源头的非稀缺性等多重优势，同时在时间和空间上具有显著的灵活性，有效降低茶行业生产成本、提高效率、创造更多价值。克服传统资源污染多、排放强、不可再生等缺点的新能源、新材料有效降低生态环境负担，助力茶产业绿色发展。安徽省黄山市以打造全国首个全域茶叶无农残城市为目标，率先推广应用全域茶园绿色防控，积极推广诱虫黄板、生物农药等模式，全面禁止化学农药进入茶园，为茶产业发展保驾护航[37]。浙江省泰顺县开展茶园"绿色双减技术"的推广，实施"数字化色板诱集技术+天敌友好型LED杀虫灯诱杀技术+灰茶尺蠖性信息素诱捕技术"防控，有限降低生态环境负担，助力茶产业绿色发展[38]。

三、茶业新质生产力发展方向

（一）产业链供应链优化升级

科技创新促使茶产业链条优化升级，茶园智能化管理、生态茶园建设奠定品质提升基础；现代加工体系革新、精深加工综合利用提高生产效率与维度；商贸流通网络建设、全渠道供应链布局打通销售网络。继续推进科技创新实现土壤湿度、光照强度、病虫害情况等关键指标实时监测以及茶园的智能灌溉、施肥，为茶农提供精准数据和科学决策。采用生物防治、有机肥料等措施，保护茶园生态环境，提高茶叶的安全性。创新茶叶自动化、智能化的加工装备，提高茶叶加工的效率和品质的稳定性。继续完善茶产业的商贸流通网络，整合上下游资源，建立稳定的供应链体系，确保茶叶从种植、加工到销售各个环节的顺畅衔接。茶叶新质生产力需从新产品、新方式、新场景、新业态等多个方面吸引消费者，推动茶产业提质增效。

（二）产业变革驱动融入未来

在新一轮科技革命和产业变革推动下，全球颠覆性科技创新成果不断涌现，未来产业已成为世界主要国家重点布局的战略领域。深入研究和把握未来产业的方向重点，研发与茶产业相适配的新技术、新机制，合理规划、精准培育，驱动茶产业变革积极融入未来产业。创新与茶产业相适配的新技术，如茶树资源精准快速筛选、茶树新品种培育、茶园智能化管理、茶叶智能化加工等技术；构建与茶产业相适配的新机制，加强高校、科研机构、企业和政府之间的合作与交流机制、政策扶持与激励机制以及市场导向与品牌建设机制；根据产茶区特点制订科学合理的产业发展规划，加强茶产业人才培养和引进，同时加强茶文化与旅游产业的融合发展，拓展茶产业新的增长点，以科技创新为动力推动茶产业的转型升级。

（三）数字经济助推产业发展

大数据、人工智能、物联网等先进数字化技术为茶产业带来新生机，从生产到销售全链条的数字化解决方案不仅能让茶企更加精准地把握市场动态和消费者需求、提高生产效率和产品品质、降低运营成本和市场风险，而且能全方位分析消费者的喜好和行为习惯，为产品开发和营销策略提供有力支持。在销售端，利用大数据、人工智能、物联网等先进数字化技术，快速洞察市场需求变化，为茶企提供高精准的消费者购买行为、偏好等数据，助力茶企根据消费者的口味习惯和健康状况，定制产品开发方案和营销方案，满足消费者个性化需求。

四、若干发展建议

（一）聚焦科技创新应用，技术驱动产业转型

以科技创新作为核心驱动力，坚持不懈推进新型茶机械研发、智能茶业技术的推广使用以及生物技术在茶产业生产中的创新应用。应充分利用大数据、云计算等技术打造智慧茶园，借助物联网把控茶园要素投入与配置，实现标准化种植与生产；加工制造环节积极推动区块链追溯、作物建模、云计算等应用，提高生产流程标准化水平，以数据为依托建立信息可追溯机制。通过茶产业全域全程数字化管控，促进产业链高效流转，驱动产业转型。

（二）构建多元产业体系，创新融合助农增收

面对居民消费升级和消费结构优化的大趋势，要积极顺应茶叶消费模式变化，着力于满足新兴消费需求和模式的需要。积极开发茶叶消费新场景，通过"互联网+农业"模式将茶业生产与电子商务、乡村旅游、生态农业、休闲农业、文化创意等产业结合起来，拓宽茶产品销售渠道，发展新兴茶产业，推动茶产业向高端化、智能化、绿色化方向发展，增强茶产业竞争力、提升乡村产业发展空间、拓宽农民就业与增收渠道。

（三）加大复合人才培育，夯实产业发展基础

加强茶叶专业人才队伍建设，充分发挥"劳动者"这一关键核心要素对茶产业新质生产力的主导作用，聚焦交叉学科，强化领域科技人才和高技能人才的培养、使用；发挥高校、科研机构作用，开展相关领域教育培训，全面提高茶农综合素质；鼓励科研院所、高校专家服务农业农村建设。

（执笔人：刘仲华、梅宇、张朔、李佳禾）

参考文献

［1］新华社. 第一观察｜习近平总书记首次提到"新质生产力"[EB/OL].（2023-09-10）[2024-10-14]. http://www.xinhuanet.com/2023-09/10/c_1129855743.htm.

［2］央视新闻. 什么是新质生产力？一图全解→[EB/OL].（2024-02-03）[2024-10-14]. https://baijiahao.baidu.com/s?id=1789868012477491949&wfr=spider&for=pc.

［3］人民日报客户端. 习近平的新质生产力"公开课"[EB/OL].（2024-03-07）[2024-10-14]. https://news.cctv.com/2024/03/07/ARTIA6pOukiB2h3osdI803MI240307.shtml.

［4］胡火明. 新质生产力的新特征（思想纵横）[EB/OL].（2024-07-02）[2024-10-14]. http://paper.people.com.cn/rmrbwap/html/2024-07/02/nw.D110000renmrb_20240702_2-09.htm.

［5］人民日报. 如何发展新质生产力（政策问答·2024年中国经济这么干）[EB/OL].（2024-01-15）[2024-10-14]. https://www.gov.cn/zhengce/202401/content_6925952.htm.

［6］央视网. [中国经济大讲堂]新质生产力推动产业结构变化[EB/OL].（2024-04-14）[2024-10-14]. https://tv.cctv.cn/2024/04/14/VIDE6iXOSsezSAtaheYEkckF240414.shtml.

［7］李红五. 加快布局战略性新兴产业　坚定推动中央企业高质量发展[EB/OL].（2023-12-28）[2024-10-14]. http://www.sasac.gov.cn/n4470048/n26915116/n29653709/n29653750/c29681914/content.html.

［8］人民网. 国资委：2023年中央企业战略性新兴产业投资达2.18万亿元同比增32.1%[EB/OL].（2023-01-24）[2024-10-14]. http://finance.people.com.cn/n1/2024/0124/c1004-40165579.html.

［9］李娜娜，王璐，郝心愿，等. 2023年茶树遗传育种研究进展[J]. 中国茶叶，2024，46（3）：1-11.

［10］ZHANG C Y, LIU H R, WANG J Y, et al. A key mutation in magnesium chelatase I subunit leads to a chlorophyll-deficient mutant of tea (*Camellia sinensis*) [J]. Journal of Experimental Botany, 2024, 75（3）：935-946.

［11］CHEN S, WANG P J, KONG W L, et al. Gene mining and genomics-assisted breeding empowered by the pangenome of tea plant *Camellia sinensis*[J]. Nature Plants, 2023, 9（12）：1986-1999.

［12］GAO Q J, TONG W, LI F D, et al. TPIA2: An updated tea plant information archive for *Camellia genomics*[J]. Nucleic Acids Research, 2024, 52（D1）：1661-1667

［13］LI X Z, SHEN Z F, MA C, et al. Teabase: A comprehensive omics database of *Camellia*[J/OL].

Plant Communications, 2023, 4（5）：100664.

［14］成都市佳味添成饮料科技研究所. 中国无糖茶饮料行业的2023年[EB/OL].（2023-12-05）[2024-10-14]. https://mp.weixin.qq.com/s?__biz=MzI4MDc4MjY4OA==&mid=2247581058&idx=1&sn=3bc9243469dcee6411d9be72c3aa9a0c&chksm=ebb0cf8ddcc7469b55b12517657e2733eabf272414b6057707173d7f51533d29eed2e43ba3a9&scene=27.

［15］傅虹凯. 基因芯片+区块链的高端茶叶可追溯平台[J]. 食品安全导刊，2023（10）：140-143.

［16］袁颖韵，张致远，梁纪钧，等. 电商背景下茶叶行业发展新路径研究——以"品茶台"为例[J]. 农机市场，2023（6）：49-51.

［17］速创意包装好生意. 新规下，2023厦门茶博会"速创意"AI定制开启茶行业新纪元[EB/OL].（2023-10-19）[2024-10-14]. https://baijiahao.baidu.com/s?id=1780149176366115200&wfr=spider&for=pc.

［18］CHEN C L, LU J Z, ZHOU M C, et al. A YOLOv3-based computer vision system for identification of tea buds and the picking point[J]. Computers and Electronics in Agriculture, 2022, 198: 107116.

［19］YANG H L, CHEN L, MA Z B, et al. Computer vision-based highquality tea automatic plucking robot using Delta parallel manipulator [J]. Computers and Electronics in Agriculture, 2021, 181（7）:105946.

［20］WANG F R, XIE B M, LÜ E L, et al. Design of a moisture content detection system for Yinghong No.9 tea leaves based on machine vision[J]. Applied Sciences, 2023, 13（3）：1806.

［21］JIN G, WANG Y J, LI L Q, et al. Intelligent evaluation of black tea fermentation degree by FT-NIR and computer vision based on data fusion strategy[J]. LWT, 2020, 125: 109216.

［22］WANG H J, GU J N, WANG M N. A review on the application of computer vision and machine learning in the tea industry[J]. Frontiers in Sustainable Food Systems, 2023, 7: 1172543.

［23］王慧慧. 中国茶产业数字化赋能对茶叶出口质量的影响研究[D]. 杭州：浙江工商大学，2023.

［24］李登尧，周凯，徐一，等. 茶叶加工清洁化分析和研究[J]. 四川农业科技，2023（7）：62-65.

［25］代云中，赵春燕，罗美玲，等. 一种新型自动化茶叶烘干装置及其工艺[J]. 南方农机，2023，54（2）：9-11.

［26］安会敏，欧行畅，晏玲玲，等. 2023年茶叶加工技术研究新进展[J].中国茶叶，2024，46（6）：1-10.

［27］中国商报. 报告：全国新茶饮2023年市场规模有望近1500亿元[EB/OL].（2023-09-21）[2024-10-14]. https://baijiahao.baidu.com/s?id=1777629406956272841&wfr =spider&for=pc.

［28］苏苏. 年度盘点：2023年新茶饮赛道"五宗最"[EB/OL].（2023-09-21）[2024-10-14]. https://36kr.com/p/2598878561017735.

[29] 湖南日报."茶旅文体康"谱写富民强县新篇章[EB/OL].（2023-12-26）[2024-10-14]. http://www.hnzy.gov.cn/content/646756/60/13390468.html.

[30] 湖南省人力资源和社会保障厅. 益阳市安化县：以茶为媒，为就业增色为民生增温[EB/OL].（2024-09-06）[2024-10-14]. http://rst.hunan.gov.cn/rst/sxdt/202409/t20240909_33450335.html.

[31] 中国茶叶流通协会."互联网+茶"共享共赢|艺福堂茶业丽水首家品牌旗舰店盛大开业[EB/OL].（2023-08-10）[2024-10-14]. https://business.sohu.com/a/710650554_307138.

[32] 盖淑杰，陈宇帅，张杭杭，等. 土壤改良剂对茶园土壤环境和茶树生长影响研究进展[J]. 中国茶叶，2023，45（11）：31-40.

[33] 经济日报. 统筹做好"茶文章"[EB/OL].（2023-09-25）[2024-10-14]. http://www.moa.gov.cn/ztzl/ymksn/jjrbbd/202309/t20230925_6437151.htm.

[34] 中国农业科学院茶叶研究所. 前沿观茶|智能化浪潮下茶行业如何多维度发力和突破？[EB/OL].（2024-08-15）[2024-10-14]. https://mp.weixin.qq.com/s?__biz=MzU2NDE1MjA4OA==&mid=2247599513&idx=1&sn=7c13ad65a368c751e3baaeb31cd4648e&chksm=fddf8a452f98c8630cfebd6747a34e6cc8a65073e02ddcbea3374dd097756cbb778eea0b8416&scene=27.

[35] 顾亮亮，陈晨. 数字经济背景下云南普洱茶网络营销路径探析[J]. 食品研究与开发，2023，44（24）：231-233.

[36] 杭州市农业农村局. 强化培训 共促发展|杭州市举办2023年度茶产业高质量发展培训班[EB/OL].（2023-11-23）[2024-10-14]. https://mp.weixin.qq.com/s?__biz=MzA5ODc5MjIzMQ==&mid=2650049032&idx=2&sn=c407f00ca710c65d3486e056937d9c7b&chksm=888c0c40bffb8556c08f391291eadb1d4344651567f1f029cb558778920602498cc05b855d50&scene=27.

[37] 汪文俊，张建喜，吴卫国，等. 黄山市推进全域茶园病虫害绿色防控工作实践与思考[J]. 中国植保导刊，2023，43（5）：88-90，94.

[38] 吴碎典，黄海辉，孙淑娟. 泰顺县推进茶园"绿色双减技术"工作实践与思考[J]. 中国茶叶，2024，46（2）：68-73.

第六部分
营养安全

2023中国茶叶及其相关制品质量安全发展报告

2023中国茶叶营养健康研究进展报告

2023中国茶叶及其相关制品质量安全发展报告

中国茶叶流通协会茶叶健康与安全工作委员会

一、2023年我国茶叶及其相关制品质量安全概况

根据国家市场监督管理总局公布的年度食品安全监督抽检结果显示，2023年全国市场监管部门共完成茶叶及相关制品抽检62168批次，发现不合格样品716批次，监督抽检合格率达98.85%，同比下降0.46%（图1）。

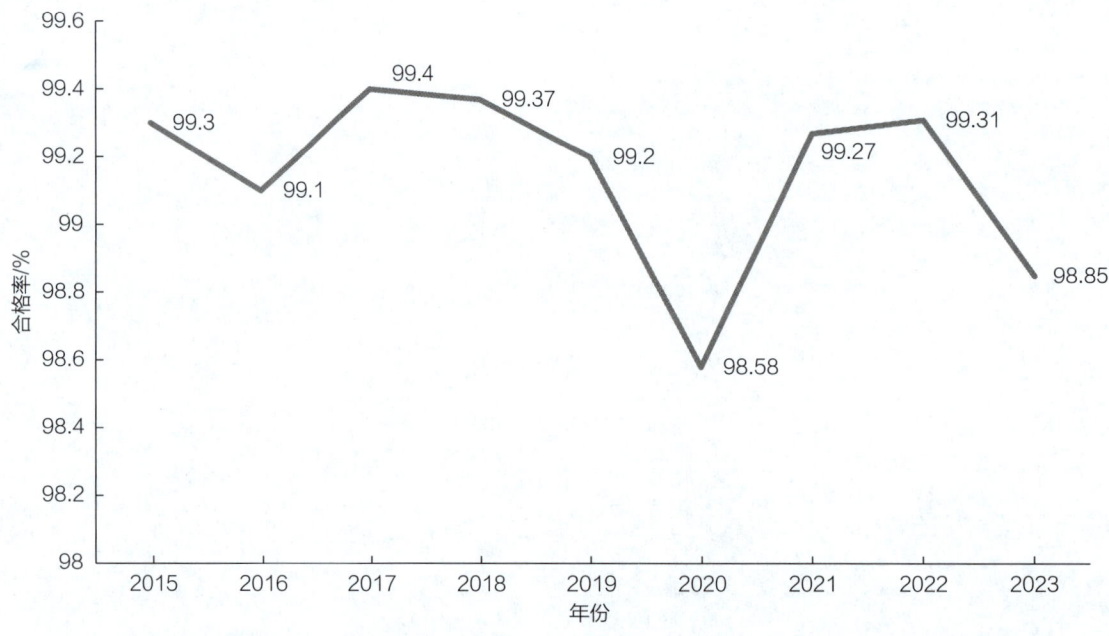

图1 2015—2023年全国茶叶及其相关制品监督抽检合格率

（资料来源：国家市场监督管理总局）

从具体抽检监测结果来看，茶叶农残超标、代用茶霉菌超标、代用茶检出非食用物质等问题较为突出。其中，茶叶农残超标是消费者普遍关心的问题，也是茶叶质量安全监管防控工作的重点和难点。近年来，我国各茶叶主产区和相关部门不断推动农药残留限量标准制定工作，加强食品安全监管力度。现行的GB 2763—2021《食品安全国家标准 食品中农药最大残留限量》中涉茶农残限量指标达到106项。截至目前，茶叶抽检中的超标农药主要为水胺硫磷、三氯杀螨醇、吡虫啉、灭多威、氰戊菊酯、克百威、草甘膦等。

二、2023年我国茶叶及其相关制品质量安全热点

（一）茶叶过度包装专项治理

2023年3月起，国家发改委、国家市场监管总局等六部委联合开展了茶叶过度包装专项治理行动。中国茶叶流通协会作为我国茶行业唯一的国家5A级社团组织，在国家市场监管总局、中华全国供销合作总社和有关部委的指导下，严格依照《茶叶过度包装专项治理行动实施方案》要求部署，坚持发挥行业服务职能，具体开展了五个方面的工作。

一是组织开展6次行业包装专项调查，先后在茶叶重点产区召开了多个层次不同规模企业参加的座谈会，同时按照主题教育的要求，深入企业一线，了解情况，听取意见。相关结果整理汇总后，及时反馈给相关部委，说明行业的实际情况与需求。

二是配合参与GB 23350—2021《限制商品过度包装要求 食品和化妆品》国家标准第2号修改单（征求意见稿）和GB/T 31268—2024《限制商品过度包装 通则》内容的制定、修订和行业意见征求反馈，助力标准规范完善。

三是发挥协会组织协调作用，通过连续发布风险提示、自律倡议，开展标准解读、实物展示、案例解析，与地方茶区相关部门共同组织专题培训，引导行业加强自律，大力宣传并动员组织全体会员和行业企业强化主体责任，及时进行自查整改，坚决按照要求，解决行业过度包装问题。

四是依托全国重点茶事活动，组织开展茶叶绿色包装系列主题创新创意设计征集公益活动，发掘寻找绿色、轻量、简约的茶叶包装实物和设计案例，改变从业人员的传统认知，激发创新思维和理念。

五是充分借助协会自有及合作宣传平台发布茶叶绿色包装主题宣传材料30余篇，积极引导行业从业人员和广大消费者认识，提升绿色包装意识，推动绿色文明消费。

（二）欧盟茶叶氯氰菊酯最大残留限量

2023年12月，中国茶叶流通协会接到会员单位反映"欧洲食品安全局（EFSA）提出《欧洲议会和理事会条例（EC）No 396/2005》中关于茶叶内部或表面的氯氰菊酯（cypermethrin，CP）最大残留限量0.5mg/kg具有不可接受的风险，要求降至0.01mg/kg，并已于2023年12月将相关法案提交至世界贸易组织（WTO）"。

对此，经协会与多家茶叶检测机构、出口企业和行业组织商讨，一致认为：我国作为全球最大的茶叶生产国和消费国，茶产业在国民经济中发挥着不可替代的作用。发展茶叶经济，扩大茶叶出口，对于改善茶农生活质量、增强农村发展活力、缩小城乡差距、助力乡村振兴具有十分重要的意义。欧盟是最重要的国际茶叶消费地区之一，也是茶叶出口国的"必争之地"。扩大茶叶对欧盟的出口，已成为我国茶叶出口转型升级，形成新发展格局的关键。但近年来，欧盟对中国输欧茶叶农残要求日益

严苛，使得中国输欧茶叶面临极其严峻的形势。此次，欧洲食品安全局（EFSA）提出将欧盟茶叶氯氰菊酯最大残留限量降至0.01mg/kg，将对我国输欧茶叶贸易造成严重影响。为此，协会建议有关部门应尽快与欧盟食品安全局沟通协调，维持欧盟茶叶氯氰菊酯最大残留限量。帮助茶行业有效应对欧盟技术性措施，保障输欧茶叶贸易的顺利开展，推动我国茶业高质量发展。

三、关于我国茶叶质量安全风险防控工作的建议

（一）进一步提升茶叶及其相关制品质量安全风险防控意识

茶叶及相关制品是广大人民群众重要的日常消费食品。市场监管部门应严格管理生产许可、强化日常监管，督促茶叶及相关制品生产企业落实食品安全主体责任，保障茶叶及其相关制品的质量安全。地方各级食品生产安全监管部门要高度重视茶叶及其相关制品食品安全的监管工作，不断提高思想认识，从乡村振兴的高度指导帮扶茶叶及其相关制品生产企业，持续提升茶叶及其相关制品质量安全水平。

（二）协调抽检部门，了解茶叶及其相关制品抽检监测情况，掌握不合格产品生产企业存在的问题

目前，抽检监测发现的主要问题包括水胺硫磷不合格率持续最高，但呈下降趋势；克百威、吡虫啉不合格率逐年上升；代用茶，特别是混合类代用茶检出霉菌不合格样品明显增多；代用茶检出麻黄碱、番泻苷A、番泻苷B、孔雀石绿等非食品原料等。

（三）引导茶叶及其相关制品生产企业落实食品安全主体责任，严把原料安全关、严格组织生产、强化出厂检验

一是严格落实原料进货查验记录制度，向茶鲜叶提供者索要承诺达标合格证，必要时对原料的农药残留、污染物等项目进行检验。

二是严格按照相关法律、法规、标准和生产许可条件等组织生产。茶叶生产企业不允许使用食品添加剂。代用茶生产企业要依法严格执行生产过程管控，严禁使用麻黄碱、番泻苷A、番泻苷B、孔雀石绿等非食品原料。

三是严格按照相关食品安全国家标准和企业明示采用标准进行产品出厂检验，检验不合格的一律不得出厂销售。重点是三氯杀螨醇、水胺硫磷、克百威、氧乐果、乙酰甲胺磷、氰戊菊酯、灭多威、甲拌磷、三唑磷、氯氟氰菊酯、吡虫啉、草甘膦、联苯菊酯、啶虫脒、茚虫威、多菌灵、毒死蜱、霉菌、菌落总数、铅、镉、二氧化硫等项目。企业不具备自检能力的，要委托有法定资质的食品检验机

构进行检验。一旦发现产品中农药残留、重金属污染等安全指标不合格的，或发现检出着色剂、非食品原料的，要立即停产、彻查原因、召回产品，并向所在地的市场监管部门报告。

（四）加强茶叶及其相关制品生产企业监督检查，监督企业持续满足生产许可条件，保障产品符合标准要求

一是各地市场监管部门要严格按照《食品生产经营监督检查管理办法》要求，认真开展茶叶及相关制品生产企业监督检查工作，重点检查生产企业原料进货查验记录、生产过程记录、产品检验记录等。

二是针对2021—2023年监督检查、抽检监测等工作中发现存在茶叶及相关制品农药残留超标、污染物超标、着色剂、非食品原料等问题的生产企业，适时组织开展飞行检查。

三是属地市场监管部门应严格按照地方法规要求，加强对茶叶及其相关制品生产加工小作坊的监督检查，切实落实监管责任。

（执笔人：申卫伟）

2023中国茶叶营养健康研究进展报告

中国农业科学院茶叶研究所

茶是世界公认的一种健康饮料，其安全性已得到广泛验证。目前，我国许多研究者就长期饮茶对人的健康功效及茶成分的生物活性展开调查，并发现茶多酚、咖啡因、茶氨酸和类黄酮等主要茶成分与健康益处有关，如预防心脑血管/神经退行性疾病[1,2]、降低肥胖和糖尿病的风险[3,4]以及改善肠道菌群[5,6]、延缓衰老[7,8]、调节机体代谢[9,10]等功效。随着茶对健康有益的报道越来越多，茶已成为更多消费者的健康选择，饮茶正逐步成为人们追求健康生活的日常生活习惯之一。

据中国知网数据库检索结果，2023年中国学者共发表茶与营养健康相关研究论文320篇；据Web of science数据库检索结果，2023年中国学者共发表茶与营养健康相关美国《科学引文索引》（SCI）论文333篇。无论是中文数据库还是英文数据库，2023年中国研究最多的依然是茶的"抗炎抗氧化作用"，中国知网数据库146篇，Web of science数据库215篇；其次是关于茶的降血糖功效研究，中国知网数据库17篇，Web of science数据库22篇，与近10年的研究趋势相同（图2、图3）。研究最多的茶成分依然是茶多酚，其次是茶多糖，再次是儿茶素、茶黄素和茶氨酸等（图4、图5）。

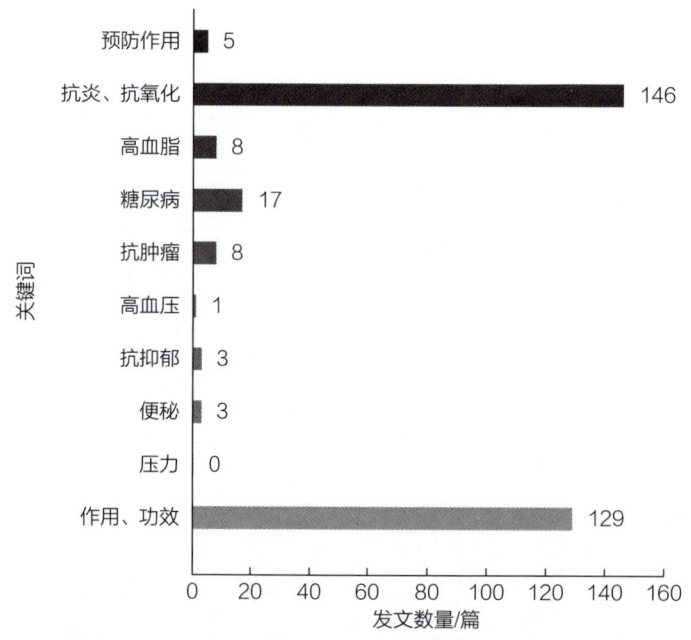

图2　中国知网数据库中的茶叶营养健康关键词与2023年发文数量

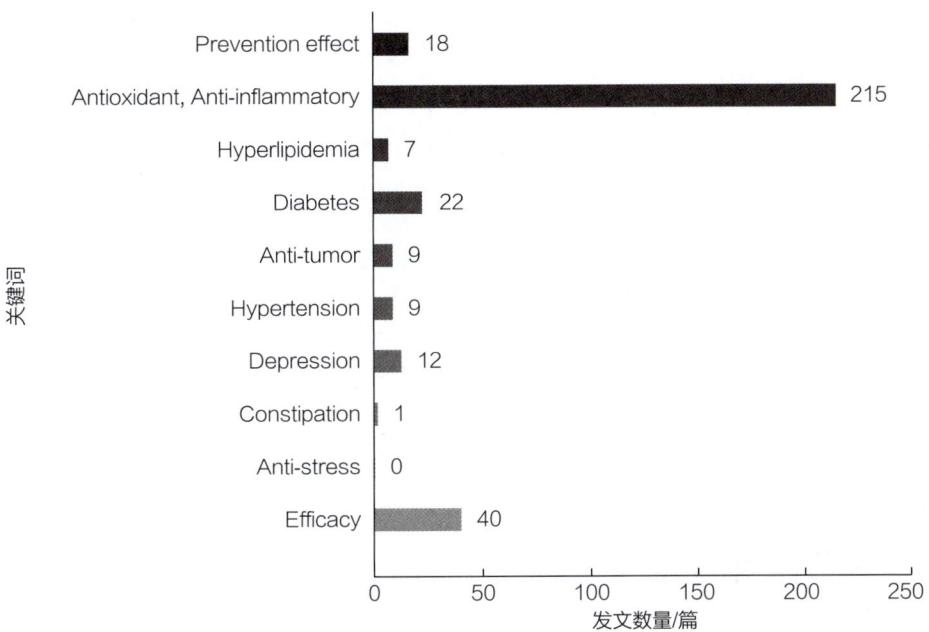

图3　Web of science数据库中的茶叶营养健康关键词与2023年发文数量

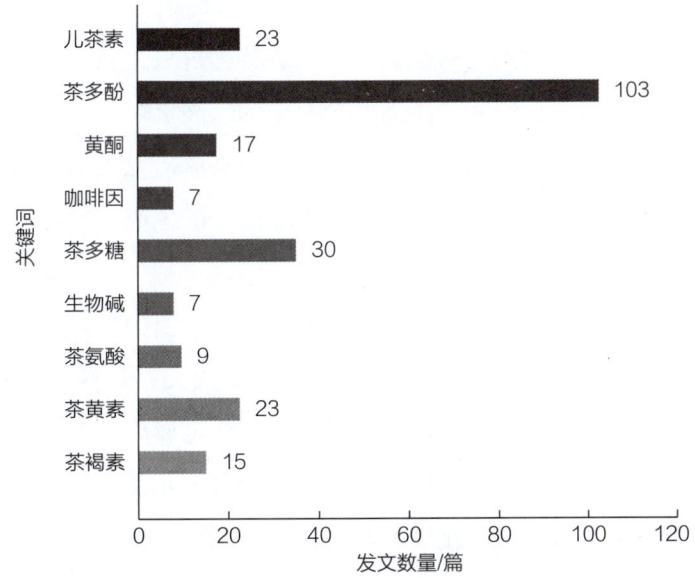

图4　中国知网数据库中的茶叶活性成分关键词与2023年发文数量

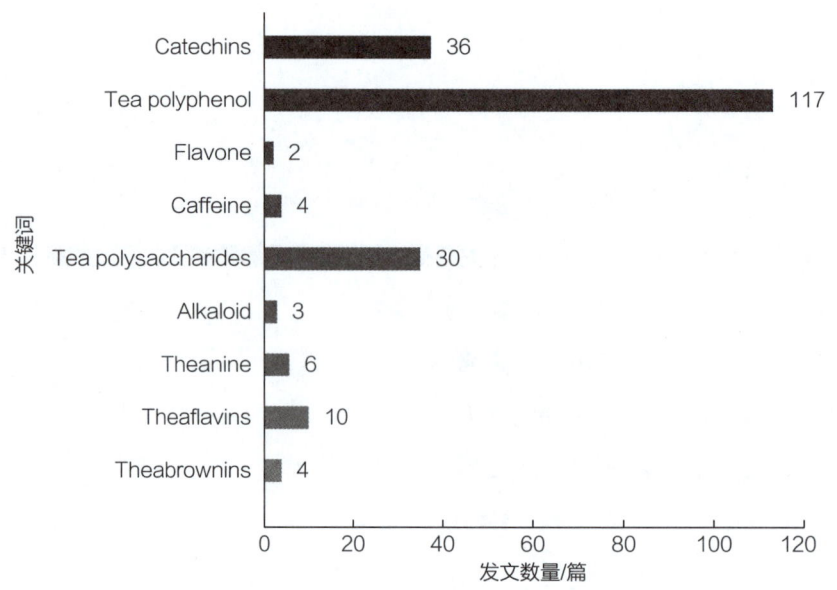

图5　Web of science数据库中的茶叶活性成分关键词与2023年发文数量

一、茶叶的营养健康作用

（一）抗炎抗氧化作用

活性氧（ROS）是氧气在人体的代谢产物，在细胞信号传导和体内平衡中具有重要作用。氧化包括两种类型：一种是自由基类型的活性氧（即氧自由基），常见成分为超氧阴离子自由基、羟自由基和脂质自由基；另一种是非自由基类型的活性氧，常见成分为过氧化氢、单线态氧和臭氧。其中，对生命系统破坏力最强的是羟自由基。因此，找到安全有效的天然抗氧化剂对生命健康至关重要。一些研究报道了茶叶冲泡、提取物及其成分的抗氧化活性，结合临床研究表明，每天喝茶或服用儿茶素补充剂可促进身体的内源性抗氧化防御系统，同时抑制炎症因子的生成，这可能具有治疗氧化应激诱发疾病的潜力[11]。

茶叶多酚中的儿茶素是决定茶抗氧化活性的最重要成分，主要包括类黄酮、酚酸[12]和木脂素。有研究表明，茶叶茶多酚的含量及分布与抗氧化活性呈显著正相关，茶褐素含量与抗氧化活性呈负相关[13, 14]。茶多酚的抗氧化活性主要归因于茶多酚能够通过螯合金属离子来防止氧化反应，抑制脂质过氧化，以及茶多酚的多羟基结构能够清除自由基。因此，没食子儿茶素的清除能力强于非没食子化儿茶素[13]。由于儿茶素中的酚羟基对于抗氧化至关重要，甲基化后会降低抗氧化能力[15]。除了清除自由基外，儿茶素及其偶联物还可以覆盖甚至结合到细胞脂膜内外的双层中，以阻止自由基的进入，并通过降低脂质流动性来稳定细胞膜。表没食子儿茶素没食子酸酯（EGCG）与磷脂双分子层的疏水和亲水区域相互作用，以保护细胞膜免受亲水性和疏水性氧化剂的攻击。同时，多酚还可以诱导多种内源性分子途径，激活抗氧化酶的表达，抑制促氧化途径。儿茶素可以激活谷胱甘肽转移酶，灭活黄嘌呤氧化酶和一氧化氮合酶[11]。

此外，除了茶多酚外，茶多糖、单宁酸等茶成分也具有抗氧化功效。Xiao等[16]从140个不同茶树品种茶叶中提取茶多糖，研究发现，在确保相同提取条件下，不同茶树品种提取的茶多糖的抗氧化活性存在显著差异。

炎症性肠病（inflammatory bowel disease，IBD）是一种累及回肠、直肠、结肠的特发性肠道炎症性疾病，主要包括溃疡性结肠炎和克罗恩病两种类型。临床实践中发现，即便是缓解了炎症性肠病患者的症状，其肠道依然持续存在炎症反应，进而导致肠道结构不可逆改变，最终诱发癌症等多种并发症，严重影响患者的生活质量。茯砖茶的冠突散囊菌细胞内多糖（intracellular polysaccharides，IPS）可改善与调节肠道微生物群相关的免疫功能。Xie等[17]为了进一步研究IPS维持肠道稳态的功效，探讨了葡聚糖硫酸钠诱导的结肠炎小鼠中IPS纯化组分（IPS-2）的保护作用及其机制。结果表明，IPS-2缓解了结肠炎的典型症状、抑制了过多的炎症介质，在mRNA水平上调控了结肠炎症反应的相关基因。同时，IPS-2治疗通过改善葡聚糖硫酸钠（DSS）诱导的组织学损伤、促进杯状细胞分化以增强黏蛋白-2的产生并增强紧密连接蛋白的表达以缓解结肠炎，增强了肠道屏障功能。此外，IPS通过促进产生短链脂肪酸并激活其受体、丰富肠道生物群，如提高拟杆菌、副拟杆菌、粪杆菌属、珀氏解黄酮菌、丁酸球菌属来预防结肠炎，这些都与减轻炎症和修复肠道屏障功能相关联，从而保护免受结肠炎。茯砖茶中提取的多酚可以剂量依赖性地减轻患有DSS诱导的结肠炎的小鼠炎症症状、免疫细胞浸润和促炎细胞因子分泌，有效重塑肠道菌群并促进色氨酸向吲哚-3-乙酸的微生物转化，随后通过增强结肠中IL-22和紧密连接蛋白（即ZO-1、occluding和claudin-1）的表达，以激活芳烃受体来缓解的结肠炎[18]。

茶叶中特殊的氨基酸——L-茶氨酸是一种特征性非蛋白氨基酸，生物安全性极佳，因其特殊的化学结构，具有多种生物学功能。Chen等[19]探讨了L-茶氨酸对断奶仔猪肠道屏障功能的保护作用。数据表明，L-茶氨酸增加了仔猪空肠和回肠中紧密连接蛋白的表达，如胞质紧密粘连蛋白1抗体（zonula occludens-1，ZO-1）、claudin-1和occluding。L-茶氨酸可以改善断奶仔猪的肠道屏障功能，其作用可能是通过抑制TLR4/p38 MAPK/NF-κB信号通路介导。

（二）降血糖作用

抑制α-葡萄糖苷酶被广泛认为是一种有效降血糖的方法[20]。一项队列研究表明，与不饮茶人群相比，饮茶人群患2型糖尿病的风险降低12%（风险比=0.88，95%置信区间=0.78～0.99），其中饮用绿茶可以将人群患糖尿病的风险降低9%（风险比=0.91，95%置信区间=0.84～0.99），饮茶超过4杯/天的人群综合发病风险比不饮茶人群的风险下降17%[21]。Wei等[22]从六堡茶中提取了一种天然茶多糖（TPS）TPS-5，发现TPS-5能够通过抑制α-淀粉酶和α-葡萄糖苷酶的活性来缓解餐后血糖上升，从而有效控制血糖水平。同时，TPS-5还能够与胆酸盐结合并排出体外，从而阻碍胆固醇合成，达到降血脂的效果。研究表明，速溶黄大茶能够通过抑制α-葡萄糖苷酶活性，降低大鼠体重、餐后血糖、血清中总胆固醇和胰岛素抵抗指数[23]。

肠道菌群在人类健康中起着重要作用。肠道菌群紊乱与糖尿病、非酒精性脂肪性肝病和肥胖症等疾病密切相关。此外，肠道菌群紊乱会改变与饱腹感相关的胃肠激素的产生，导致食物摄入量增加。许多研究表明，饮茶能够有效调节肠道菌群，抑制与血脂血糖升高呈正相关的菌群，促进与降血糖降血脂相关的菌群[24]。因此，通过饮茶来调节肠道菌群受到广泛关注。Liu等[25]研究桑叶茯（砖）茶的降血糖作用及其对糖尿病大鼠肠道菌群的影响。结果表明，与糖尿病大鼠组相比，桑叶茯茶干预组糖尿病大鼠十二指肠中α-葡萄糖苷酶和α-淀粉酶活性显著降低、十二指肠绒毛高度明显降低，导致肠道糖吸收减少。同时，桑叶茯茶还能缓解高血糖引起的肠道菌群失衡，促进有益菌（乳酸菌、双歧杆菌属等）生长，并抑制有害细菌的繁殖，如布劳特氏菌、克雷伯菌、幽门螺杆菌、另枝菌等。桑叶茯茶有助于减少有毒物质（脂多糖，$P<0.001$）的分泌，减少氧化应激和炎症，减轻器官损伤，改善糖尿病症状。最终糖尿病大鼠随机血糖值由22.79mmol/L降至14.06mmol/L，治疗效果显著。

（三）降血脂作用

肥胖通过体内脂肪组织过度积累而引起脂质和葡萄糖代谢紊乱，进一步导致动脉粥样硬化、糖尿病和非酒精性脂肪肝等慢性代谢疾病的发生。茶在发酵过程中，茶中丰富的多酚被多酚氧化酶氧化，产生氧化的茶多酚。研究发现，这些氧化茶多酚可以有效减少大鼠肝脏脂肪组织中脂质的积累，促进体内脂代谢[26]。

Qu等[27]分别用低浓度（6mg/mL）或高浓度（12mg/mL）的复合红茶长期治疗（18周）高脂饲料喂养的小鼠，以评估其对脂代谢的影响。结果表明，低浓度和高浓度的复合红茶可以通过抑制体重增加和脂肪积累、改善糖耐量、缓解代谢性内毒素血症及调节脂代谢相关基因的mRNA表达水平，分别使体重减少了15%和16%、体脂减少了44%和38%。此外，低浓度的复合红茶能够降低与肥胖呈正相关的脱硫弧菌的丰度，增加与肥胖呈负相关的瘤胃球菌的丰度（图6）。

茶多糖和多酚已被证明在缓解小鼠体内脂肪堆积和改善血脂水平方面的功效。其抗肥胖作用的机制主要涉及各种代谢相关途径的调节，如脂肪酸生物合成、不饱和脂肪酸的生物合成、固醇生物合成、脂肪酸延伸、甘油酯代谢和甘油磷脂代谢等。Yang等[28]从茯砖茶中提取了一组新的茯砖茶多糖，并对其中一种茯砖茶多糖的体外降脂作用进行了研究，发现该茯砖茶多糖可减轻HepG 2细胞内脂质堆积、激活AMPK、降低与脂肪酸合成相关的固醇调节元件结合蛋白-1c（SREBP-1）和脂肪酸合成酶（FAS）表达，表明该茯砖茶多糖具有良好的降脂作用。

Zhu等[29]探讨了"桂桑优"桑叶茶改善高脂饮食诱导的肥胖小鼠代谢异常的作用。结果表明，桑叶茶水提取物的干预能够降低血脂水平，并且对相关抗氧化酶活性及血清和肝脏中的炎症因子产生正向调节作用。在肝脏中，与脂质合成相关的SREBP-1、硬脂酰辅酶A去饱和酶1（SCD 1）、FAS和乙酰辅酶A羧化酶的mRNA和蛋白表达水平被下调，而与胆汁酸合成相关的法尼醇X受体和小异二聚体伴侣的mRNA和蛋白表达水平被上调。这些结果表明，桑叶茶通过提高机体抗氧化能力、调节炎症状

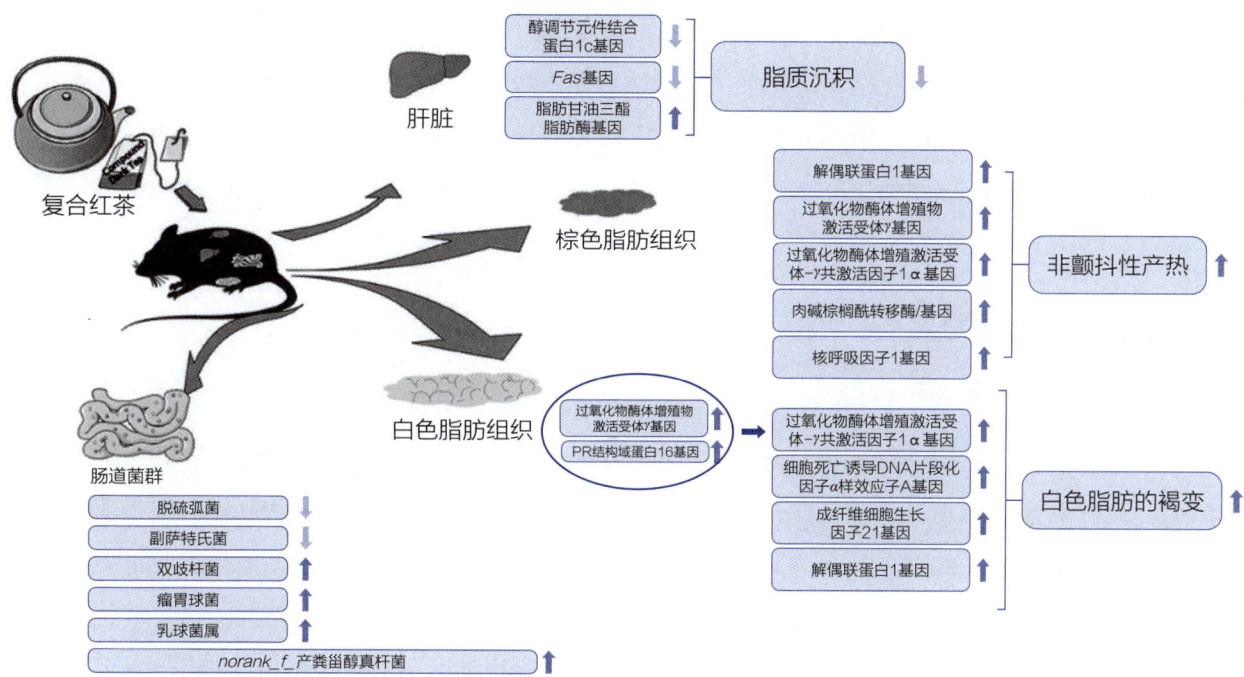

图6　复合红茶在缓解高饮食诱导的肥胖和肝脂肪变性以及调节肠道微生物群方面的作用
（注：经Frontiers出版社许可转载[27]）

态、减少脂质合成并增加胆汁酸产生，改善了肥胖小鼠的脂代谢异常。因此，桑叶茶可以作为一种安全有效的资源用于改善脂代谢异常，并进行加工利用[29]。

此外，临床实验研究了长期饮用普洱熟茶3个月后，饮食和运动不变的情况下，试饮志愿者的体重、身体质量指数、身体围度（腰围、臀围、颈围）、血脂（高密度脂蛋白胆固醇、载脂蛋白A1和载脂蛋白B）和肝脏脂肪量均显著改善（$P<0.05$）[30]。Wang等[31]将短期或长期饮用绿茶与运动相结合，以改善高脂饮食诱导的小鼠肝脏脂肪变性和肥胖。结果表明，饮用"云抗10号"绿茶结合运动对改善小鼠脂肪肝和肥胖具有协同预防作用。特别是绿茶或运动干预22周改善了肥胖的所有症状，这表明长期干预比短期干预具有更强的预防效果。而且绿茶和运动联合干预22周抑制了NF-κB通路的激活及促炎细胞因子的表达，提示茶结合运动可能主要通过抑制炎症来改善肝脏脂肪变性。另外，高脂饮食诱导小鼠肝脏中脂质和葡萄糖代谢的关键调控分子SCD1也被明显下调，葡萄糖转运蛋白2（GLUT2）和PPARγ被明显上调。这项研究表明，长期饮用绿茶并辅以运动的干预可通过改善肝脏炎症、减少脂质合成和加速葡萄糖转运，有效缓解肝脏脂肪变性和肥胖并发症。

（四）降血压作用

茶多酚，如绿茶多酚，在体外实验和动物实验中作为改善心血管疾病和血压的药物已被广泛研究。Quan等[32]设计了一项队列研究，以检查饮用绿茶是否会增加绝经前妇女患高血压的风险。这项前瞻性队列研究调查了6633名没有高血压、心血管疾病和癌症的绝经前的女性。收缩压≥140mmHg

或舒张压≥90mmHg确认为高血压。在24957人年的随访期（中位随访期为4年），共有488例高血压首发病例发生。不同绿茶消费频率，即几乎从不饮用绿茶、每周饮用1杯绿茶、每周饮用2～6杯绿茶和每天饮用超过1杯的绝经前女性参与者发生高血压的多变量危险比（95%置信区间）分别为1.00（参考）、0.84（0.67、1.07）、1.02（0.77、1.35）和0.65（0.44、0.96）。因此，在绝经前妇女中，饮用绿茶与降低高血压的风险有关。

（五）改善抑郁行为

据报道，普洱茶通过调节色氨酸代谢来降低抑郁症的风险。智能手机和平板电脑在夜间发出的蓝光会增加患抑郁症的风险。Zhao等[33]将两组C57BL6/J小鼠分别给予水或2.5g/L普洱茶120天，然后进行45天的夜间蓝光处理（21：00～23：00，400lx蓝光）以模拟电子设备发出的蓝光。结果表明，夜间蓝光可诱导健康小鼠的抑郁样行为和肠道微生物群紊乱。普洱茶的摄入显著重塑了肠道微生物群（尤其是双歧杆菌），并调节了短链脂肪酸的代谢，从而保护了肠道屏障的完整性。这一改进通过抑制MyD88/NF-κB通路进一步减少血脑屏障的损伤，减轻神经炎症，最终调节脑源性神经营养因子和5-羟色胺等神经递质（图7）。因此，长期饮用2.5g/L普洱茶有可能通过重塑肠道微生物群并通过脑–肠轴增加短链脂肪酸的产生来预防夜间蓝光诱导的抑郁样行为。

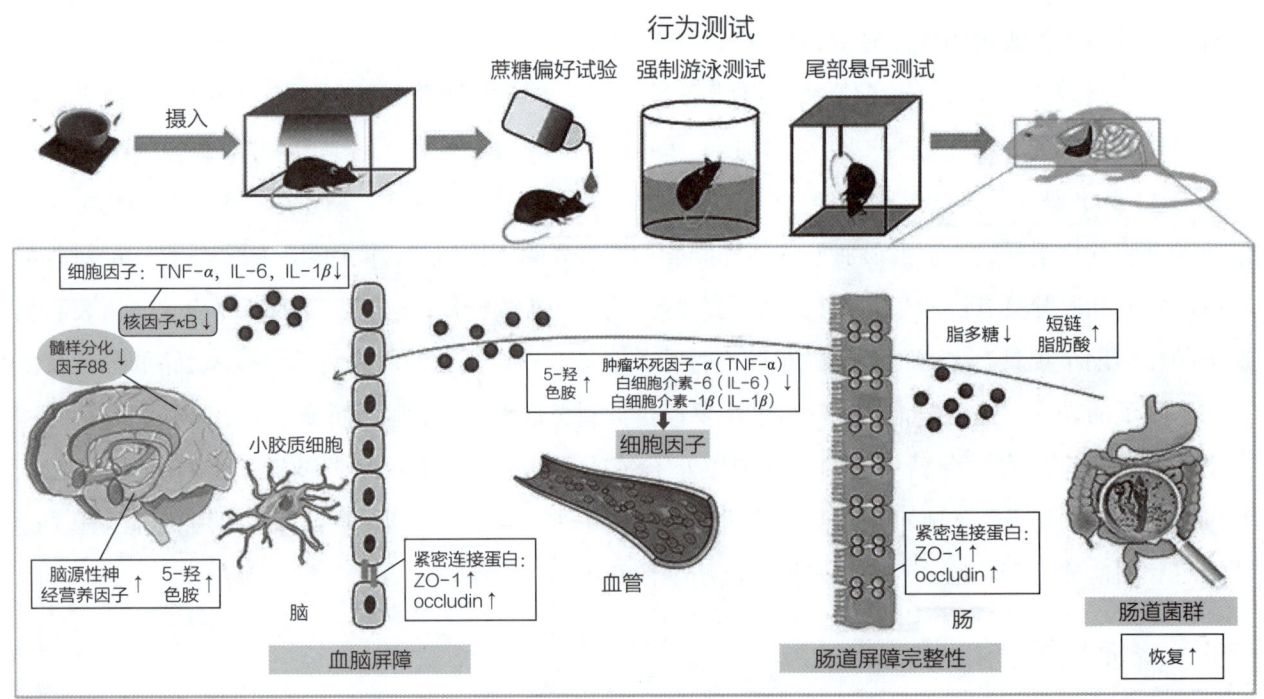

图7 长期饮用普洱茶可改善蓝光诱导的抑郁样行为
（注：经英国皇家化学学会出版社许可转载[33]。）

（六）缓解便秘

Qi等[34]探讨了茯砖茶水提物（FTE）对便秘的改善作用及其分子机制。灌胃给予茯砖茶水提物（100mg/kg和400mg/kg）5周，可显著增加便秘小鼠的粪便含水量，改善排便困难，增强肠推进功能。茯砖茶水提物还可减少结肠炎性因子，维持肠道紧密连接结构，抑制结肠水通道蛋白的表达，从而使便秘小鼠的肠道屏障和结肠水运输系统恢复正常。*16S rRNA*基因序列分析结果表明，两种剂量的茯砖茶水提物均在门水平上提高了乳杆菌的厚壁菌门/拟杆菌门（F/B）比值，在属水平上使乳杆菌的相对丰度从（5.6±1.3）%分别增加到（21.5±3.4）%和（28.5±4.3）%，从而显著提高了结肠内容物中短链脂肪酸水平。代谢组学分析表明，茯砖茶水提物改善了与便秘相关的25种代谢物的水平。这些结果表明，茯砖茶可能通过调节肠道微生物群及其代谢产物，改善小鼠的肠道屏障和水通道蛋白介导的水运输系统，从而缓解便秘。

（七）缓解压力

越来越多的证据表明，使用一种新的生产工艺来生产γ-氨基丁酸（GABA）强化乌龙茶（GO tea），可以缓解人类的压力，发挥多种生理功能。Lin等[35]调查了连续28天每天饮用强化乌龙茶对改善血压、放松相关脑电波和生活质量的疗效。观察第0天、第7天、第14天、第21天和第28天的心率、血压、阿尔法脑电波（松弛指数）和8项生活质量评分的变化。化学分析结果表明，强化乌龙茶含有最丰富的氨基酸和γ-GABA，有助于松弛活动。在所有研究参与者中，每天饮用强化乌龙茶可以降低第21天的收缩压和第28天的舒张压（$P<0.05$）。对于有高血压先兆的参与者，强化乌龙茶能有效地降低他们第28天的心率和收缩压、舒张压（$P<0.05$）。在研究结束时，阿尔法脑电波和生活质量评分也有递增变化（两者均$P<0.05$）。表明强化乌龙茶可能是一种潜在的天然资源并作为替代疗法，来改善血压、缓解压力和提高生活质量。

二、饮茶的疾病预防和保护作用

随着生活水平的提高，人们越来越关注健康问题。饮茶已被证实具有许多潜在的健康益处，包括预防肿瘤、预防痛风、预防肾结石、保护神经系统、保护肝脏以及调控机体代谢综合征等作用。

（一）预防肿瘤

2023年国家癌症中心发布最新统计数据显示，我国癌症新发病例约406万人，死亡病例约241万，是目前危害人类健康和生命的主要疾病之一。Zheng等[36]调查茶叶摄入量与妇科癌症风险之间的关系。共检索到19项队列研究，2020980例受试者和12155例妇科肿瘤病例，当茶的摄入量为1.40~3.12杯/天时，可以观察到卵巢癌风险有下降趋势。茯茶素是茯砖茶中新发现的一类多酚衍生物，已有文献表明其具有广泛的生物活性，包括抑菌、抗氧化、减肥以及抗癌活性。有研究表明，茯茶素B能够以浓度依赖和时间依赖的方式显著抑制Hela细胞的体外增殖，且在mRNA水平和蛋白水平均能下调Hela细胞中PLK1基因的表达，且PLK1的表达量与肿瘤抑制率呈负相[37]。L-茶氨酸可抑制肿瘤坏死因子-α（tumor necrosis factor，TNF-α）、IL-1β、IL-6和Toll样受体4（TLR4）的mRNA表达以及TNF-α、磷酸化丝裂原活化蛋白激酶（MAPK）p38、磷酸化IκB和核NF-κB p65的蛋白表达。

黑茶是一种具有独特感官特征的后发酵茶，由微生物特殊发酵而成。研究表明，每天饮用黑茶可以通过下调核因子κB（NF-κB）信号通路抑制促炎细胞因子如肿瘤坏死因子（TNF-α）、白细胞介素-1β（IL-1β）和IL-6，增加抗炎细胞因子如IL-10和IL-22水平或者通过增加抗氧化酶如超氧化物歧化酶（SOD）、过氧化氢酶（CAT）和谷胱甘肽过氧化物酶（GSH-Px）的活性，去除细胞产生的活性氧，降低丙二醛（MDA）水平来达到癌症预防的目的（图8）[38]。

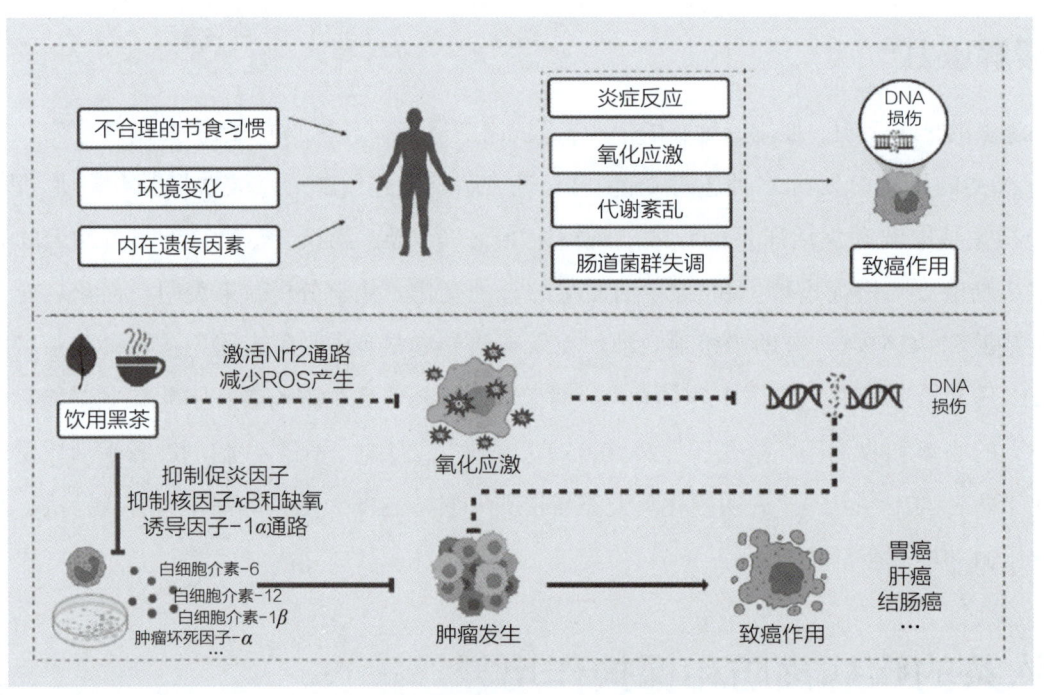

图8 黑茶可能的抗癌机制
（注：经多学科数字出版机构许可转载[38]。）

（二）预防痛风

痛风是一种越来越普遍的炎症性关节炎，是由尿酸晶体在关节中的积累引起的，导致严重的疼痛、肿胀和僵硬，对身体、精神和情绪健康产生不利影响。统计学分析表明，增加茶摄入量与降低痛风风险之间存在正相关性[39, 40]。甘蒲藤茶是以普洱茶、柑桔壳、藤茶为原料，经烘焙而成的一种新型保健柑橘果茶[41]。研究表明，甘蒲藤茶水提物对嘌呤代谢相关酶如腺苷脱氨酶（ADA）、嘌呤核苷磷酸化酶（PNP）和黄嘌呤氧化酶（XOD）具有抑制作用且甘蒲藤茶水提物通过积累肌苷和次黄嘌呤，阻碍黄嘌呤的合成，从而抑制尿酸的产生[41]。进一步的研究表明，这可能是因为茶黄酮类化合物能够抑制黄嘌呤氧化酶（一种参与尿酸产生的酶），或者帮助改善肾脏的尿酸排泄[39, 41]。

（三）预防肾结石

黄茶作为一种微发酵茶在"杀青""闷黄"过程中会使茶叶中的多酚氧化酶失活，并保留高含量的多酚和其他活性成分。研究表明，每天摄入黄茶能够以摄入浓度依赖性方式减少由小鼠肾结石引起的晶体沉积、炎症、氧化应激和纤维化，黄茶中丰富的黄酮类化合物能够激活过氧化物酶体增殖物激活受体γ（PPARG），预防肾草酸钙结石的产生从而预防和治疗肾结石相关氧化损伤和纤维化[42]。

（四）保护神经系统

研究表明，饮茶或通过其他方式摄入茶与罹患血管性痴呆和阿尔茨海默病的风险显著降低呈正相关[43]。茶黄素（TF）是在茶叶生产过程中由儿茶素酶促氧化形成的混合物，对红茶的品质和抗衰老活性具有积极的贡献。茶黄素通过肠道微生物群—大脑轴能有效改善衰老小鼠的认知功能障碍[44]，具体作用机制：茶黄素通过提高抗氧化能力、增强免疫反应、增加紧密连接蛋白的表达、重组肠道微生物群和改变核心微生物群代谢物，如短链脂肪酸和必需氨基酸，并上调脑神经营养因子来维持肠道稳态，然而，用抗生素去除肠道微生物群部分消除了茶黄素的神经保护作用。

越来越多的证据表明，茶多酚同样具有神经保护潜力。周妮娜等[45]发现茶多酚可以通过减少氧化应激和促进DNA修复来保护PC12神经细胞免受甲基苯丙胺诱导的神经毒性。其中，EGCG在预防和治疗神经炎症、神经退行性疾病和神经损伤方面具有潜在优势。有研究表明，EGCG通过脑-肠轴相关的分子和细胞机制，促进神经营养因子的分泌，修复受损神经元，改善肠道微环境稳态、病理表型。在神经免疫通信过程中，EGCG通过调节自身免疫反应相关信号，改善神经系统与免疫系统之间的沟通，有效降低炎症状态和神经功能，显示出巨大的神经保护潜力[46]。

（五）保护肝脏

Tang等[47]研究发现，茶固体饮料可通过调节饮酒大鼠肠道矿物质吸收、胆汁分泌途径、脂肪细胞因子信号通路和过氧化物酶体平衡，显著改变饮酒大鼠肠道的组成，从而达到保护饮酒大鼠肝脏的作用（图9）。

（六）调控机体代谢综合征及其他

随着生活水平的提高，人们越来越重视健康，特别是普遍存在的慢性代谢紊乱。茯砖茶属黑茶，其独特的"发花"工艺能产生一种有利于茶叶内含物转变的益生菌——冠突散囊菌，业内称为"金花"，使茶叶的口感和健康功效得到提高和优化。茯砖茶多糖对高脂饮食诱导的小鼠代谢综合征的抑制作用与调节肠道菌群有关，表明茯砖茶多糖可作为预防与肠道菌群失调相关代谢综合征的候选药物[48]。

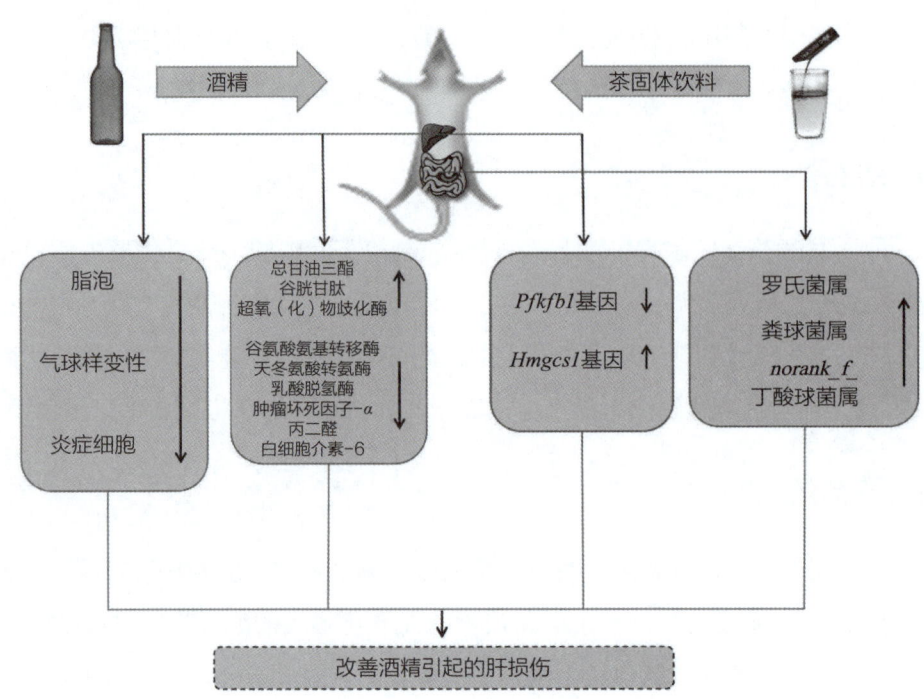

图9 复合固体饮料对饮用大鼠肝脏的保护作用机制
（注：经多学科数字出版机构许可转载[47]。）

有研究表明，藏茶提取物能够通过调节脂代谢相关信号通路从而抑制花生四烯酸诱导的斑马鱼血栓的形成[49]。L-茶氨酸可减轻环磷酰胺诱导的睾丸损伤，包括精原细胞、上皮细胞、生精小管和基底膜。对睾丸的综合蛋白质组学和代谢组学研究表明，L-茶氨酸治疗会影响嘌呤代谢、癌症胆碱代谢和花生四烯酸代谢，表明茶氨酸可抵抗环磷酰胺诱导的睾丸毒性[50]。L-茶氨酸可以有效延长热应激后秀丽隐杆线虫的平均寿命以及降低它体内绿色荧光蛋白——热休克蛋白融合蛋白的相对荧光强度；延长其在氧化应激下的最大寿命和降低其脂褐素水平；同时能显著提高线虫体内SOD、GSH-Px、CAT的活性等，说明L-茶氨酸对应激导致线虫组织损伤有较强的修复和保护作用[51]。

三、结论

2023年，我国学者主要对茶叶的抗炎抗氧化、降血脂/血糖、降血压、改善抑郁行为、缓解便秘/压力等作用以及饮茶的疾病预防和保护作用等展开了深入研究，揭示了茶叶的多重活性健康功能及其潜在作用机制，为全民健康饮茶、促进茶资源深度发掘利用、推动茶与健康新兴产业的发展奠定了坚实的理论基础。

（执笔人：周梦雪、周闯、林智）

参考文献

[1] SUTHERLAND B A, RAHMAN R M, APPLETON I. Mechanisms of action of green tea catechins, with a focus on ischemia-induced neurodegeneration[J]. The Journal of nutritional biochemistry, 2006, 17（5）: 291-306.

[2] DUFFY S J, KEANEY JR J F, HOLBROOK M, et al. Short-and long-term black tea consumption reverses endothelial dysfunction in patients with coronary artery disease[J]. Circulation, 2001, 104（2）: 151-156.

[3] LIN J K, LIN-SHIAU S Y. Mechanisms of hypolipidemic and anti-obesity effects of tea and tea polyphenols[J]. Molecular nutrition & food research, 2006, 50（2）: 211-217.

[4] 汪东风，王林戈，张莉，等. 绿茶对糖尿病的防治作用[J]. 茶叶科学，2019，30（4）: 243-250.

[5] ZHANG Z, ZHANG Y, LI J, et al. The neuroprotective effect of tea polyphenols on the regulation of intestinal flora[J]. Molecules, 2021, 26（12）: 3692.

[6] ZHANG Z, HE F, YANG W, et al. Pu-erh tea extraction alleviates intestinal inflammation in mice with flora disorder by regulating gut microbiota[J]. Food Science & Nutrition, 2021, 9（9）: 4883-4892.

[7] CAO D, ZHAO M, WAN C, et al. Role of tea polyphenols in delaying hyperglycemia-induced senescence in human glomerular mesangial cells via miR-126/Akt–p53–p21 pathways[J]. International Urology and Nephrology, 2019, 51: 1071-1078.

[8] UNNO K, TAKABAYASHI F, YOSHIDA H, et al. Daily consumption of green tea catechin delays memory regression in aged mice[J]. Biogerontology, 2007（8）: 89-95.

[9] LIU D, WANG J, ZENG H, et al. The metabolic regulation of Fuzhuan brick tea in high-fat diet-induced obese mice and the potential contribution of gut microbiota[J]. Food & function, 2022, 13（1）: 356-374.

[10] YANG C S, ZHANG J, ZHANG L, et al. Mechanisms of body weight reduction and metabolic syndrome alleviation by tea[J]. Molecular nutrition & food research, 2016, 60（1）: 160-174.

[11] LIU H, GUAN H, HE F, et al. Therapeutic actions of tea phenolic compounds against oxidative stress and inflammation as central mediators in the development and progression of health problems: A review focusing on microRNA regulation[J]. Critical Reviews in Food Science and Nutrition, 2023: 1-31.

[12] JAMES A, WANG K, WANG Y. Therapeutic activity of green tea epigallocatechin-3-gallate on metabolic diseases and non-alcoholic fatty liver diseases: The current updates[J]. Nutrients, 2023, 15（13）: 3022.

[13] WANG W, LE T, WANG W, et al. Effects of key components on the antioxidant activity of black tea[J]. Foods, 2023, 12（16）: 3134.

[14] WANG Z, LIANG Y, GAO C, et al. The flavor characteristics and antioxidant capability of aged

Jinhua white tea and the mechanisms of its dynamic evolution during long-term aging[J]. Food Chemistry, 2024, 436: 137705.

［15］NG T K, CHU K O, WANG C C, et al. Green tea catechins as therapeutic antioxidants for glaucoma treatment[J]. Antioxidants, 2023, 12（7）：1320.

［16］XIAO K, SHI Y, LIU S, et al. Compositions and Antioxidant Activity of Tea Polysaccharides Extracted from Different Tea（Camellia sinensis L.）Varieties[J]. Foods, 2023, 12（19）：3584.

［17］XIE Z, ZENG Z, CHEN G, et al. Intracellular polysaccharides of Aspergillus cristatus from Fuzhuan Brick Tea Leverage the gut microbiota and repair the intestinal barrier to Ameliorate DSS-induced colitis in mice[J]. Journal of Agricultural and Food Chemistry, 2023, 71（21）：8023-8037.

［18］ZHANG X, SHI L, WANG N, et al. Gut bacterial indole-3-acetic acid induced immune promotion mediates preventive effects of fu brick tea polyphenols on experimental colitis[J]. Journal of Agricultural and Food Chemistry, 2023, 71（2）：1201-1213.

［19］CHEN X, CHEN L, JIA G, et al. L-theanine improves intestinal barrier functions by increasing tight junction protein expression and attenuating inflammatory reaction in weaned piglets[J]. Journal of Functional Foods, 2023, 100: 105400.

［20］LU H, XIE T, WU Q, et al. Alpha-Glucosidase inhibitory peptides: Sources, preparations, identifications, and action mechanisms[J]. Nutrients, 2023, 15（19）：4267.

［21］崔丽娟. 基于队列研究饮茶对人群预防Ⅱ型糖尿病效果的meta分析[J]. 职业与健康，2023，39（10）：1403-1407.

［22］WEI L, HUANG L, DU L, et al. Structural characterization and in vitro antioxidant, hypoglycemic and hypolipemic activities of a natural polysaccharide from Liupao Tea[J]. Foods, 2023, 12（11）：2226.

［23］李睿，马征，李心伟，等. 速溶黄大茶辅助降血糖功能及机制研究[J]. 亚太传统医药，2023，19（11）：10-16.

［24］龚明秀，袁懿炜，张一帆，等. 鸠坑龙井茶对高脂饮食C57BL/6小鼠肝脂肪变性SREBPs通路信号的影响及肠道菌群调节作用研究[J]. 茶叶科学，2023，43（4）：576-592.

［25］LIU C, ZENG H, JIANG R, et al. Effects of mulberry leaf Fu tea on the intestines and intestinal flora of goto-kakizaki type 2 diabetic rats[J]. Foods, 2023, 12（21）：4006.

［26］张文娟，刘雪娜，李丽维，等. 茶多酚生理机制及其保健食品研发进展[J]. 食品研究与开发，2023，44（5）：217-224.

［27］QU J, YE M, WEN C, et al. Compound dark tea ameliorates obesity and hepatic steatosis and modulates the gut microbiota in mice[J]. Frontiers in Nutrition, 2023, 10: 1082250.

［28］YANG W, CHENG S, LIU M, et al. Lipid-lowering effects of a novel polysaccharide obtained from Fuzhuan Brick tea in vitro[J]. Foods, 2023, 12（18）：3428.

[29] ZHU Y, ZHOU X, LING N, et al. The effect of guisangyou tea on abnormal lipid metabolism in mice induced by high-fat diet[J]. Foods, 2023, 12（11）: 2171.

[30] 孙颖，李艳，王黎明，等. 普洱熟茶对糖脂代谢异常改善效果的临床研究[J]. 食品科学，2023: 1-17.

[31] WANG R, GU M, ZHANG Y, et al. Long-term drinking of green tea combined with exercise improves hepatic steatosis and obesity in male mice induced by high-fat diet[J]. Food Science & Nutrition, 2024, 12（2）: 776-785.

[32] QUAN J, ZHANG T, GU Y, et al. Green tea intake and the risk of hypertension in premenopausal women: the TCLSIH cohort study[J]. Food & function, 2023, 14（9）: 4406-4413.

[33] ZHAO S, HU S, SUN K, et al. Long-term Pu-erh tea consumption improves blue light-induced depression-like behaviors[J]. Food & function, 2023, 14（5）: 2313-2325.

[34] QI B, ZHANG Y, REN D, et al. Fu brick tea alleviates constipation via regulating the aquaporins-mediated water transport system in association with gut microbiota[J]. Journal of Agricultural and Food Chemistry, 2023, 71（8）: 3862-3875.

[35] LIN C C, HSIEH C Y, CHEN L F, et al. Versatile effects of GABA Oolong tea on improvements in diastolic blood pressure, alpha Brain waves, and quality of life[J]. Foods, 2023, 12（22）: 4101.

[36] ZHENG F, CHEN K, ZHONG J, et al. Association between different types of tea consumption and risk of gynecologic cancer: A meta-analysis of cohort studies[J]. Nutrients, 2023, 15（2）: 403.

[37] 余松林，刘缘，甘琳，等. 茯茶素B通过下调PLK1抑制宫颈癌细胞增殖[J]. 生物化工，2023，9（5）: 74-77.

[38] DENG H, LIU J, XIAO Y, et al. Possible mechanisms of dark tea in cancer prevention and management: A comprehensive review[J]. Nutrients, 2023, 15（18）: 3903.

[39] LIANG X, CAI J, FAN Y. Causal association between tea intake and risk for gout: A mendelian randomization study[J]. Frontiers in Genetics, 2023, 14: 1220931.

[40] CHEN J, ZHENG Y, GONG S, et al. Mechanisms of theaflavins against gout and strategies for improving the bioavailability[J]. Phytomedicine, 2023, 114: 154782.

[41] ZHANG Z X, MO R M, LIU D B, et al. Research on the efficacy of ganpu vine tea in inhibiting uric acid production[J]. Metabolites, 2023, 13（6）: 704.

[42] SU M, SANG S, LIANG T, et al. PPARG: a novel target for yellow tea in kidney stone prevention[J]. International Journal of Molecular Sciences, 2023, 24（15）: 11955.

[43] JIANG N, MA J, WANG Q, et al. Tea intake or consumption and the risk of dementia: a meta-analysis of prospective cohort studies[J]. Peer J, 2023, 11: e15688.

[44] LI M, ZHANG C, XIAO X, et al. Theaflavins in black tea mitigate aging-associated cognitive

dysfunction via the microbiota-gut-brain axis[J]. Journal of Agricultural and Food Chemistry, 2023, 71（5）：2356-2369.

［45］周妮娜，邓明珠，王灿. 茶多酚对甲基苯丙胺诱导的PC12细胞神经元损伤研究[J]. 中国临床药理学杂志，2023，39（21）：3097-3101.

［46］CHEN Y, LIU Z, GONG Y. Neuron-immunity communication: mechanism of neuroprotective effects in EGCG[J]. Critical Reviews in Food Science and Nutrition, 2023: 1-20.

［47］TANG Z, ZHAN L, HE R, et al. Hepatoprotective effect of tea composite solid beverage on alcohol-caused rat liver injury[J]. Foods, 2023, 12（22）：4126.

［48］LI H, DAI W, ZHANG X, et al. Chemical components of Fu brick tea and its potential preventive effects on metabolic syndrome[J]. Food Science & Nutrition, 2024, 12（1）：35-47.

［49］WANG N, LAN C, LU H, et al. Preventive effect and mechanism of Tibetan tea extract on thrombosis in arachidonic acid-induced zebrafish determined via RNA-seq transcriptome profiles[J]. Plos One, 2023, 18（5）：e0285216.

［50］YE Y, FANG C, LI L, et al. Protective effect of l-theanine on cyclophosphamide-induced testicular toxicity in mice[J]. Journal of Agricultural and Food Chemistry, 2023, 71（21）：8050-8060.

［51］杜召凤，李怡霏，贾茹，等. L-茶氨酸延缓应激条件下秀丽隐杆线虫的衰老[J]. 阜阳师范大学学报（自然科学版），2023，40（4）：27-32.

第七部分
文旅教育

2023中国茶文化旅游市场发展报告

2023中国茶学高等教育发展报告

2023中国茶文化旅游市场发展报告

中国茶叶流通协会茶旅工作委员会

2023年，随着国内经济复苏，全国文化旅游市场焕发出强劲活力，展现出文化旅游发展的蓬勃生机。据相关数据显示及测算：2023年，国内出游人次48.91亿，同比增长93.3%；国内游客出游总花费4.91万亿元，同比增长140.3%；国内出游人次和国内旅游收入分别恢复到2019年的81.38%、85.69%。出入境旅游方面，2023年我国出入境旅游人数超过1.9亿人次，较去年增长2.8倍以上。这一复苏态势同样体现在茶文化旅游领域，2023年茶文化旅游市场规模和出行人数显著增加，并呈现出消费升级、产品创新以及茶相关体验多元等多种新特点。

一、市场总体情况

（一）政策支持产业发展

随着党的二十大报告对"坚持以文塑旅、以旅彰文，推进文化和旅游深度融合发展"理念的深入阐述，以及国务院办公厅2023年9月《关于释放旅游消费潜力推动旅游业高质量发展的若干措施》的出台，我国茶文化旅游的发展迎来了前所未有的历史机遇。这一系列政策不仅为茶文化与旅游的深度融合提供了坚实的政策保障，还指明了茶文化旅游创新发展的方向。文化和旅游部、国家体育总局也联合推出了"跟着赛事去旅行"等品牌赛事，为茶文化旅游注入了新活力。各地方政府也积极响应国家号召，将"中国茶文化旅游走向世界"作为重要目标，纷纷出台了一系列支持茶文化旅游发展的政策措施，全面推动茶文化旅游的发展。

（二）市场规模显著增长

2023年，游客出行意愿得到极大释放，全年国内旅游市场迎来了"井喷式"增长。无论是节假日还是周末，各大景区、旅游城市均人潮涌动，茶旅人数和收入均实现了快速增长，都显示出市场的强劲复苏势头。据统计数据显示，2023年我国茶旅市场规模已超过1000亿元。预计到2025年将突破5000亿元，随着茶文化的进一步传播和旅游市场的不断扩大，茶旅市场规模也将持续增长。市场规模的增长主要得益于茶文化的传承与推广，以及消费者对旅游休闲和养生健康的追求。此外，茶文化旅游发展也表现出良好的融合度，不仅与文旅融合，还与国际茶文化融合，促进了茶文化旅游市场、文化产业等领域的有机融合。2023年旅游相关企业注册量超过36万家，同比增长42%。

（三）市场需求升级转型

随着居民生活水平的提高和消费观念的转变，国内茶旅消费呈现出明显的升级趋势。游客不再满足于基本的观光游览，而是更加注重茶旅体验的深度和质量，追求个性化、定制化的旅游服务。通过开发茶文化主题乐园、文化街区、民宿村落等，为游客提供更加独特的旅游体验。从2019年到2023年，茶旅市场规模年均增长率为15%。对比相关数据可知，2023年国内人均每次出行旅游消费达1000元，为近五年内最高水平。在保持传统服务优势的基础上，不断创新服务模式和服务内容，推出定制化旅游服务、提供一站式旅游解决方案等，满足不同消费者的出行需求，预计未来几年，这一增长率将保持稳定或略有上升。

（四）文旅产品推陈出新

为了满足游客多样化的需求，企业不断创新旅游产品，推出了一系列新颖有趣的茶旅线路和项目。同时，随着智慧旅游的快速发展，游客也能享受到更加便捷、智能的旅游服务，如在线预订、无接触入园、智能导览等。旅游消费的增加以"住""吃"为核心，购物消费则以工艺品类、纪念类和食品类商品最受青睐。目前，结合自然风光与人文历史的茶园深度游、亲子游、茶旅研学游、康养游等，以及现代科技打造的沉浸式旅游体验，都为游客带来了更加丰富和深入的文化旅游体验。

二、市场主要特点

2023年全国茶文化旅游市场呈现出多元化发展、创新性发展和新业态发展等特点，社会大众消费意愿更趋理性，旅游市场不断下沉、群众旅游文化需求更趋向个性化和多样化。全国范围内，福建、云南、广东、浙江等省份对茶旅的关注度位居前列。据统计数据显示，2023年抖音平台新增乡村内容数10亿余个，播放量近3万亿次；打卡点超17万个，打卡内容突破7000万个，同比增长近20%。这些地区依托丰富的茶产业资源和独特的茶文化，打造"旅游+茶事体验""旅游+康体养生""旅游+茶工业""旅游+古茶村落"等一系列茶旅产品，如茶餐、茶品、茶吧、茶馆旅游产品等，通过茶旅产业结构不断优化，真正实现"一片叶子富了一方百姓"，吸引了大量游客前来体验。

（一）多元化发展

茶旅市场提供了丰富的旅游产品，包括茶园观光、茶文化体验、茶叶品鉴、茶主题民宿等，满足了不同游客的需求。

一是产品形态多元化，以茶叶采制加工为核心，构建出"从一片叶子到杯中精灵"的全场景体验，不仅涵盖茶叶种植、采摘、加工全流程，还集合乡村体验、工业观摩、特色餐饮为一体，使消费者全方位感受茶叶魅力，提升茶文化旅游市场的吸引力和竞争力，为消费者提供更加丰富的旅游体验。二是市场定位多元化，对于个人游客，提供多样化的旅游选择，满足不同消费者的兴趣爱好和需求，注重旅游产品的个性化和差异化；对于家庭游客，设计适合家庭成员共同参与的活动，增进亲子关系的同时提升青少年的认知和学习能力，更加注重旅游产品的"寓教于乐"；对于团队游客，可根据团队的需求，设计旅游线路、活动内容，提供定制化的旅游产品和服务，提出团队出游意愿。三是经营模式多元化，将茶产业与旅游产业深度融合，通过茶园观光、茶文化体验等活动促进茶产品的销售和推广，实现茶产业和旅游产业的双赢，同时与其他产业进行跨界合作，丰富茶旅游市场的供给。

（二）创新型发展

茶旅游市场根据消费者的需求、偏好和行为习惯来确定旅游产品的特性和功能，其辅助因素为其景点建设、环境改良和服务配套。

一是产品创新，将茶文化与其他文化元素相结合，开发以茶文化为主题的特色产品，打造具有地域独特魅力的茶旅游产品，以满足游客多样化的旅游需求。二是营销创新，利用互联网和社会媒体平台，开展线上营销活动，拓宽茶旅游产品的销售渠道，根据茶旅市场消费者的偏好和需求，制定精准的营销策略，提高茶旅产品的市场知名度和竞争力。三是服务创新，运用智慧旅游技术，提升旅游服务的智能化水平，完善旅游基础设施和配套设施建设，通过智能导览系统为消费者提供便捷的旅游信息和服务。

（三）新业态发展

持续推进茶文化旅游深度融合发展，积极探索"茶旅+制作""茶旅+研学""茶旅+康养"等融合新业态，打造茶旅精品线路、精品园区和特色小镇，实现茶产业与乡村旅游的有机结合。

一是新业态体验游，随着"90后""00后"成为消费主力军，茶旅新业态更加注重年轻化、时尚化，消费者到茶园参观，了解茶叶的生长环境、采摘过程和制作工艺，让消费者体验采茶、制茶、品茶等过程，利用VR、5D等现代技术展示茶文化，提升消费者的体验感和参与度，并通过观看茶艺表演、参观茶文化博物馆等，深入了解茶文化的精髓，用互动表演的方式，弘扬中国茶文化。二是茶旅民俗游，少数民族在茶山劳作、采茶制茶过程中，形成了独特的茶文化和传统技艺，让游客在品味茶香的同时，深入了解少数民族的文化和生活方式，领略到少数民族文化的独特韵味和精湛技艺。三是茶旅康养游，将茶文化与康养产业相结合，通过茶疗、茶浴等康养产品，满足不同人群的需求，依托茶企开发高端度假养生产品，促进茶产品销售。

三、市场发展趋势

(一) 政策性支持

茶文化旅游的发展离不开政策的支持,虽然目前茶旅进入了涅槃重生时期,但抓住政策红利能加快茶旅市场的发展。为深入贯彻落实习近平总书记关于文化和旅游工作的重要论述,释放旅游消费潜力,推动旅游业高质量发展,国务院办公厅印发了《关于释放旅游消费潜力推动旅游业高质量发展的若干措施》的通知,进一步发挥旅游业对推动经济社会发展的重要作用。此外,陕西省人民政府办公厅发布《陕西省人民政府办公厅关于茶产业高质量发展的意见》,提出重点任务,要深入挖掘区域传统文化,开发"茶旅+民宿""茶旅+研学"等新业态,打造茶旅融合样板区等内容,促进陕西省茶产业高质量发展;福建省人民政府办公厅印发《新形势下促进文旅经济高质量发展激励措施》,提出支持"茶产业+文旅",扶持茶文化小镇、茶文化庄园等一批茶文旅融合项目。从以上政策文件中可以看出,持续深化茶旅融合发展,已成为各省旅游布局举措中的一项要点。

(二) 全方位发展

在政策引领、经济支撑、社会赋能、科技赋能和流量赋能的共同作用下,茶文化旅游正迎来高质量发展的新时代。露营、研学游、乡村旅游等新兴赛道不断崛起,满足了茶文化旅游市场松弛感、慢生活的消费需求。旅游主力人群不断迭代更新,"亲子家庭""老年团组"等已成为旅游市场的新势力,不同年龄段的旅游群体对茶文化旅游的需求和偏好展现出独特的特征,这也促使文旅产品不断创新和多样化发展。

(三) 高科技带动

沉浸式茶文化旅游通过多方融合、虚实结合等方式,让游客获得全新的体验。科技赋能茶文化旅游深度融合,"沉浸式+"茶文化旅游模式或将成为发展新趋势,吸引了众多年轻人和下沉市场的游客,备受新时代消费者青睐。"文旅+"成为多产业发展"增效器",如"VR演出+旅游""全息投影+文旅"等跨界融合模式不断涌现,为文旅地产打造新场景、新消费、新动能。大数据等技术的应用,助力茶文化旅游深入分析游客偏好和行为模式,实现市场目标的精准定位,也极大地推动了当地茶文化旅游IP打造和市场触达能力的提升,增加触达用户的机会。

(四) 定制化旅游

随着旅游市场的不断成熟,游客不再满足于千篇一律的观光路线和标准化服务,而是追求更加符合个人兴趣和需求的旅游体验。以当地民俗体验为主题,结合个人需求打造个性化、多样化的定制旅游产品,茶文化旅游正是顺应了这一趋势,通过提供定制化的茶文化体验,如采茶体验、亲手制茶、茶艺表演、茶山徒步、户外探险等活动，让游客深度参与并感受茶文化的魅力，不仅能够学习到茶的知识和技能，更能通过体验当地的饮茶习俗、品味特色茶品，与当地的历史文化产生情感共鸣，增强文化认同感和归属感，实现旅游体验的个性化与差异化。

（五）数据化应用

作为旅游业发展的重要趋势之一，数据化应用通过将现代信息技术融入茶旅游产业链，提升了旅游体验、服务质量和运营效率。加强茶旅景区内的通信网络设施建设，在茶园内安装环境监测传感器，建立茶旅游数据中心，收集、存储和分析各类旅游数据，实时监测游客流量、环境状况等信息，为景区管理提供科学依据。同时，利用定位技术，为游客提供实时景区地图、景点介绍、语音导览等智能服务，优化景区内的资源配置，增强游客的体验感。通过在线预定平台，提供一站式预定服务，简化预定流程，提高游客的满意度。

四、市场现存问题

（一）系统规划有待提升，各主体合力不足

目前我国茶叶种植多以家庭生产、分散经营为主，传统的生产销售模式使村民能够在短期内获得最大化收益，因而大多数经营者不愿意承担由茶叶种植经营到旅游项目开发转型所面临的风险与成本投入，参与积极性不高。龙头企业凭借着先进的生产技术、丰富的市场经验，在整个茶叶市场发挥着重要的引导作用和推动作用。但是，现阶段经营者与龙头企业之间的合作方式仍多以一次性、买断式的交易行为为主，而合作关系易受市场波动和政策变化的影响，导致经营者参与茶旅融合的意愿不强。

（二）服务水平有待提高，基础设施建设不完善

随着乡村振兴建设的持续推进，高速公路、硬化路等基础设施建设极大地提高了游客的茶旅体验，但旅游交通系统的完善度仍有待提升，再加上乡村地区旅游服务设施接待水平较低，相关从业人员专业知识和服务水平仍有待提高，夜间经济产业链还未建成，"游、购、娱"方面仍存在短板，导致茶旅产业经济拉动力不强，难以支撑产业的规模化增长。有些茶旅游园区经营主体变更频繁，经营者缺乏长期经营的信心，不愿持续投入资金优化基础设施建设，导致园区内缺少餐饮、住宿等旅游基础服务设施，消费者体验感差，难以形成良好口碑。

（三）宣传推广有待加强，茶乡文化有待进一步开拓

互联网的高速发展和数字科技的飞速进步拓宽了茶旅融合的宣传推广途径，为优质茶旅品牌的打

造、地域知名度和影响力的提升创造了条件。然而，就现阶段的发展状况而言，茶旅融合仍主要以传统媒介为渠道，依托举办茶事活动、展览展示等开展宣传推广活动，网络新媒体平台宣传话题缺失，渠道传播效果有限，茶旅融合的传播渠道仍有待拓宽。茶产业是茶文化的支柱产业，但在现阶段，茶文化的开发不够充分，茶文化与产业发展的结合力度不足，导致相关产品质量参差不齐、品牌影响力不足。此外，人才培养力度也亟待加强。当前，我国茶文化教育普及程度较低，茶学专业人才供应不足，缺少具备一定专业素养的人才，难以有效传承和发展茶乡文化，从而推进茶旅融合。

五、市场发展路径

（一）强化政府统筹力度，重视多主体协同参与

充分发挥政府的统筹引导作用，重视资金筹措与招商引资。由政府制定茶文化旅游发展的战略规划，明确发展的目标和路径。加大财政扶持力度，设立专项资金，用于支持茶旅融合的基础设施建设和服务接待能力的提升，重点关注地区发展短板，尤其要优化交通网络，提升交通便利性。拓宽资金筹措渠道，创造良好的招商引资环境，为有意愿投资的企业提供优惠政策和便利条件，吸引投资者参与茶旅项目开发，培育多元投资主体，鼓励民营企业、外资企业等参与茶旅产业发展。

（二）创新发展模式，打造特色化旅游品牌

创新"旅游+"模式，依托本地独特的地域文化与产业基础，将休闲观光、知识科普、采摘体验、制茶品茶、展示体验等元素融入乡村旅游中。增添茶叶制作工作坊、茶艺表演场所、茶文化展示馆等互动体验项目，创建观赏性与参与性一体化的"茶旅小镇"模式，升级旅游体验，提升茶旅融合口碑度，形成品牌效益。优化资源配置，建设地域特色品牌，通过品牌化营销和推广，提升茶旅产业的知名度和影响力，构建协同旅游圈。推动自然风光、文化资源、民俗民风、乡村生活的协同发展，构筑多层级的旅游大格局。在区域协同联动的基础上，最大程度发挥茶旅融合的优势，让茶文化旅游成为区域旅游供给的增长点与特色点。

（三）加强传播能力，推进创新营销新举措

茶文化文创产品作为功能性载体，能够加深旅游的深度。单纯依靠单一的茶产品难以有效带动茶旅产业的发展，对于满足游客旅游需求、助力推广茶文化的力量也十分有限。因此，设计具有地方特色的以茶文化为主题的茶摆件、茶文创与盲盒等文创产品，专研以特色茶为原材料深加工制成的茶饮料、茶食品等，均有利于提升产品附加值、增强游客消费意愿。在经济新常态下，要敢用新思路、新形式、新媒体造势，茶文化旅游区应加大宣传力度，提高宣传频度，依托短视频平台的流量优势，打造茶文化爆款视频、播放相关茶旅节目与动态消息，充分展示真实的茶乡景观与产品服务，借助新媒

体渠道展示当地茶文化特色，提升地方知名度，进而拓宽客源市场，刺激旅游需求。

（四）培育人才队伍，激活高质量发展引擎

引入专业人才、培养技术专家、推出茶旅融合主理人计划及与高等学校实施产教融合育人项目等，为茶旅行业输送越来越多的具备专业知识技能的茶旅融合人才；同时引导从业人员从多元化、跨界化角度探索茶旅融合的发展路径，打破传统思维模式和行业壁垒，提升从业人员的专业素养和实践能力。加强茶旅产业方面专业人才的培养与输送，加强技能培训，不断更新知识、丰富技能。增强激励机制，提高人才的积极性和创新能力。

（执笔人：韩丹、王智超）

2023中国茶学高等教育发展报告

茶树生物学与资源利用国家重点实验室
茶叶化学与健康国际合作联合实验室
安徽农业大学

近年来，我国农业教育领域经历了显著的学术化、现代化和多元化发展。随着《普通高等教育学科专业设置调整优化改革方案》以及《"十四五"推进农业农村现代化规划》的深入实施，教育体系不仅致力于提高学生的专业知识和创新能力，而且着眼于培养具有国际视野的高层次农业科技人才。与此同时，通过构建多类型农林人才培养体系（产教融合、学科交叉等），旨在培养出既具备高适应性又具备复合型能力的农林人才。作为农业教育中的重要一环，茶学教育顺应"大健康"的时代背景，正处于一个快速发展的阶段。我国茶学教育的发展与国家战略紧密结合，不仅注重传统茶文化的传承与创新，而且强调现代茶科学的应用与普及。随着"一带一路"倡议的推进，茶学作为中国传统文化的重要组成部分，获得巨大的发展机遇。从故宫博物院精心策划的"茶·世界——茶文化特展"到"普洱景迈山古茶林文化景观"成功列入《世界遗产名录》，这一系列标志性事件深刻展现了茶学在当代社会的多维价值与国际影响力。同时，这也对茶学教育提出了更高的要求和挑战。

一、2023年以来中国高等教育及茶学高等教育重大事件

建设教育强国，龙头是高等教育。高等教育是一个国家发展水平和发展潜力的重要标志，是科技创新和人才培养的主力军。

（一）中国高等教育重大事件

1. 2023年全国教育工作会议召开

为加快建设高质量教育体系，办好人民满意的教育，全国教育工作会议于2023年1月12日在北京召开。会议强调以习近平新时代中国特色社会主义思想为指导，加快建设高质量教育体系，办好人民满意的教育。会议指出，在基础教育方面，义务教育突出"优质均衡"，高中阶段学校突出"多样化"，要加快构建融通融合融汇的现代职业教育体系，着力发展支撑引领国家战略实施的高等教育。

2.《中华人民共和国学位法》颁布

为了规范学位授予工作，保护学位申请人的合法权益，保障学位质量，培养担当民族复兴大任的

时代新人，建设教育强国、科技强国、人才强国，服务全面建设社会主义现代化国家，根据《中华人民共和国宪法》，制定颁布了《中华人民共和国学位法》，包括总则、学位工作体制、学位授予资格、学位授予条件、学位授予程序、学位质量保障、附则共7章45条，自2025年1月1日起施行。

3. 教育部等五部门印发《普通高等教育学科专业设置调整优化改革方案》

为进一步调整优化学科专业结构，推进高等教育高质量发展，服务支撑中国式现代化建设，教育部等五个部门印发了《普通高等教育学科专业设置调整优化改革方案》（以下简称《方案》）。《方案》提出了服务国家发展、突出优势特色、强化协同联动的改革思路和原则，并指出到2025年优化调整高校20%左右学科专业布点的近景目标；以及到2035年高等教育学科专业结构更加协调，实现高等教育高质量发展的远景目标。

4. 深入推进学术学位与专业学位研究生教育分类发展

教育部出台了《关于深入推进学术学位与专业学位研究生教育分类发展的意见》（教研〔2023〕2号）（以下简称《意见》）。《意见》提出，以国家重大战略、关键领域和社会重大需求为重点，进一步提升专业学位研究生比例，到"十四五"末将专业学位硕士研究生招生规模扩大到硕士研究生招生总规模的三分之二左右，大幅增加博士专业学位研究生招生数量。学术学位应突出教育教学的理论前沿性，厚植理论基础，拓宽学术视野，强化科学方法训练以及学术素养提升，强化科教融汇协同育人；专业学位应突出教育教学的职业实践性，支持与行业产业部门共同制订体现专业特色的培养方案，为专业学位设置专属课程，强化产教融合协同育人。

5.《高等学校实验室安全分级分类管理办法（试行）》发布

为加强高校实验室安全精细化管理，提高高校实验室安全风险防范的针对性和有效性，依据《中华人民共和国安全生产法》等法律法规，教育部出台了《高等学校实验室安全分级分类管理办法（试行）》（教科信〔2024〕4号），对高校实验室安全分级分类管理的责任体系、工作原则、管理要求等作出相关规定。

6. 首届世界数字教育大会召开

世界数字教育大会以"数字变革与教育未来"为主题，重点探讨教育数字化转型等议题，旨在落实联合国教育变革峰会重要成果，探讨如何通过教育数字化转型促进后疫情时代教育复苏，保障优质教育资源公平，推动实现联合国可持续发展目标。大会发布了7项智慧教育平台系列标准，并发布了《中国智慧教育蓝皮书（2022）》与2022年中国智慧教育发展指数报告。

（二）中国茶学高等教育重大事件

1. 2023年教育部高等学校教学指导委员会茶学学科组会议召开

2023年9月16—18日，由教育部高等学校教学指导委员会茶学学科组主办，贵州大学承办的"2023年全国高等农业院校茶学专业建设与学科发展研讨会"在贵州大学茶学院召开。会议的主题为"三茶统筹谋发展，资源共享创一流"。

2. 四门茶课程入选第二批国家级一流本科课程

在中华人民共和国教育部公布第二批国家级一流本科课程中，《中国茶文化与茶健康》（浙江大学）、《茶叶感官审评》（安徽农业大学）、《茶叶审评与检验》（信阳农林学院）、《中国茶世界之旅》（吉林大学）共四门涉茶课程入选。加上第一批的三门课程《茶韵茶魂——安溪铁观音》（福建农林大学）、《中华茶礼仪》（湖南农业大学）和《茶文化与茶健康》（浙江大学），共有七门茶课程入选国家级一流本科课程。

3. 教育部支持高校申报"茶文化"本科专业

教育部在答复十四届全国人大一次会议第5318号建议，即"关于在本科专业目录外设置茶文化专业的建议"时提出，支持高等学校服务经济社会发展需要，培养茶产业、茶文化相关产业急需的高素质人才。教育部答复时指出，"对于国家控制布点专业和尚未列入本科专业目录的新专业，高校可自主申请设置，由教育部审批。高校申请设置尚未列入目录的新专业，要明确该专业与所属专业类中其他专业的区分情况和专业基本要求，需对新专业的科学性、可行性以及专业名称规范性进行论证，经高校申报，教育部组织专家评审，按程序审批通过后予以设置。"

4. 五项涉茶教学成果获2022年国家教学成果奖

据不完全统计，由湖南省茶业集团股份有限公司参与的"助推职教精准扶贫'三扶四教三维'有效培养乡村人才的创新与实践"、四川省雅雨露茶业有限责任公司参与的"'四方协同、五岗对标、双轨同质'的乡村振兴人才培养实践"两项教学成果获2022年职业教育国家教学成果奖二等奖。

湖南农业大学和福建农林大学主持的涉茶项目"卓越农科人才培养的湘农模式构建与实践"和"深耕科技特派员制度的'三融合三链条'卓越农林人才培养改革与实践"分别获2022年高等教育（本科）国家级教学成果奖二等奖。安徽农业大学主持的涉茶项目"'四位一体 三链协同 双向联动'科教产教融合培养农科研究生的安徽范式"获2022年高等教育（研究生）国家级教学成果奖二等奖。

5. 高校茶科技创新屡获殊荣

安徽农业大学宛晓春教授获第三届全国创新争先奖和2022年度安徽省重大科技成就奖，牵头制定的六大茶类分类体系上升为国际标准ISO 20715:2023《茶叶分类》，相关事迹被媒体广泛报道。信阳农林学院的第十四届全国人大代表郭桂义教授荣获2023河南省"中原技能大奖"称号和联合国教科文组织"一带一路"文化互动项目中国茶传播者"左圭奖"传播典范奖。由福建农林大学孙威江教授主持的"白茶产业升级关键技术创新与应用"和福州大学汪少芸教授主持的"夏秋茶高值化利用关键技术及产业化应用"分别获2021年度福建省科学技术奖一等奖。浙江大学王岳飞教授参与的"中国抹茶高质化生产关键技术与装备创新及应用"获2022年度浙江省科学技术奖二等奖。

6. 浙江大学茶学系举办七十周年系庆

2023年11月25日，浙江大学农业与生物技术学院茶学系建系七十周年庆典活动在浙江大学紫金港校区隆重举行。盛典展示了浙大茶学系在茶学教育、科学研究以及文化传承方面的突出贡献，同时也提出了新时代的挑战和使命。

7. 创新"国家重点实验室+"服务模式，支撑安徽茶产业振兴

以安徽农业大学茶树生物学与资源利用国家重点实验室（以下简称国家重点实验室）建设为引领，以创新链、产业链、人才链"三链融合"为抓手，围绕茶全产业链绿色高效发展目标，创新"国家重点实验室+"服务模式，助力大别山区、皖南山区等茶叶主产区产业振兴，为安徽茶产业增效和茶农增收作出了积极贡献。该服务模式入选"教育部第六届省属高校精准帮扶典型项目"。

8. 故宫博物院举办"茶·世界——茶文化学术研讨会"

2023年10月27—28日，由故宫博物院主办的"茶·世界——茶文化学术研讨会"在故宫博物院建福宫举行。来自国内外文博单位、科研机构、高等学校的40余位专家学者应邀参会，与会专家学者围绕"茶文化"从历史、考古、文学、艺术、科技、交流等角度作主题发言。中国人将对人生、家国、自然、宇宙的思考和生活实践相结合，构成茶文化的精神内核。

9. "第六届中华茶教育论坛"成功举办

2023年12月21日，茶教育赋能茶产业"第六届中华茶教育论坛"在深圳举办。通过汇聚茶学领域的专家学者、教育机构、茶企代表等，共同探讨茶教育的发展现状、存在问题及未来趋势，以推动茶教育的创新发展，为茶产业的可持续发展和高质量发展提供人才支撑和智力支持。论坛对"茶文化学科建设的经验分享与未来趋势""茶学高等教育复合型技术技能型人才培养""茶行业人才培养体系的问题剖析与改进建议""茶企教育培训的优秀案例分析"以及"茶教育如何赋能茶产业"等热点话题进行探讨。

10. 茶学图书出版

浙江农林大学王旭烽教授创作的长篇小说《望江南》出版。该书讲述了中华人民共和国成立前后20年间江南茶叶世家杭氏家族的起落浮沉和人物命运，书写了融个人史、家族史、民族史于一体的中国故事。本书入选2022年"中国好书"月榜、2022年国家出版基金项目、中国作家协会重点作品扶持项目。

西南大学刘勤晋教授主编的《学茶入门》正式出版。该书从茶的起源与植物形态、茶叶加工与茶叶分类、茶叶审评与品质管理、茶叶贮存理论与实践、茶的品饮与鉴赏、茶的保健作用、茶史与民族茶俗、解码神秘"茶马古道"、神州一叶香寰宇等自然科学和人类学民俗学多个维度，用通俗语言文字普及茶的知识、宣传茶的科学、介绍识茶及品饮技巧。

由安徽农业大学韦朝领教授主编的《茶树生物学实验技术》，宋传奎等主编的《茶树生理生态学》出版。

二、2023年以来中国茶学高等教育发展

2023年以来，我国茶学高等教育领域在多维度上实现了显著的跨越式发展，呈现出蓬勃发展的态势。这一发展进程不仅鲜明地体现于教育规模的稳步扩张，更蕴含在教育质量的全面提升与学科体系

的日益完善。在乡村振兴战略、健康中国行动及"一带一路"倡议等指导方针的引领下，茶学高等教育与时俱进，进一步深化教育教学改革，强化产学研用深度融合，促进科技成果转化与应用，致力于构建多元化、灵活化的高质量人才培养体系，以培养具有深厚文化底蕴与创新精神的"新农科"人才。

（一）茶学专业设置及招生规模

目前，我国茶学专业高等教育本专科人才培养方向主要分为茶学、茶树栽培与管理、茶叶生产与加工、茶叶审评、茶文化与表演、茶叶营销等方向。据不完全统计，2023年全国招收本专科茶学专业学生的院校共计95所（本科35所，专科60所），本专科年招生总量为8745人〔其中本科人数2880名，专科（高职）人数5865名〕。据估算，全日制茶学本专科在校学生人数约为24000人、硕士生约1200人、博士生约230人，茶学高等教育在校生人数约为17000人以上。

1. 本科专业招生

根据《普通高等学校本科专业目录（2024年）》，茶学专业代码为090107T，为一级学科门类"09农学"中"0901植物生产类"下的专业，授予农学学士学位。茶学专业可分为茶学、茶文化与营销、茶文化与贸易等方向。茶学专业代码中的"T"是指特设专业，是为满足经济社会发展特殊需求所设置的专业。

经学信网（http://www.chsi.com.cn）查询和相关网站不完全统计，2024年以茶学本科专业招收的学校共计有35所，分别为安徽省1所（安徽农业大学），湖南省1所（湖南农业大学），江苏省1所（南京农业大学），重庆市1所（西南大学），广东省1所（华南农业大学），四川省2所（四川农业大学、宜宾学院），山东省2所（山东农业大学、青岛农业大学），陕西省2所（西北农林科技大学、安康学院），江西省2所（江西农业大学、景德镇学院），广西壮族自治区2所（梧州学院、贺州学院），浙江省3所（浙江大学、浙江农林大学、浙江树人大学），河南省3所（河南农业大学、信阳师范大学、信阳农林学院），贵州省3所（贵州大学、黔南民族师范学院、贵阳学院），福建省3所（福建农林大学、武夷学院、宁德师范学院），湖北省4所（华中农业大学、长江大学、湖北恩施学院、武汉生物工程学院），云南省4所（云南农业大学、普洱学院、滇西应用技术大学、滇西科技师范学院）。2024年，35所本科高校茶学专业的本科招生计划总数为2066人，其中招生计划数在100人以上的高校有安徽农业大学、湖南农业大学、武夷学院、信阳农林学院、梧州学院、普洱学院和景德镇学院。

2. 专科（高职）专业招生

根据教育部《普通高等学校高等职业教育（专科）专业目录（2021年）》，茶学相关的专业有"茶叶生产与加工技术"（专业代码：410107）和"茶艺与茶文化"（专业代码：540109），分别为农林牧渔专业大类下农业类专业和旅游大类下旅游类中的专业。

经学信网查询和相关网站不完全统计，2024年以茶学专科（高职）招收的学校共计有60所，分别为天津市1所（天津商务职业学院），重庆市1所（重庆旅游职业学院），广西壮族自治区1所（广西职业技术学院），海南省1所（三亚航空旅游职业学院），江苏省2所（江苏农林职业技术学院、苏州农业职业技术学院），山东省2所（泰山职业技术学院、青岛职业技术学院），河南省2所（郑州旅游职业学院、长垣烹饪职业技术学院），四川省3所（宜宾职业技术学院、达州职业技术学院、雅安职业技术学院），云南省3所（西双版纳职业技术学院、云南科技信息职业学院、云南旅游职业学院），安徽省4所（黄山职业技术学院、安徽财贸职业学院、池州职业技术学院、安徽林业职业技术学院），湖南省4所（湘西民族职业技术学院、湖南商务职业技术学院、湖南生物机电职业技术学院、湖南网络工程职业学院），浙江省4所（浙江农业商贸职业学院、浙江经贸职业技术学院、浙江旅游职业学院、浙江特殊教育职业学院），江西省5所（江西婺源茶业职业学院、九江职业大学、江西旅游商贸职业学院、江西环境工程职业学院、江西水利职业学院），广东省6所（广东文理职业学院、广东梅州职业技术学院、广东南华工商职业学院、广东科贸职业学院、广东生态工程职业学院、惠州城市职业学院），福建省7所（漳州科技职业学院、武夷山职业学院、宁德职业技术学院、福建农业职业技术学院、福建艺术职业学院、闽北职业技术学院、泉州幼儿师范高等专科学校），湖北省7所（湖北工业职业技术学院、湖北三峡职业技术学院、湖北生物科技职业学院、湖北生态工程职业技术学院、三峡旅游职业技术学院、天门职业学院、恩施职业技术学院），贵州省7所（贵州经贸职业技术学院、黔南民族职业技术学院、铜仁职业技术学院、毕节职业技术学院、黔西南民族职业技术学院、贵州农业职业学院、安顺职业技术学院）。

在上述院校中，23所职业院校开设"茶叶生产与加工技术"专业，47所职业院校开设"茶艺与茶文化"专业。其中江苏农林职业技术学院、浙江农林商贸职业学院、黄山职业技术学院、漳州科技职业学院、武夷山职业学院、江西婺源茶业职业学院、广西职业技术学院、宜宾职业技术学院、贵州经贸职业技术学院、黔南民族职业技术学院10所职业院校同时开设两门专业。"茶树栽培与茶叶加工"和"茶艺与茶叶营销"专业在2023年招生计划数分别约为986人和1240人。在上述茶叶专科高校中，2023年招生计划数在100人以上的高校有漳州科技职业学院、江西婺源茶业职业学院、贵州经贸职业技术学院、毕节职业技术学院、贵州农业职业学院5所高校。此外，本科院校中的信阳农林学院（40人）、滇西应用技术大学（60人）、云南农业大学（60人）也招收茶学专科生，2023年招生数约160人。

（二）师资队伍

据估算，全国从事茶学教育的教学人员超900人。通过相关学院网页介绍，对全国主要36所涉茶高校的530名在职专职教师进行查阅发现，其年龄、学历、职称整体情况基本符合学科发展的结构需要。

1. 年龄结构

40岁以下236人，占总人数的44%；41~55岁196人，占37%；56岁以上98人，占18%。

2. 学历结构

博士、硕士、学士及以下的教师，在40岁以下的比例分别为82%、12%、6%；41~55岁的分别为73%、20%、7%；56岁以上的分别为43%、26%、31%。

3. 职称结构

正高、副高、中级及以下职称人数分别为264人、173人、93人，比例分别为49.8%、32.7%、17.5%。

近年来，由于高校新近青年教师力量的不断加强，上述教师结构与比例仅供参考。

（三）人才培养

茶学教育其核心使命在于精心培育出一批不仅拥有深厚茶文化底蕴，而且掌握扎实专业知识，具备卓越实践能力，并勇于探索、具有创新精神的复合型人才。这一教育目标，旨在通过系统化的课程设置、实践导向的教学模式以及前沿科研平台的搭建，使学生能够在掌握茶叶生物化学、茶树栽培学、茶叶加工与审评、茶叶营养与健康、茶文化历史与哲学等核心知识体系的基础上，深入理解茶产业的全链条运作机制，熟悉国内外茶叶市场的动态与消费趋势。在专业知识与实践能力的培养上，茶学教育强调理论与实践的紧密结合，通过校企合作、实训基地建设、科研项目参与等多种途径，为学生提供丰富的实践机会，使其在茶树育种、茶叶生产加工、品质控制、市场营销等环节中积累实战经验，提升解决实际问题的能力。茶学教育高度重视对学生创新精神的激发与培养。通过设立创新实践项目、鼓励学生参与科研竞赛、邀请行业专家进行前沿讲座等方式，激发学生的创新思维，培养其勇于探索未知领域、敢于挑战传统观念的精神品质，为茶产业的持续创新与发展提供源源不断的动力。综合15所国内本科院校网络公开数据，2023年茶学毕业生平均首次就业率90.64%，从事茶行业相关工作占比56%以上，平均考研率在36.51%以上。

（四）学科建设与办学条件

1. 重点学科、一流专业及平台分布

据不完全统计，全国涉茶高校院所中拥有国家重点学科高校1所（浙江大学），国家重点（培育）学科高校1所（安徽农业大学）。国家特色专业6所（安徽农业大学、湖南农业大学、华南农业大学、四川农业大学、云南农业大学、武夷学院），省级重点学科（特色专业）9所。

现有国家一流专业建设点7所，分别在安徽农业大学、福建农林大学、湖南农业大学、华南农业大学、南京农业大学、云南农业大学、浙江大学。

学科建有国家重点实验室1所（安徽农业大学），国际合作联合实验室1所（安徽农业大学），国家工程中心2所（中国农科院茶叶研究所、湖南农业大学），省级以上重点实验室/工程（技术）中心5所以上。

2. 学位点及人才培养层次

据不完全统计，目前全国拥有茶学博士学位授权点的高校和科研院所主要有浙江大学、安徽农业大学、湖南农业大学、福建农林大学、华南农业大学、华中农业大学、山东农业大学、四川农业大学、西南大学、南京农业大学、西北农林科技大学、中国农科院茶叶研究所共12个单位，另有超过18

个单位拥有硕士学位授权点，35个单位拥有学士学位授予权。

3. 茶学学科实验实习条件

近年来，茶学学科的实验与实习条件发展迅猛，显著体现在校企合作与国内外实习基地建设方面。多所高校与茶叶企业建立了深度合作关系，通过共建实验室、实习基地以及科研项目合作，为茶学专业的学生提供了丰富的实践机会和前沿的技术支持。截至2024年7月，全国共有农业产业化国家重点龙头企业2285家，其中茶行业企业达到101家。其中中国茶叶股份有限公司、云南大益茶业集团有限公司、八马茶业股份有限公司、天福茗茶、北京张一元茶叶有限责任公司等近90%的茶业龙头企业都与高校有着密切合作关系。此外，高校国际合作进一步推动了茶学学科的蓬勃发展。通过与国际知名高校、科研机构及茶叶企业的深度合作，茶学领域不仅实现了科研资源的共享与互补，促进了前沿科研项目的共同探索，还加速了茶学研究成果的国际传播与应用。

（五）教育教学与科学研究

近年来，由涉茶高校教师担任主编出版了大量的茶学专业教材和专著，涵盖了茶树栽培、茶叶加工、茶叶生物化学、茶文化、茶艺学等多个领域，形成了较为完整的教材体系，为茶学教育提供了有力支持。近年来，茶学学术研究的活跃度和影响力日益增长，并且在学术领域取得了显著的成果。据不完全统计，涉茶高校院所每年在国内中文核心期刊发表的科研论文数量已超过600篇，SCI收录的科技论文数量与质量均展现出快速上升的趋势，年均发表量超过400篇，其中影响因子大于5.0的论文数量达到200篇以上，这标志着茶学研究的国际认可度和学术影响力不断攀升。值得一提的是，茶学领域在顶级学术期刊上取得了突破性成果，如在*Nature Plants*、*Nature Communications*、*Advanced Science*等期刊上发表的高质量论文。这些成果不仅代表了茶学研究的前沿水平，也为茶学教育提供了宝贵的学术资源和研究范式。

三、茶学高等教育发展策略

近年来，随着茶产业转型和消费升级，茶学高等教育也面临着一系列的挑战。例如面对茶产业向智能化、绿色化、品牌化、多元化方向的快速转型，现有人才培养方案、前沿交叉课程设置、实训基地建设、劳动教育等相对滞后。此外，随着涉茶高校数量的迅速增加，专业教师的短缺现象严重，尤其是在新引入的教师中，年轻教师虽具备高学历，但往往缺乏茶学背景和实践经验，难以满足茶学高等教育对专业知识和技能的高标准要求。在科技创新领域，成果转化率偏低，不能高效支撑茶产业的转型升级。

（一）聚焦一流师资，加强队伍建设

加强师资队伍建设与科研创新是推动我国茶学高等教育健康发展的关键。根据国务院和教育部发布的《关于进一步加强青年科技人才培养和使用的若干措施》以及《关于加强新时代高校教师队伍建设改革的指导意见》，茶学高等教育应着力构建高素质、专业化的教师队伍，致力于加强青年科技人才的成长与发展。同时，需建立科学的教师评价体系，激励教师专注于教学、科研和产业服务等工作，促进教师专业成长。近年来，茶学领域青年科技人才不断崛起，陆续实现了青年学者和特聘教授长江学者奖励计划、万人计划、青年拔尖人才等人才计划的突破，但与食品相关学科和园艺学科相比，不仅数量少，且尚未实现杰青的突破。

（二）优化课程体系，强化实践教学

在当前我国茶产业蓬勃发展的背景下，茶学高等教育作为推动茶产业创新与升级的重要力量，其健康发展显得尤为重要。茶学作为典型的应用型学科，其课程体系应紧密对接茶产业实际需求，确保其教学内容定"向"在行业、定"性"在专业、定"型"在应用、定"位"在教学、定"格"在实践。例如，茶学专业增设管理类、营销类、传统文化类、大数据应用类等核心课程，以提升学生的综合素质和创新能力。同时，各院校应结合自身优势，开设具有特色的茶学课程，如茶树生物技术、茶叶智能化生产、信息化管理、数字化营销、茶文化传播等，以增强学生的专业技能和竞争力。其次，要积极打造茶产业链产教融合共同体，通过汇聚产教资源，利用校企合作、产教融合等方式，引入企业资源和技术力量，共同开展实践教学项目，提升学生的实践能力和解决实际问题的能力。

（三）推动产教融通，提升双创能力

加强产学研结合、培养创新与创业能力是我国茶学高等教育健康发展的重要保障。茶学高等教育应加强与产业链龙头企业合作，共同构建产学研深度融合的生态系统。通过共建实验室、研发中心、实践基地等，将茶学教学与科研与茶产业实际需求紧密结合，实现科研成果的快速转化与应用。同时，鼓励茶学教师与企业技术人员双向交流，促进知识、技术、信息的共享与互通，提升教学科研的针对性和实效性。其次，茶学高校应增设与茶产业创新发展紧密相关的课程和实践项目，通过开设创新创业课程、举办创新创业大赛、提供创业孵化服务等措施，激发学生的创新精神和创业热情。

（四）深化国际合作，弘扬中华文化

在当前全球化背景下，提升我国茶学高等教育的国际化水平并加强茶文化的传承与推广，是推动茶学教育健康发展的关键路径。涉茶高校应增设茶文化、茶叶国际贸易等国际化课程，通过设立双语课程、国际研讨会和海外实习项目等，培养具有国际视野的茶学专业人才。未来，应进一步拓宽合作渠道，通过联合培养、学术交流、师生互访等方式，共享教育资源，促进茶学知识和技术的国际传播。此外，茶学教育还应重视茶文化传承与创新，通过开设国际茶文化课程、组织国际茶业交流活动、加强留学生教育等方式，培养学生对中华茶文化的深刻理解和跨文化交流能力。

（执笔人：李大祥、户杉杉、杨天元、张梁、蒋晓岚、宛晓春）

第八部分
配套产业

2023中国茶包装行业发展报告

2023中国茶产业加工技术与装备发展报告

2023中国茶包装行业发展报告

中国茶叶流通协会茶配套专业委员会

信阳云龙包装有限公司

随着经济的发展和人们生活品质的提高，茶产业在中国乃至全球范围内得到了深入发展，市场需求和产业规模保持稳定。茶包装作为茶叶的配套产品，是满足茶叶消费的重要介质，产业规模基本稳定向好。当前，GB 23350—2021《限制商品过度包装要求 食品和化妆品》对过度包装进行强制性管控，茶包装行业也迎来新的挑战和发展机遇。

一、发展现状

（一）行业规模稳定，茶叶礼盒为主导

2023年，茶包装行业在全球范围内继续保持稳步增长。中国作为全球最大的茶叶生产和消费国，其茶包装产业也在稳定扩展。根据艾媒咨询的数据，茶叶礼盒作为茶包装的主要产品，2023年茶叶礼盒市场规模预计达到527亿元，这一增长得益于消费者对品质生活的追求以及对高品质茶叶礼盒的需求。茶叶作为一种传统饮品，其市场潜力不断被挖掘，特别是在节日和特殊场合，茶叶礼盒是适合送礼的佳品。为此，茶叶礼盒生产商对产品的形态、原料、功能、消费场景等方向进行不断探索，茶叶礼盒呈现出多元化发展趋势，在礼物市场和茶叶市场仍有较大的增长空间。

（二）技术进步引领行业发展

茶包装技术在2023年取得了显著进步。完全靠工艺堆砌的包装逐渐被淘汰，智能包装、环保材料成为推动茶包装行业发展的主要驱动力。射频识别（RFID）标签和二维码的嵌入，不仅使得茶叶的溯源变得轻而易举，更为消费者提供了便捷的防伪查询途径。技术的变革，不仅提升了产品的安全性与可信度，而且在无形中加强了品牌与消费者之间的信任纽带。环保材料的使用，如可降解塑料和再生纸，不仅实现了包装的绿色化，更在减少环境污染、促进资源循环利用等方面发挥了积极作用。可以说，技术的进步不仅为茶包装行业赢得了市场的青睐，而且提升了整个行业的社会责任感与品牌形象。

（三）茶叶包装需求多样化、个性化

当下，消费者对茶叶包装的需求已不再是单一、传统的。随着消费品位的跃升和国潮风尚的席

卷，茶叶包装更为精细、独特且具有地域特色。消费者更倾向于根据个人喜好，为心仪的茶叶挑选和搭配专属的礼盒，这种个性化的搭配正逐渐在市场上崭露头角。从市场细分的角度来看，高端茶叶市场对包装的要求更高，强调包装的美观性和文化内涵。而对于中低端市场，消费者则更加关注包装的实用性和性价比，希望能在保障茶叶品质的同时，得到更为经济实惠的包装选择。此外，随着电商平台的蓬勃发展，便于运输和贮存的包装形式也越来越受到消费者的欢迎。这种包装不仅满足了现代生活的便捷需求，更在保障茶叶品质的同时，为电商销售提供了强有力的支持。总之，茶叶包装的需求正向着多样化和个性化的方向发展。

（四）政策管控倒逼行业转型

随着国家强制性标准GB 23350—2021《限制商品过度包装要求 食品和化妆品》于2023年9月1日的正式施行，行业正迎来一场由政策管控所驱动的深刻变革。该标准从包装层数、空隙率、成本等多个维度出发，对商品的过度包装现象进行了严格的限制。在政策的管控下，包装企业积极响应，提供设计精巧、材料节约、回收便捷且经济实用的包装解决方案，不仅满足了茶叶产品的包装需求，更在无形中推动了包装设计、茶叶生产等产业链上下游各个环节向简约适度、绿色环保的方向发展。

二、行业趋势

（一）环保包装成为大趋势

随着绿色发展理念的深入，环保包装已成为茶包装行业的重要趋势。根据《2023年中国茶产业数据分析简报》显示，茶叶包装行业从多角度、多方面进行创新、优化设计，降低对环境的影响。一是材料创新，茶叶包装材料正逐步从传统的塑料、铝箔等不易降解材料转向生物降解塑料、可再生纸张等环保材料。例如，一些企业已经开始使用玉米淀粉基的生物降解塑料作为包装材料，以减少对环境的影响。据统计，2023年使用环保材料的茶包装产品比例较上年增长了15%。对消费者的调查显示，超过60%的消费者更倾向于购买环保包装的茶叶产品。二是设计简化，越来越多的茶包装企业简化包装设计，减少不必要的装饰和附件，降低材料使用量和生产过程中的能源消耗，从而降低包装成本，提升产品的市场竞争力。三是循环利用，鼓励消费者参与包装的循环利用。一些茶业企业推出了回收计划，消费者可以将使用过的茶叶包装送回，茶包装企业通过回收再利用，形成循环利用的闭环。

（二）个性化与定制化包装需求

个性化和定制化的茶包装满足了消费者对独特性和专属感的追求。当前，茶包装企业通过提供定制化服务，满足不同消费者的需求。例如，定制化礼盒、私人标签和限量版包装等，均受到市场的欢迎。定制化茶包装的市场份额在2023年增长了20%，尤其在年轻消费群体中表现突出。一项针对年轻消费者的调查也表明，70%的受访者愿意为个性化包装支付额外费用。

在个性化设计上，包装设计开始融入更多的文化元素和个性化图案，以吸引不同消费者群体。例如，一些茶包装企业推出了以中国传统文化为主题的包装设计，增强产品的文化价值和艺术感。在定制化服务上，茶叶品牌提供定制化包装服务，消费者可以根据自己的喜好选择包装材料、颜色、图案等，甚至可以添加个人标识或祝福语。在技术融合上，利用AR等技术，为消费者提供更加互动和沉浸式的体验。例如，扫描包装上的AR码，消费者可以观看茶叶制作过程的3D动画，增加购买的趣味性。

（三）数字化与智能化包装技术

智能包装技术在茶包装业的应用日益广泛。通过在包装上嵌入RFID标签、二维码等技术，消费者可以轻松获取茶叶的产地、生产日期、保质期等信息。2023年，采用数字化技术的茶包装产品数量同比增长了30%。智能化包装技术的应用案例中，AR技术的运用尤为引人注目。它为消费者呈现了一个沉浸式的体验，仿佛穿越时空，亲临茶叶的产地，亲眼见证其制作过程的每一个细节。这种前沿的展示方式极大地提升了用户的参与度。

数字化与智能化技术的融合，不仅赋予了包装更为丰富的互动性和信息传递效率，更为消费者的购买体验增添了乐趣。在享受优质茶叶的同时，消费者也能感受到品牌背后的用心与诚意，这无疑进一步增加了品牌的可信赖度和市场竞争力。

三、存在问题

（一）过度包装问题

过度包装是茶叶行业中的普遍现象，这种现象在节日礼品茶中尤为明显，包装的奢华程度往往超过了茶叶本身的价值。过度包装的背后将带来一系列问题。一是成本增加，过度包装直接导致包装成本的增加，这部分成本最终转移到消费者身上，使得茶叶产品价格虚高，影响了普通消费者的购买意愿。二是资源浪费，茶叶礼盒的过度包装往往使用了大量的材料，如纸张、塑料、泡沫等，在生产过程中需要消耗大量的资源和能源，就会造成资源的浪费。三是市场误导，部分商家为了追求礼盒的豪华感，忽视了茶叶本身的品质，导致市场上出现了"买椟还珠"的现象，消费者难以通过包装判断茶叶的真实品质。

（二）材料成本与环境影响

茶叶包装材料的选择直接关系到成本控制和环境保护。当前，茶叶包装材料主要是纸盒、金属罐、塑料盒等，不同材料的成本和环境影响各有差异。一是成本问题，环保材料往往成本较高，对于中小型茶叶企业来说，如何在控制成本和采用环保材料之间找到平衡点是一个挑战。二是环境影响，非环保材料的使用加剧了环境负担，尤其是在茶叶礼盒大量使用一次性塑料包装的情况下，对生态环境的影响尤为严重。三是回收难题，虽然生物降解材料和可循环材料等环保包装材料逐渐受到重视，但在耐久性、密封性等方面与传统材料相比仍有差距。环保材料的回收体系尚不完善，实际的回收率并不理想，导致资源未能有效循环利用。

（三）茶包装同质化严重

当前，茶包装领域同质化现象比较严重，在外观特征、性能、甚至营销手段上逐渐趋同。究其原因，首先在于茶包装生产企业的结构特点。当前，茶包装行业主要由小作坊、代工厂和品牌企业三大阵营构成。其中，小作坊和小厂数量众多，但创新能力相对较弱，往往倾向于模仿市场上已有的成功产品，以此降低研发成本和市场风险。这种相互模仿的行为，无疑加剧了行业内茶包装的趋同性。

其次，对地域文化挖掘的不足也是导致茶包装同质化现象的重要原因之一。茶叶作为一种具有深厚文化底蕴的饮品，其包装设计本应充分展现各地独特的地域特征和历史文化背景。然而，目前市场上的茶包装普遍缺乏这种地域文化的实质性融入，大多只是停留在表面的模仿和复制上，使得茶包装整体呈现出一种"均质化"的现象。这种同质化现象不仅限制了茶包装行业的创新和发展，而且影响了消费者对茶叶产品的认知和选择。

四、发展建议

（一）经济下行背景下的茶包装策略

全球经济增速放缓以及国内经济结构调整的背景下，消费者对高端消费品的态度趋于谨慎。在整体经济形势不乐观的情况下，消费者对非必需品的支出更加谨慎。茶叶作为一种非必需品，其消费需求受到了一定的抑制。在经济下行的压力下，以及国家对环保和可持续发展的管控趋严，茶包装行业应主动调整生产方式，建议采用更为环保的材料，并简化包装结构。这样不仅能在不损害产品保护和美观性的前提下降低成本，而且能体现企业对于环保和可持续发展的承诺与担当，在竞争激烈的茶包装市场中脱颖而出。

（二）限制茶叶过度包装

在教育与宣传层面，要深化对过度包装强制性国家标准规定的解读与传播，确保企业充分理解并遵循限制过度包装的相关要求。同时，要积极督促经营者不购买、不销售过度包装的茶叶产品，共同营造健康的市场环境。借助媒体和公共宣传的力量，提高公众对过度包装问题的认识，并倡导简约、绿色的消费理念，让茶叶产品以"轻装"姿态亮相市场，引领绿色环保的消费新风尚。在设计优化方面，要倡导简约而不失格调的设计理念。通过优化包装结构，减少不必要的材料使用，同时确保包装的保护功能和美观性。

在循环经济方面，建立完善的包装回收体系，并鼓励消费者积极参与包装回收活动。通过实现包装材料的循环利用，减少环境污染，同时培养消费者的环保意识。在政策激励方面，政府可以通过实施税收优惠、资金补贴等激励措施，鼓励企业采用环保包装材料和技术，减少过度包装现象，推动绿色包装产业的发展，为茶叶行业的可持续发展注入新动力。在行业自律方面，茶叶行业协会应发挥积极作用，完善行业规范，引导企业自我约束，主动减少不必要的包装。通过行业内部的自我管理和监督，提升茶叶行业的整体形象，为消费者提供更加优质、环保的产品。

（三）提升包装可持续性与创新性

针对国家对限制茶叶过度包装的政策，建议企业积极响应，通过创新性设计、可持续利用，保证包装的保护功能和美观性。

一是引入生命周期评估方法，评估包装从生产到废弃的全过程对环境的影响，指导包装设计和材料选择。二是进行多功能性设计，开发具有多功能性的包装，如结合携带方便、重复封闭、保鲜保质等功能，减少额外附件的使用。三是利用现代信息技术，如RFID、近场通信（NFC）等，使包装具备产品追溯、智能提醒等功能，增加包装的附加值。四是跨行业与设计、材料科学等其他行业合作，引入跨学科的创新思维和技术支持，共同推动茶包装的发展。通过上述建议的实施，可以有效推动茶叶包装行业向更加环保、创新和可持续的方向发展。

（四）消费者对包装的新需求和理解

企业应深入研究消费者对茶包装的新需求和理解，如对环保、实用、功能和创意的追求，通过市场调研和消费者反馈，不断优化产品设计，满足消费者的多元化需求，实现行业的长远发展。

一是创新包装材料的研发与应用，企业加大研发投入，探索和应用新型环保材料，如生物基塑料、可食用包装等，以减少对环境的影响，同时提升产品的市场竞争力。

二是实用性是消费者选择茶叶包装时的另一个重要考量因素。包装不仅要保护茶叶免受损坏，还应方便消费者使用和贮存。例如，设计易于重复封闭的包装，以保持茶叶新鲜；开发具有防潮、防氧化功能的包装材料，延长茶叶的保质期。

三是加强数字化与智能化技术的应用，建议企业积极拥抱数字化与智能化技术，如通过AR技术增强消费者体验，利用大数据分析消费者偏好，以提高产品的吸引力和市场响应速度。

四是将品牌故事和文化元素融入包装设计，可以加深消费者对品牌的认知和情感连接。通过包装上的图文描述、历史传承或品牌理念的展现，消费者不仅购买到了产品，还体验到了品牌所代表的文化和价值观。

（执笔人：陈永强、彭微、姚静波）

2023中国茶产业加工技术与装备发展报告

中华全国供销合作总社杭州茶叶研究所工艺装备研究团队

茶产业是我国传统特色优势产业，茶叶加工技术与装备是支撑茶产业发展的重要基础。2023年，茶产业在茶叶加工技术、装备及数字化等方面取得了新的进展。

一、加工技术创新与进展

（一）绿茶

2023年，绿茶加工技术研究取得了较大突破，其中绿茶加工过程品质成分的动态变化、转化途径等进行更系统和全面的梳理，为加工工艺的精准化把控提出了更加明确的理论依据。中国农业科学院茶叶研究所进一步揭示了绿茶杀青过程中非挥发性代谢物[1]与挥发性代谢物的动态演变及转化机制，同时表征了花香型绿茶的关键香气组分并揭示了其在加工过程中的动态演变[2]；针对品种和加工对龙井绿茶代谢产物的影响进行深入研究；开发出滚筒-热风-蒸汽三联组合式杀青机等新技术，通过多方式组合提升杀青作业功效和品质[3]。

（二）红茶

萎凋、发酵、干燥等加工工序是决定红茶风味和品质的关键，对形成红茶乌润色泽、鲜甜香气、甜醇滋味的品质特征至关重要。Chen等[4]研究发现红茶发酵后再次揉捻有助于丰富红茶香气，改善红茶品质。Liu等[5]研究了红茶发酵过程中微生物的变化趋势及其对品质的影响，为红茶发酵过程中微生物群落的变化提供了新的见解，并展示了对红茶加工中涉及的基本功能微生物的理解。Xu等[6]研究了毛茶、针形、螺形、工夫红茶四种不同工艺加工的祁门红茶香气差异，认为苯乙醛是祁红特征性香气化合物。Wang等[7]分析了不同等级鲜叶的摇青湖南红茶的口感和香气品质。结果表明，一芽两叶加工的摇青湖南红茶品质最好，具有滋味甜、醇厚带花香，香气为花香、蜜香、甜香。Ma等[8]研究了工夫红茶干燥过程中香气形成机制，发现顺-3-己烯醇、芳樟醇和水杨酸甲酯是清香、花香、果香和薄荷味香气的贡献物质，β-大马士革酮是果味和甜味香气的主要贡献物质，工夫红茶干燥过程中的差异挥发性化合物与类胡萝卜素降解、脂质降解和糖苷水解有关。

（三）黄茶

黄茶是鲜叶在湿热作用下经过一系列非酶促反应形成黄茶特有的"三黄"品质（干茶黄、汤色黄、叶底黄），同时使其茶汤滋味具备醇厚甘爽的品质特征。Li等[9]研究了三闷三烘工艺加工黄大茶的色泽、香气、滋味的形成机制，发现在初次闷黄和第三次烘干阶段，黄大茶品质变化最显著。其中，闷黄是黄茶品质形成的关键工序。Wei等[10]研究开发了一种新的闷黄工艺，发现优化后的闷黄工艺可使甜香和花香香气化合物分别显著增加31.3%和24%。

（四）乌龙茶

乌龙茶做青技术进一步优化，对做青环境的温度、湿度、光照、光质等参数实现了精准调控，标准化工艺参数得到改善。安徽农业大学Wang等[11]研究了紫外线-B（UV-B）处理对乌龙茶香气形成的影响，结果显示，UV-B处理可改善乌龙茶香气质量，提高了花香，降低了青草气，该技术可应用于非晴天下的高级乌龙茶生产，摆脱天气制约、提升生产效率的同时，品质稳定性也得到有效改善。福建农林大学Ni等[12]研究了在乌龙茶做青过程中辅助LED灯光照处理对乌龙茶品质的影响，结果显示，LED灯光照处理促进了乌龙茶加工过程中类胡萝卜素衍生挥发物的形成。

（五）白茶

白茶是六大茶类中初制工艺最简单的茶类，不炒不揉，仅有萎凋和干燥两道工序。萎凋是白茶品质特征形成的关键工序。最新研究表明，复合萎凋相较于自然萎凋，更有利于花香和果香的形成，并显著提高了γ-氨基丁酸白茶中挥发性化合物总量[13]。Xiang等[14]研究了茎对白茶萎凋过程中品质相关代谢物的积极贡献，结果表明，茎能够增加白茶中氨基酸含量以及丰富萜烯类化合物含量，此外萎凋过程中增加的苯乙醛含量也主要发生在茎中。

（六）黑茶

黑茶是由微生物发酵参与品质风味形成的一大茶类，经杀青、揉捻、渥堆和干燥等工序制作而成，主要产于湖南、云南、广西、湖北、陕西等地，因其具有独特的品质风味及降脂减肥、调节肠胃等保健功效广受消费者喜爱。黑茶的品质与原料、加工过程等因素有重要关系。不同来源、不同等级的黑毛茶对后续黑茶特征品质形成具有重要影响。张蓓林等[15]认为使用水温25℃的水进行潮水制得的黑茶品质较高，有利于黑茶品质提升。

（七）再加工茶

目前，茉莉花茶窨制工艺主要有传统窨制、连窨窨制、隔离窨制。为实现茉莉花茶加工减花增效的目的，科研工作者不断对茉莉花茶的加工工艺进行改进和创新。湖南农业大学Chen等[16]研究了隔离窨制绿碎茶的工艺，结果表明绿碎茶的最佳隔离窨制时间为10小时。福建农林大学Zhang等[17]研究了茉莉花茶在不同窨次过程中挥发性化合物的变化情况，结果表明，随着窨制次数的增加，茉莉花茶的香气鲜灵度、浓度、纯度和持久性逐渐增强，最后一轮无干燥的提花工序对改善香气鲜灵度起到显著作用，为窨制过程中茉莉花茶挥发性化合物的变化调控提供了理论依据。

二、茶叶装备创新与进展

随着制造业的持续发展，2023年传统茶叶加工机械性能取得了较大发展，茶园机械化装备、单机制茶装备参数调控更简便、更准确，新型节能技术在茶叶装备上的应用更加多元，更多茶叶新装备不断涌现，连续化、标准化、数字化水平大幅度提高，配套生产线陆续在各茶类的生产中出现。

（一）茶园机械化装备

2023年农业农村部南京农业机械化研究所和浙江理工大学联合攻关的茶园机械化生产和茶叶采摘技术入选农业主推技术，开发了茶园仿生耕作装备和仿形采茶机，适用于我国平、缓、陡三类典型茶园。姜宽舒等[18]初步研发一种适用于高端名优茶叶采摘的智能采茶机器人，通过图像识别和人工智能算法对茶叶嫩芽进行精准识别，自适应式底盘，可根据坡度调整机身姿态，适应复杂茶园地貌。

（二）茶叶加工装备

近年来农村人口老龄化越来越严重，"用工荒"和"用工贵"问题日益明显，发展茶叶加工装备不仅可以提高茶叶产量和质量，还对解决劳动力短缺、人力成本高等问题具有重要意义。

1. 连续化成套装备研究

2023年，由中国农业科学院茶叶研究所主持的"绿茶加工智能化关键技术创新及成套装备研发"项目通过成果评审。安徽农业大学Wu等[19]针对太平猴魁自动化程度低、缺乏连续加工装备等问题，研发了太平猴魁茶分离与做形连续生产机，结果表明，该设备连续生产成功率达70.68%，单滑道平均产量约为0.4千克/小时，生产的茶与手工茶品质相似。

此外，茶叶加工设备在使用时，其性能始终是一个焦点。2023年农业农村部南京农业机械化研究所Mei等[20]研究创建了一种粗糙集理论的新方法，以及不同茶叶加工工艺加工的茶叶质量评价的雷达图，用以对茶叶加工设备的性能进行评估。研究表明，通过对各类样品的综合评价图，可以实现样品的优劣分析；同时，通过感官评价和雷达图的比较，也可以得到最佳的茶叶加工设备工艺。

2. 茶鲜叶处理装备

茶鲜叶适度摊放有助于茶叶色、香、味的形成，减少苦涩物质，明显提高芳香型风味物质。舒庆宁等[21]研制出一款红茶自动萎凋机，并对该萎凋机萎凋帘表面风速及温度、叶层厚度、萎凋叶含水量等性能进行检测，结果表明，萎凋帘表面风速差异小于0.2米/秒，温度差异小于1℃，叶层厚度检测偏差为0.2厘米，萎凋叶含水量检测偏差约为1个百分点。张警备[22]研制出一台智能茶叶摊青萎凋机，该装置采用低温除湿、降湿、增湿一体式主机，实现排湿加除湿的茶叶复合失水工艺，并设计茶叶萎凋专用振动、摇青架，实现茶叶在萎凋过程中自动摇青功能，促进茶叶走水，在保证不损伤鲜叶的条件下激发茶香。

3. 茶叶杀青机

茶叶杀青是绿茶品质形成的关键工序，杀青过程中的温度、时间要求较苛刻，恰当的时间和温度可形成优质的色泽、香气和滋味。2023年，茶叶杀青机装备创新上取得了一些进展。叶文珍等[23]通过对茶叶加工处理技术的研究，提出了一种茶叶杀青机及茶叶杀青处理方法，该发明专利优选改进了机架、转轴、空气加热箱和风机等装置，能够持续不间断的加料出料，提高了杀青加工效率，且能耗低。修明岳等[24]公开了一种连续式茶叶加工用茶叶杀青机发明专利，通过设备性能改良，确保茶叶在杀青过程中均匀地进入机器，减少茶叶之间的堆积和重叠，从而提高茶叶的均匀性，确保茶叶能够充分暴露在热风中，使得茶叶能够均匀受热，达到更好的杀青效果。张乐平等[25]公开了一种热风环流式茶叶杀青机发明专利，该热风环流式茶叶杀青机通过茶叶抛洒的方式进行茶叶的翻动，热风与茶叶接触充分，装置为气体内循环，不会吸入外部灰尘等杂质，且在进行气体加热时气体温度较高，装置耗能较低，可在茶叶热风加热的过程中同步去除茶叶中的茶叶碎渣，并将茶叶碎渣收集贮存，后续不需要再次进行茶叶筛分操作，装置通过热风加热和直接加热的双重加热方式进行茶叶的双重杀青处理，茶叶杀青速率高，装置结构简单操作方便，自动化程度高。

4. 茶叶揉捻机

揉捻是形成茶叶外形，影响茶叶外形条索的重要因素。传统茶叶揉捻机在工作时，茶叶在揉捻筒内不停翻滚，茶叶受到的压力不稳定，对压力无法量化和精准控制。为解决此类问题，黄泽界等[26]提出了一种揉捻压力实时动态调节的控制方法，对控制系统的硬件、算法和程序进行了详细阐述。该系统能将压力值量化，确保了揉捻压力控制的动态调节、实时性和精准控制。方静等[27]通过对茶叶揉捻机的揉捻压力进行分析，提出了基于STM32单片机，应用Smitch模糊比例微分积分（Smith-Fuzzy PID）控制算法和脉宽调制（PWM）压力闭环控制的方法，实现茶叶揉捻机在揉捻过程、加压过程中揉捻压力恒定并可调，使揉捻压力和时间达到茶叶制作的标准。通过样机的实际应用与压力数据的测试，茶叶揉捻机压力控制系统超调量最大值为7%、压力误差最大值不超过20牛，基本上满足茶叶生产要求，可大大提高生产效率。王利晖等[28]提出一种设有除杂功能的茶叶揉捻装置，通过设置揉捻锥、锥形锅和伸缩杆，实现连续揉捻以提高茶叶揉捻效率。

5. 红茶发酵机

发酵是红茶品质形成的关键工序，而发酵条件是影响发酵程度的重要因素。刘丽敏等[29]设计优化了滚筒式红茶发酵机性能参数，使用离散元仿真方法（EDEM）对柔性刮板的转速进行3个梯度的仿真，并比较其翻拌的均匀性；并以感官得分作为评价指标，采用响应面法（RSM）对影响发酵品质的3个关键因素（发酵温度、发酵时间、翻拌间隔）进行优化。结果表明，36（°）·s^{-1}的转速下发酵叶翻拌的均匀性最好；基于此转速，各因素对发酵品质的影响重要性顺序为发酵时间>发酵温度>翻拌间隔，最优工艺参数：发酵时间230分钟，发酵温度28.5℃，翻拌间隔20分钟。

6．茶叶烘干机

茶叶烘干是初加工最后一道工序，让茶叶在高温的作用下进一步散失水分，茶叶的内含物质进一步转化，香气进一步激发，便于茶叶贮藏与运输。吴荣鑫等[30]通过对茶叶干燥技术研究，发明了一种茶叶烘干机，包括实时烘干系统，其顶部具有烘干进料口、烘干桶、若干层落料装置、烘干热风装置和控制装置，烘干桶内均固设有与各层落料装置适配的横格栅，控制装置安装在烘干桶边，落料装置与对应横格栅配合且均具有落料状态和承料状态，控制装置带动各落料装置动作进而实现落料状态和承料状态的切换，烘干热风装置的出风口位于烘干桶下侧，生产效率高。浙江春江茶叶机械有限公司祝叶峰等[31]发明了一种一体式茶叶燃气离心烘干机，最大限度地增大了茶叶与热风的相对速度，使得热风可以持续快速地通过茶叶并有效提高热风对茶叶烘干的效率。岳西县同发机械有限公司陈习村等[32]发明了一种可自循环的均匀入料多层往复式红外光波茶叶烘干机，具有均匀入料、自动回料、红外光波双重烘干、区域温控和间歇式区间烘干功能，不仅保障了茶叶加工的连续性、提高了茶叶加工效率，而且有效提升了茶叶加工品质，适用大型化、连续化精品茶叶的规模加工生产。

三、茶叶数字化技术创新与进展

近年来，数字化、智能化等新技术逐渐被应用到茶叶加工中，加工过程在制品品质状态初步实现有效监测，加工装备机械性能和参数调控精准度明显改善，多个茶类自动化连续化生产线广泛应用，标准化定向化技术体系陆续建立并被应用，不仅在一定程度上满足了现代茶叶加工连续化、清洁化、自动化和标准化的需求，而且在提升茶叶品质和制茶效率方面发挥了重大作用。2023年，茶叶加工在数字化方面又取得了一些进展，基于近红外、机器视觉等茶叶水分、茶叶品质智能感知技术取得了突破，数字化加工技术在部分茶类开始应用，主要茶类基本实现连续化加工，茶叶加工装备和技术水平明显提高，但同时也存在一些问题和挑战。

（一）鲜叶质量检测

何宇[33]对基于深度学习方法自然环境下茶叶嫩芽识别技术进行研究，基于YOLOv5s改进模型，使用开发语言Python和开发界面工具PyQt5设计开发了茶叶嫩芽识别系统，实现了在茶叶嫩芽识别方面的人机交互。在Sanaeifar等[34]建立的基于NIRS的茶鲜叶检测模型中，活性化学成分的检测以茶多酚、生物碱、可溶性糖、色素等为主要检测指标，回归模型的决定系数一般在0.85~0.99，这证明了NIRS技术可以很好地完成茶叶中活性化学成分检测的任务。经典的PLSR通过非迭代偏最小二乘算法（PLS）建立，并结合了更新分数和权重的算法，在大量的回归分析中均有优异表现，在活性化学成分检测中应用频率最高。Wang等[35]在智能手机上开发了一种快速检测多品种的鲜叶质量指标和采收标准的近红外分析工具，采用偏最小二乘法建模结合光谱预处理和特征波长选择，得到最优的预测模型，从而实现茶鲜叶的快速、准确和低成本判定。同时，各项研究也表明，对鲜叶品质的研究与选择主要集中在图像识别和色泽分析判定上，需要大批量的样本供机器学习，才能实现较为精准的判定。

（二）鲜叶前处理程度检测

沈跃铖等[36]提出了一种基于谱图特征融合的红茶萎凋含水率检测方法。通过采集不同萎凋时刻的高光谱图像，利用灰度共生矩阵法提取图像的7个纹理特征并与提取到的光谱特征相融合；通过采用PLSR、RF和GBDTR建立含水率预测模型，分析光谱特征、纹理特征以及"光谱特征+纹理特征"对含水率预测的准确性，实现红茶萎凋含水率快速无损检测。蓝天梦[37]采用了计算机视觉、近红外光谱、电特性参数检测和数据融合四种技术探索摊放/萎凋过程中水分含量的数字化检测方法，分别从图像特征、电参数特征、光谱特征等方面提取了与水分含量相关的信息，并建立了相应的预测模型。然后将各种传感器信息进行数据融合，并比较了不同模型的预测效果，在中级融合策略下，计算机视觉技术（CV）、近红外光谱技术（NIR）和电特性检测技术（LCR）三者结合后建立的PLSR模型显著优于单一传感器模型，"NIR+LCR"的中级融合策略所建立的模型效果最佳，预测相关系数（Rp）、预测均方根误差（RMSEP）和相对偏差（RPD）分别为0.9942、0.0072和9.3233，模型定量分析能力非常出色，能够非常准确地预测水分含量。

（三）杀青程度判别

茶叶水分含量是绿茶加工过程中重要的技术参数之一。李毛玉[38]利用近红外光谱技术对杀青叶含水率进行实时测量，实现杀青叶质量的精准控制。同时，针对近红外光谱仪容易受到外部环境特别是温度的干扰问题进行解决。基于全卷积神经网络建立的模型对高温状态下采集近红外光谱数据直接进行预测是可行的，且与传统的温度校正最优算法相比，模型Rp从0.9551提升至0.9875，RMSEP从1.93减少至0.99。研究结果为解决温度对近红外仪器干扰问题提供了新思路。陈星燃[39]面向绿茶滚筒式杀青机，设计了一种自适应模糊PID控制器，提出了一种改进麻雀算法进行控制器量化因子与比例因子的整定，完成了杀青机温度控制系统的研发。通过仿真实验，证明了所提控制方法在稳态性能、动态响应速度及抗干扰能力等方面的优势；在完成硬件设计与选型后，搭建了绿茶杀青温度控制原型系统，实现了对杀青工序目标温度的精准控制，显著提升了杀青品质。吴锦程[40]利用PEN3电子鼻在线监测绿茶杀青及干燥过程中气味信息，并结合气相色谱–质谱联用（GC-MS）技术，分析挥发性成分含量，从而深入分析电子鼻响应值变化规律。测定加工过程中的绿茶中的多酚氧化酶活性、茶多酚、氨基酸等品质参数，建立电子鼻响应值与绿茶品质参数之间的关联，制订模糊控制策略反馈控制绿茶加工过程。Liu等[41]融合近红外光谱和机器视觉技术实现了绿茶加工过程中对茶叶水分含量的预测。

（四）揉捻机优化设计

滑金杰等[42]公开了一种基于机器视觉的智能化茶叶揉捻机及其智控方法，揉捻机包括机械部分、智能控制部分；智能控制部分包括机器视觉、温湿精控、氧气精控、智能中控装置等。智控方法步骤：茶叶放进智能揉捻机，通过机器视觉对原料特性快速识别，结合特色需求，配套适宜揉捻技术参数；对色泽和纹理特征实时采集，构建基于卷积神经网络的揉捻程度判别模型，实现揉捻作业的智能调控和揉捻程度的智慧判别。同时该发明实现温湿度、空气、压力、时间、频率等技术参数的多元精准调控，大幅提升揉捻成条效果和揉捻效率，产品品质大幅提升；揉捻叶状态的可视化和揉捻程度判别的智能化，实现揉捻作业的精准化、数字化、智控化加工，实现茶叶高质、稳定生产。梁举凯[43]设计了一种茶叶数控自动化揉捻机，采用气动加压替代传统的机械加压，采用三个磁环感应开关实现多段调压，使揉捻机具有轻揉，中揉和重揉的功能；并基于PLC设计了一种可实现柔性加压的揉捻机自动控制系统，根据揉桶内揉捻叶的实际承压状况自动调整压盖行程，避免茶叶因压紧、压死而产生过揉捻及条形较差。代云中等[44]设计了一种全自动茶叶揉捻装置，全自动茶叶揉捻装置包括环形揉盘、揉桶、调节机构和茶叶收集机构。根据扇形分区将环形揉盘划分为多个区域；对每个区域内的茶叶进行揉捻，采集电参数；调整对应区域的揉捻挡位，对茶叶揉捻至揉捻完成；最后对揉捻后的茶叶进行收集。该揉捻装置可以通过感知茶叶里的电参数获取当前茶叶揉捻情况，根据揉捻情况自动控制升降机构调节揉桶，利用揉桶继续揉捻茶叶，实现了科学、准确地揉捻茶叶。张贤溪等[45]在6CR-55型单柱式揉捻机基础上，改进设计一种轮辐式压力传感自动加压装置。采用理论分析法和ADAMS动力学仿真分析，确定了揉捻压力的大小及方向；选择DYLF-102轮辐式压力传感器，将压力传感器固定在揉捻轴接近底端位置，实时监测揉捻压力大小；利用步进电机通过锥齿轮、丝杆滑块传递动力，实现自动化控制加压。

（五）闷黄、发酵和渥堆检测

葛炳钢等[46]以碧香早品种为材料，通过相机采集不同闷黄时长下的闷黄叶图像共675张，建立了3种闷黄程度的黄茶样本数据集，采用位置变换、随机亮度、增加对比度、添加噪声、随机缩放操作对闷黄叶图像集进行数据增强，运用迁移学习方法，在ImageNet数据集取得MobileNetV3 Large的预训练模型，对迁移网络的所有权重信息进行训练，最终建立了针对黄茶闷黄程度的轻量级卷积神经网络MobileNetV3 Large识别模型，并利用Grad CAM热力图可视化和置信分数监控黄茶品质的变化。经训练后的MobileNetV3 Large模型测试的识别准确率达到98.51%、精确率为99.10%、召回率为98.93%、加权分数为98.20%。模型有较好的泛化性，可以快速、无损地识别黄茶的闷黄程度。杨波等[47]设计了一种用于黄茶闷黄的专用装备，核算了装备所需的加热功率和蒸汽流量，并完成相关部件的选型和样机构建，提出一种基于区间二型模糊理论的温湿度控制算法，该算法能够精准控制温湿度参数，对比一型模糊控制算法，对扰动的抑制能力更强，控制误差更小。生产试验结果表明，温度和相对湿度的均方根误差最大值分别为0.4391℃和1.2262%，产品的感官评审结果表明，采用该装备加工的产品符合皖西黄茶的品质要求。

戴振华[48]采用机器视觉联合电子鼻的快速无损检测技术代替人工对红茶发酵进行定性分析，研究了发酵时间对红茶营养物质及挥发性物质的影响；结合机器学习和深度学习建立了茶叶发酵程度的判别模型，探讨了单传感器和多传感器对红茶发酵程度的判别效果；比较了不同数据融合策略的多传感器判别模型的效果，实现了红茶发酵客观性、科学性的判别。为了客观评价红茶发酵，张柏[49]以大叶种英德红茶中的英红九号为研究对象，利用近红外光谱和机器视觉代替人工感官，搭建了基于近红外光谱和机器视觉的红茶发酵过程监测系统，研究了近红外和视觉结合的融合策略快速判别红茶发酵程度的方法；通过建立数学模型，探讨了近红外和视觉结合技术在茶叶品质快速检测中的应用；探索了红茶发酵过程中代谢物质成分与近红外光谱之间的联系。红茶发酵处于高湿高雾条件下，容易发生图像采集不准、无法实时采集等问题，雷攀登等[50]开发了一种由工业相机、加热除雾防潮装置、面光源、支架、控制软件和电脑组成的实时图像采集系统，在采集图像的基础上添加发酵程度的数据标签，并搭建深度学习模型，其对发酵程度判定的准确率可达95.68%。

为解决黑茶自然渥堆造成卫生安全隐患、效率低和品质不稳定等问题，田时雨等[51]根据茶叶吸水发热原理，采用双仓控温控湿方法，模拟黑茶室内自然渥堆，研发设计出了一种新型黑茶箱式渥堆机。通过试验分析渥堆过程温度、湿度、水分含量、品质变化，以及对比分析自然渥堆和机械渥堆的感官品质、主要成分以及生产效率的变化，探究渥堆机的使用效果。结果表明，该渥堆机可实现渥堆过程的温度和湿度自动调节和数字化控制，箱式渥堆机渥堆过程中的茶叶含水量、温湿度变化完全能达到黑茶渥堆的温湿度要求；利用渥堆机渥堆的茶叶外形棕褐，香气陈香，滋味尚甜醇，能满足传统加工方法要求，并且品质稳定。与自然渥堆相比，采用渥堆机渥堆可以节约厂房面积40%以上、劳动力70%以上，生产时间减少40%~50%。箱式渥堆机渥堆能较好地取代自然渥堆方式，制成的黑茶品质稳定，生产效率高。蒋锦[52]基于三维荧光光谱技术分析速度快、信息量大等特点，通过机器学习深入挖掘光谱数据，开发了黑茶茶汤的快速表征方法，揭示了不同品牌和不同工艺参数下黑茶内含物的区别，实现了品牌与工艺的准确区分，在黑茶市场监督和生产质控领域具有良好的应用前景。

（六）干燥检测

Sheng等[53]探索了基于微近红外光谱（micro-NIRS）和机器视觉数据融合技术的光谱数据和图像颜色、纹理特征数据分析方法，利用LS-SVM建立了红茶干燥水分含量的定量预测模型。基于中层数据融合建立的预测模型的预测精度达到最佳效果，R_p和RMSEP分别为0.9696和0.0016，RPD为4.0846。基于光谱与图像技术融合的数据融合对红茶干燥过程具有较强的预测能力，对控制红茶干燥质量具有一定的指导意义。林杰等[54]公开了一种茶叶卷曲度等级的量化评价方法，包括如下步骤：S1，创建所测茶样卷曲度等级的客观评价方法，得到所测茶样的卷曲度客观评价标准；S2，茶叶之间互不重叠，获取无阴影的茶叶正面清晰图像；S3，利用python编程，采用OpenCV库中的边缘检测和骨架检测等算法识别所有目标茶叶，并创建茶叶卷曲度的度量方法；S4，利用前期建立的所测茶样的卷曲度客观评价标准，对每片茶叶进行"卷曲如螺、卷曲、尚卷曲、弯曲"的定级；S5，得出茶样中卷曲如螺、卷曲、尚卷曲、弯曲的茶叶的比例以及卷曲度的均值。该发明定义了茶叶卷曲度的度量方法，建立了一种茶叶卷曲度等级的客观评价方法，可实现对一种茶类卷曲度的数字化测评，使评价更客观、更准确。

（七）精制

茶叶精制越发成为一种必要的生产方式，其中拼配茶可以均衡茶的香气和滋味，提升茶叶的品质和经济效益，而如何掌控拼配比例是该工作的重点。目前，茶叶拼配主要由专业的拼配师傅根据各原料茶的感官审评结果并结合过往经验秉承"取长补短、高低平衡"的原则试配小样，经过反复尝试和改良后方能确定最终的拼配方案。这种方式不但对拼配人员的专业素质的要求极高，而且拼配过程费时费力，其拼配结果在很大程度上受主观因素的影响，难以适应茶叶生产的现代化发展趋势。林怿箐[55]以英红九号红茶为实验材料，利用计算机视觉技术和近红外光谱定量分析技术构建红茶感官品质评价模型，实现了红茶外形品质和滋味品质的准确、快速数字化评价；进一步引入多目标智能优化算法，构建茶叶数字化拼配优化策略，能够根据不同原料茶的品质特性和市场价格快速形成优势配方，实现了茶叶拼配过程的数字化。赵磊[56]以眉茶为研究对象，采用计算机视觉技术与高光谱成像技术，面向拼配工艺中的成品茶等级判别问题、试拼小样与标准样的相似性评价问题、拼配比例设计问题开展研究。面向拼配工艺中的茶叶等级判别问题，构建外形几何特征描述外观品质，实现茶叶等级分类；面向试拼小样与标准样的相似性评价问题，建立深度度量学习模型，利用样本特征距离量化茶样间的相似度；面向拼配比例计算问题，构建强化学习模型准确计算目标样拼配比例。针对拼配过程中的若干决策问题，提出了基于机器学习技术的智能化算法，有助于解决茶叶拼配技术中主观性较强的问题，提高拼配过程中的智能化水平，实现茶叶品质标准化。

四、茶叶加工技术与装备未来发展和展望

2023年，茶叶加工在基础理论研究、工艺技术创新、加工装备和生产线研发等方面取得了较大突破。茶叶生产、消费与经贸主要指标均呈现稳定增长态势，提质增效成果显著，综合竞争实力进一步提升。但茶叶加工流通中仍存在一些问题，如茶叶加工名优茶加工过度依赖手工采摘，劳动力短缺，人力成本高，占茶叶生产成本50%以上，"用工荒"和"用工贵"问题日益明显；机采鲜叶制成的大宗茶则存在加工粗放，品质风味较差，经济效益低，我国出口占比67.9%的绿茶、如珠茶眉茶等，出口单价仅为26.74元/千克，且出口量逐年下滑。在技术方面，仍存在茶叶高质高效采收加工、深加工原料茶产地增值加工技术与装备缺乏。在茶叶深加工方面，满足消费需求的高附加值终端产品应用开发还不足，产品知名度低，产品集聚效应未体现，消费市场疲软，难以带动上游原料提取物的大规模

应用，这也是造成大量茶资源弃采的重要原因之一，成为制约我国茶叶规模化生产和高质量发展的"瓶颈"。面对新挑战和新需求，茶叶机械化、轻简化、高效化、智能化采摘，原料茶高质化、专用化、特色化、定向化分级分类加工以及茶叶全程质量安全控制和追溯体系建设是未来茶叶生产发展的大趋势，也是茶产业融入大食物观战略的必经之路。重点要从以下几个方面发力。

（一）政策支持，加大投入

尽快健全农机补贴制度，加大政策扶持力度，加快茶机装备数字化发展顶层设计和专业人才队伍建设是加速实现茶叶机械智能化的基础。

（二）推进现代化工业化加工关键技术及装备研发

针对茶叶生产具有小农经济的特点，生产效率较低，产后加工、流通分散无序，规模化、标准化程度低，产地加工增值链条短等突出问题，立足以需求导向的加工社会化服务模式补齐小农户生产模式短板，研制机采茶鲜叶定向分类分级技术与装备，研发大宗优质茶、特色生态茶、工业用原料茶等智能化加工技术与装备，实现茶鲜叶梯次利用；研究多元化茶叶风味可控靶向加工技术，集成茶叶加工智能化控制系统，建立风味反向定制智能加工新模式。

（三）持续创新数字化智能化茶叶加工技术

随着绿茶、红茶加工关键工序及品质评判智能化技术和方法的建立，低成本、高准确度在线监测技术被广泛应用于茶机研发中，后续还需要持续通过多学科交叉集成，创新研究优化在制品状态数字化表征及智能感知技术、反馈控制技术，实现数据实时检测的远程和终端专家决策，降低自主研发成本，形成商品化茶机产品。

（执笔人：唐小林、范起业、王家鹏、肖志鹏）

参考文献

［1］OUYANG W, NING J, ZHU X, et al. UPLC-ESI-MS/MS analysis revealed the dynamic changes and conversion mechanism of non-volatile metabolites during green tea fixation [J]. Lwt, 2024, 198.

［2］XIE J, WANG L, DENG Y, et al. Characterization of the key odorants in floral aroma green tea based on GC-E-Nose, GC-IMS, GC-MS and aroma recombination and investigation of the dynamic changes and aroma formation during processing [J]. Food Chemistry, 2023: 427.

［3］YU Y, ZHU X, OUYANG W, et al. Effects of electromagnetic roller-hot-air steam triple-coupled fixation on reducing the bitterness and astringency and improving the flavor quality of green tea [J]. Food Chemistry, X, 2023: 19.

［4］CHEN Q, YU P, LI Z, et al. Re-Rolling Treatment in the Fermentation Process Improves the Aroma

Quality of Black Tea [J]. Foods, 2023, 12（19）：3702.

［5］LIU C, LIN H, WANG K, et al. Study on the Trend in Microbial Changes during the Fermentation of Black Tea and Its Effect on the Quality [J]. Foods, 2023, 12（10）：1944.

［6］XU Y, LIU Y, YANG J, et al. Manufacturing process differences give Keemun black teas their distinctive aromas [J]. Food Chemistry, X, 2023: 19.

［7］WANG K, XIAO Y, XIE N, et al. Effect of Leaf Grade on Taste and Aroma of Shaken Hunan Black Tea [J]. Foods, 2023, 13（1）：42.

［8］MA J, WANG Y, LI J, et al. Aroma formation mechanism by the drying step during Congou black tea processing: Analyses by HP-SPME and SAFE with GC-MS [J]. Lwt, 2024: 198.

［9］LI Y, LUO Q, QIN M, et al. Study on color, aroma, and taste formation mechanism of large-leaf yellow tea during an innovative manufacturing process [J]. Food Chemistry, 2023.

［10］WEI Y, ZHANG J, LI T, et al. GC-MS, GC-O, and sensomics analysis reveals the key odorants underlying the improvement of yellow tea aroma after optimized yellowing [J]. Food Chemistry, 2023: 431.

［11］WANG X, CAO J, CHENG X, et al. UV-B application during the aeration process improves the aroma characteristics of oolong tea [J]. Food Chemistry, 2024: 435.

［12］NI Z, YANG Y, ZHANG Y, et al. Dynamic change of the carotenoid metabolic pathway profile during oolong tea processing with supplementary LED light [J]. Food Research International, 2023: 169.

［13］LI Y, WU T, DENG X, et al. Characteristic aroma compounds in naturally withered and combined withered γ-aminobutyric acid white tea revealed by HS-SPME-GC-MS and relative odor activity value [J]. Lwt, 2023: 176.

［14］XIANG L, ZHU C, QIAN J, et al. Positive contributions of the stem to the formation of white tea quality-related metabolites during withering [J]. Food Chemistry, 2024: 449.

［15］张蓓林，陈玲，唐丽琴，等. 不同水温潮水对黑茶品质的影响研究[J]. 中国食品工业，2023（21）：101-103.

［16］CHEN Y, HUANG Y, AN H, et al. Effects of isolated scenting on the taste quality of broken green tea based on metabolomics [J]. Food Chemistry, X, 2024: 22.

［17］ZHANG C, ZHOU C, TIAN C, et al. Volatilomics Analysis of Jasmine Tea during Multiple Rounds of Scenting Processes [J]. Foods, 2023, 12（4）：812.

［18］姜宽舒，丁龙保，张东凤，等. 并联式智能采茶机器人关键技术与装备研发与应用[J]. 科学技术创新，2024，（4）：43-47.

［19］WU Z, ZHONG H, WANG X, et al. Continuous production machine for separating and shaping Taiping Houkui tea [J]. Journal of Food Science, 2024, 89（6）：3629-3648.

［20］MEI S, JIANG Q, SONG Z. Research on Comprehensive Evaluation of Equipment for the Tea

Processing Craft [J]. Processes, 2023, 11（3）：778.

［21］舒庆宁，封雯，陈玉琼，等．工夫红茶自动萎凋机研制及其制茶品质分析[J]．中国茶叶，2023，45（3）：30-36.

［22］张警备．智能茶叶摊青萎凋机[R]．浙江红茗茶机成套技术有限公司，2022.

［23］叶文珍，毛泽坤，陈梦婷，等．一种茶叶杀青机及茶叶杀青处理方法：CN117814325A [P]．2024-04-05.

［24］修明岳，陈嵘，刘汉忠，等．一种连续式茶叶加工用茶叶杀青机：CN117546921A [P]．2024-02-13.

［25］张乐平，吴金平．一种热风环流式茶叶杀青机：CN117158490A [P]．2023-12-05.

［26］黄泽畀，牛姣峰，黄峥，等．基于PLC的茶叶揉捻机压力动态调节方法[J]．农业工程，2024，14（4）：36-40.

［27］方静，何宇驰，熊爱华，等．基于Smith-模糊PID的茶叶揉捻压力控制系统设计[J]．南方农机，2024，55（4）：16-20，35.

［28］王利晖，滕杰，周李鹏涛，等．一种设有除杂功能的茶叶揉捻装置的设计与分析[J]．南方农机，2023，54（15）：79-81，100.

［29］刘丽敏，董春旺，林淑红，等．基于EDEM和RSM的红茶发酵机参数优化[J]．茶叶科学，2023，43（5）：681-690.

［30］吴荣鑫，苏丁发，张志斌．茶叶烘干机：CN116379744B [P]．2023-08-22.

［31］祝叶峰，郑树立，周仁桂，等．一体式茶叶燃气离心烘干机：CN116379714B [P]．2023-10-31.

［32］陈习村，王卫兵，董李，等．一种可自循环的均匀入料多层往复式红外光波茶叶烘干机：CN115530257B [P]．2024-04-02.

［33］何宇．基于深度学习的茶叶嫩芽识别研究[D]．成都：西华大学，2023.

［34］SANAEIFAR A, ZHU F L, SHA J J, et al. Rapid quantitative characterization of tea seedlings under lead-containing aerosol particles stress using Vis-NIR spectra [J]. Science of the Total Environment, 2022, 802.

［35］WANG Y, CUI Q, JIN S, et al. Tea Analyzer: A low-cost and portable tool for quality quantification of postharvest fresh tea leaves [J]. Lwt, 2022: 159.

［36］沈跃铖，阮贤萍，郎春晓，等．光谱特征和纹理特征融合的红茶萎凋含水率检测方法[J/OL]．茶叶通讯，1-7[2024-08-15].

［37］蓝天梦．茶鲜叶摊放/萎凋过程中水分的数字化表征方法研究[D]．重庆：西南大学，2023.

［38］李毛玉．基于近红外光谱的绿茶杀青过程水分在线检测技术研究[D]．合肥：安徽农业大学，2023.

［39］陈星燃．绿茶杀青工艺优化及控制技术研究[D]．贵阳：贵州大学，2023.

［40］吴锦程．基于气味的绿茶远红外加工过程控制研究[D]．无锡：江南大学，2023．

［41］LIU Z, ZHANG R, YANG C, et al. Research on moisture content detection method during green tea processing based on machine vision and near-infrared spectroscopy technology [J]. Spectrochimica Acta Part A: Molecular And Biomolecular Spectroscopy, 2022: 271.

［42］滑金杰，袁海波，江用文，等．一种基于机器视觉的智能化茶叶揉捻机及其智控方法：CN202211371007.5 [P]．2023-03-07．

［43］梁举凯．一种可实现柔性加压的茶叶揉捻机的设计与试验[J]．福建茶叶，2024，46（1）：12-16．

［44］代云中，杨昕，刘杨，等．一种全自动茶叶揉捻装置设计[J]．南方农机，2024，55（1）：16-17，29．

［45］张贤溪，金山峰，吴瑞梅，等．茶叶揉捻机自动加压装置结构优化设计[J]．南方农机，2023，54（21）：23-26，51．

［46］葛炳钢，张旭雯，刘岁，等．基于轻量级神经网络MobileNetV3–large的黄茶闷黄程度判别[J]．湖南农业大学学报（自然科学版），2024，50（1）：91-99．

［47］杨波，宋彦，卫聿铭，等．黄茶自动化闷黄装备设计与温湿度控制方法研究[J]．农业机械学报，2024，55（4）：376-384．

［48］戴振华．基于图像与气味融合监测的红茶发酵品质研究[D]．无锡：江南大学，2023．

［49］张柏．基于近红外光谱和机器视觉的红茶发酵研究[D]．无锡：江南大学，2023．

［50］雷攀登，周汉琛，田娟，等．高湿高雾环境下红茶发酵图像实时采集系统研制[J]．农业工程学报，2022，38（12）：207-215．

［51］田时雨，封雯，倪德江，等．黑茶箱式渥堆机的研制及品质成因分析[J]．中国茶叶加工，2023，（2）：39-45．

［52］蒋锦．三维荧光光谱结合机器学习实现黑茶品牌及工艺参数区分[D]．长沙：中南大学，2023．

［53］SHENG X, ZAN J, JIANG Y, et al. Data fusion strategy for rapid prediction of moisture content during drying of black tea based on micro-NIR spectroscopy and machine vision [J]. OPTIK, 2023: 276.

［54］林杰，冯海强，梁秀华，等．一种茶叶卷曲度等级的量化评价方法：CN115655144A [P]．2023-01-31．

［55］林怿箐．多信息融合下的茶叶数字化拼配优化策略研究[D]．无锡：江南大学，2023．

［56］赵磊．茶叶拼配过程中的若干机器学习方法研究[D]．合肥：安徽农业大学，2023．

附录

附录一 2023中国茶叶数据（农业产业）

附录二 2023中国茶叶价格指数与行情分析

附录三 2023中国茶叶出口海关统计表

附录四 2023中国茶叶行业调查结果

附录五 2023—2024（7月）中国茶类相关标准汇总

附录一 2023中国茶叶数据（农业产业）

一、2023年全国各地区六大茶类产量

单位：吨

地区	绿茶	青茶	红茶	黑茶	黄茶	白茶
江苏	7800.00	0.00	2700.00	0.00	0.00	0.00
浙江	181100.00	400.00	12300.00	6400.00	300.00	1200.00
安徽	144200.00	0.00	13400.00	3800.00	11700.00	100.00
福建	102000.00	253000.00	55000.00	0.00	0.00	73200.00
江西	60000.00	4000.00	12300.00	0.00	0.00	600.00
山东	36000.00	200.00	3600.00	300.00	50.00	500.00
河南	73700.00	800.00	23700.00	3000.00	5.00	800.00
湖北	235000.00	500.00	44000.00	63000.00	230.00	5000.00
湖南	116000.00	1600.00	48500.00	85200.00	10500.00	6600.00
广东	58000.00	66000.00	23000.00	2500.00	18.00	500.00
广西	39800.00	300.00	40200.00	43000.00	0.00	600.00
海南	500.00	0.00	300.00	0.00	0.00	0.00
重庆	44300.00	0.00	7300.00	200.00	0.00	200.00
四川	322800.00	4300.00	21900.00	28700.00	450.00	1100.00
贵州	257000.00	0.00	89600.00	14800.00	0.00	500.00
云南	159000.00	1730.00	84000.00	187000.00	0.00	7500.00
陕西	95500.00	0.00	9000.00	19900.00	0.00	1400.00
甘肃	1300.00	0.00	400.00	200.00	0.00	400.00
总计	1934000.00	332830.00	491200.00	458000.00	23253.00	100200.00

注：缺少台湾地区数据。

二、2023年全国各地区茶园面积

地区	年末实有茶园面积/万亩		2023年比2022年增加		本年采摘面积/万亩
	2023年	2022年	增量/万亩	同比增长/%	2023年
江苏	49.26	51.00	-1.74	-3.41	45.10
浙江	311.70	310.50	1.20	0.39	291.00

续表

地区	年末实有茶园面积/万亩		2023年比2022年增加		本年采摘面积/万亩
	2023年	2022年	增量/万亩	同比增长/%	2023年
安徽	320.00	307.52	12.48	4.06	308.83
福建	368.00	352.05	15.95	4.53	334.00
江西	185.00	175.70	9.30	5.29	175.00
山东	53.10	40.51	12.59	31.08	45.00
河南	215.00	175.11	39.89	22.78	197.00
湖北	564.00	558.03	5.97	1.07	440.00
湖南	330.00	310.82	19.18	6.17	310.00
广东	149.52	149.30	0.22	0.15	135.00
广西	155.20	151.73	3.47	2.29	151.00
海南	3.62	3.56	0.06	1.69	3.14
重庆	108.50	85.20	23.30	27.35	85.00
四川	598.00	605.38	−7.38	−1.22	547.30
贵州	700.00	708.34	−8.34	−1.18	655.00
云南	770.27	756.92	13.35	1.76	690.00
陕西	250.59	235.73	14.86	6.30	222.59
甘肃	18.00	18.00	0.00	0.00	15.20
合计	5149.76	4995.40	154.36	3.09	4650.16

注：缺少台湾地区数据。

三、2023年全国各地区茶叶产量

地区	茶叶产量/吨		2023年比2022年增加	
	2023年	2022年	增量/吨	同比增长/%
江苏	10500.00	10400.00	100.00	0.96
浙江	201700.00	193500.00	8200.00	4.24
安徽	173200.00	154100.00	19100.00	12.39
福建	483200.00	459674.38	23525.62	5.12
江西	76900.00	83700.00	−6800.00	−8.12
山东	40650.00	31601.65	9048.35	28.63
河南	102005.00	94282.65	7722.35	8.19
湖北	347730.00	314515.25	33214.75	10.56
湖南	268400.00	247542.86	20857.14	8.43
广东	150018.00	148000.00	2018.00	1.36

续表

地区	茶叶产量/吨		2023年比2022年增加	
	2023年	2022年	增量/吨	同比增长/%
广西	123900.00	130300.00	-6400.00	-4.91
海南	800.00	844.60	-44.60	-5.28
重庆	52000.00	47300.00	4700.00	9.94
四川	379250.00	366292.67	12957.33	3.54
贵州	361900.00	344857.78	17042.22	4.94
云南	439230.00	432904.09	6325.91	1.46
陕西	125800.00	119689.49	6110.51	5.11
甘肃	2300.00	1533.49	766.51	49.98
合计	3339483.00	3181038.91	158444.09	4.98

注：缺少台湾地区数据。

附录二 2023中国茶叶价格指数与行情分析

一、2023年五峰茶叶价格指数与行情总结

（一）2023年茶叶行情

2023年全年湖北西南茶叶市场总交易量36145.74吨，去年全年总交易量35281.71吨，同比增长2.4%；总交易金额21.73亿元，去年总交易金额23.11亿元，同比下降5.9%。

（二）2023年茶叶销售形势分析

一是春茶价格增。五峰土家族自治县各茶企响应县委县政府号召，对优质原料收购价格提高，春茶开园初期高质量本地品种春芽收购价达到100元/千克，导致各类产品价格较2022年的价格有不同幅度的提升。

二是中低档茶叶产品仍为市场交易产品主力军，占全年交易量的76%，茶叶价格基本与去年持平。

（三）开展的主要工作

1. 做优基地护航茶业发展

一是建设有机茶园。已完成15640亩茶园有机转换认证，包括8760亩有机茶转换基地和6880亩古野茶基地（含1600有机茶基地建设），涉及8个乡镇38个主体，其中4个主体540亩基地已获得有机认证，新认证生态低碳茶基地3个，面积3240亩。二是推广绿色生产技术。以中国农业科学院茶叶研究所和省农业科学院技术为支撑，设置180亩绿色防控示范点和1000亩生态茶园建设，推动省茶叶体系"三减三增"技术和绿色防控技术，严格控制投入品使用。三是抓实科研平台建设。加快推进茶科所建设，持续推进相关科研工作。推进五峰茶树品种发掘保护利用和古茶树资源调查，采集本地茶树样本7个开展实验，通过3年适制性实验与观测分析，正在对4个样本进行品种权登记、3个样本进行茶树良种登记。成功申报国家级良种有"五峰212""五峰310""鄂茶7号"。

2. 做亮品牌赋能茶业发展

支持企业参加全国各类茶叶质量评比，已有30余支产品获得各界认可。先后承办2023"宜红杯"工夫红茶产品质量推选、第四届茶旅大会等活动；组织龙头企业到武汉、北京等地参加全国性茶事活动共16场次，持续提升五峰茶叶品牌市场影响力。开展春茶开园节系列推介活动和百圆惠促销活动，

发布"游五峰·品春茶"主题活动路线、发布茶旅攻略5篇。

3. 做深融合激活茶业发展

积极争取产业集群和古茶树开发相关政策和项目，有序推进渔洋河流域茶旅融合综合示范带规划工作，统筹推进茶文化、茶艺等培训，不断激发茶文旅融合发展活力。进一步强化"五峰茶叶科技小院""宜红茶发源地"宣传效应和宜红茶旅研学功能提升，并与全国重点茶市签订宜红茶采购和推广合作协议，畅通宜红外出渠道。

2022—2023年中国茶叶价格指数之地方名茶价格指数——五峰茶叶见附图1，2022—2023年五峰茶叶价格指数信息采集合作单位市场交易量见附图2。

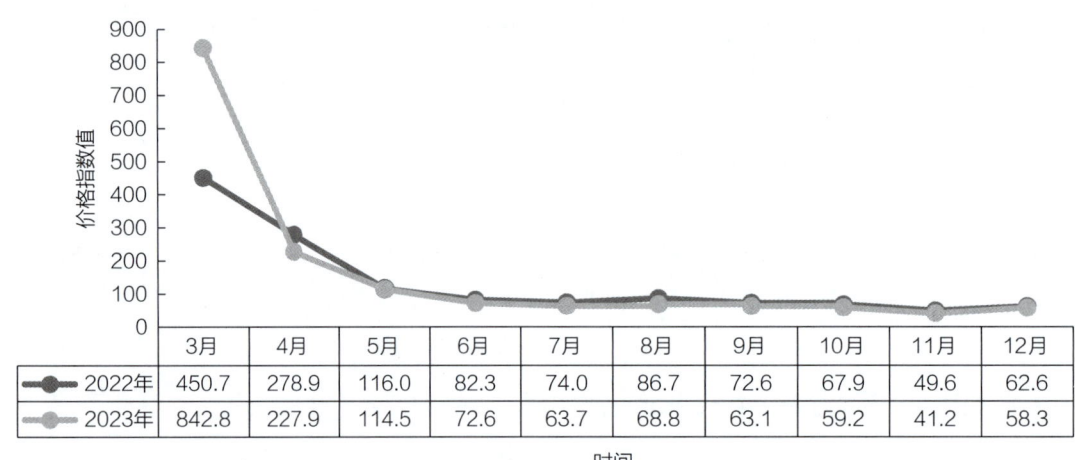

附图1　2022—2023年中国茶叶价格指数之地方名茶价格指数——五峰茶叶

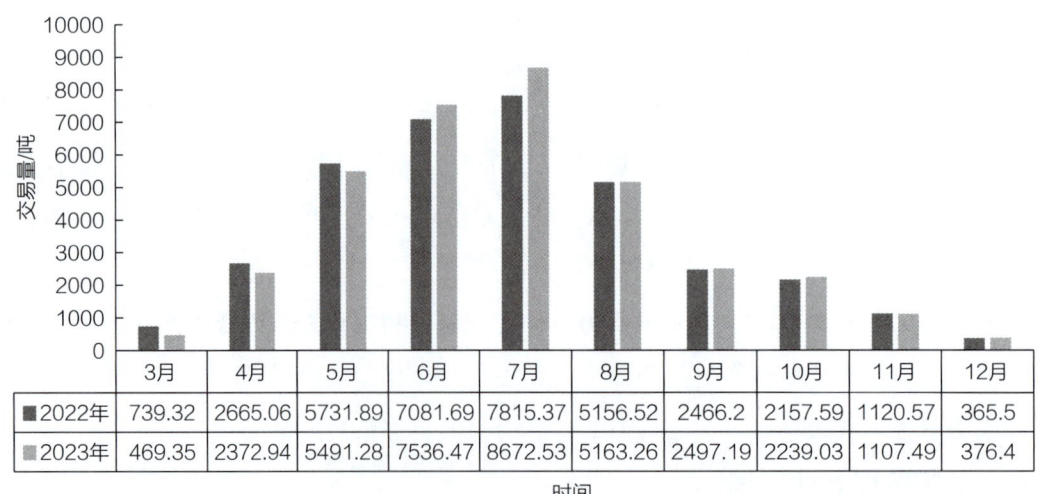

附图2　2022—2023年五峰茶叶价格指数信息采集合作单位市场交易量

（注："中国茶叶价格指数之地方名茶价格指数——五峰茶叶"编制单位为中国茶叶流通协会、五峰土家族自治县人民政府、五峰西南茶叶市场。）

二、2023年安溪铁观音价格指数与行情总结

（一）2023年销售情况汇总对比分析（以下采样数字仅限于安溪茶叶批发市场毛茶交易量情况）

安溪茶叶批发市场年度毛茶交易量17204.79吨，去年同期16266.2吨，增加938.59吨，同比增长5.8%；交易额281507.33万元，去年同期249019.65万元，增加32487.68万元，同比增长13.05%；平均单价同比增长6.9%。安溪茶叶批发市场交易情况汇总见附表1。

附表1　安溪茶叶批发市场交易情况汇总

月份	交易量/吨	交易额/万元	单价/（元/千克）
1	1296	17599.68	135.8
2	416	4051.84	97.4
3	817.9	6624.99	81
4	1425.2	18128.54	127.2
5	2007	34480.26	171.8
6	1235	11534.9	93.4
7	897.3	8470.51	94.4
8	1501.3	16334.14	108.8
9	1571.19	20425.47	130
10	3075.4	107639	350
11	2000.5	25636	128.2
12	962	10582	110
合计	17204.79	281507.33	163.6

（二）2023年茶叶销售形势分析

1．产量较去年同期总体上升

2023年茶叶生长季雨量分布均匀，气温适宜，全县主产区茶叶生长态势良好，茶树长势旺盛。茶叶采制期，天气晴好，适宜采制天数较多，在全县茶园采摘面积保持稳定基础上，茶叶产量比往年有所提升。

2．质量价格较去年提升

一是随着茶树留高、适度稀植、重施有机肥等管理技术得到长期全面深入推广，茶青质量与往年相比有较大提高，加上传统制茶理念强势回归，高端茶叶产量比去年有较大增长，延续质好价优的行情。同时，新式茶饮行业迅猛发展，基底茶原料需求不断扩大，推动了中低端茶价格上涨。

（三）2024年安溪铁观音的销售预测

通过开展各种形式活动营销和赛事预热如茶王赛、制茶大师赛，以及利用各种短视频平台直播带货，安溪铁观音线上线下同步火热，茶农好茶不愁卖、茶商"抢"茶分茶等已成为常态。市场将呈现"量价齐升，销售稳中向好"的态势，中高档茶叶将成为市场主打品牌，有机生态茶、庄园茶、古早味茶、大师茶、合作社基地茶和定制茶礼等百花齐放，市场销售更加火爆，有望大大提升茶农收入，推进安溪茶产业高质量发展。预计2024年茶叶产量销量基本保持平衡，但茶叶质量将继续呈现上升趋势，预计茶叶价格将有10%～13%幅度的增长。

2023年中国茶叶价格指数之地方名茶价格指数——安溪铁观音见附图3，2022—2023年安溪中国茶都铁观音交易量见附图4。

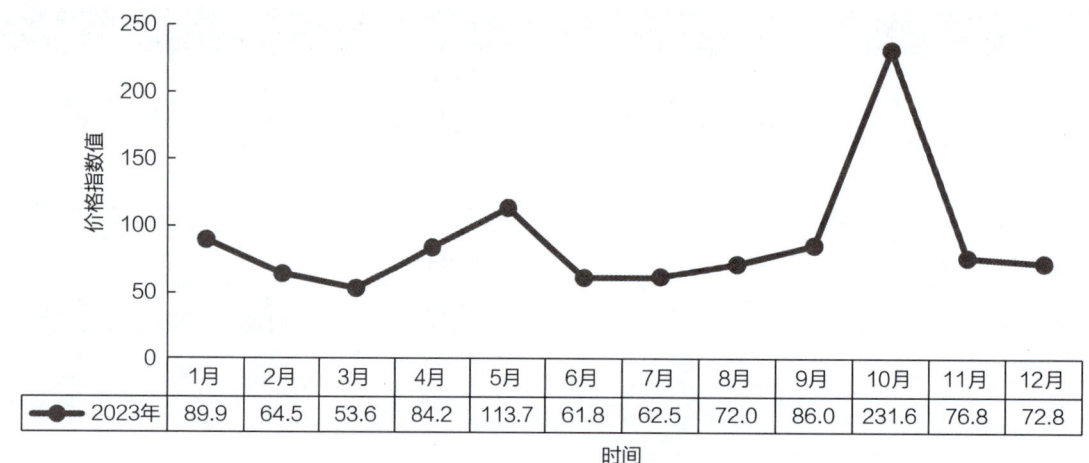

附图3　2023年中国茶叶价格指数之地方名茶价格指数——安溪铁观音

（注：因2023年安溪铁观音指数基数进行调整，故不与去年进行比较。）

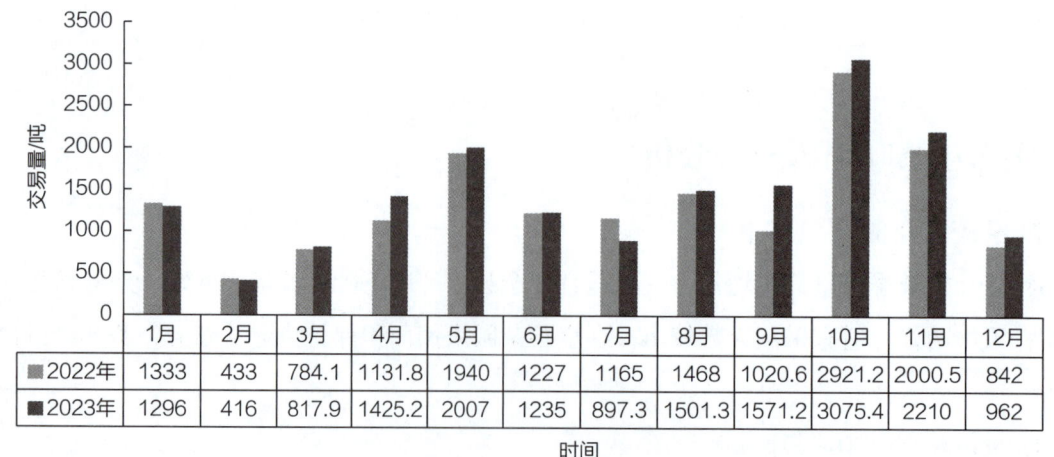

附图4　2022—2023年安溪中国茶都铁观音交易量

（注："中国茶叶价格指数之地方名茶价格指数——安溪铁观音"编制单位为中国茶叶流通协会、安溪县茶业管理委员会、安溪中国茶都。）

三、2023年大佛龙井价格指数与行情总结

截至2023年12月31日，中国茶市交易总量16669.16吨，比2022年的16624.74吨增长44.42吨，同比增长0.27%；交易总额66.54亿元，比2022年的62.66亿元增长3.88亿元，同比增长6.19%。2023年大佛龙井全年平均价格396.82元/千克，比2022年全年平均价格的373.43元/千克同比增长6.26%。根据市场统计数据分析，2023年各茶类交易趋势呈现出龙井茶交易量略有微增，交易额有增长，青茶、红茶、黑茶及其他绿茶量价均有不同幅度的增长，产业发展及市场交易活力呈复苏迹象的特征。中国茶市交易情况汇总见附表2。

附表2　中国茶市交易情况汇总

茶类	年份				同比增长/%	
	2022		2023			
	交易量/吨	交易额/亿元	交易量/吨	交易额/亿元	交易量	交易额
龙井茶	15470.48	57.78	15490.39	61.47	0.13	6.40
红茶	660.55	3.52	678.13	3.66	2.66	4.00
黑茶	28.12	0.1192	28.54	0.1224	1.5	2.68
青茶	144.17	0.3189	144.82	0.3258	0.45	2.16
其他绿茶	321.42	0.93	327.28	0.96	1.82	3.23
合计	16624.74	62.66	16669.16	66.54	0.27	6.19

（一）春茶交易量有小幅下降，交易价比去年增长明显

据统计，春茶交易量54369.98吨，较去年春茶交易量的56336.43吨减少196.66吨，同比下降3.49%；交易额38.47亿元，较去年春茶交易额的36.47亿元同比增长5.48%；交易均价707.65元/千克，较上一年春茶交易均价的647.38元/千克，同比增长9.31%。按产茶的季节不同分析，市场呈现出以下特点。

（1）2022年12月初人口流动密集频繁，2023年初，许多销地市场的茶商因受感染或顾虑健康原因而取消来中国茶市正常采购茶叶计划，加上市场内许多经营户也陆续暂停经营，导致市场交易比较清淡，交易量下降。

（2）因去年夏季茶树受干旱天气影响导致今年早茶乌牛早芽胚较细叶片单薄，2月下旬又遭受霜冻天气影响，使茶树前期的萌芽受到冻伤，对2023年的乌牛早产量和品相都带来一定影响。因此茶叶生产量有所减少，茶市交易量也随之减少。

（3）2023年3月气候出现了低温天气，乌牛早品种刚刚进入采摘期，由于气温低加上遭受2月底的霜冻天，导致早期茶芽生长缓慢，部分山区茶树刚刚萌发的茶芽受霜冻打压，使早期的乌牛早品种产量有所减产。

（4）茶叶产区面临人口老化且采摘人员紧缺，导致不少茶园适采茶叶未能及时采摘下来；到了

4月下旬，气温转高，茶叶品质渐受影响，茶农随之纷纷为夏茶生产作准备，提前修剪茶树，茶市交易量明显减少。

3月初市场正式开市交易，本地乌牛早开始批量采摘上市。多数茶商库存少，新茶上市经营户收购积极，交易价格随之上涨。尤其是本地的大佛龙井中高档龙井茶交易价比往年好，高档的大佛龙井交易价在1800元/千克以上，3月份低温天气给茶叶生产带来影响，本地春茶有所减产，茶市交易量也相应略有减少。因此市场交易价格保持坚挺，平均售价比往年高，尤其是性价比最高且受市场青睐的600~800元/千克的大佛龙井中档高山茶成为"抢手货"，出现供不应求的状况。进入4月中旬，气温逐渐回暖，雨水调匀，春茶进入旺销时期，中档龙井茶需求量较大交易价格坚挺，茶农利好，普遍受益。到了4月下旬，谷雨后气温转高，茶叶品质略受影响，质量有所下降促使价格有所下滑。茶农也纷纷提前修剪茶树，来市场交易的茶农逐渐减少，茶市交易量也随之减少。

（二）夏茶交易量略有增长，交易价格增幅明显

统计显示，夏茶交易量4407.87吨，较去年夏茶交易量的4375.42吨增加32.45吨，同比增长0.74%；交易额11.82亿元，比去年同期10.80亿元增长9.39%；平均交易价268.14元/千克，较去年夏茶交易平均价格的246.94元/千克，同比增长8.58%。

谷雨过后，由于气温升高，茶农纷纷提前修剪茶树，比上一年较早的结束了春茶生产。入夏初期，多晴朗好天气，但高温较少，非常适宜茶树的生长，茶农及时采摘青叶加工，使干茶持续均衡上市交易。夏茶前期生产增产明显。5月、6月交易均价延续了春茶末交易价的势头，同比保持增长，7月成品夏茶品质较好价格较低，外地茶商偏好采购，促使交易价同比增幅较大。主要原因：一是2023年销区市场大环境转好，市场呈现活跃势头，对夏茶需求同比增加；二是采购商利用网络直播带货的人数明显增多，推动了价格的上涨。经营户纷纷反映，销地市场的茶商对夏茶需求量明显增加，都是当天采购，当天打包发货。

（三）秋茶交易量小幅增长，交易价格保持上涨

市场统计，秋茶交易量5645.52吨，比去年秋茶交易量的5461.41吨增长184.11吨，同比增长3.37%；交易额11.17亿元，比去年交易额的10.49亿元同比增长6.47%；秋茶交易平均价格197.94元/千克，比去年秋茶平均交易价格的192.18元/千克，同比增长3.00%。

进入8月以后，秋龙井陆续开始上市了。据茶农反映，2023年的初秋雨水调匀，产茶区没有出现连续高温酷热天气茶叶被晒枯的情况，气候十分利于茶树的生长和秋茶的生产，产量比去年有小幅增长。茶农紧紧抓住了秋茶生产的旺季，并在提升品质上下功夫，从采芽匀称、炒制提香、色泽鲜亮等环节严格把关，秋龙井品质大有提升，让茶农们卖出了好价钱。中低档茶货源紧缺，市场交易价格呈现持续增长的好势头。9月中旬以后气候暖和宜人，昼夜温差加大，有利于茶树生长，秋茶芽叶长势较好，采摘时间延长，产量有所增长。

（四）青茶、红茶、黑茶及其他绿茶交易量价均有小幅增长

由于市场需求开始复苏，销量比去年有小幅增长，福建、贵州、云南等外地其他茶类进入茶市渐多，尤其是福建、云南等地的青茶、白茶和黑茶批量发货有增。由于销售形势较去年有所好转，外地茶商对茶叶需求量的心理期望值上升，部分茶商信心增强，不担心收购进货多而卖不出去，所以今年进货比去年要多。红茶及其他茶类也因市场需求关系转旺，销售形势乐观，促进了今年的交易量及交易价比去年都有增长。总观中国茶市2023年的市场交易，绿茶、红茶、黑茶、青茶及其他绿茶类的交易量和交易额都呈不同程度增长，市场交易反映出茶产业的复苏趋势。

2022—2023年中国茶叶价格指数之地方名茶价格指数——新昌大佛龙井见附图5，2022—2023年新昌中国茶市交易量见附图6。

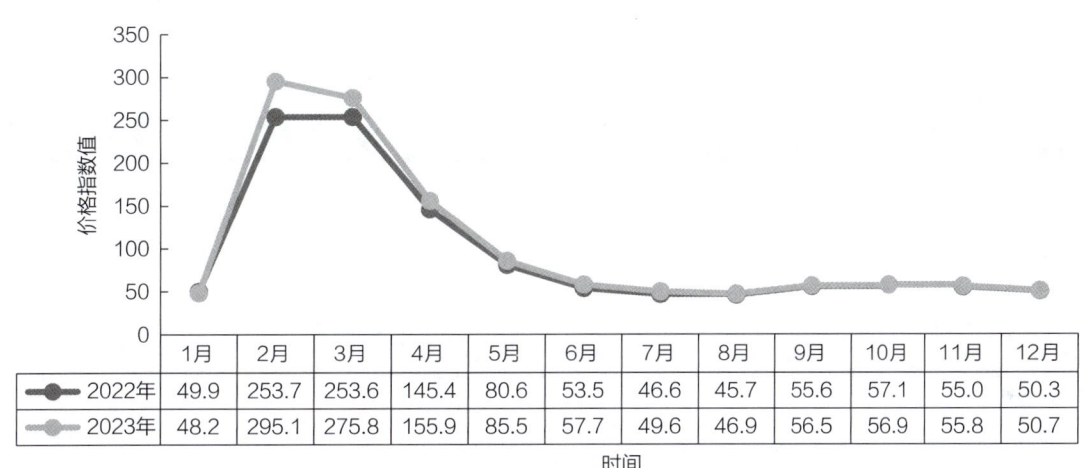

附图5　2022—2023年中国茶叶价格指数之地方名茶价格指数——新昌大佛龙井

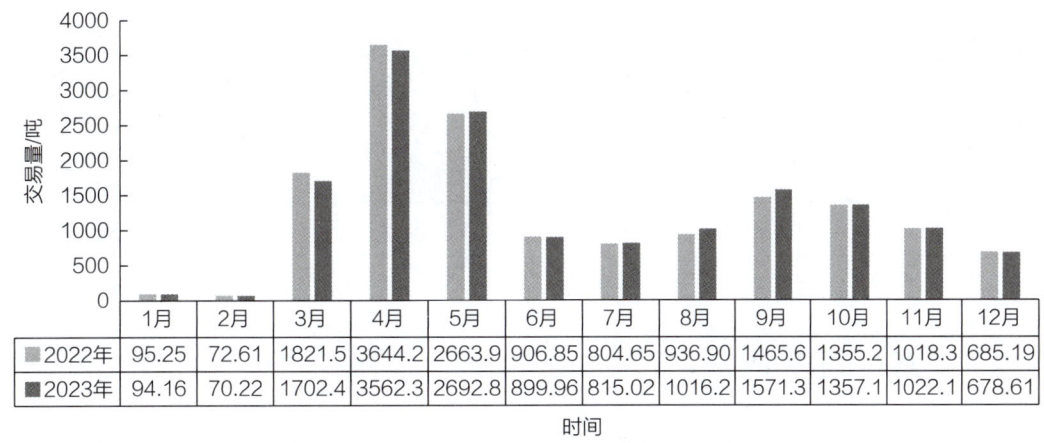

附图6　2022—2023年新昌中国茶市交易量

（注："中国茶叶价格指数之地方名茶价格指数——新昌大佛龙井"编制单位为中国茶叶流通协会、新昌县人民政府、中国茶市。）

四、2023年松阳绿茶价格指数与行情总结

浙南茶叶市场坐落于县城长虹中路，占地面积9.36万平方米，拥有交易店面304家，交易摊位近万个，交易区占地面积9.6万平方米，建筑面积6.3万平方米，配套物流中心（停车场）占地2.3万平方米，是"中国绿茶第一市"、中国最大的绿茶集散中心、全国绿茶价格指数发布地、国家级农业龙头企业，交易量和交易额已连续10多年为全国同类市场第一，吸引全国20多个省市的4000多名茶商常驻，辐射带动周边省市1000余万亩茶园，惠及茶农300余万人。

（一）2023年茶叶交易情况

2023年，浙南茶叶市场交易总量81683吨，与去年同期基本持平；交易总额672110万元、交易均价82.28元/千克，分别同比增长2.80%、2.78%（附表3）。

附表3　浙南茶叶市场交易情况汇总

月份	交易量/吨	交易额/万元	单价/（元/千克）
1	836	5770	69.02
2	96	8720	908.33
3	3650	177500	486.30
4	18600	161000	86.56
5	22165	132650	58.85
6	8410	35790	42.56
7	4830	20820	43.11
8	6350	28700	45.20
9	6750	32000	47.40
10	4880	33350	68.34
11	3080	21150	68.67
12	2036	14660	72.00
合计	81683	672110	82.28

（二）2023年茶叶销售形势

（1）春季温度低适合茶叶生长，茶青品质高，乌牛早上市价格60元/千克，龙井60元/千克，白茶70元/千克，黄茶类80元/千克，整个春茶季同等级别的茶青均比去年上涨20%左右。夏季温度整体偏低，极端高温天气少，适宜茶叶生长，茶青价格较去年上涨10%左右，往年不采夏茶的山区因价格优

势今年采摘了夏茶。秋茶产量大涨，茶青价格较去年同期有所下降。

（2）浙南茶叶市场2月14日有序上市交易比去年多了12个交易日；本地及川、贵等地投产茶园面积增多，浙南茶叶市场集聚效应显著，外地茶叶逐年增加。

（3）市场中毛峰比例持续增长，尤其是黄茶毛峰，在三季度、四季度销售火爆，价格比白茶毛峰高出20%~30%。

（三）政府引导茶产业高质量稳定发展

1. 出台政策

2023年出台了茶产业新政《松阳县创建"中国有机茶乡"扶持办法》对原有政策进行了迭代升级，内容涵盖做优茶基地、提升茶品质、做深茶加工、拓展茶营销、创新茶科技、弘扬茶文化六大方面。政策导向鲜明，鼓励发展生态、有机茶全面提升茶品质，助力擦亮"中国有机茶乡"金名片。

2. 品牌培育

近年来持续做强区域公用品牌，实现品牌兴茶、品牌富农。一是通过制定《松阳茶产业发展规划（2023—2030年）》，明确松阳茶叶品牌发展路径，科学规划品牌建设。聚焦"松阳茶""松阳银猴""松阳香茶"三大核心品牌，并在第16届茶商大会发布了"松阳茶叶品牌集群"架构图，全景展示松阳茶叶品牌发展布局。二是创新数字应用平台。为更好促进茶产业高质量发展，松阳县创新研发"松阳茶叶在线"应用，该应用集成茶种植、茶加工、茶交易、茶品牌等七大子场景，建立全景展示、全链监管、全程服务的茶产业数字化服务体系。依托"茶品牌"子场景，对松阳茶产业品牌宣传推介、授权管理、保护提升等方面，进行统一的可视化管理。

3. 茶园保险

2023年投保面积1444亩共有9户，保费19.56万元。2022年投保面积1211亩，保费15.89万元。参保依然沿用前几年的气象指数保险条款，对茶农的吸引力不大，茶农投保的积极性不高。

4. 加工提升

培育龙头企业，规范加工。加快茶叶初制加工厂规范化提升，鼓励企业构建"龙头企业+合作社（种植大户）"发展模式，打造品质可控生产基地，扶持一批规模较大、有一定市场份额和创新能力的茶企发展，推进优势企业做大做强。

2022—2023年中国茶叶价格指数之地方名茶价格指数——松阳绿茶见附图7，2022—2023年浙南茶叶市场交易量见附图8。

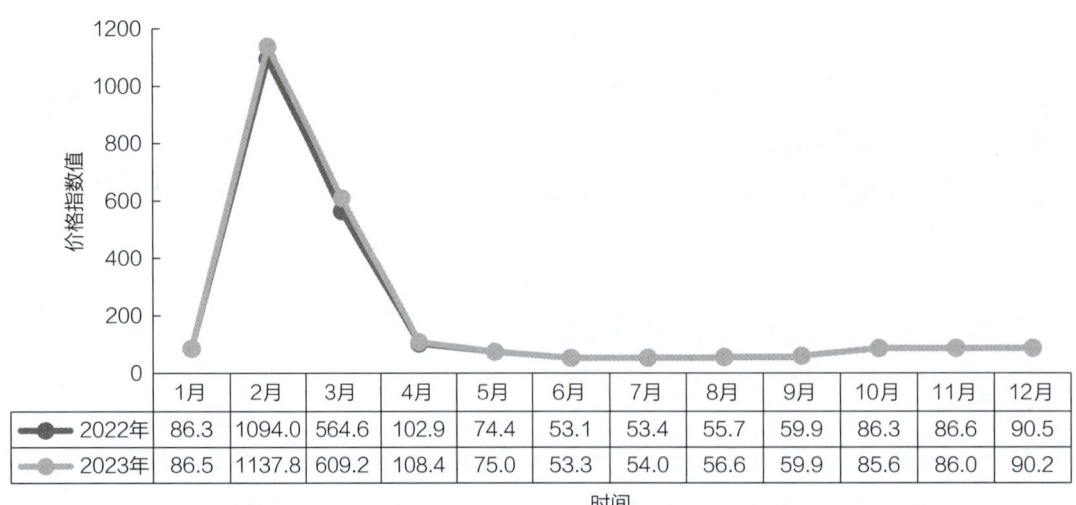

附图7　2022—2023年中国茶叶价格指数之地方名茶价格指数——松阳绿茶

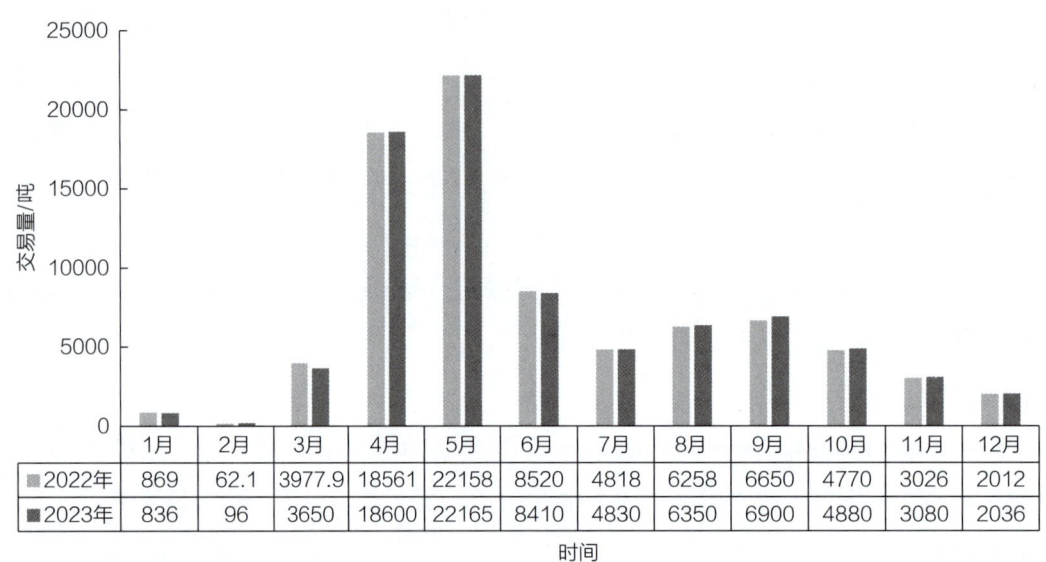

附图8　2022—2023年浙南茶叶市场交易量

（注："中国茶叶价格指数之地方名茶价格指数——松阳绿茶"编制单位为中国茶叶流通协会、松阳县人民政府、浙南茶叶市场。）

五、2023年信阳毛尖价格指数与行情总结

（一）2023年茶叶市场行情

2023年信阳毛尖市场交易量合计为262.11吨；交易额合计为916444.34万元；单价为3496.41元/千克（附表4）。

附表4　信阳毛尖（指数信息合作单位）市场交易情况汇总

月份	交易量/吨	交易额/万元	单价/（元/千克）
1	15.48	35195	2273.58
2	14.63	27664.3	1890.93
3	22.22	56316.59	2534.5
4	44.39	129126.95	2908.92
5	30.59	59321.35	1939.24
6	24.22	47804.95	1973.78
7	19.34	35638.97	1842.76
8	20.92	41261.14	1972.33
9	19.85	380525.05	1916.98
10	15.2	28706.42	1888.58
11	17.07	46096.68	2700.45
12	18.2	28786.94	1581.7
小计	262.11	916444.34	3496.41

（二）2023年茶叶市场销售形势分析

1．销量较去年同期相比略微下降

毛尖属于寒性，2023年又全面放开，消费者会更注意选购一些温性产品，导致总体销量略微下降。

2．价格与去年相比明显上涨

人工采茶成本增加。信阳毛尖中的明前茶、春茶口感较好。采摘茶叶时天气与温度还不算暖和，但大部分工人在1月、2月身体有所受伤，所以成本会增加。

3．信阳毛尖茶产销企业采取了积极的措施，确保今年茶叶销路畅通

（1）推行茶庄园取得良好效应　茶产业与旅游产业结合、庄园模式和茶文化特色小镇结合的新型发展模式，打造新型茶园的建设目标。依托信阳丰富的人文及自然生态资源性，一二三产业融合发展，以旅游产业带动茶叶销售，拓展茶叶销路。

（2）以举办每年一次的信阳茶文化节为平台，抓住"一带一路"倡议机遇，做大做强茶叶贸易，密切与"一带一路"沿线国家的出口贸易合作。

（3）举办河南省农产品与电商创新发展会议、信阳名优农特产品展示展销活动等。以"消费升级与业态创新""真心扶贫、爱心周末"为主题，设置案例分享、高峰论坛板块，得到产业内外专家学者和企业家的积极响应。

（三）2024年信阳毛尖茶销售预测

在信阳市政府的高度重视及采取的多元化积极管理措施保障下，预计2024年的茶叶产量将会大幅增长，茶叶质量将继续呈现上升趋势，预计均价仍可保持小幅增长。

（四）最新茶叶销售价格信息

临近春节，市场销售态势良好，消费档次以中低档茶为主，市场销售单价以800~1500元/千克较为畅销。

（五）2024年计划

一是贯彻绿色发展理念，继续抓好产业发展质量，推进当地种植区域优化调整，做专做强。二是继续做好品牌公共营销，以节会为节点，结合本区域品牌特色开展精准化营销活动。三是继续进行发展模式创新，用更加包容的心态鼓励各种经营模式的探索和尝试，鼓励企业结合市场进行产品机构的调整，结合本地资源禀赋探索三产融合模式。四是继续扶持与开展流通渠道创新，对产地批发市场进行提档升级，扶持龙头企业进行品牌旗舰形象店与零售系统升级改造，加大电商平台销售力度，线上、线下构建新型终端零售体系。

2022—2023年中国茶叶价格指数之地方名茶价格指数——信阳毛尖见附图9，2022—2023年信阳毛尖价格指数信息采集合作单位市场交易量见附图10。

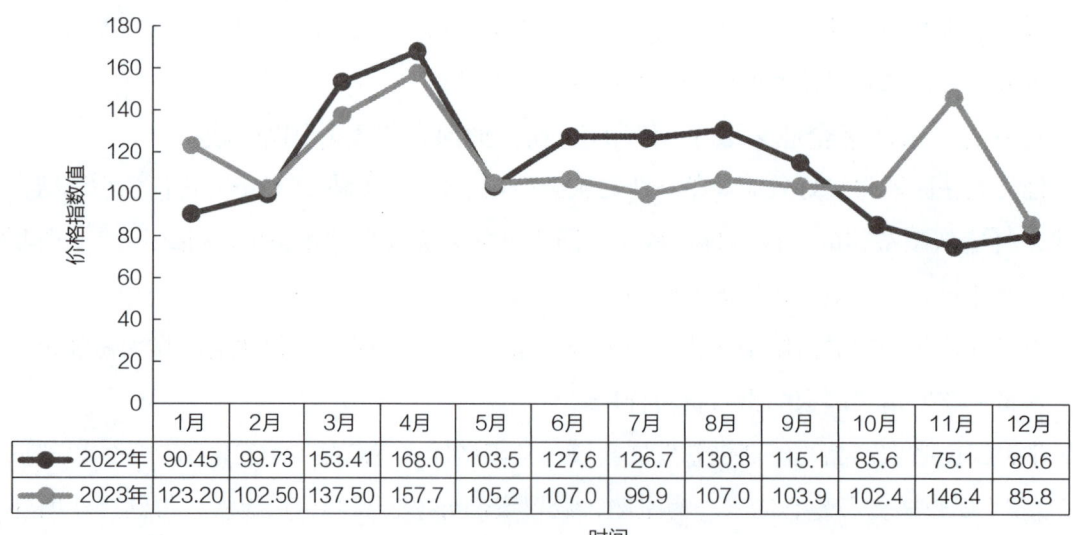

附图9　2022—2023年中国茶叶价格指数之地方名茶价格指数——信阳毛尖

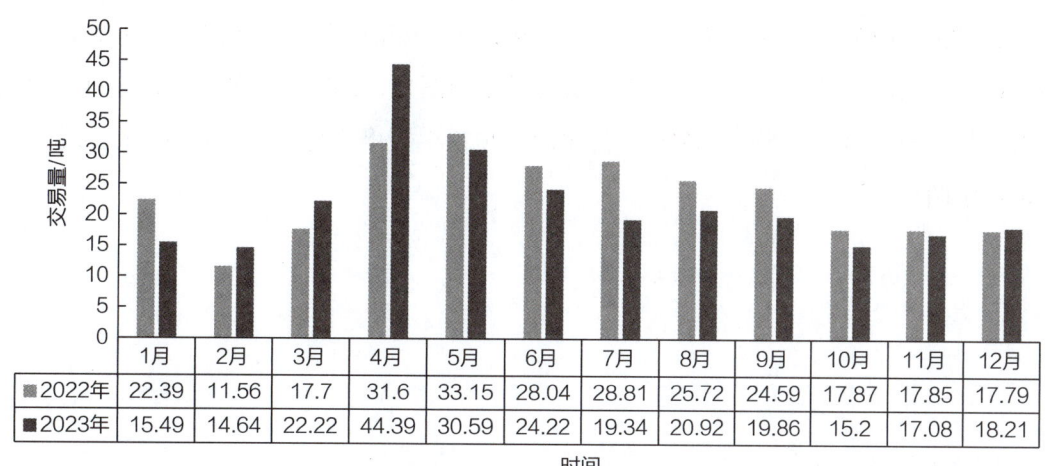

附图10　2022—2023年信阳毛尖价格指数信息采集合作单位市场交易量

（注："中国茶叶价格指数之地方名茶价格指数——信阳毛尖"编制单位为中国茶叶流通协会、信阳市茶叶流通协会、信阳国际茶城。）

六、2023年横州茉莉花、茉莉花茶价格指数与行情总结

（一）主要工作

（1）2023年，横州市生产茉莉花种植面积达到13.1万亩，鲜花产量达到10.3万吨，鲜花平均价格34元/千克，最高价达84元/千克创历史新高，茉莉鲜花产值达到35亿元。2022年茉莉花平均价格22.3元/千克。2023年对比2022年茉莉花产量有所浮动，原因是2023年年亩产量有所上升，新种茉莉花达到1万多亩，且茉莉花价格有所上升，故2023年产值比去年增多。

（2）2023年成功举办第五届世界茉莉花大极大地提高了横州市茉莉花（茶）的知名度和影响力，茉莉旅游文化得到进一步挖掘，茉莉花产业链得到进一步延伸。茉莉花（茶）价格指数的收集与发布，让更多的客商了解横州市茉莉花和茉莉花茶的市场行情，进而推动横州市茉莉品牌的推广。

（二）2024年工作思路

进一步完善与发展横州市茉莉花茶价格指数的收集、编制、发布，发挥价格指数的作用。一是继续建立与完善中国茉莉花茶价格指数分析系统，完善茉莉花价格和茉莉花茶价格的统计，建立完善的数据库。二是运用大数据分析，创新信息引领，打造"互联网+茉莉"。共同完成"互联网+"茉莉花平台搭建、调试及运营工作，进一步深化与阿里巴巴集团战略合作，推动茉莉花产业转型升级发展。三是与中国茶叶流通协会深入沟通和交流合作，为横州市茉莉花茶价格指数工作的开展指明方向。

2022—2023年中国茶叶价格指数之主要辅料价格指数——横州茉莉鲜花见附图11，2022—2023年横州茉莉鲜花价格指数信息采集合作单位市场交易量见附图12，2022—2023年中国茶叶价格指数之地方名茶价格指数——横州茉莉花茶见附图13，2022—2023年横州茉莉花茶价格指数信息采集合作单位市场交易量见附图14。

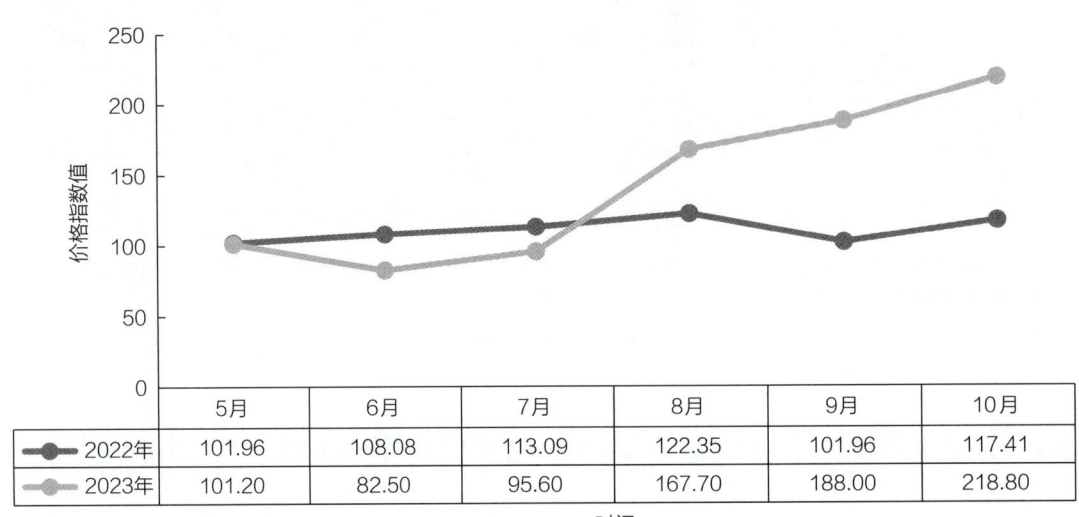

附图11　2022—2023年中国茶叶价格指数之主要辅料价格指数——横州茉莉鲜花

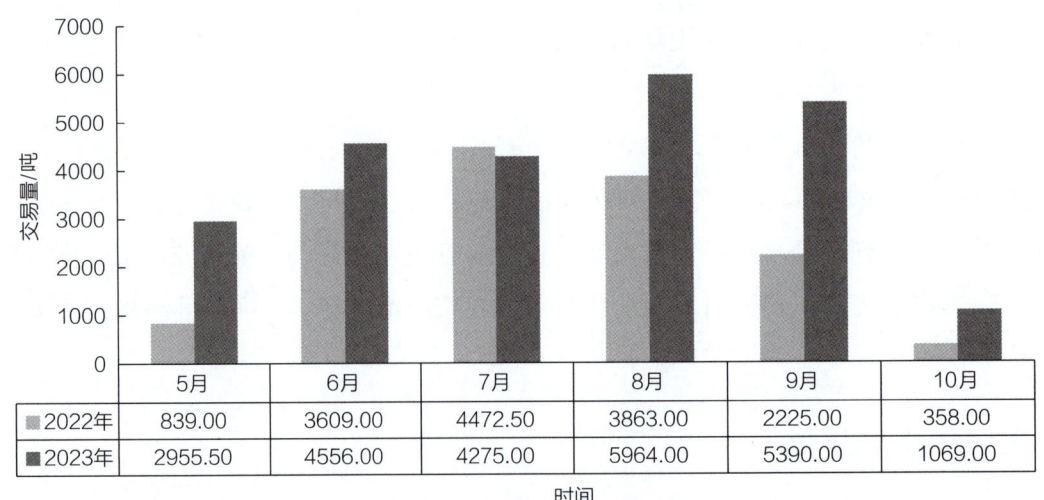

附图12　2022—2023年横州茉莉鲜花价格指数信息采集合作单位市场交易量

（注："中国茶叶价格指数之主要辅料价格指数——横州茉莉鲜花"编制单位为中国茶叶流通协会、横州市人民政府、横州西南茶城、中国茉莉小镇石井茉莉花交易市场。）

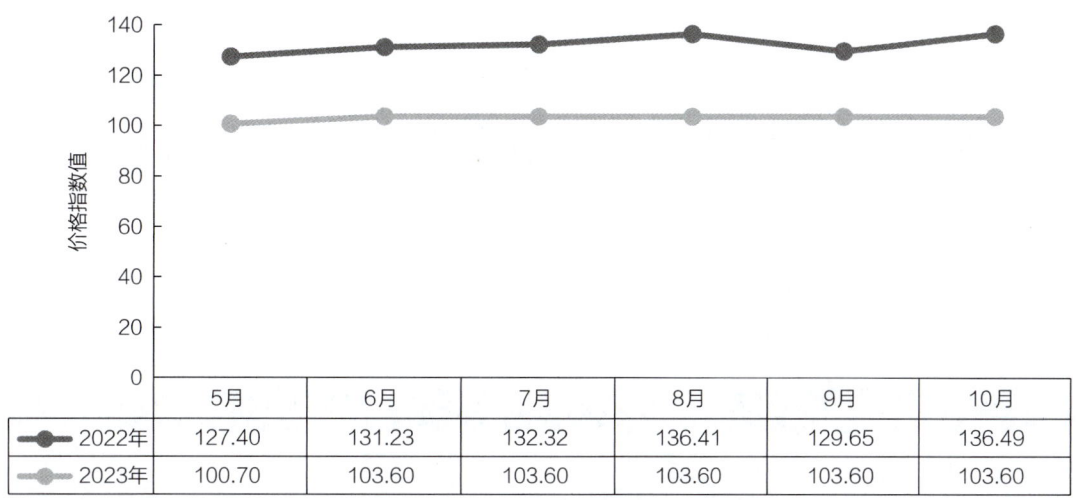

附图13　2022—2023年中国茶叶价格指数之地方名茶价格指数——横州茉莉花茶

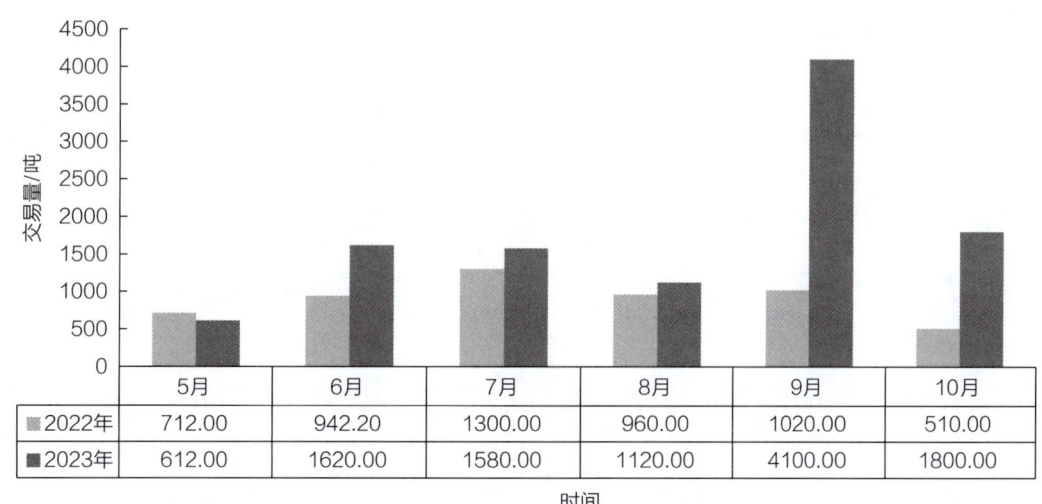

附图14　2022—2023年横州茉莉花茶价格指数信息采集合作单位市场交易量

（注："中国茶叶价格指数之地方名茶价格指数——横州茉莉花茶"编制单位为中国茶叶流通协会、横州市人民政府、横州西南茶城、中国茉莉小镇石井茉莉花交易市场。）

附录三 2023中国茶叶出口海关统计表

一、2023年中国茶叶出口量

序号	国家和地区	2023年出口量/千克	2022年出口量/千克	同比增长/%
1	摩洛哥	59831511	75439886	-20.69
2	加纳	35289670	24510533	43.98
3	乌兹别克斯坦	27228453	24941345	9.17
4	阿尔及利亚	20265540	11462439	76.80
5	塞内加尔	16677813	17156390	-2.79
6	毛里塔尼亚	15825529	12591611	25.68
7	俄罗斯	14759323	19717570	-25.15
8	马里	11956421	9249023	29.27
9	日本	10317711	9586293	7.63
10	喀麦隆	10173366	11172002	-8.94
11	贝宁	9821960	8532851	15.11
12	德国	9000736	10615668	-15.21
13	美国	8619472	13007590	-33.74
14	中国香港	8334141	12307277	-32.28
15	马来西亚	8208268	9265404	-11.41
……				
合计		266309914	269555882	-1.20

二、2023年中国茶叶出口额

序号	国家和地区	2023年出口额/美元	2022年出口额/美元	同比增长/%
1	中国香港	220235331	398819964	-44.78
2	马来西亚	208793390	284711732	-26.66
3	摩洛哥	190075842	239498166	-20.64
4	越南	141710820	104773339	35.25
5	加纳	70858046	47405414	49.47
6	美国	69139040	68756775	0.56
7	塞内加尔	67161799	55948742	20.04

续表

序号	国家和地区	2023年出口额/美元	2022年出口额/美元	同比增长/%
8	毛里塔尼亚	64561272	109689874	-41.14
9	乌兹别克斯坦	56125566	69202115	-18.90
10	俄罗斯	54195576	51732281	4.76
11	德国	52545803	45011877	16.74
12	阿尔及利亚	52101337	55242575	-5.69
13	日本	50320939	42185976	19.28
14	泰国	35769773	47407392	-24.55
15	马里	33773437	43573780	-22.49
……				
	合计	1367367971	1663960002	-17.82

三、2023年中国茶叶出口量、出口额、出口均价

茶类	出口量/吨	同比增长/%	出口额/亿美元	同比增长/%	出口均价/（美元/千克）	同比增长/%
茉莉花茶	6210.55	-4.56	0.50	-9.83	8.13	-6.54
其他花茶	245.20	/	0.04	/	16.12	/
绿茶	309389.54	-1.44	11.80	-15.32	3.82	-13.28
乌龙茶	19925.58	2.99	2.07	-19.86	10.38	-22.56
普洱茶	1719.01	-10.29	0.13	-55.82	7.71	-51.51
红茶	29044.19	-12.62	2.67	-21.69	9.19	-10.73
黑茶	427.29	21.81	0.03	-6.34	5.92	-24.12
白茶	580.74	/	0.15	/	25.24	/
合计	367542.11	-2.06	17.39	-16.50	4.73	-14.74

（注：其他花茶、白茶为2023年新增统计类别，故无同比增长数据。）

四、2023年中国红茶出口海关统计前20位（分国家和地区）

序号	国家和地区	出口量/千克	序号	国家和地区	出口额/美元
1	美国	3783116	1	马来西亚	88414750
2	巴基斯坦	3698734	2	中国香港	70259574
3	马来西亚	3437596	3	越南	20905049
4	俄罗斯	3220159	4	俄罗斯	19600086
5	中国香港	3183130	5	美国	13769849
6	波兰	2357742	6	德国	6771652

续表

序号	国家和地区	出口量/千克	序号	国家和地区	出口额/美元
7	德国	1873536	7	波兰	5050371
8	泰国	1281246	8	日本	4444067
9	哈萨克斯坦	1066330	9	阿联酋	4095802
10	越南	777742	10	印度尼西亚	3525729
11	英国	713769	11	泰国	3512041
12	蒙古	493861	12	巴基斯坦	3266421
13	缅甸	483450	13	英国	3248865
14	法国	419923	14	吉尔吉斯斯坦	2343569
15	日本	291488	15	法国	2032005
16	印度尼西亚	287611	16	哈萨克斯坦	1737662
17	乌兹别克斯坦	225994	17	缅甸	1463182
18	中国澳门	158529	18	澳大利亚	1364237
19	加拿大	127091	19	新加坡	1255003
20	阿联酋	115568	20	加拿大	998152

五、2023年中国茉莉花茶出口海关统计前20位（分国家和地区）

序号	国家和地区	出口量/千克	序号	国家和地区	出口额/美元
1	日本	1933073	1	日本	13905463
2	美国	686944	2	美国	9009897
3	越南	492256	3	越南	3732754
4	俄罗斯	435448	4	中国香港	3214614
5	中国香港	378104	5	德国	2312810
6	印度尼西亚	233042	6	印度尼西亚	2251280
7	新加坡	226033	7	俄罗斯	1528953
8	塞内加尔	208558	8	塞内加尔	1515709
9	德国	182791	9	马来西亚	1478400
10	加纳	176400	10	新加坡	1262927
11	马来西亚	139632	11	加拿大	988710
12	荷兰	138157	12	加纳	986217
13	几内亚	104660	13	法国	940235
14	加拿大	75577	14	荷兰	872611
15	墨西哥	74702	15	几内亚	708280
16	法国	74238	16	墨西哥	707897
17	多哥	70277	17	澳大利亚	628499

续表

序号	国家和地区	出口量/千克	序号	国家和地区	出口额/美元
18	斯里兰卡	69413	18	英国	443898
19	阿联酋	66712	19	多哥	430515
20	澳大利亚	50950	20	比利时	427383

六、2023年中国其他花茶出口海关统计前20位（分国家和地区）

序号	国家和地区	出口量/千克	序号	国家和地区	出口额/美元
1	中国香港	114988	1	中国香港	2836631
2	法国	38400	2	美国	267915
3	斯里兰卡	17000	3	法国	169645
4	美国	15762	4	日本	155137
5	日本	15627	5	斯里兰卡	93500
6	俄罗斯	9305	6	俄罗斯	80063
7	澳大利亚	7614	7	澳大利亚	78358
8	马来西亚	7402	8	德国	53114
9	德国	5739	9	马来西亚	49308
10	泰国	3968	10	英国	41024
11	英国	2411	11	泰国	28587
12	乌兹别克斯坦	2100	12	南非	20790
13	荷兰	1279	13	荷兰	19510
14	秘鲁	1040	14	委内瑞拉	13830
15	中国澳门	840	15	秘鲁	12570
16	南非	630	16	加拿大	11046
17	委内瑞拉	360	17	乌兹别克斯坦	10731
18	加拿大	313	18	中国澳门	4751
19	芬兰	220	19	芬兰	2432
20	新加坡	120	20	葡萄牙	1571

七、2023年中国绿茶出口海关统计前20位（分国家和地区）

序号	国家和地区	出口量/千克	序号	国家和地区	出口额/美元
1	摩洛哥	59825283	1	摩洛哥	190024118
2	加纳	35113270	2	加纳	140724603
3	乌兹别克斯坦	26971761	3	阿尔及利亚	70783536

续表

序号	国家和地区	出口量/千克	序号	国家和地区	出口额/美元
4	阿尔及利亚	20232720	4	塞内加尔	67522793
5	塞内加尔	16434381	5	毛里塔尼亚	67161799
6	毛里塔尼亚	15825529	6	中国香港	63945985
7	马里	11941845	7	马来西亚	53407662
8	喀麦隆	10173366	8	乌兹别克斯坦	51326612
9	贝宁	9821960	9	马里	50202625
10	俄罗斯	9039146	10	贝宁	31182580
11	冈比亚	8048163	11	冈比亚	29529465
12	尼日尔	6767787	12	越南	27816132
13	德国	6493220	13	美国	26715152
14	利比亚	6029329	14	利比亚	26436207
15	多哥	5551258	15	俄罗斯	23691365
16	泰国	3874023	16	德国	23070175
17	乍得	3729255	17	多哥	21723622
18	美国	3577012	18	喀麦隆	18333810
19	几内亚	3424120	19	法国	15811058
20	法国	3156066	20	尼日尔	14940463

八、2023年中国普洱茶出口海关统计前20位（分国家和地区）

序号	国家和地区	出口量/千克	序号	国家和地区	出口额/美元
1	日本	345139	1	越南	1860000
2	马来西亚	285516	2	中国香港	1829749
3	德国	195565	3	马来西亚	1710386
4	波兰	186069	4	德国	1302664
5	中国香港	147681	5	日本	1214755
6	中国澳门	146317	6	法国	887479
7	俄罗斯	74275	7	韩国	778465
8	法国	49573	8	俄罗斯	621432
9	越南	48000	9	中国澳门	574838
10	美国	35728	10	波兰	518900
11	中国台湾	34180	11	美国	497738
12	韩国	32606	12	加拿大	252856
13	荷兰	26050	13	中国台湾	189889

续表

序号	国家和地区	出口量/千克	序号	国家和地区	出口额/美元
14	阿根廷	20000	14	新加坡	185559
15	新加坡	12548	15	荷兰	143862
16	加拿大	12320	16	澳大利亚	102275
17	乌克兰	10634	17	乌克兰	97997
18	澳大利亚	7740	18	立陶宛	62902
19	立陶宛	6658	19	阿根廷	56840
20	斯里兰卡	6490	20	斯里兰卡	54674

九、2023年中国乌龙茶出口海关统计前20位（分国家和地区）

序号	国家和地区	出口量/千克	序号	国家和地区	出口额/美元
1	日本	7011933	1	中国香港	73913450
2	马来西亚	2119956	2	马来西亚	54955705
3	泰国	2074787	3	日本	24044153
4	俄罗斯	1980447	4	泰国	22136054
5	中国香港	1817768	5	越南	10081266
6	菲律宾	1740670	6	俄罗斯	8669445
7	越南	1597347	7	美国	4877683
8	美国	453347	8	新加坡	1863365
9	新加坡	169124	9	德国	1411432
10	荷兰	165497	10	印度尼西亚	744474
11	德国	153793	11	加拿大	537839
12	尼日利亚	90483	12	墨西哥	492401
13	斯里兰卡	83297	13	澳大利亚	482286
14	莫桑比克	58758	14	荷兰	389918
15	墨西哥	47939	15	法国	340472
16	波兰	46651	16	斯里兰卡	271240
17	加拿大	45831	17	韩国	266818
18	印度尼西亚	38082	18	菲律宾	175730
19	韩国	30215	19	波兰	169563
20	澳大利亚	29105	20	中国澳门	165510

十、2023年中国黑茶出口海关统计前10位（分国家和地区）

序号	国家和地区	出口量/千克	序号	国家和地区	出口额/美元
1	中国香港	193789	1	马来西亚	1444339
2	蒙古	105016	2	中国香港	670595
3	马来西亚	73261	3	蒙古	117975
4	尼泊尔	28824	4	美国	72170
5	中国台湾	7293	5	韩国	38861
6	美国	4729	6	尼泊尔	37438
7	德国	3300	7	日本	31384
8	韩国	3124	8	新加坡	25346
9	新加坡	2250	9	中国台湾	22727
10	智利	1358	10	朝鲜	16482

十一、2023年中国白茶出口海关统计前20位（分国家和地区）

序号	国家和地区	出口量/千克	序号	国家和地区	出口额/美元
1	马来西亚	161406	1	马来西亚	7332840
2	中国香港	115545	2	中国香港	3564733
3	德国	92792	3	美国	915162
4	美国	62834	4	德国	837361
5	英国	47060	5	加拿大	359304
6	波兰	23578	6	阿联酋	280460
7	塞内加尔	13767	7	捷克	229324
8	阿联酋	12334	8	越南	166071
9	加拿大	10370	9	英国	164770
10	中国澳门	9932	10	中国澳门	103429
11	斯里兰卡	5194	11	塞内加尔	98285
12	荷兰	4453	12	波兰	81569
13	土耳其	3881	13	斯里兰卡	75771
14	越南	2955	14	荷兰	70594
15	捷克	2843	15	新加坡	51755
16	新加坡	1686	16	土耳其	40170
17	比利时	1371	17	泰国	39713
18	新西兰	1202	18	澳大利亚	38736
19	澳大利亚	938	19	法国	31296
20	法国	902	20	日本	30890

附录四 2023中国茶叶行业调查结果

一、重点产茶县域

贵州省湄潭县	贵州省都匀市
福建省安溪县	湖北省宜昌市夷陵区
云南省勐海县	山东省日照市岚山区
湖南省安化县	江西省婺源县
河南省信阳市浉河区	湖南省桃源县
湖北省赤壁市	四川省洪雅县
广西壮族自治区横州市	河南省商城县
浙江省松阳县	贵州省印江土家族苗族自治县
广东省英德市	云南省昌宁县
福建省福鼎市	陕西省紫阳县
福建省武夷山市	湖北省宜都市
四川省峨眉山市	四川省雅安市雨城区
浙江省新昌县	安徽省金寨县
贵州省凤冈县	河南省固始县
云南省凤庆县	陕西省西乡县
湖南省长沙县	浙江省武义县
江西省遂川县	四川省筠连县
安徽省祁门县	安徽省霍山县
湖北省五峰土家族自治县	广西壮族自治区苍梧县
四川省雅安市名山区	云南省临沧市临翔区
福建省福安市	贵州省黎平县
江西省浮梁县	湖北省利川市
湖北省恩施市	陕西省宁强县
广西壮族自治区三江侗族自治县	湖南省石门县
福建省政和县	云南省云县
四川省泸州市纳溪区	云南省景谷傣族彝族自治县
安徽省歙县	陕西省泾阳县
四川省夹江县	贵州省正安县
云南省双江拉祜族佤族布朗族傣族自治县	陕西省平利县
湖北省英山县	贵州省余庆县

续表

湖北省鹤峰县	福建省周宁县
贵州省石阡县	云南省景东彝族自治县
福建省松溪县	浙江省诸暨市
云南省永德县	云南省南涧彝族自治县
河南省光山县	贵州省思南县
湖南省沅陵县	安徽省黄山市黄山区
江苏省苏州市吴中区	云南省沧源佤族自治县
广西壮族自治区昭平县	四川省平昌县
云南省腾冲市	河南省潢川县
湖北省谷城县	山东省日照市东港区
四川省宜宾市翠屏区	陕西省镇巴县
河南省罗山县	浙江省嵊州市
湖北省保康县	贵州省松桃苗族自治县
江苏省溧阳市	安徽省舒城县
安徽省岳西县	河南省新县
湖北省咸宁市咸安区	浙江省淳安县
湖北省宣恩县	湖南省新化县
浙江省磐安县	安徽省黟县
贵州省普安县	陕西省商南县
湖南省保靖县	福建省华安县
江西省庐山市	云南省宁洱哈尼族彝族自治县
湖南省吉首市	贵州省金沙县
安徽省黄山市徽州区	湖南省平江县
安徽省潜山市	贵州省丹寨县
湖南省古丈县	贵州省晴隆县
湖北省巴东县	湖北省咸丰县
湖南省张家界市永定区	云南省镇康县
福建省柘荣县	贵州省瓮安县
福建省宁德市蕉城区	湖南省桂东县
安徽省休宁县	浙江省建德市
湖北省竹山县	江西省铜鼓县
四川省旺苍县	湖南省桑植县
福建省漳平市	云南省芒市
福建省寿宁县	浙江省宁海县
江西省上犹县	云南省耿马傣族佤族自治县
贵州省安顺市西秀区	湖北省长阳土家族自治县

续表

陕西省安康市汉滨区	四川省荥经县
湖南省江华瑶族自治县	湖北省来凤县
江西省武宁县	浙江省天台县
广西壮族自治区灵山县	浙江省泰顺县
贵州省道真仡佬族苗族自治县	广东省紫金县
四川省南江县	江西省九江市濂溪区
贵州省沿河土家族自治县	江西省铅山县
湖南省汝城县	云南省西盟佤族自治县
陕西省白河县	浙江省文成县

二、重点茶企

中国茶叶股份有限公司	云南双江勐库茶叶有限责任公司
湖南省茶业集团股份有限公司	湖南省白沙溪茶厂股份有限公司
华茗园国际集团有限公司	福建武夷山国家级自然保护区正山茶业有限公司
八马茶业股份有限公司	安徽省祁门红茶发展有限公司
天福（开曼）控股有限公司	广西梧州茶厂有限公司
华祥苑茶业股份有限公司	谢裕大茶叶股份有限公司
福建品品香茶业有限公司	福建鼎白茶业有限公司
四川省峨眉山竹叶青茶业有限公司	云南下关沱茶（集团）股份有限公司
北京张一元茶叶有限责任公司	河南新林茶业股份有限公司
湖南华莱生物科技有限公司	浙江振通宏茶业有限公司
四川省茶业集团股份有限公司	福建新坦洋集团股份有限公司
北京吴裕泰茶业股份有限公司	广州茶里集团有限公司
萧氏茶业集团有限公司	云南白药天颐茶品有限公司
福建春伦集团有限公司	勐海陈升茶业有限公司
武夷星茶业有限公司	闽榕茶业有限公司
日春股份公司	广东茶叶进出口有限公司
湘丰茶业集团有限公司	益阳茶厂有限公司
勐海雨林古茶坊茶叶有限责任公司	普洱澜沧古茶股份有限公司
安徽省六安瓜片茶业股份有限公司	福建省中闽华源茶业有限公司
湖北省茶业集团股份有限公司	湖北省赵李桥茶厂有限责任公司
杭州艺福堂茶业有限公司	昆明七彩云南庆沣祥茶业股份有限公司
福建省天湖茶业有限公司	福建瑞达茶业有限公司
羊楼洞茶业股份有限公司	信阳市文新茶叶有限责任公司
湖北采花茶业有限公司	鑫鼎生物科技有限公司

续表

陕西苍山秦茶集团有限公司	遵义茶业（集团）有限公司
云南六大茶山茶业股份有限公司	福建省大沁茶业有限公司
江门丽宫国际食品股份有限公司	海南省农垦五指山茶业集团股份有限公司
湖北宜红茶业有限公司	武夷山香江茶业有限公司
黄山市猴坑茶业有限公司	宁强县千山茶业有限公司
黄山王光熙松萝茶业股份公司	湖北三品源茶业科技开发有限公司
厦门山国饮艺茶业有限公司	熹茗集团有限公司
福建省裕荣香茶业有限公司	北京市武夷山老记茶业有限责任公司
贵州阳春白雪茶业有限公司	湖北玉皇剑茶业有限公司
天方茶业股份有限公司	苏州东山茶厂股份有限公司
上海帝芙特国际茶业市场经营管理有限公司	天目云露茶业有限公司
福州福民茶叶有限公司	黄山光明茶业有限公司
广东日川供应链管理有限公司	仙居县茶叶实业有限公司
四川省文君茶业有限公司	紫阳山水生态茶厂
河南九华山茶业有限公司	四川蜀茶实业集团有限公司
湖北汉家刘氏茶业股份有限公司	恒福茶文化股份有限公司
腾冲市高黎贡山生态茶业有限责任公司	信阳申林茶业开发有限公司
安徽国润茶业有限公司	黄山锦绣农业科技有限公司
黄山市新安源有机茶开发有限公司	河南赛山悟道生态茶业科技有限公司
福建誉达茶业有限公司	深圳市中吉号茶业股份有限公司
江西省宁红集团有限公司	保康茶业集团有限公司
北京二商京华茶业有限公司	福建省莲峰茶业有限公司
汉中山花茶业有限公司	霍山汉唐清茗茶叶有限公司
浙江诚茂控股集团有限公司	横县南方茶厂
济南博茗茶叶市场	河南省妙高茶业有限公司
福建康来颜茶业有限公司	英德积庆里茶业有限公司
重庆市二圣茶业有限公司	四川省百岳茶业有限公司
广西梧州茂圣茶业有限公司	江西省武夷源茶业股份有限公司
福建顺茗道茶业有限公司	河南其鹏茶业有限公司
云南昌宁红茶业集团有限公司	四川米仓山茶业集团有限公司
苏州三万昌茶叶有限公司	湖南省九狮寨高山茶业有限责任公司
河南仰天雪绿茶叶有限公司	湖北省鹤峰鑫农茶业有限公司

续表

陕西鹏翔茶业股份有限公司	湖南省明伦茶业有限公司
四川蒙顶山味独珍茶业有限公司	安康闽秦茶业股份有限公司
广东省大埔县西岩茶叶集团有限公司	河南青峰云雾茶业有限公司
恩施市润邦国际富硒茶业有限公司	湖北省青翠源茶业有限公司
梧州市天誉茶业有限公司	重庆长城茶业有限责任公司
湖南资兴东江狗脑贡茶业有限公司	黄山一品有机茶业有限公司
广东凯达茶业股份有限公司	鹤峰县三农茶业有限公司
竹山茶业集团有限公司	江西御华轩实业有限公司
湖南乾坤生物科技有限公司	福建省广福茶业有限责任公司
江西犹江绿月嘉木文化发展有限公司	广东英九庄园绿色产业发展有限公司
云南龙生茶业股份有限公司	安徽省华国茗人农业有限公司
罗山县春毛农业开发有限公司	利川星斗山红茶有限责任公司
安徽省金寨县金龙玉珠茶业有限公司	安徽兰花茶业有限公司
随州神农茶业有限公司	湖南百尼茶庵茶业有限公司
普洱茶投资（集团）有限公司	贵州金沙贡茶茶业有限公司
湖南龙灿生态农业股份有限公司	福建福鼎东南白茶进出口有限公司
罗山县亿峰生态林业开发有限责任公司	云南天士力帝泊洱生物茶集团有限公司
宣恩县伍台昌臣茶业有限公司	贵州琦福苑茶业有限公司
南郑县汉山茶业有限公司	湖北龙峡茶业集团有限公司

三、三茶统筹融合发展县域

贵州省湄潭县
福建省安溪县
云南省勐海县
湖南省安化县
河南省信阳市浉河区
湖北省赤壁市
广西壮族自治区横州市
浙江省松阳县
广东省英德市
福建省福鼎市

四、茶业投资价值新锐县域

江苏省溧阳市
福建省柘荣县
福建省松溪县
江西省庐山市
河南省商城县
湖北省巴东县
湖南省张家界市永定区
广西壮族自治区苍梧县
四川省旺苍县
云南省昌宁县

五、茶业高质量发展县域

浙江省武义县
安徽省潜山市
福建省政和县
福建省福安市
江西省上犹县
湖南省保靖县
四川省宜宾市翠屏区
贵州省普安县
云南省南涧彝族自治县
陕西省宁强县

六、茶业乡村振兴发展县域

江苏省苏州市吴中区
浙江省新昌县
安徽省黄山市徽州区
福建省武夷山市
江西省遂川县
湖北省五峰土家族自治县
广西壮族自治区三江侗族自治县
贵州省都匀市
云南省凤庆县
陕西省泾阳县

七、茶业创新发展县域

浙江省诸暨市
安徽省歙县
江西省浮梁县
山东省日照市岚山区
河南省罗山县
湖南省古丈县
四川省筠连县
云南省临沧市临翔区
贵州省安顺市西秀区
贵州省凤冈县

八、综合实力引领茶企

中国茶叶股份有限公司
湖南省茶业集团股份有限公司
华茗园国际集团有限公司
八马茶业股份有限公司
天福（開曼）控股有限公司
华祥苑茶业股份有限公司
福建品品香茶业有限公司
四川省峨眉山竹叶青茶业有限公司
北京张一元茶叶有限责任公司
湖南华莱生物科技有限公司

九、社会责任茶企

四川省茶业集团股份有限公司
北京吴裕泰茶业股份有限公司
萧氏茶业集团有限公司
福建春伦集团有限公司
武夷星茶业有限公司
日春股份公司
湘丰茶业集团有限公司
勐海雨林古茶坊茶叶有限责任公司
安徽省六安瓜片茶业股份有限公司
湖北省茶业集团股份有限公司

十、市场营销引领茶企

杭州艺福堂茶业有限公司
福州市帮利茶业有限责任公司
羊楼洞茶业股份有限公司
湖北采花茶业有限公司
云南双江勐库茶叶有限责任公司
湖南省白沙溪茶厂股份有限公司
福建武夷山国家级自然保护区正山茶业有限公司
安徽省祁门红茶发展有限公司
广西梧州茶厂有限公司
谢裕大茶叶股份有限公司

十一、绿色发展茶企

北京市武夷山老记茶业有限责任公司
苏州三万昌茶叶有限公司
黄山王光熙松萝茶业股份公司
黄山市猴坑茶业有限公司
信阳市文新茶叶有限责任公司
湖北省赵李桥茶厂有限责任公司
贵州阳春白雪茶业有限公司
昆明七彩云南庆沣祥茶业股份有限公司
云南六大茶山茶业股份有限公司
宁强县千山茶业有限公司

十二、创新融合茶企

苏州东山茶厂股份有限公司
天目云露茶业有限公司
仙居县茶叶实业有限公司
厦门山国饮艺茶业有限公司
武夷山香江茶业有限公司
江门丽宫国际食品股份有限公司
广州茶里集团有限公司
广东日川供应链管理有限公司
海南省农垦五指山茶业集团股份有限公司
汉中山花茶业有限公司

十三、数字化发展茶企

浙江振通宏茶业有限公司
福建新坦洋集团股份有限公司
福建鼎白茶业有限公司
闽榕茶业有限公司
河南新林茶业股份有限公司
广东茶叶进出口有限公司
云南下关沱茶（集团）股份有限公司
云南白药天颐茶品有限公司
勐海陈升茶业有限公司
陕西苍山秦茶集团有限公司

附录五 2023—2024（7月）中国茶类相关标准汇总

一、国家标准和行业标准

标准类型	序号	标准号	标准名称	发布机构或行业领域	发布日期	实施日期	替代标准
国家标准	1	GB 1886.378—2024	食品安全国家标准 食品添加剂 茶黄素	国家市场监督管理总局，国家卫生健康委员会	2024/2/8	2024/8/8	
国家标准	2	GB 31608—2023	食品安全国家标准 茶叶	国家市场监督管理总局，国家卫生健康委员会	2023/9/6	2024/9/6	
国家标准	3	GB/T 25436—2023	茶叶滤纸	国家市场监督管理总局，国家标准化管理委员会	2023/9/7	2024/4/1	GB/T 25436—2010《热封型茶叶滤纸》 GB/T 28121—2011《非热封型茶叶滤纸》
行业标准	4	GH/T 1454—2024	金花白茶	供销合作	2024/3/22	2024/9/1	
行业标准	5	GH/T 1453—2024	脱咖啡碱茶	供销合作	2024/3/22	2024/9/1	
行业标准	6	GH/T 1450—2024	电子商务交易产品追溯信息编码与标识规范 茶叶	供销合作	2024/3/22	2024/9/1	
行业标准	7	GH/T 1449—2024	电子商务交易产品质量抽检规范 茶叶	供销合作	2024/3/22	2024/9/1	
行业标准	8	GH/T 1448—2024	雅安藏茶原料要求	供销合作	2024/3/22	2024/9/1	
行业标准	9	GH/T 1120—2024	雅安藏茶	供销合作	2024/3/22	2024/9/1	GH/T 1120—2015《雅安藏茶》
行业标准	10	GH/T 1445—2023	桐柏玉叶茶	供销合作	2023/12/20	2024/6/1	
行业标准	11	GH/T 1436—2023	广元黄叶茶	供销合作	2023/9/13	2024/3/1	
行业标准	12	GH/T 1425—2023	平水日铸茶	供销合作	2023/9/13	2024/3/1	
行业标准	13	GH/T 1424—2023	天柱剑毫茶	供销合作	2023/9/13	2024/3/1	
行业标准	14	JB/T 14653—2023	茶叶压扁机	机械	2023/5/22	2023/11/1	

二、地方标准

序号	标准号	标准名称	发布地区	发布日期	实施日期
1	DB6109/T 293.1—2023	安康富硒茶 第1部分：产地环境条件	陕西省安康市	2023/03/11	2023/04/01
2	DB6109/T 293.2—2023	安康富硒茶 第2部分：茶树栽培管理技术规范	陕西省安康市	2023/03/11	2023/04/01
3	DB6109/T 293.3—2023	安康富硒茶 第3部分：茶园绿色防控技术规范	陕西省安康市	2023/03/11	2023/04/01
4	DB6109/T 293.4—2023	安康富硒茶 第4部分：加工技术规范	陕西省安康市	2023/03/11	2023/04/01
5	DB6109/T 293.5—2023	安康富硒茶 第5部分：安康富硒绿茶	陕西省安康市	2023/03/11	2023/04/01
6	DB6109/T 293.6—2023	安康富硒茶 第6部分：安康富硒红茶	陕西省安康市	2023/03/11	2023/04/01
7	DB6109/T 293.7—2023	安康富硒茶 第7部分：安康富硒白茶	陕西省安康市	2023/03/11	2023/04/01
8	DB3311/T 240—2023	地理标志产品 松阳茶	浙江省丽水市	2023/03/15	2023/04/15
9	DB3311/T 241—2023	地理标志产品 惠明茶	浙江省丽水市	2023/03/15	2023/04/15
10	DB45/T 2653—2023	桑叶红茶加工技术规程	广西壮族自治区	2023/04/28	2023/06/30
11	DB45/T 2685—2023	青钱柳茶加工技术规程	广西壮族自治区	2023/05/30	2023/08/30
12	DB45/T 2691—2023	广西野生红茶感官审评规范	广西壮族自治区	2023/05/30	2023/08/30
13	DB3211/T 1056—2023	翠眉茶手工炒制技术规程	江苏省镇江市	2023/06/12	2023/07/01
14	DB33/T 1298—2023	绿茶连续自动化加工设备配置规范	浙江省	2023/06/21	2023/07/21
15	DB36/T 1794—2023	工夫红茶加工技术规程	江西省	2023/07/01	2024/01/01
16	DB53/T 856—2023	地理标志产品 昌宁红茶	云南省	2023/07/10	2023/10/10
17	DB50/T 1446—2023	茶园环境信息智能采集技术规程	重庆市	2023/07/10	2023/10/10
18	DB50/T 1447—2023	茶鲜叶图像智能估产指南	重庆市	2023/07/10	2023/10/10
19	DB50/T 1448—2023	茶园病虫害图像智能识别指南	重庆市	2023/07/10	2023/10/10
20	DB50/T 1449—2023	茶园土壤有机质高光谱检测技术规程	重庆市	2023/07/10	2023/10/10
21	DB32/T 4520—2023	穴盘茶苗建园栽培技术规程	江苏省	2023/07/25	2023/08/25
22	DB5119/T 12—2023	巴中云顶优质绿茶加工技术规范	四川省巴中市	2023/07/28	2023/07/28
23	DB34/T 4486—2023	茶园绿肥种植利用技术规程	安徽省	2023/07/31	2023/08/31
24	DB34/T 4529—2023	地理标志产品 含眉绿茶	安徽省	2023/07/31	2023/08/31
25	DB37/T 4636—2023	北方茶树冻害气象监测指标	山东省	2023/08/03	2023/09/03
26	DB41/T 1160—2023	茶树主要病虫害测报调查与绿色防控技术规程	河南省	2023/08/07	2023/11/06
27	DB41/T 1395—2023	无性系良种茶树栽培技术规程	河南省	2023/08/07	2023/11/06
28	DB45/T 909—2023	地理标志产品 防城金花茶	广西壮族自治区	2023/08/10	2023/09/30
29	DB42/T 1818.4—2023	茶树主要病虫害测报调查技术规范 第4部分：茶饼病	湖北省	2023/08/14	2023/10/14
30	DB43/T 2690.1—2023	茶文化旅游区 第1部分：项目可行性评价	湖南省	2023/08/22	2023/11/22
31	DB43/T 2690.2—2023	茶文化旅游区 第2部分：建设要求	湖南省	2023/08/22	2023/11/22
32	DB43/T 2690.3—2023	茶文化旅游区 第3部分：管理与服务	湖南省	2023/08/22	2023/11/22

续表

序号	标准号	标准名称	发布地区	发布日期	实施日期
33	DB43/T 2709—2023	桑植白茶栽培技术规程	湖南省	2023/08/22	2023/11/22
34	DB5308/T 69—2023	大茶树移植技术规程	云南省普洱市	2023/08/29	2023/09/29
35	DB3505/T 4—2023	乌龙茶加工机械化设计规范 第1部分：采摘机械	福建省泉州市	2023/08/31	2023/11/30
36	DB3509/T 010—2023	柘荣高山白茶加工技术规范	福建省宁德市	2023/09/15	2023/12/15
37	DB3509/T 011—2023	福鼎白茶生产企业质量信用评价规范	福建省宁德市	2023/09/15	2023/12/15
38	DB3509/T 014—2023	福鼎桑叶白茶加工技术规程	福建省宁德市	2023/09/15	2023/12/15
39	DB36/T 1853—2023	平卧菊三七茶加工技术规程	江西省	2023/09/18	2024/03/01
40	DB43/T 2762—2023	茶饮品加工技术规范	湖南省	2023/09/27	2023/12/27
41	DB53/T 1202—2023	咖啡果皮茶加工技术规程	云南省	2023/10/07	2024/01/07
42	DB6110/T 034—2023	茶园绿盲蝽监测及综合防治技术规程	陕西省商洛市	2023/10/07	2023/11/06
43	DB34/T 4589—2023	茶树快速育苗技术规程	安徽省	2023/10/07	2023/11/07
44	DB3711/T 141—2023	茶园无人机遥感监测技术规范	山东省日照市	2023/10/09	2023/11/09
45	DB33/T 239—2023	龙井茶加工技术规程	浙江省	2023/10/10	2023/11/10
46	DB3713/T 301—2023	平邑甜茶育苗技术规程	山东省临沂市	2023/10/13	2023/11/13
47	DB3311/T 262—2023	野生红茶加工技术规程	浙江省丽水市	2023/10/17	2023/11/23
48	DB5206/T 159—2023	茶业家庭农场培育规范	贵州省铜仁市	2023/10/24	2024/01/24
49	DB5206/T 160—2023	观光茶园建设技术规范	贵州省铜仁市	2023/10/24	2024/01/24
50	DB35/T 2136—2023	茶树病害测报与绿色防控技术规程	福建省	2023/10/25	2024/01/25
51	DB35/T 2137—2023	漳平水仙茶冲泡与品鉴方法	福建省	2023/10/25	2024/01/25
52	DB4451/T 4—2023	潮州工夫茶艺技术规程	广东省潮州市	2023/10/30	2023/10/30
53	DB41/T 2508—2023	茶叶产品质量安全追溯操作规程	河南省	2023/10/31	2024/01/29
54	DB1305/T 78—2023	山楂叶茶加工技术规程	河北省邢台市	2023/11/01	2023/11/10
55	DB46/T 38—2023	地理标志产品 澄迈苦丁茶	海南省	2023/11/03	2023/12/10
56	DB3415/T 56—2023	六安篮茶生产技术规程	安徽省六安市	2023/11/07	2023/11/07
57	DB43/T 2805—2023	东江湖茶 有机茶生产技术规程	湖南省	2023/11/09	2024/02/09
58	DB43/T 2818—2023	速溶茶加工技术规程	湖南省	2023/11/09	2024/02/09
59	DB61/T 1760—2023	紧压金华桑叶茶加工技术规程	陕西省	2023/11/14	2023/12/14
60	DB61/T 1761—2023	茶用菜用桑栽培技术规范	陕西省	2023/11/14	2023/12/14
61	DB5133/T 79—2023	九龙县古茶树管护技术规程	四川省甘孜藏族自治州	2023/11/16	2023/12/16
62	DB3305/T 280—2023	湖州黄茶加工技术规程	浙江省湖州市	2023/11/20	2023/11/21
63	DB4413/T 39—2023	南昆山毛茶种植技术规程	广东省惠州市	2023/11/25	2023/11/25
64	DB42/T 2138.1—2023	职业技能培训规范 第1部分：茶艺师	湖北省	2023/11/29	2024/01/29
65	DB35/T 2157—2023	非物质文化遗产 武夷岩茶传统制作技艺	福建省	2023/11/29	2024/02/29
66	DB32/T 4606—2023	玫瑰红茶加工技术规程	江苏省	2023/12/01	2024/01/01

续表

序号	标准号	标准名称	发布地区	发布日期	实施日期
67	DB52/T 633—2023	贵州绿茶 大宗茶加工技术规程	贵州省	2023/12/04	2024/03/01
68	DB52/T 634—2023	贵州绿茶 卷曲形茶加工技术规程	贵州省	2023/12/04	2024/03/01
69	DB52/T 635—2023	贵州绿茶 直条形毛峰茶加工技术规程	贵州省	2023/12/04	2024/03/01
70	DB52/T 636—2023	贵州绿茶 扁形茶加工技术规程	贵州省	2023/12/04	2024/03/01
71	DB52/T 637—2023	贵州绿茶 贵州针茶加工技术规程	贵州省	2023/12/04	2024/03/01
72	DB52/T 639—2023	贵州红茶 工夫茶加工技术规程	贵州省	2023/12/04	2024/03/01
73	DB52/T 640—2023	贵州红茶 红碎茶加工技术规程	贵州省	2023/12/04	2024/03/01
74	DB5308/T 74—2023	景迈山古茶林保护管理技术规范	云南省普洱市	2023/12/08	2024/01/08
75	DB4416/T 18—2023	客家炒青绿茶煮饮操作规程	广东省河源市	2023/12/11	2024/01/10
76	DB5118/T 31—2023	茶园间种油茶技术规程	四川省雅安市	2023/12/15	2024/01/01
77	DB34/T 4654—2023	茶园病虫草害防控化学农药减施技术规程	安徽省	2023/12/18	2024/01/18
78	DB5206/T 163—2023	梵净山 卷曲形绿茶加工技术规程	贵州省铜仁市	2023/12/20	2023/12/20
79	DB5206/T 164—2023	梵净山 颗粒形绿茶加工技术规程	贵州省铜仁市	2023/12/20	2023/12/20
80	DB5206/T 165—2023	梵净山 条形绿茶加工技术规程	贵州省铜仁市	2023/12/20	2023/12/20
81	DB5206/T 166—2023	梵净山 红茶加工技术规程	贵州省铜仁市	2023/12/20	2023/12/20
82	DB5206/T 167—2023	梵净山 黑茶加工技术规程	贵州省铜仁市	2023/12/20	2023/12/20
83	DB5206/T 168—2023	地理标志产品 石阡苔茶加工技术规程	贵州省铜仁市	2023/12/20	2023/12/20
84	DB5206/T 169—2023	藤茶种植技术规程	贵州省铜仁市	2023/12/20	2023/12/20
85	DB43/T 2873—2023	地理标志产品 绥宁青钱柳茶	湖南省	2023/12/20	2024/03/20
86	DB4211/T 21—2023	茶树水肥一体化栽培技术规程	湖北省黄冈市	2023/12/21	2024/02/21
87	DB4211/T 22—2023	生态茶园杂草防控技术规程	湖北省黄冈市	2023/12/21	2024/02/21
88	DB42/T 1818.3—2023	茶树主要病虫害测报调查技术规范 第3部分：绿盲蝽	湖北省	2023/12/23	2024/02/23
89	DB42/T 2174—2023	地理标志产品 周巷凤凰茶	湖北省	2023/12/23	2024/02/23
90	DB35/T 2163—2023	茶庄园建设评价	福建省	2023/12/25	2024/03/25
91	DB3415/T 65—2023	六安瓜片生态茶园田间管理指南	安徽省六安市	2023/12/25	2023/12/25
92	DB45/T 2781—2023	虫茶生产技术规程	广西壮族自治区	2023/12/26	2024/02/01
93	DB45/T 2805—2023	六堡茶群体种茶苗繁育技术规程	广西壮族自治区	2023/12/26	2024/02/01
94	DB45/T 2806—2023	六堡茶茶艺规范	广西壮族自治区	2023/12/26	2024/02/01
95	DB45/T 2807—2023	六堡茶发酵场地规范	广西壮族自治区	2023/12/26	2024/02/01
96	DB3501/T 020—2023	七境茶采制技术规程	福建省福州市	2023/12/27	2024/03/27
97	DB5117/T 82—2023	低效茶园改造技术规程	四川省达州市	2023/12/28	2024/01/01
98	DB5118/T 32—2023	木姜叶柯（芦山甜茶）种植技术规范	四川省雅安市	2023/12/28	2023/12/31
99	DB36/T 587—2023	资溪白茶种植技术规程	江西省	2023/12/28	2024/07/01
100	DB36/T 588—2023	资溪白茶加工技术规程	江西省	2023/12/28	2024/07/01
101	DB36/T 589—2023	资溪白茶管理体系	江西省	2023/12/28	2024/07/01
102	DB51/T 1543—2023	茶园病虫绿色防控技术规程	四川省	2023/12/29	2024/01/29

续表

序号	标准号	标准名称	发布地区	发布日期	实施日期
103	DB54/T 0310—2023	茶树种植技术规程	西藏自治区	2023/12/29	2024/01/30
104	DB5404/T 0010—2024	林芝白茶加工技术规范	西藏自治区	2023/12/29	2024/01/30
105	DB5404/T 0011—2024	林芝边销茶加工技术规范	西藏自治区	2023/12/29	2024/01/30
106	DB5404/T 0012—2024	茶树种植规范	西藏自治区	2023/12/29	2024/01/30
107	DB5404/T 0013—2024	林芝黑茶加工技术规范	西藏自治区	2023/12/29	2024/01/30
108	DB5404/T 0014—2024	林芝红茶加工技术规范	西藏自治区	2023/12/29	2024/01/30
109	DB5404/T 0015—2024	林芝绿茶加工技术规范	西藏自治区	2023/12/29	2024/01/30
110	DB5404/T 0016—2024	林芝乌龙茶加工技术规范	西藏自治区	2023/12/29	2024/01/30
111	DB3301/T 1135—2023	地理标志产品 西湖龙井茶	浙江省杭州市	2023/12/31	2024/01/31
112	DB3306/T 065—2023	"上虞翠茗"茶叶区域公用品牌管理规范	浙江省绍兴市	2023/12/31	2024/02/01
113	DB5328/T 30—2024	普洱茶标准体系表	云南省西双版纳傣族自治州	2024/01/02	2024/02/02
114	DB32/T 4639.1—2024	地理标志产品 宜兴紫砂 第1部分：茶器	江苏省	2024/01/09	2024/02/09
115	DB5115/T 59—2024	地理标志产品质量要求 鹿鸣贡茶	四川省宜宾市	2024/01/10	2024/02/11
116	DB34/T 4676—2024	数字茶园建设指南	安徽省	2024/01/11	2024/02/11
117	DB34/T 4678—2024	茶园机械化管理技术规程	安徽省	2024/01/11	2024/02/11
118	DB3706/T 90—2024	地理标志产品 烟台绿茶	山东省烟台市	2024/02/01	2024/03/01
119	DB63/T 2233—2024	气候品质评价 藏雪茶	青海省	2024/02/04	2024/03/08
120	DB52/T 632—2024	贵州茶叶加工技术要求	贵州省	2024/03/06	2024/06/01
121	DB5115/T 60—2024	地理标志产品质量要求 屏山炒青茶	四川省宜宾市	2024/03/11	2024/04/12
122	DB3410/T 35—2024	枇杷花茶加工技术规范	安徽省黄山市	2024/03/15	2024/04/01
123	DB36/T 1943—2024	地理标志产品 修水宁红茶	江西省	2024/03/26	2024/09/01
124	DB36/T 1950—2024	茶园低温冻害防控技术规程	江西省	2024/03/26	2024/09/01
125	DB36/T 752—2024	地理标志产品 婺源绿茶	江西省	2024/03/26	2024/09/01
126	DB3505/T 13—2024	铁观音茶叶气候品质等级	福建省泉州市	2024/03/28	2024/06/28
127	DB4401/T 258—2024	茶文化服务规范	广东省广州市	2024/04/03	2024/05/03
128	DB50/T 1590—2024	黄茶加工技术规程	重庆市	2024/04/11	2024/07/11
129	DB4201/T 697—2024	"鸡-生物肥-果茶蔬"种养结合技术规程	湖北省武汉市	2024/04/23	2024/05/23
130	DB53/T 1265.1—2024	老姆登茶 第1部分：品种（系）	云南省	2024/04/25	2024/07/25
131	DB53/T 1265.2—2024	老姆登茶 第2部分：栽培管理	云南省	2024/04/25	2024/07/25
132	DB53/T 1265.3—2024	老姆登茶 第3部分：病虫草害防控	云南省	2024/04/25	2024/07/25
133	DB53/T 1265.4—2024	老姆登茶 第4部分：鲜叶采摘及初加工	云南省	2024/04/25	2024/07/25
134	DB53/T 1265.5—2024	老姆登茶 第5部分：包装、贮存与运输	云南省	2024/04/25	2024/07/25

续表

序号	标准号	标准名称	发布地区	发布日期	实施日期
135	DB53/T 1266—2024	老姆登茶低产茶园改造技术规程	云南省	2024/04/25	2024/07/25
136	DB35/T 2179—2024	改良茶园土壤的大豆品种选用技术规程	福建省	2024/05/09	2024/08/09
137	DB35/T 2180—2024	传统白茶形态图卡	福建省	2024/05/09	2024/08/09
138	DB35/T 2181—2024	白茶自动化精制加工技术规程	福建省	2024/05/09	2024/08/09
139	DB35/T 2182—2024	茶园栽培管理技术农事导则	福建省	2024/05/09	2024/08/09
140	DB43/T 2958—2024	莓茶气候品质评价技术规范	湖南省	2024/05/13	2024/07/13
141	DB43/T 2971—2024	桃江竹叶茶加工技术规程	湖南省	2024/05/13	2024/07/13
142	DB43/T 2973—2024	汝城白毛茶栽培技术规程	湖南省	2024/05/13	2024/07/13
143	DB43/T 2975—2024	黄金茶病虫害绿色防控技术规程	湖南省	2024/05/13	2024/07/13
144	DB36/T 1976—2024	针形红茶机械化加工技术规程	江西省	2024/05/23	2024/11/01
145	DB5305/T 137—2024	五柱滇山茶实生苗培育技术规程	云南省保山市	2024/06/10	2024/09/11
146	DB5305/T 139—2024	怒江山茶良种选育技术规程	云南省保山市	2024/06/10	2024/09/11
147	DB52/T 1156—2024	小黄花茶栽培技术规程	贵州省	2024/06/14	2024/10/01
148	DB3308/T 149—2024	桂花红茶窨制技术规程	浙江省衢州市	2024/06/24	2024/07/24
149	DB5201/T 145—2024	开阳富硒绿茶加工技术规程	贵阳市	2024/07/10	2024/10/01
150	DB5201/T 144—2024	滨湖（水库）茶园建设与管理规范	贵阳市	2024/07/10	2024/10/01

三、团体标准

序号	团体名称	标准编号	标准名称	发布日期
1	海峡两岸茶业交流协会	T/CSTEA 00061—2023	周宁高山云雾茶	2023/7/29
2	平和县特产协会	T/PHTCX 0010—2023	地理标志产品 灵通七叶胆（绞股蓝茶）	2023/7/31
3	柳州市标准技术协会	T/LZBX 023—2023	农产品地理标志 大苗山红茶	2023/7/31
4	三江县电子商务协会	T/SJDX 001—2023	紧压侗茶加工技术规程	2023/8/1
5	中国商业股份制企业经济联合会	T/EJCCCSE 009—2023	谷子标注沏茶法	2023/8/2
6	广东省林学会	T/GDFS 14—2022	木姜叶柯甜茶质量检测技术规程	2023/8/3
7	甘肃省女科技工作者协会	T/GSWS 006—2023	文冠果叶茶（代用茶）	2023/8/3
8	中国文化信息协会	T/ACCIA 0021—2023	茶文化素养专业水平测评	2023/8/4
9	贵州省茶叶学会	T/GZTSS 11—2023	贵州省少儿茶艺等级评价规范	2023/8/6
10	贵州省茶叶学会	T/GZTSS 10—2023	自然形绿茶	2023/8/6
11	中国联合国采购促进会	T/UNP 30—2023	八仙金花茶	2023/8/7
12	广东省食品流通协会	T/GDFCA 097—2023	连南大叶茶	2023/8/7
13	山东省营养保健食品行业协会	T/SNHFA 016—2023	小罐代用茶	2023/8/11
14	中国茶叶流通协会	T/CTMA 068—2023	桐柏红茶加工技术规程	2023/8/14
15	中国茶叶流通协会	T/CTMA 067—2023	桐柏红茶	2023/8/14

续表

序号	团体名称	标准编号	标准名称	发布日期
16	咸宁市机械工程学会	T/XNMES 001—2023	茶砖切分器	2023/8/15
17	石阡县茶业协会	T/SQCX 011—2023	石阡苔茶 销售管理规范	2023/8/22
18	石阡县茶业协会	T/SQCX 010—2023	石阡苔茶 品牌使用管理规范	2023/8/22
19	石阡县茶业协会	T/SQCX 009—2023	石阡苔茶 茶楼茶馆分级评定标准	2023/8/22
20	石阡县茶业协会	T/SQCX 008—2023	石阡苔茶 茶楼茶馆业服务规范	2023/8/22
21	石阡县茶业协会	T/SQCX 007—2023	石阡苔茶 出厂检验技术规范	2023/8/22
22	石阡县茶业协会	T/SQCX 006—2023	石阡苔茶 机采茶园管理及机采技术规程	2023/8/22
23	石阡县茶业协会	T/SQCX 005—2023	石阡苔茶 乌龙茶	2023/8/22
24	石阡县茶业协会	T/SQCX 004—2023	石阡苔茶 白茶	2023/8/22
25	石阡县茶业协会	T/SQCX 003—2023	石阡苔茶 黑茶	2023/8/22
26	石阡县茶业协会	T/SQCX 002—2023	石阡苔茶 红茶	2023/8/22
27	石阡县茶业协会	T/SQCX 001—2023	石阡苔茶 绿茶	2023/8/22
28	潮州市标准化协会	T/CZBXBZ 009—2023	紧压单丛茶	2023/8/23
29	广西标准化协会	T/GXAS 510—2023	浦北青柑茶	2023/8/26
30	平定特产协会	T/PDTCXH 003—2023	连翘叶青茶加工技术规程	2023/9/1
31	广东省农业标准化协会	T/GDNB 177—2023	钦州市野生茶树资源生态管理技术规程	2023/9/4
32	广东省农业标准化协会	T/GDNB 176—2023	金萱绿茶加工技术规程	2023/9/4
33	广东省农业标准化协会	T/GDNB 175—2023	金萱茶树生态种植技术规程	2023/9/4
34	房县茶叶协会	T/FXCX 004—2023	神农贡茶：红茶加工技术规程	2023/9/5
35	房县茶叶协会	T/FXCX 003—2023	神农贡茶：红茶	2023/9/5
36	房县茶叶协会	T/FXCX 002—2023	神农贡茶：绿茶加工技术规程	2023/9/5
37	房县茶叶协会	T/FXCX 001—2023	神农贡茶：绿茶	2023/9/5
38	贵州省绿茶品牌发展促进会	T/GZTPA 0014—2023	贵州绿茶品牌认定及评价	2023/9/8
39	云南省茶叶流通协会	T/YNTCA 019—2023	云南茶园绿色施肥技术规程	2023/9/8
40	云南省茶叶流通协会	T/YNTCA 018—2023	云南茶区绿肥种植技术规程	2023/9/8
41	云南省茶叶流通协会	T/YNTCA 017—2023	云南大叶种茶园茶小绿叶蝉防控技术规程	2023/9/8
42	云南省茶叶流通协会	T/YNTCA 016—2023	云南大叶种茶园咖啡小爪螨防控技术规程	2023/9/8
43	云南省茶叶流通协会	T/YNTCA 015—2023	云南大叶种茶园黑刺粉虱防控技术规程	2023/9/8
44	云南省茶叶流通协会	T/YNTCA 014—2023	云南大叶种茶园茶细蛾防控技术规程	2023/9/8
45	云南省茶叶流通协会	T/YNTCA 013—2023	云南大叶种茶树茶饼病防控技术规程	2023/9/8

续表

序号	团体名称	标准编号	标准名称	发布日期
46	贵州省茶叶协会	T/GZTA 005—2023	贵州省茶叶协会关于《贵州白茶》团体标准发布公告	2023/9/11
47	菏泽市木瓜协会	T/HZSMGXH 003—2023	木瓜干茶	2023/9/13
48	黄山区茶业协会	T/HSQTA 002—2023	太平魁红茶	2023/9/14
49	全国城市工业品贸易中心联合会	T/QGCML 1378—2023	径山毛峰茶加工技术规范	2023/9/15
50	全国城市工业品贸易中心联合会	T/QGCML 1354—2023	金玉宣肺茶加工技术规范	2023/9/15
51	全国城市工业品贸易中心联合会	T/QGCML 1353—2023	药用茶原料灭菌技术规范	2023/9/15
52	新平县电商直播协会	T/XDBX 002—2023	茶叶网络销售规范	2023/9/19
53	广东省质量检验协会	T/GDAQI 112—2023	手打柠檬茶	2023/9/19
54	柳州市标准技术协会	T/LZBX 025—2023	茶园病虫害绿色防控技术规程	2023/9/21
55	中国国际科技促进会	T/CI 127—2023	综合性能等级评价 茶吧机	2023/9/21
56	中国优质农产品开发服务协会	T/CGAPA 018—2023	六堡茶生产企业质量保证能力要求	2023/9/25
57	中国优质农产品开发服务协会	T/CGAPA 017—2023	六堡茶陈化工艺技术规程	2023/9/25
58	广东省质量检验协会	T/GDAQI 115—2023	连山茶种植技术规程	2023/9/25
59	全国城市工业品贸易中心联合会	T/QGCML 1280—2023	红豆牛乳茶	2023/9/27
60	全国城市工业品贸易中心联合会	T/QGCML 1278—2023	葡香龙井青提茶	2023/9/27
61	建瓯市北苑贡茶协会	T/BYGC 0007—2023	北苑贡茶 公用标识使用管理规程	2023/9/28
62	建瓯市北苑贡茶协会	T/BYGC 0006—2023	北苑贡茶 乌龙茶冲泡与品鉴	2023/9/28
63	建瓯市北苑贡茶协会	T/BYGC 0005—2023	北苑贡茶 乌龙茶加工技术规程	2023/9/28
64	歙县茶叶行业协会	T/SCX 002—2023	歙县滴水香绿茶加工技术规程	2023/9/28
65	梧州茶人协会	T/WZCR 001—2023	金花六堡茶加工技术规程	2023/10/7
66	山东标准化协会	T/SDAS 719—2023	牡丹花蕊茶类产品生产卫生规范	2023/10/8
67	中国中小商业企业协会	T/CASME 764—2023	老生茶	2023/10/9
68	建瓯市北苑贡茶协会	T/BYGC 0008—2023	北苑贡茶 建瓯肉桂	2023/10/10
69	潮州市潮安区茶叶协会	T/CACYXH 005—2023	凤凰单丛茶包装标签指南	2023/10/11
70	贵州省刺梨行业协会	T/GZCX 024—2023	刺梨叶茶加工技术规程	2023/10/13
71	华夏文化促进会	T/HCPA 008—2023	点茶器术语和技术要求规范	2023/10/13
72	苏州市吴中区太湖西山茶果协会	T/THXS 001—2023	苏州洞庭山红茶	2023/10/13
73	马边彝族自治县茶叶行业协会	T/MBYZZZXCX 001—2023	马边彝黑茶	2023/10/13
74	马边彝族自治县茶叶行业协会	T/MBYZZZXCX 007—2023	马边茶叶手工炒制体验服务规范	2023/10/14
75	马边彝族自治县茶叶行业协会	T/MBYZZZXCX 006—2023	马边茶叶采摘体验服务规范	2023/10/14
76	马边彝族自治县茶叶行业协会	T/MBYZZZXCX 005—2023	地理标志证明商标 马边绿茶使用管理规范	2023/10/14
77	马边彝族自治县茶叶行业协会	T/MBYZZZXCX 004—2023	地理标志证明商标 马边绿茶	2023/10/14
78	马边彝族自治县茶叶行业协会	T/MBYZZZXCX 003—2023	马边黄茶	2023/10/14
79	重庆市地理标志发展促进会	T/CQDB 0001—2023	地理标志产品 缙云山甜茶	2023/10/20

续表

序号	团体名称	标准编号	标准名称	发布日期
80	利川市茶产业协会	T/LCCY 002—2023	老鹰茶	2023/10/21
81	中华文化促进会	T/CCPS 0003—2023	茶艺国际水平等级评价规程	2023/10/23
82	中国茶叶流通协会	T/CTMA 069—2023	紧压金花红茶	2023/10/24
83	云南省茶叶流通协会	T/YNTCA 024—2023	晒青茶（紫娟）加工技术规程	2023/10/25
84	云南省茶叶流通协会	T/YNTCA 023—2023	工夫红茶（云南大叶种）初加工技术规程	2023/10/25
85	云南省茶叶流通协会	T/YNTCA 022—2023	卷曲型炒青绿茶（大叶种）加工技术规程	2023/10/25
86	云南省茶叶流通协会	T/YNTCA 021—2023	云南大叶种白茶（月光白）初加工技术规程	2023/10/25
87	云南省茶叶流通协会	T/YNTCA 020—2023	晒红茶	2023/10/25
88	梧州市六堡茶国际交流促进会	T/LBCJH 05—2023	低氟六堡茶	2023/10/30
89	梧州市六堡茶国际交流促进会	T/LBCJH 04—2023	小青柑六堡茶	2023/10/30
90	山东省金银花行业协会	T/JYH 005—2023	平邑金银花 代用茶分类	2023/10/30
91	云南省标准化协会	T/YNBX 108—2023	普洱熟茶中主要品质成分快速测定-近红外光谱法	2023/10/31
92	云南省标准化协会	T/YNBX 107—2023	茶叶农药残留基体标准物质制备技术规范	2023/10/31
93	万宁市鹧鸪茶产业协会	T/WNZGC 01—2023	万宁鹧鸪茶	2023/10/31
94	广西标准化协会	T/GXAS 566—2023	六堡茶斗茶规则	2023/10/31
95	马边彝族自治县茶叶行业协会	T/MBYZZZXCX 008—2023	马边彝红茶	2023/11/1
96	全国城市工业品贸易中心联合会	T/QGCML 1913—2023	黄山毛峰茶生产工艺规范	2023/11/1
97	岳阳市茶叶协会	T/YYSCX 007—2024	岳阳调味黄茶	2023/11/2
98	中国优质农产品开发服务协会	T/CGAPA 021—2023	灵山绿茶加工技术规程	2023/11/3
99	中山市个体劳动者私营企业协会	T/ZSGTS 496—2023	香山之品 茶饮料	2023/11/3
100	海峡两岸茶业交流协会	T/CSTEA 00062—2023	松溪九龙大白茶 白茶冲泡与品鉴	2023/11/3
101	海南省茶业协会	T/HNCYXH 1—2023	海南雨林大叶茶全产业链生产规范	2023/11/6
102	中国中小商业企业协会	T/CASME 861—2023	抹茶煮茶操作流程	2023/11/6
103	广东省质量检验协会	T/GDAQI 125—2023	盘皇茶	2023/11/8
104	广东省质量检验协会	T/GDAQI 124—2023	广东生态茶园分级规范	2023/11/8
105	中国茶叶学会	T/CTSS 69—2023	崂山红茶冲泡技术规程	2023/11/8
106	中国茶叶学会	T/CTSS 68—2023	崂山绿茶冲泡技术规程	2023/11/8
107	中国茶叶学会	T/CTSS 72—2023	英山云雾茶生产技术规程	2023/11/8
108	中国茶叶学会	T/CTSS 73—2023	英山云雾茶加工技术规程	2023/11/8
109	中国茶叶学会	T/CTSS 74—2023	英山云雾茶	2023/11/8
110	广西标准化协会	T/GXAS 596—2023	茶醋生产技术规程	2023/11/9
111	广西标准化协会	T/GXAS 595—2023	茶酒生产技术规程	2023/11/9

续表

序号	团体名称	标准编号	标准名称	发布日期
112	海峡两岸茶业交流协会	T/CSTEA 00065—2023	政和白茶 焖煮冲泡与品鉴方法	2023/11/9
113	海峡两岸茶业交流协会	T/CSTEA 00064—2023	政和白茶 焖壶	2023/11/9
114	海峡两岸茶业交流协会	T/CSTEA 00063—2023	政和白茶 泡茶器具	2023/11/9
115	中国茶叶学会	T/CTSS 71—2023	浙江桂花茶加工技术规程	2023/11/13
116	中国茶叶学会	T/CTSS 70—2023	浙江白茶加工技术规程	2023/11/13
117	广东省有机农业协会	T/GDOAA 0021—2023	富硒茶叶	2023/11/14
118	修水县茶叶协会	T/XSCX 001—2023	修水宁红茶	2023/11/14
119	武夷山市茶业同业公会	T/WCGH 001—2023	武夷红茶冲泡品鉴茶具	2023/11/15
120	福建省品牌建设促进会	T/FJBRAND 3.1—2023	武夷山水 茶空间 第1部分：建设通则	2023/11/16
121	什邡市茶业协会	T/HZYCC 001—2023	汉洲杨村茶加工技术规程	2023/11/20
122	中国中小商业企业协会	T/CASME 894—2023	茶小绿叶蝉声光防控技术规程	2023/11/20
123	海峡两岸茶业交流协会	T/CSTEA 00067—2023	茶叶贮存期质量安全监测技术规范	2023/11/20
124	海峡两岸茶业交流协会	T/CSTEA 00066—2023	绿色食品茶叶全程质量控制技术规范	2023/11/20
125	广东省农业标准化协会	T/GDNB 142.7—2022	阳江"漠阳味道"区域公用品牌茶类产品质量管理规范	2023/11/21
126	吉安市绿色农产品促进会	T/JALNCP 2301—2023	井冈山红茶	2023/11/21
127	贵州省绿茶品牌发展促进会	T/GZTPA 0015.6—2023	贵州野生型茶树 第6部分：红茶加工技术规程	2023/11/21
128	贵州省绿茶品牌发展促进会	T/GZTPA 0015.5—2023	贵州野生型茶树 第5部分：茶园机械化管护技术规程	2023/11/21
129	贵州省绿茶品牌发展促进会	T/GZTPA 0015.4—2023	贵州野生型茶树 第4部分：病虫草害绿色防控技术规程	2023/11/21
130	贵州省绿茶品牌发展促进会	T/GZTPA 0015.3—2023	贵州野生型茶树 第3部分：优株苗木繁育技术规程	2023/11/21
131	贵州省绿茶品牌发展促进会	T/GZTPA 0015.2—2023	贵州野生型茶树 第2部分：栽培管理技术规程	2023/11/21
132	贵州省绿茶品牌发展促进会	T/GZTPA 0015.1—2023	贵州野生型茶树 第1部分：基本要求	2023/11/21
133	四川省茶叶学会	T/SCTSS 14—2023	四川红芽茶加工技术规程	2023/11/23
134	四川省茶叶学会	T/SCTSS 13—2023	四川红芽茶产品标准	2023/11/23
135	四川省茶叶学会	T/SCTSS 12—2023	四川卷曲形绿芽茶加工技术规程	2023/11/23
136	四川省茶叶学会	T/SCTSS 11—2023	四川卷曲形绿芽茶产品标准	2023/11/23
137	四川省茶叶学会	T/SCTSS 10—2023	四川扁形绿芽茶加工技术规程	2023/11/23
138	四川省茶叶学会	T/SCTSS 09—2023	四川扁形绿芽茶产品标准	2023/11/23
139	海南省标准化协会	T/HNBX 184—2023	毛纳生态茶园建设管理规范	2023/11/23
140	海南省标准化协会	T/HNBX 183—2023	毛纳手工绿茶加工技术规程	2023/11/23

续表

序号	团体名称	标准编号	标准名称	发布日期
141	海南省标准化协会	T/HNBX 182—2023	毛纳手工红茶加工技术规程	2023/11/23
142	浙江省绿色农产品协会	T/ZLX 079—2023	绿色食品 常山山茶油生产技术规程	2023/11/24
143	浙江省绿色农产品协会	T/ZLX 076—2023	绿色食品 景宁惠明茶生产技术规程	2023/11/24
144	浙江省绿色农产品协会	T/ZLX 075—2023	绿色食品 衢州玉露茶生产技术规程	2023/11/24
145	浙江省绿色农产品协会	T/ZLX 074—2023	绿色食品 大佛龙井茶生产技术规范	2023/11/24
146	海南省标准化协会	T/HNBX 187—2023	五指山热带雨林大叶茶 白茶	2023/11/27
147	海南省标准化协会	T/HNBX 186—2023	五指山热带雨林大叶茶 绿茶	2023/11/27
148	海南省标准化协会	T/HNBX 185—2023	五指山热带雨林大叶茶 红茶	2023/11/27
149	全国城市工业品贸易中心联合会	T/QGCML 1968—2023	蒸青绿茶	2023/11/28
150	浙江省农产品质量安全学会	T/ZNZ 213—2023	绿色食品箬阳龙珍茶生产全程质量控制技术规范	2023/11/29
151	昭平县茶叶协会	T/ZPCY 003—2023	昭平绿绿螺茶加工技术规程	2023/11/30
152	昭平县茶叶协会	T/ZPCY 004—2023	昭平红红螺茶加工技术规程	2023/11/30
153	中国中小商业企业协会	T/CASME 986—2023	七汤点茶技艺	2023/12/4
154	广东省质量检验协会	T/GDAQI 130—2023	金花英德红茶紧压茶	2023/12/6
155	广东省质量检验协会	T/GDAQI 129—2023	金花英德红茶	2023/12/6
156	广东省质量检验协会	T/GDAQI 128—2023	金花英红九号红茶紧压茶	2023/12/6
157	广东省质量检验协会	T/GDAQI 127—2023	金花英红九号红茶	2023/12/6
158	福建省农学会	T/FJAASS 002—2023	酸化茶园炭基土壤改良剂施用技术规程	2023/12/6
159	四川省茶叶学会	T/SCTSS 16—2023	珠兰花茶	2023/12/7
160	浙江省农业机械学会	T/ZJNJ 0019—2023	茶叶采摘机器人	2023/12/7
161	广西茶业协会	T/TEAGX 003—2023	茶树苗圃覆膜育苗技术规程	2023/12/7
162	广西茶业协会	T/TEAGX 002—2023	六堡茶营养钵快速育苗技术规程	2023/12/7
163	广西茶业协会	T/TEAGX 001—2023	山坡地六堡茶有性茶园苗圃一体化建设技术规程	2023/12/7
164	山东省茶叶学会	T/SDTS 004—2023	山东茶园主要害虫秋季防控技术规程	2023/12/7
165	山东省茶叶学会	T/SDTS 003—2023	茶园生物质堆肥及施用技术规程	2023/12/7
166	山东省茶叶学会	T/SDTS 002—2023	茶树短穗扦插工厂化繁育技术规程	2023/12/7
167	山东省茶叶学会	T/SDTS 001—2023	茶树嫩枝轻基质气雾快繁技术规程	2023/12/7
168	四川省茶叶学会	T/SCTSS 15—2023	四川茶叶标准体系	2023/12/8
169	西双版纳州茶业协会	T/BNCY 002—2023	西双版纳红茶 晒红茶	2023/12/11
170	西双版纳州茶业协会	T/BNCY 001—2023	西双版纳白茶	2023/12/11
171	中山市茶文化促进会	T/ZSTCPA 001—2023	香山文化茶馆建设和评价规范	2023/12/12
172	梧州六堡茶研究会	T/LPTRA 1.16—2023	茶船古道 六堡茶 第16部分：茶园观光旅游服务区规范	2023/12/12

续表

序号	团体名称	标准编号	标准名称	发布日期
173	梧州六堡茶研究会	T/LPTRA 1.11—2023	茶船古道 六堡茶 第11部分：冲泡及品饮方法	2023/12/12
174	梧州六堡茶研究会	T/LPTRA 1.10—2023	茶船古道 六堡茶 第10部分：包装标识与运输贮存	2023/12/12
175	梧州六堡茶研究会	T/LPTRA 1.7—2023	茶船古道 六堡茶 第7部分：加工技术规程	2023/12/12
176	梧州六堡茶研究会	T/LPTRA 1.5—2023	茶船古道 六堡茶 第5部分：有机茶生产技术规程	2023/12/12
177	山东标准化协会	T/SDAS 755—2023	花生叶茶加工技术规程	2023/12/13
178	中国茶叶学会	T/CTSS 80—2023	海南五指山红茶加工技术规程	2023/12/13
179	中国茶叶学会	T/CTSS 79—2023	海南大叶种茶树苗木扦插技术规程	2023/12/13
180	中国茶叶学会	T/CTSS 78—2023	海南大叶种茶树栽培技术规程	2023/12/13
181	广东省农业标准化协会	T/GDNB 189—2023	韶关白毛茶：红茶	2023/12/14
182	广东省农业标准化协会	T/GDNB 188—2023	韶关白毛茶：白茶	2023/12/14
183	广东省农业标准化协会	T/GDNB 187—2023	韶关白毛茶紧压白茶加工技术规程	2023/12/14
184	广东省农业标准化协会	T/GDNB 186—2023	韶关白毛茶花香奶香型白茶加工技术规程	2023/12/14
185	广东省农业标准化协会	T/GDNB 185—2023	仁化白毛茶红茶加工技术规程	2023/12/14
186	临沂市兰山区标准化协会	T/LSAS 0022—2023	海棠茶（代用茶）	2023/12/15
187	广西标准化协会	T/GXAS 603—2023	地理标志农产品 南丹六龙茶	2023/12/15
188	福建省茶艺师协会	T/MCYX 011—2023	建阳小白茶冲泡与品鉴指南	2023/12/18
189	福建省茶艺师协会	T/MCYX 010—2023	建阳水仙白茶冲泡与品鉴指南	2023/12/18
190	中国优质农产品开发服务协会	T/CGAPA 027—2023	金寨红茶生态种植技术规程	2023/12/19
191	广西创新与创业研究会	T/CXCY 002—2023	六堡茶产品质量安全追溯操作规程	2023/12/19
192	广西创新与创业研究会	T/CXCY 001—2023	六堡茶太阳能板仓建设规范	2023/12/19
193	重庆市黔江区茶叶协会	T/QJCY 002—2023	武陵山茶加工技术规范	2023/12/20
194	山东省茶文化学会	T/SDTCSS 003—2023	中华少儿茶艺等级认证标准	2023/12/21
195	山东园艺学会	T/SDYY 501—2023	茶园害虫绿色防控技术规程	2023/12/22
196	尉犁县特色农产品协会	T/YLTSN 0001—2023	尉犁罗布麻茶	2023/12/22
197	海峡两岸茶业交流协会	T/CSTEA 00068—2023	建宁荷叶白茶	2023/12/22
198	商城县茶文化研究会	T/C 001—2023	金刚碧绿茶	2023/12/22
199	浙江省茶叶学会	T/ZJTSS 009—2023	晒白茶加工技术规程	2023/12/23
200	浙江省茶叶学会	T/ZJTSS 008—2023	晒白茶	2023/12/23
201	浙江省茶叶学会	T/ZJTSS 001—2023	评茶员职业技能竞赛技术规程	2023/12/23
202	中国茶叶流通协会	T/CTMA 070—2023	广元黄叶茶冲泡与品饮指南	2023/12/26
203	安徽省质量管理协会	T/AQCA 011—2023	品质 黄精茶	2023/12/26
204	安徽省茶业协会	T/AHTIA 001—2023	太平猴魁严选茶	2023/12/26

续表

序号	团体名称	标准编号	标准名称	发布日期
205	博罗县特种设备和计量标准化协会	T/BLTJBX 28—2023	茶园杂草绿色防控技术规程	2023/12/26
206	博罗县特种设备和计量标准化协会	T/BLTJBX 27—2023	生态茶园建设与管理规范	2023/12/26
207	博罗县特种设备和计量标准化协会	T/BLTJBX 21—2023	茶叶交易服务规范	2023/12/26
208	博罗县特种设备和计量标准化协会	T/BLTJBX 22—2023	柏塘山茶标准体系建设指南	2023/12/26
209	博罗县特种设备和计量标准化协会	T/BLTJBX 23—2023	茶叶包装贮运技术规范	2023/12/26
210	博罗县特种设备和计量标准化协会	T/BLTJBX 25—2023	茶园化肥农药减施增效技术规程	2023/12/26
211	博罗县特种设备和计量标准化协会	T/BLTJBX 26—2023	柏塘山茶质量安全追溯系统建设要求	2023/12/26
212	博罗县特种设备和计量标准化协会	T/BLTJBX 29—2023	低效茶园改造技术规程	2023/12/26
213	博罗县特种设备和计量标准化协会	T/BLTJBX 30—2023	茶园用有机肥堆沤技术规程	2023/12/26
214	广东省植物保护学会	T/GDPPS 004—2023	茶角胸叶甲综合防控技术规程	2023/12/27
215	广东省植物保护学会	T/GDPPS 008—2023	广东省四脊茶天牛绿色防控技术规程	2023/12/27
216	博罗县特种设备和计量标准化协会	T/BLTJBX 13—2023	茶叶质量安全追溯系统建设要求	2023/12/27
217	商城县茶文化研究会	T/C 002—2023	商城高山茶加工技术规程	2023/12/29
218	中国产学研合作促进会	T/CAB 0317—2023	茶汤中农药残留的快速检测方法 表面增强拉曼光谱法	2023/12/29
219	浙江省茶叶学会	T/ZJTSS 007—2023	茶树立体树冠栽培管理技术规范	2023/12/29
220	浙江省林学会	T/ZJSF 005—2023	茶园套种薄壳山核桃栽培技术规程	2023/12/30
221	中国中小商业企业协会	T/CASME 1182—2023	传统武夷工夫茶艺	2024/1/2
222	广州茶文化促进会	T/CANTON 02—2023	茶师能力评价规程	2024/1/3
223	广州茶文化促进会	T/CANTON 01—2023	茶叶消费品鉴指南	2024/1/3
224	中国技术监督情报协会	T/CATSI 0002—2023	奶茶门店管理规范	2024/1/3
225	中国农业国际合作促进会	T/CAI 201—2023	地理标志农产品 景宁惠明茶	2024/1/3
226	中国中小商业企业协会	T/CASME 1247—2023	古法瀹茶茶艺	2024/1/8
227	中国包装联合会	T/CPF 0064—2023	质量分级及"领跑者"评价要求 成型纸质茶叶盒	2024/1/11
228	广西茶业协会	T/TEAGX 005—2023	六堡茶 固态速溶茶加工技术规程	2024/1/17
229	广西茶业协会	T/TEAGX 004—2023	六堡茶 固态速溶茶	2024/1/17
230	中国茶叶流通协会	T/CTMA 065—2023	镇巴毛尖茶冲泡品鉴方法	2024/1/18

续表

序号	团体名称	标准编号	标准名称	发布日期
231	中国茶叶流通协会	T/CTMA 064—2023	镇巴高山红茶加工技术规范	2024/1/18
232	中国茶叶流通协会	T/CTMA 063—2023	镇巴炒青绿茶加工技术规范	2024/1/18
233	中国茶叶流通协会	T/CTMA 062—2023	镇巴毛尖茶加工技术规范	2024/1/18
234	中国茶叶流通协会	T/CTMA 061—2023	镇巴茶园管理技术规范	2024/1/18
235	中国茶叶流通协会	T/CTMA 060—2023	镇巴新茶园建设技术规范	2024/1/18
236	中国茶叶流通协会	T/CTMA 059—2023	镇巴茶叶 种子种苗	2024/1/18
237	中国茶叶流通协会	T/CTMA 058—2023	镇巴茶叶产地环境条件	2024/1/18
238	中国茶叶流通协会	T/CTMA 057—2023	镇巴高山红茶	2024/1/18
239	中国茶叶流通协会	T/CTMA 056—2023	镇巴炒青绿茶	2024/1/18
240	中国茶叶流通协会	T/CTMA 055—2023	镇巴毛尖茶	2024/1/18
241	湄潭县欧标茶产业服务协会	T/TSU 002—2022	茶园欧标评价实施规则	2024/1/18
242	湄潭县欧标茶产业服务协会	T/TSU 001—2022	茶园欧标生产技术规范	2024/1/18
243	广东省茶业商会	T/GDTI 1—2024	茶叶电商直播销售服务规范	2024/1/19
244	湖南省农业机械与工程学会	T/HNNJ 0014—2023	批式循环油茶籽烘干机	2024/1/21
245	江西省稀土行业协会	T/GXT 001—2023	空气源热泵烘干技术规范 黑茶	2024/1/22
246	临沧市古树茶协会	T/LCGSC 005—2023	临沧茶普洱茶（熟茶）	2024/1/22
247	临沧市古树茶协会	T/LCGSC 004—2023	临沧茶普洱茶（生茶）	2024/1/22
248	临沧市古树茶协会	T/LCGSC 003—2023	临沧茶绿茶	2024/1/22
249	临沧市古树茶协会	T/LCGSC 002—2023	临沧茶红茶	2024/1/22
250	临沧市古树茶协会	T/LCGSC 001—2023	临沧茶白茶	2024/1/22
251	福建省质量检验协会	T/FQIA 012—2024	茶鲜叶中30种农药残留的测定 液相色谱-串联质谱法	2024/1/23
252	福建省质量检验协会	T/FQIA 014—2024	茶鲜叶中吡虫啉的快速检测 胶体金免疫层析法	2024/1/23
253	福建省质量检验协会	T/FQIA 018—2024	茶鲜叶草铵膦、草甘膦残留量的测定 液相色谱-串联质谱法	2024/1/24
254	福建省质量检验协会	T/FQIA 015—2024	茶鲜叶中三氯杀螨醇的快速检测 胶体金免疫层析法	2024/1/24
255	福建省质量检验协会	T/FQIA 013—2024	茶鲜叶中28种农药残留量测定 气相色谱-串联质谱法	2024/1/24
256	梧州六堡茶研究会	T/LPTRA 3—2023	六堡茶加工和储存安全规范	2024/1/25
257	梧州六堡茶研究会	T/LPTRA 2—2023	六堡茶陈化关键技术规程	2024/1/25
258	中国茶叶学会	T/CTSS 77—2023	现制茶饮料 制作规范	2024/1/26
259	中国茶叶学会	T/CTSS 76—2023	现制茶饮料 茶叶原料	2024/1/26
260	中国茶叶学会	T/CTSS 75—2023	现制茶饮料 术语 分类 基本要求	2024/1/26
261	浙江省茶叶学会	T/ZJTSS 012—2023	颗粒形绿茶	2024/1/26
262	浙江省茶叶学会	T/ZJTSS 011—2023	绿茶贮藏保鲜技术规程	2024/1/26

续表

序号	团体名称	标准编号	标准名称	发布日期
263	云南省质量管理学会	T/ZLGL 1001.1—2024	特色农产品检测结果内部质量控制 第1部分：普洱茶检测	2024/1/30
264	浙江省质量协会	T/ZZB 3483—2023	茶吧机	2024/1/31
265	云南省热带作物学会	T/YNRZ 004—2024	生态茶园生物肥料施用技术规程	2024/2/8
266	贵州省绿茶品牌发展促进会	T/GZTPA 0013—2022	贵州茶叶中草甘膦的快速检测方法 胶体金法	2024/2/21
267	贵州省绿茶品牌发展促进会	T/GZTPA 0012—2022	贵州茶叶中吡虫啉的快速检测方法 胶体金法	2024/2/21
268	全国城市工业品贸易中心联合会	T/QGCML 3152—2024	绿茶可视化阵列传感法鉴别技术规范	2024/2/21
269	福建省老科学技术工作者协会	T/FASST 00002—2024	尤溪高香红茶	2024/2/23
270	福建省老科学技术工作者协会	T/FASST 00001—2024	尤溪高香红茶加工技术规程	2024/2/23
271	山东标准化协会	T/SDAS 677—2023	北方主要茶园土壤施肥技术规范	2024/2/27
272	中国农业机械学会	T/NJ 1482—2024	缓坡茶园宜机化改造技术规范	2024/2/27
273	宜宾市标准化促进会	T/5115YBAPS 048—2024	螺形川红茶加工技术规程	2024/2/27
274	浙江省茶叶学会	T/ZJTSS 013—2024	光伏茶园建设技术规程	2024/2/28
275	山东标准化协会	T/SDAS 738—2023	海青花果香红茶加工技术规程	2024/2/28
276	山东标准化协会	T/SDAS 739—2023	海青高鲜绿茶	2024/2/28
277	山东标准化协会	T/SDAS 679—2023	北方主要茶园绿肥间作技术规范	2024/2/28
278	汉滨区茶产业协会	T/HBCY 001—2023	陕茶一号红茶第1部分：工夫红茶加工技术规程	2024/2/29
279	汉滨区茶产业协会	T/HBCY 002—2023	陕茶一号白茶加工技术规程	2024/2/29
280	中国茶叶学会	T/CTSS 85—2024	绿春县茶园管理技术规程	2024/3/1
281	中国茶叶学会	T/CTSS 84—2024	玛玉茶	2024/3/1
282	中国茶叶学会	T/CTSS 83—2024	英山云雾茶冲泡技术规程	2024/3/1
283	中国茶叶学会	T/CTSS 82—2024	径山茶冲泡技术规程	2024/3/1
284	绍兴市上虞区茶叶产业协会	T/SYTIA 001—2024	上虞翠茗茶	2024/3/1
285	河北省质量信息协会	T/HEBQIA 238—2024	刺梨藏茶在店服务规范	2024/3/7
286	韶关市标准化协会	T/SGAS 001—2024	罗坑高山生态茶园建设规范	2024/3/12
287	韶关市标准化协会	T/SGAS 002—2024	罗坑茶种苗繁育技术规程	2024/3/12
288	韶关市标准化协会	T/SGAS 003—2024	罗坑高山生态茶种植技术规程	2024/3/12
289	韶关市标准化协会	T/SGAS 004—2024	罗坑茶病虫害绿色防控技术规程	2024/3/12
290	韶关市标准化协会	T/SGAS 005—2024	罗坑茶采摘及分级标准	2024/3/12
291	韶关市标准化协会	T/SGAS 006—2024	罗坑茶加工技术规程	2024/3/12
292	韶关市标准化协会	T/SGAS 007—2024	罗坑茶产品质量要求	2024/3/12
293	韶关市标准化协会	T/SGAS 008—2024	罗坑有机茶管理体系	2024/3/12
294	韶关市标准化协会	T/SGAS 010—2024	罗坑有机茶加工技术规程	2024/3/12

续表

序号	团体名称	标准编号	标准名称	发布日期
295	韶关市标准化协会	T/SGAS 011—2024	罗坑有机茶质量要求	2024/3/12
296	韶关市标准化协会	T/SGAS 012—2024	罗坑茶销售管理规范	2024/3/12
297	广东省认证认可协会	T/GDCAA 011—2024	调饮茶制作技术规范	2024/3/13
298	广东省认证认可协会	T/GDCAA 009—2024	中等职业学校茶艺人才培育规范	2024/3/13
299	屏南县茶业协会	T/PNCX 0003—2024	鹫峰乌龙茶	2024/3/13
300	屏南县茶业协会	T/PNCX 0002—2024	屏南小种红茶	2024/3/13
301	屏南县茶业协会	T/PNCX 0001—2024	凤茶	2024/3/13
302	全国城市工业品贸易中心联合会	T/QGCML 3318—2024	青钱柳茶加工技术规程	2024/3/14
303	华夏文化促进会	T/HCPA 001—2024	青少儿茶道素养等级认定规范	2024/3/18
304	全国城市工业品贸易中心联合会	T/QGCML 3383—2024	茶企产销存管理系统	2024/3/18
305	全国城市工业品贸易中心联合会	T/QGCML 3382—2024	茶产业智慧仓储可视化管理系统	2024/3/18
306	河源市茶叶协会	T/HYCX 002—2024	客家中小叶种红茶	2024/3/19
307	河源市茶叶协会	T/HYCX 001—2024	客家中小叶种红茶加工技术规程	2024/3/19
308	雅安市茶叶学会	T/YACX 003—2024	兰花茶	2024/3/19
309	雅安市茶叶学会	T/YACX 002—2024	栀子花茶	2024/3/19
310	雅安市茶叶学会	T/YACX 001—2024	低氟藏茶	2024/3/19
311	广西标准化协会	T/GXAS 678—2024	六堡茶质量安全追溯技术规范	2024/3/20
312	广西标准化协会	T/GXAS 677—2024	六堡茶加工质量安全控制规范	2024/3/20
313	河北省质量信息协会	T/HEBQIA 241—2024	刺梨藏茶包	2024/3/20
314	贵州省茶叶学会	T/GZTSS 12.2—2023	凤冈锌硒茶"凤头羽"绿茶加工技术规程	2024/3/20
315	贵州省茶叶学会	T/GZTSS 12.1—2023	凤冈锌硒茶"凤头羽"绿茶	2024/3/20
316	广西标准化协会	T/GXAS 670—2023	地理标志农产品 古琶茶	2024/3/21
317	韶关市标准化协会	T/SGAS 009—2024	罗坑有机茶种植技术规程	2024/3/22
318	湖南省茶叶学会	T/HNTI 066—2024	桃源红茶 茶树栽培技术规程	2024/3/25
319	湖南省茶叶学会	T/HNTI 065—2024	永州之野 红茶	2024/3/25
320	湖南省茶叶学会	T/HNTI 064—2024	永州之野 绿茶	2024/3/25
321	湖南省茶叶学会	T/HNTI 063—2024	黄金茶针形红茶加工技术规程	2024/3/25
322	湖南省茶叶学会	T/HNTI 062—2024	黄金茶针形绿茶加工技术规程	2024/3/25
323	湖南省茶叶学会	T/HNTI 061—2023	老枞红茶加工技术规程	2024/3/25
324	湖南省茶叶学会	T/HNTI 060—2023	花香红茶加工技术规程	2024/3/25
325	湖南省茶叶学会	T/HNTI 059—2023	金花散茶加工技术规程	2024/3/25
326	湖南省茶叶学会	T/HNTI 058—2023	桃江竹叶茶树栽培技术规程	2024/3/25
327	湖南省茶叶学会	T/HNTI 056—2023	茶叶茶氨酸加工技术规程	2024/3/25
328	湖南省茶叶学会	T/HNTI 055—2023	表没食子儿茶素没食子酸酯加工技术规程	2024/3/25

续表

序号	团体名称	标准编号	标准名称	发布日期
329	商城县茶文化研究会	T/C 001—2024	金刚碧绿茶有机种植技术规程	2024/3/25
330	湖南省茶叶学会	T/HNTI 052—2023	茶文化旅游区等级划分与评定	2024/3/25
331	湖南省茶叶学会	T/HNTI 051—2022	湘西黄金茶产品包装规范	2024/3/25
332	中国中小商业企业协会	T/CASME 1397—2024	自动化茶叶装箱装置	2024/3/26
333	广东省农业标准化协会	T/GDNB 211—2024	西藏低氟茶栽培技术规程	2024/3/28
334	广东省农业标准化协会	T/GDNB 210—2024	英红九号白茶加工技术规程	2024/3/28
335	中国中小商业企业协会	T/CASME 1407—2024	茶叶与茶叶末分离装置	2024/4/2
336	信阳市茶叶协会	T/XYCY 001—2024	信阳白茶	2024/4/3
337	浙江省茶叶学会	T/ZJTSS 014—2024	红茶 莲都红	2024/4/7
338	浙江省茶叶学会	T/ZJTSS 010—2024	莲城雾峰茶	2024/4/7
339	海峡两岸茶业交流协会	T/CSTEA 00069—2024	茶叶电商销售服务技术规范	2024/4/12
340	成都市检验检测认证协会	T/TIC 027—2024	茶叶网络销售规范	2024/4/15
341	河源市茶叶协会	T/HYCX 003—2024	客家灰姑娘 卷曲形长炒青绿茶	2024/4/17
342	黔南州茶叶协会	T/QNCY 001—2022	都匀红茶	2024/4/19
343	惠州市标准化协会	T/HZBX 088—2024	LC-MS/MS液质联用法测定凉茶中非法添加的22种化学药物	2024/4/25
344	山东标准化协会	T/SDAS 805—2024	茶用菊花组织培养脱毒技术规程	2024/4/29
345	福建省茶艺师协会	T/MCYX 012—2024	老白茶冲泡与品鉴指南	2024/5/6
346	中国茶叶学会	T/CTSS 86—2024	原味茶饮料	2024/5/7
347	中国茶叶学会	T/CTSS 88—2024	十八洞黄金茶 绿茶	2024/5/7
348	中国茶叶学会	T/CTSS 87—2024	十八洞黄金茶 绿茶加工技术规程	2024/5/7
349	河北省茶艺师协会	T/HTASA 001—2024	评茶师竞赛技术规程	2024/5/8
350	中国茶叶流通协会	T/CTMA 071—2023	茶叶等级与销售价格指南	2024/5/8
351	郑州食品药品监督协会	T/ZFDSA 07—2024	青果芦根茶制作标准	2024/5/9
352	梧州六堡茶研究会	T/LPTRA 4—2024	金花六堡茶	2024/5/9
353	云南省地理标志产业协会	T/YGIIA 047—2024	农产品地理标志 老姆登茶 第1部分：绿茶	2024/5/10
354	阳西县东水茶叶协会	T/DSCX 001—2024	东水茶	2024/5/13
355	山东农学会	T/SAASS 151—2024	宽行宽幅宜机化茶园建设技术规程	2024/5/15
356	广东省农业标准化协会	T/GDNB 220—2024	"黄埔红"红茶	2024/5/15
357	云南省茶叶流通协会	T/YNTCA 028—2024	麻栗坡老山烤茶	2024/5/15
358	云南省茶叶流通协会	T/YNTCA 027—2024	麻栗坡老山绿茶	2024/5/15
359	云南省茶叶流通协会	T/YNTCA 026—2024	麻栗坡老山红茶	2024/5/15
360	山东农学会	T/SAASS 150—2024	北方茶园绿肥全年间作技术规程	2024/5/15
361	云南省茶叶流通协会	T/YNTCA 025—2024	麻栗坡老山白茶	2024/5/15
362	中国商业股份制企业经济联合会	T/EJCCCSE 024—2024	衢州玉露茶	2024/5/16

续表

序号	团体名称	标准编号	标准名称	发布日期
363	山东农学会	T/SAASS 152—2024	玫瑰红茶加工技术规范	2024/5/16
364	湖北省标准化学会	T/HBAS 025—2024	赤壁青砖茶年份茶品质评定规范	2024/5/20
365	青川县茶叶协会	T/CHX 07—2023	青川白茶栽培技术规程	2024/5/20
366	青川县茶叶协会	T/CHX 06—2023	青川白茶加工技术规程	2024/5/20
367	青川县茶叶协会	T/CHX 05—2023	青川白茶产品标准	2024/5/20
368	广东省质量检验协会	T/GDAQI 142—2024	廉江红乌龙茶加工技术规程	2024/5/20
369	中国茶叶学会	T/CTSS 3—2024	茶艺职业技能竞赛技术规程	2024/5/21
370	广西茶业协会	T/TEAGX 009—2024	六堡调味茶	2024/5/23
371	广西茶业协会	T/TEAGX 008—2024	桂西黑茶加工技术规程	2024/5/23
372	广西茶业协会	T/TEAGX 007—2024	地理标志农产品 百色红茶加工技术规程	2024/5/23
373	广西茶业协会	T/TEAGX 006—2024	地理标志农产品 百色红茶	2024/5/23
374	雅安市茶叶学会	T/YACX 004—2024	雅安藏茶	2024/5/23
375	云南省地理标志产业协会	T/YGIIA 054—2024	老姆登紧压茶	2024/5/27
376	广西茶业协会	T/TEAGX 012—2024	参香型六堡茶加工技术规程	2024/5/28
377	广西茶业协会	T/TEAGX 011—2024	优质六堡茶毛茶生产技术规程	2024/5/28
378	广西茶业协会	T/TEAGX 010—2024	桂青种六堡茶加工技术规程	2024/5/28
379	梧州市六堡茶国际交流促进会	T/LBCJH 06—2024	六堡茶制品：固态速溶茶、茶粉和茶浓缩液	2024/5/28
380	梧州市六堡茶国际交流促进会	T/LBCJH 07—2024	六堡茶（传统工艺）社前茶	2024/5/28
381	广东省茶叶学会	T/44GDTS 003—2024	梅县老绿茶储存技术规范	2024/5/30
382	广东省茶叶学会	T/44GDTS 002—2024	梅县老绿茶品质评价技术规范	2024/5/30
383	广东省茶叶学会	T/44GDTS 001—2024	梅县老绿茶	2024/5/30
384	云南省作物学会	T/YNCS 2—2024	高原有机茶园生产管理要求	2024/6/5
385	广东省质量检验协会	T/GDAQI 147—2024	广东金花红茶冲泡及鉴评方法	2024/6/5
386	广东省质量检验协会	T/GDAQI 146—2024	浦北条形红茶加工技术规程	2024/6/5
387	广东省质量检验协会	T/GDAQI 145—2024	浦北条形红茶	2024/6/5
388	广东省质量检验协会	T/GDAQI 144—2024	金花英德红茶加工技术规程	2024/6/5
389	广东省质量检验协会	T/GDAQI 143—2024	金花英红九号红茶加工技术规程	2024/6/5
390	茂名市品牌企业联合会	T/MMPLH 03.—2024	茂名市"信"字号公用品牌产品 茶叶（绿茶、红茶）	2024/6/7
391	寿宁县茶业协会	T/SNCX 006—2024	寿宁乌茶	2024/6/11
392	信阳茶产业协会	T/XYTA 0008—2024	信阳毛尖茶初加工技术规程	2024/6/11
393	中国中小商业企业协会	T/CASME 1506—2024	黎平红茶栽培及加工技术规程	2024/6/11
394	孟连县茶叶产业协会	T/MLCX 002—2024	孟连红茶	2024/6/12
395	孟连县茶叶产业协会	T/MLCX 001—2024	孟连红茶生产加工技术规程	2024/6/12

续表

序号	团体名称	标准编号	标准名称	发布日期
396	广西标准化协会	T/GXAS 651—2023	六堡茶叶籽两用型茶园栽培技术规程	2024/6/14
397	广西标准化协会	T/GXAS 644—2023	六堡茶园套种广金钱草生产技术规程	2024/6/14
398	浙江省茶叶学会	T/ZJTSS 015—2024	宜机化茶园建设技术规程	2024/6/14
399	浙江省茶叶学会	T/ZJTSS 017—2024	红茶 西施丹芽	2024/6/14
400	浙江省茶叶学会	T/ZJTSS 016—2024	西施石笕茶冲泡与品鉴方法	2024/6/14
401	中国民族贸易促进会	T/OTOP 1051—2024	生态代用茶通用技术要求	2024/6/18
402	中华文化促进会	T/CCPS 0007—2024	少儿茶艺美育素质测评规范	2024/6/19
403	四川省茶叶学会	T/SCTSS 16—2024	饮用天然泡茶水	2024/6/20
404	中国检验检测学会	T/CITS 0113—2024	茶叶中茅草枯、氯酞酸和草芽畏残留量的测定 液相色谱-串联质谱法	2024/6/20
405	中国检验检测学会	T/CITS 0112—2024	茶叶中香气物质的测定 气相色谱质谱法	2024/6/20
406	包头市固阳县黄芪食用标准化协会	T/HQSY 025—2024	黄芪代用茶	2024/6/24
407	江苏省茶叶学会	T/JSSCYXH 02—2024	少儿茶艺等级评价规范	2024/7/4
408	江苏省茶叶学会	T/JSSCYXH 1—2024	天印红语红茶加工技术规程	2024/7/4
409	海峡两岸茶业交流协会	T/CSTEA 00070—2024	海峡两岸共通 无我茶会规范	2024/7/12
410	广西物品编码与标准化促进会	T/GBC 23—2024	六堡茶中粗多糖含量的测定 分光光度法	2024/7/12
411	贵州省茶叶协会	T/GZTA 001—2024	朵贝古树茶	2024/7/15
412	广西热带作物学会	T/GXTC 0009—2024	生晒茶	2024/7/15
413	广西农业农村振兴促进会	T/GARRPA 008—2024	六堡茶鲜叶中噻虫嗪、啶虫脒、吡虫啉、呋虫胺、水胺硫磷5种农药残留快速检测 胶体金免疫层析法	2024/7/18
414	全联农业产业商会	T/CAICC 001—2024	张家界莓茶质量等级评价	2024/7/19
415	广西休闲农业协会	T/GXLA 0006—2024	生态茶园文化旅游服务规范	2024/7/19
416	江门市标准化协会	T/JMBX 0261—2023	江深食品质量控制技术规范 茶叶	2024/7/19
417	江门市标准化协会	T/JMBX 0260—2023	江深食品 茶叶	2024/7/19
418	福建省茶艺师协会	T/MCYX 004—2024	茶艺操作术语（泡饮型）	2024/7/23
419	贵州省茶叶协会	T/GZTA 002—2024	四球古树茶	2024/7/25
420	凤凰县雪茶行业协会	T/FHXC 0003—2024	凤凰雪茶加工技术规范	2024/7/25
421	凤凰县雪茶行业协会	T/FHXC 0002—2024	凤凰雪茶	2024/7/25
422	凤凰县雪茶行业协会	T/FHXC 0001—2024	凤凰雪茶种植技术规范	2024/7/25
423	宜宾市标准化促进会	T/5115YBAPS 052—2024	宜宾桑茶加工技术规程	2024/7/28

茶品就是人品　质量就是生命

茶品就是人品、质量就是生命。理想华莱从源头把关，将茶园设为"第一车间"，种植基地位于"安化黑茶、思茅普洱茶"核心产茶区，并充分整合湖南、云南两大中国黑茶核心产区的地理优势和资源优势，打造了4万亩有机生态茶园，建立了"企业+市场+标准化生产"的全产业链布局；实施产品溯源机制，率先推行茶叶"物联网"技术，打造精准化绿色种植和生产；相继通过了欧盟有机认证（ECO）、雨林联盟认证（RA）、美国有机认证（NOP）、日本农产品有机认证（JAS）、良好农业规范认证（GAP）、中国有机认证（CNAS）等，取得了通向世界的"通行证"。

118亿	**86道**	**110000吨**	**5大**	**100000级**
已投资	质量把关	年加工茶叶能力	生产基地	净化车间

欧盟有机认证（ECO）

雨林联盟认证（RA）

美国有机认证（NOP）

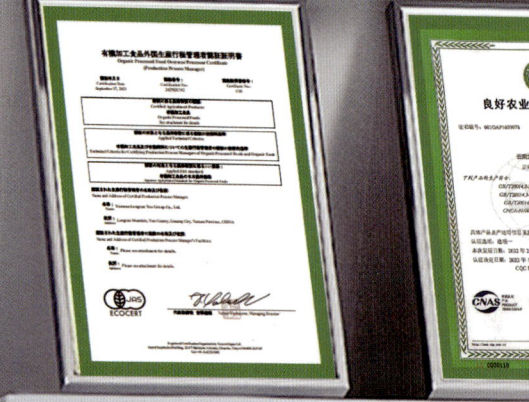
日本农产品有机认证（JAS）

良好农业规范认证（GAP）

中国有机认证（CNAS）

理想华莱科技集团有限公司
LIXIANGHUALAI TECHNOLOGY GROUP CO., LTD.

地址：湖南省益阳市安化经开区万隆黑茶产业园
电话：0737-7321399